Recht macht Landschaft

Siedlungsforschung
Archäologie – Geschichte – Geographie 40, 2023

Siedlungsforschung

Archäologie – Geschichte – Geographie

Für den Arbeitskreis für historische Kulturlandschaftsforschung in Mitteleuropa ARKUM e.V. herausgegeben von Matthias Hardt in Verbindung mit Vera Denzer, Andreas Dix, Ulrich Harteisen, Eike Henning Michl, Maurice Paulissen, Haik Thomas Porada, Patrick Reitinger, Peter Rückert, Orsolya Tamáska-Heinrich und Rolf Peter Tanner

Band 40, 2023

Die 48. internationale Tagung des Arbeitskreises für historische Kulturlandschaftsforschung in Mitteleuropa e.V. (ARKUM) fand vom 14. bis 17. September 2022 in Rothenburg ob der Tauber zum Thema „Recht macht Landschaft“ statt. Sie wurde in Kooperation mit dem Landschaftsverband Rheinland (LVR), der Stadt Rothenburg ob der Tauber und dem Mittelalterlichen Kriminalmuseum durchgeführt.

Recht macht Landschaft

herausgegeben von Haik Thomas Porada, Markus Hirte und Heiner Lück

Mit Beiträgen der Jahrestagung 2022 in Rothenburg ob der Tauber

wbg Academic

Für die tatkräftige Unterstützung der Tagung dankt der Arbeitskreis für historische Kulturlandschaftsforschung in Mitteleuropa (ARKUM e.V.) seinen Kooperationspartnern vor Ort, der Stadt Rothenburg ob der Tauber und dem Mittelalterlichen Kriminalmuseum, sowie dem Landschaftsverband Rheinland (LVR), der auch die Drucklegung der vorliegenden Beiträge maßgeblich gefördert hat.

Peer Review: Eingesandte Manuskripte durchlaufen ein Begutachtungsverfahren und werden von Herausgebern, Schriftleitung und Redaktion kritisch geprüft.

wbg Academic ist ein Imprint der Verlag Herder GmbH

www.herder.de

Herausgeber und Redaktion: Prof. Dr. Haik Thomas Porada: Leibniz-Institut für Länderkunde e.V. – Schongauerstraße 9, D-04328 Leipzig. Tel. 0341-60055146, E-Mail: h_porada@leibniz-ifl.de

Satz und E-Book: Satzweiss.com Print, Web, Software GmbH
Umschlaggestaltung: Satzweiss.com Print, Web, Software GmbH
Umschlagmotiv: Ausschnitt aus der Karte des Rothenburger Landgebietes, der sog. Rothenburger Landhege, von Wilhelm Ziegler, 1537. Quelle: Germanisches Nationalmuseum, Sammlung der Druckgraphiken und Zeichnungen, Inventarnummer La4040; Foto: Monika Runge (CC BY-NC-ND 4.0)

Printed in Germany

ISBN Print: 978-3-534-64014-0
ISBN E-Book (PDF): 978-3-534-64083-6

ISSN: 0175–0046

Für die Mitglieder des Arbeitskreises für historische Kulturlandschaftsforschung in Mitteleuropa (ARKUM e.V.) ist der Bezugspreis im Jahresbeitrag enthalten. Nähere Informationen zu ARKUM unter: https://www.uni-bamberg.de/histgeo/vernetzung/arkum/

Inhalt

Rechtsräume

Landschaft im jüngeren Recht

Siedlungsforschung. Archäologie – Geschichte – Geographie 40, 2023, S. 11–20

Recht als Gestalter von Landschaft – Spuren des Rechts in der Landschaft – Landschaft im Recht

Eine Einführung

Haik Thomas Porada, Markus Hirte und Heiner Lück

1 Von der Idee zum Konzept einer Tagung

Der Arbeitskreis für historische Kulturlandschaftsforschung in Mitteleuropa (ARKUM) hat seit seiner Gründung am 2. November 1974 maßgeblich dazu beigetragen, dass die Kontakte unter Forschern im Grenzbereich zwischen historischer Siedlungsgeographie, Siedlungsgeschichte, archäologischer Siedlungsforschung und anderen siedlungskundlich orientierten historischen Fächern verbessert worden sind. Damals handelte es sich noch nicht um einen eingetragenen Verein, sondern um ein interdisziplinär und international ausgerichtetes Gremium unter dem Namen „Arbeitskreis für genetische Siedlungsforschung in Mitteleuropa“ mit einer engen Anbindung an das Seminar für Historische Geographie an der Rheinischen Friedrich-Wilhelms-Universität in Bonn unter Leitung von Klaus Fehn. Seit nunmehr fünf Jahrzehnten wird in diesem Rahmen immer wieder der Einfluss des Rechts auf die Gestalt von Landschaften diskutiert, werden die Spuren des Rechts in der Landschaft gelesen und ist nicht zuletzt der Frage nachgegangen worden, in welcher Form Landschaft in unterschiedlichen rechtlichen Kontexten thematisiert wird. Davon zeugen die mittlerweile 40 Bände der „Siedlungsforschung“, die seit 1983 erschienen sind (vgl. auch die Übersicht am Ende dieses Bandes).

Auf einer Tagung der Kommission für bayerische Landesgeschichte bei der Bayerischen Akademie der Wissenschaften, die vom 24. bis 26. Oktober 2019 im Mittelalterlichen Kriminalmuseum in Rothenburg ob der Tauber zum Thema „Der Historische Atlas (von Bayern) als Ideengeber und Rezipient Historischer Diskurse“ (*Wüst* 2021) stattfand, wurden die ersten Kontakte geknüpft, die für die Entwicklung eines Konzepts notwendig waren, mit dem der ARKUM-Vorstand wenig später von idealen Bedingungen für eine eigene Konferenz an diesem bemerkenswerten Ort im Taubertal überzeugt werden konnte. Die drei Herausgeber des vorliegenden Bandes fanden schnell zueinander, entwickelten gemeinsam ein Programm für eine ARKUM-Tagung, für das der damalige Vorsitzende des Vereins, *Winfried Schenk*, den prägnanten Titel „Recht macht Landschaft" vorschlug, wobei bewusst auch die mitschwingende, in gewisser Weise auch doppelte Bedeutung „Recht – Macht – Landschaft" intendiert war. Alle Mitglieder des ARKUM-Vorstands waren sofort überzeugt davon, dass sich mit einer derartigen Konferenz viele der Forschungsstränge, die in den vorhergehenden Jahrzehnten bereits intensiv behandelt worden sind, sehr gut aufgreifen und zu einem Bild der aktuellen Forschung zusammenführen ließen. Die große Bereitschaft der von uns daraufhin angefragten Referentinnen und Referenten war eine zusätzliche Ermunterung, das Vorhaben zügig in Angriff zu nehmen. Es erwies sich als Glücksfall, dass bei der inhaltlichen Ausgestaltung des Tagungsprogramms nicht nur die klassischen ARKUM-Themenfelder – Archäologie, Geschichte und Geographie – beackert wurden, sondern mit der Rechtsgeschichte und der Museologie ein in jeder Hinsicht fruchtbares Terrain erschlossen werden konnte.

Schließlich konnte vom 14. bis 17. September 2022 in Rothenburg ob der Tauber die 48. internationale ARKUM-Tagung stattfinden, die sich über den engeren Kreis der Mitglieder des Vereins hinaus großen Interesses erfreuen durfte. Die Stadtverwaltung, allen voran Oberbürgermeister Markus Naser, zeigte sich überaus gastfreundlich, einen besseren Tagungsort als das Mittelalterliche Kriminalmuseum hätten wir für dieses Thema wohl kaum finden können und der Landschaftsverband Rheinland (LVR) förderte dankenswerterweise sowohl die Tagung als auch die Drucklegung der vorliegenden Beiträge. Zahlreiche Aspekte, die auf dieser Tagung angesprochen worden sind, haben für den LVR einen ganz praktischen Anwendungsbezug, u. a. im Aufgabenfeld der Kulturlandschaftspflege.

Der vorliegende Band versteht sich als Tagungsdokumentation. Allen Mitwirkenden wurde die Gelegenheit gegeben, ihre Vorträge für die Drucklegung zu überarbeiten und mit Quellennachweisen und weiterführenden Literaturhinweisen zu versehen. Lediglich in vier Fällen haben die Referenten davon abgesehen, einen Beitrag für die Veröffentlichung in diesem Kontext einzureichen, da eine Drucklegung mittlerweile bereits an anderer Stelle erfolgt war (*Gulczyński* 2012 u. 2022; *Paulissen* et al. 2021; *Porada* 2023).[1] Dafür konnte mit *Sabine Bock* eine ausgewiesene Spezialistin aus der Baudenkmalpflege dafür gewonnen werden, einen Beitrag beizusteuern, der die in gesellschaftlicher wie rechtlicher Hinsicht höchst aktuelle Fragestellung verfolgt, wie der Schutz einer gewachsenen Kulturlandschaft gewährleistet werden kann. Außerdem wurde *Winfried Schenk* gebeten, ein Beispiel für die Manifestation bäuerlicher Rechte in der Landschaft zu einem

---

1 Der Vortrag von *Andreas Dix* zum Thema „Von der Gütertaxation des 19. Jahrhunderts zur Reichsbodenschätzung ab 1934 – Das Bewertungsproblem von Grund und Boden in Deutschland im Spannungsfeld zwischen Steuerpolitik und räumlichen Ordnungsvorstellungen" aus der Sektion „Landschaft im jüngeren Recht" ist für eine Publikation an anderem Ort vorgesehen.

Aufsatz auszuarbeiten, das er im Rahmen der gemeinsam von *Peter Rückert* und ihm vorbereiteten und geleiteten Exkursion zu den landschaftsprägenden Zeugnissen der Rechtsgeschichte im Taubertal am 17. September 2022 vorgestellt hatte.

Die Tagung war in vier Sektionen aufgeteilt worden, die letztlich auch die Gliederung dieses Bandes vorgegeben haben.

2 Landschaft im älteren Recht

Matthias Hardt führt am Beispiel des salischen Rechts aus dem 6. Jahrhundert und des Sachsenspiegels aus dem 13. Jahrhundert zu den Spuren, die uns heute eine Vorstellung von der früh- und hochmittelalterlichen Kulturlandschaft in Mitteleuropa vermittelt, den darin sich entwickelnden Siedlungen und den Nutzungskonflikten, die über diese Rechtsbücher geregelt werden sollten.

Den Blick eines Skandinavisten, der sowohl in den altisländischen Quellen als auch in der zeitgenössischen Erzählforschung bewandert ist, bietet *Matthias Egeler*, der sich am Beispiel zweier Fjorde in Island der Frage widmet, ob die dort zahlreich nachweisbaren vermeintlichen Plätze von Hinrichtungen auf einen realen historischen Kern zurückzuführen sind, oder eben nicht.

Andreas Reuschel und *Rudolf Bergmann* zeigen an Beispielen aus dem südlichen Niedersachsen und dem östlichen Westfalen, wie sich die Hägerhufenkolonisation – ein klassisches Thema der Historischen Geographie an der Schnittstelle zur Agrargeschichte und zur Archäologie – seit dem 11. Jahrhundert entwickelt hat. Dabei werden die Spuren dieser von verschiedenen Herrschaftsträgern gesteuerten Binnenkolonisation mit stark regulierter und in weiten Räumen landschaftsprägender Siedlungsform bis in unsere Zeit in einer großen methodischen Vielfalt verfolgt.

3 Symbole des Rechts in der Landschaft

Heiner Lück hatte zu Beginn der Rothenburger Tagung einen öffentlichen Abendvortrag über die kulturlandschaftsprägenden Zeugnisse vormodernen Rechtslebens im Mittelalter und in der Frühen Neuzeit gehalten, mit dem er vor allem die Orte der Rechtsprechung und des Vollzugs von Strafen vorstellte. Deren Funktion und Ausgestaltung muss man kennen, um sie in der Landschaft identifizieren zu können. In seinem Aufsatz werden diese Zeugnisse nicht nur über zahlreiche Abbildungen veranschaulicht, sondern auch die zugrundeliegenden Rechtsvorstellungen früherer Zeiten in teilweise noch heute gebräuchlichen Redewendungen erläutert.

Als ein weiteres Arbeitsfeld der Rechtsarchäologie hat sich in den zurückliegenden Jahrzehnten die Dokumentation und Interpretation der Funktion von sog. Sühnekreuzen entwickelt, die sich in weiten Teilen Europas finden lassen. Der Beitrag von *Eike Gringmuth-Dallmer* versteht sich als Plädoyer für einen besseren Schutz dieser Kleindenkmale, der nur über eine aktive Vermittlungsarbeit gegenüber einer breiteren Öffentlichkeit möglich sein wird.

Die heute noch in großer Zahl sichtbaren Steinriegel in den Steillagen des Oberen Muschelkalks entlang der Tauber haben *Winfried Schenk* zu einer historisch-geographischen Betrachtung dieses Phänomens veranlasst, in der er einen ebenso agrargeschichtlichen wie bodengeographischen Zugang gewählt hat. In diesen Steinriegeln manifestieren sich Eigentums- und Nutzungsgrenzen im früheren Weinbau.

Spätestens mit dem Aufkommen von Geschichtsatlanten und Schulwandkarten sah sich die thematische Kartographie gezwungen, Grenzen von Territorien darzustellen sowie die auf diese Weise umrissenen Gebiete mittels Flächenfarben oder Schraffuren etc. von einander zu unterscheiden, was letztlich dazu führte, das eine staatliche Realität, wie sie sich eigentlich erst seit dem 19. Jahrhundert in Mitteleuropa verfestigte, auf frühere Zeiten zurückprojeziert wurde. *Falk Bretschneider* hat sich mit der Strafe der Landesverweisung in der Frühen Neuzeit auseinandergesetzt, die maßgeblich das zeitgenössische Bild von Herrschaft (und damit auch Gerichtshoheit) über ein Territorium und den dafür notwendigen Abgrenzungsprozess bis in den letzten Winkel des Alten Reiches prägte.

Patrick Reitinger und *Andreas Dix* greifen mit ihrem Beitrag einen Traditionsstrang der Historischen Geographie auf, der unter *Klaus Fehn* in Bonn immer wieder zum Thema geworden war – die Geschichte der Raumordnung und Landesplanung in der Zeit des Nationalsozialismus, die für weite Teile des besetzten Kontintentaleuropas Auswirkungen hatte oder zumindest perspektivisch haben sollte. Nach der Angliederung des Sudetenlandes 1938 wurden auf dieses Gebiet die rechtlichen Rahmenbedingungen, die im Deutschen Reich galten, übertragen, was nicht zuletzt für das ländliche Siedlungsbild Auswirkungen zeitigen sollte. Die nationalsozialistische Intention, die in den neu angelegten oder umgebauten Bauernhöfen „Symbole des Rechts“ sehen wollte, wird in diesem Beitrag anschaulich herausgearbeitet.

Abschließend zu dieser Sektion widmet sich *Markus Hirte* als Direktor des Mittelalterlichen Kriminalmuseums der auf gut ein Jahrhundert zurückblickenden Geschichte dieser ursprünglich von einer Familie privat zusammengetragenen Sammlung, die heute zu den Publikumsmagneten unter den Museen, nicht zuletzt für ausländische Gäste, zählt. Sowohl in der Dauerausstellung, die seit einigen Jahren sukzessive modernisiert wird, als auch in den in dichter Folge veranstalteten Sonderausstellungen der vergangenen Jahre ist in beeindruckender Vielfalt der Reichtum an rechtsarchäologischen Artefakten aus dieser Sammlung präsentiert worden. Dabei ist die Prägekraft des Rechts in der Landschaft in verschiedenen Kontexten evident, wobei der zeitliche Rahmen vom Mittelalter bis in die heutige Zeit reicht.

4 Rechtsräume

Im Jahre 1987 begann die UNESCO damit, die sichtbaren Reste der Grenzbefestigungen des Römischen Reiches als Welterbe der Menschheit zu deklarieren. 34 Jahre später, 2021, wurden drei transnationale Welterbestätten zu einem Cluster „Grenzen des Römischen Reiches“ zusammengefasst, das einen universellen Wert beanspruchen darf. *Werner Eck* und *Suzana Matešić* beleuchten in ihrem Beitrag den Rechtsraum des Imperium Romanum in seiner Genese als auch in seinem Bedeutungswandel in der Antike. Über die dabei gewonnenen Erkenntnisse reflektieren sie aus einer angewandten Perspektive, nämlich über die Frage, wie die Schutzwürdigkeit der archäologischen Zeugnisse in ihrer kulturlandschaftlichen Komplexität für künftige Generationen gewährleistet werden kann.

Welche Auswirkungen die Unterschiede auf die rechtlichen Grundlagen einer Siedlungslandschaft bis in die heutige Zeit haben können, zeigt *Rolf Peter Tanner* anschaulich in seinem Aufsatz, in dem er die Haufendörfer im Realteilungsgebiet des westlichen und südlichen Alpenraums mit dem durch die Milchwirtschaft bestimmten Streusiedlungsgebiet im nördlichen und östlichen Alpenraum in Bezug auf ihre jeweils dominante Ausprägung des modernen Tourismus miteinander vergleicht.

Nils Jörn zeigt für Norddeutschland übergreifend, aber mit einem klaren Fokus auf die Stadt Wismar und ihre Bewohner, welchen Wandel die Rechtsfindung vom Spätmittelalter bis zum Ende der sog. Schwedenzeit durchlief, d. h. wo man in diesen knapp sechs Jahrhunderten sein Recht suchte und fand. Dabei werden die Räume ausgeleuchtet, in denen das Lübische Recht galt oder die landesherrliche Gerichtsbarkeit der mecklenburgischen Herzöge durchgesetzt werden konnte, das Reichskammergericht und der Reichshofrat angerufen wurden oder schließlich das Wismarer Tribunal, welches als höchste Instanz für die in Personalunion vom König bzw. von der Königin von Schweden regierten Territorien im Heiligen Römischen Reich zuständig war.

Für drei Reichsstädte, die im schwäbischen bzw. fränkischen Reichskreis lagen, zeichnet *Raimund J. Weber* nach, welches Potential die Akten des Reichskammergerichts bieten, um die Spezifika der Territorialisierungsprozesse in der Frühen Neuzeit zu untersuchen. Es geht konkret um die Landgebiete von Schwäbisch Gmünd, Schwäbisch Hall und Rothenburg ob der Tauber, deren Abgrenzung durch bauliche Maßnahmen, die teilweise bis heute im Gelände sichtbar sind, in zahlreichen Prozessen mit den umliegenden Nachbarherrschaften einen Niederschlag fand.

In diesem Themenkreis bewegt sich auch der Beitrag von *Anette Baumann*, die mit Hilfe der sog. Augenscheinkarten, die in den Reichskammergerichtsakten aus einem Raum von Hinterpommern bis Lüttich und von der Nordseeküste bis in den Alpenraum überliefert sind, zeigt, wie Grenzen seit dem ausgehenden 15. Jahrhundert dokumentiert, ja, die frühmodernen Konfliktzonen auch in faszinierender Weise visualisiert worden sind. Das breite Spektrum der an den Grenzbegehungen beteiligten Personen ist ebenso beeindruckend wie der Umstand, dass die Ergebnisse ihrer Tätigkeit in einigen Fällen von Kartographen, häufig aber auch von Malern festgehalten worden sind. Die Grenze, in unserem modernen Verständnis eine Linie, ist dabei in der Frühen Neuzeit lange noch nicht fixiert gewesen, eher waren es Grenzsäume, die zur Darstellung kamen und deren Markierung mit einer großen Palette von Grenzzeichen in den Augenscheinkarten sichtbar wird.

5 Landschaft im jüngeren Recht

Die letzte Sektion der ARKUM-Tagung vom September 2022 ging der Frage nach, welche Rolle Landschaft in der aktuellen Ausgestaltung des Rechts findet, wobei der Anwendungsbezug im Vordergrund stand.

Sabine Bock zeigt für die Guts- und Parklandschaft nördlich des Tollensetals in Vorpommern die Vorgehensweise einer Denkmalpflegerin, die sich mit der Frage auseinandersetzt, wie eine konkrete Landschaft auf der Grundlage z. B. des Bundesnaturschutzgesetzes unter Schutz gestellt werden könnte, welche Schritte bei der Inventarisierung sowie der Bewertung der einzelnen Landschaftselemente und -strukturen zu gehen sind, welche Quellen dafür zur Verfügung stehen und welche realen Gefahren derzeit dem ländlichen Raum drohen, der in dieser Region über Jahrhunderte maßgeblich von der Gutswirtschaft geprägt worden ist.

Zum Zeitpunkt der Rothenburger Tagung lag der Beginn des Krieges in der Ukraine noch keine sieben Monate zurück. *Jan Peter Kosoks* Ausführungen zu den 2015 erlassenen ukrainischen Erinnerungsgesetzen zur Dekommunisierung gewannen dadurch eine besondere Brisanz und zogen eine angeregte Diskussion nach sich. In seinem Beitrag geht er auf die regionalen Unterschiede im Umgang mit den Denkmälern aus der Sowjetzeit ein, die dazu führten, dass es im Westen der Ukraine bereits vor 2015 zu einer weitgehenden Entfernung von Symbolen des Kommunismus gekommen war, während dieser Prozess erst nach der 2014 erfolgten Annektion der Krim durch Russland im Osten der Ukraine in verstärktem Maße in Gang gesetzt wurde.

Der Landkreis Göttingen, im südlichen Niedersachsen gelegen, ist für *Ulrich Harteisen* der Raum, in dem er seine Untersuchung angesiedelt hat, um die in hohem Maße dynamische Entwicklung des Ausbaus der Windenergieanlagen aus raumplanerischer Sicht zu beurteilen. Die Steuerungsmöglichkeiten, die das Raumordnungsrecht für die Landschaftsentwicklung bietet, werden sowohl in ihren normativen Grundlagen als auch in den Grenzen ihrer praktischen Anwendbarkeit herausgestellt. Die allgegenwärtigen Diskussionen um die Akzeptanz der Energiewende und ihrer Auswirkungen auf das Landschaftsbild werden zum Ende dieses Beitrages aufgegriffen, um mögliche Lösungsansätze vorzustellen.

6 Zum Titelbild

Als Herausgeber dieses Bandes haben wir uns entschieden, einen Ausschnitt aus der Karte der Landhege von Rothenburg ob der Tauber aus der ersten Hälfte des 16. Jahrhunderts als Motiv für die Einbandvorderseite zu verwenden. Die Vorlage befindet sich im Germanischen Nationalmuseum in Nürnberg.[2]

Es handelt sich um eine Wildbannkarte, die das Resultat von Streitigkeiten zwischen der Reichsstadt Rothenburg und dem Markgrafen von Brandenburg-Ansbach um Jagdgrenzen ist. Als Rothenburg 1535–1538 die mächtige Spitalbastei baute, war der ohnehin streitbare Nachbar, Markgraf Georg der Fromme, darüber nicht erbaut. Er fiel daraufhin mit bewaffneten Reitern in die Rothenburger Landhege unter dem Vorwand ein, sein Jagdrecht ausüben bzw. schützen zu wollen. Deshalb beauftragte der Rat im Jahre 1537 *Wilhalm Ziegler*, auf einer Karte die Landhege und mit ihr die Wildbanngebiete der Reichsstadt festzuhalten. Die Landhege hatte zu diesem Zeitpunkt eine Länge von ca. 60 Kilometer, war teils mit Hecken bepflanzt sowie zusätzlich mit Wällen und Gräben ausgestattet. Die reguläre Passage war nur an ausgewählten Stellen möglich, die zusätzlich mit Schlagbäumen (Riegel) und/oder Wehrbauten gesichert wurden. An diesen Standorten wurde auch der Zoll erhoben.

Für die Teilnehmerinnen und Teilnehmer der Rothenburger ARKUM-Tagung war die Exkursion am 17. September 2022 zu den landschaftsprägenden Zeugnissen der Rechtsgeschichte im Taubertal ein eindrucksvolles Erlebnis. Auf dieser Fahrt wurden auch die heute noch in der Landschaft sichtbaren Elemente der Landhege in Augenschein genommen und eingehend diskutiert. Das Potential für einen Erkenntnisgewinn zu diesem Themenkomplex mittels Altkartenanalyse und Auswertung frühneuzeitlicher Akten war zuvor bereits in mehreren Vorträgen verdeutlicht worden. Insofern stehen der Ausschnitt aus der Zieglerschen Karte auf der Einbandvorderseite, in dem sich der Zeichner der Karte selbst bei der Arbeit dargestellt hat, und die hier in der Einleitung auf einer Doppelseite dargebotene vollständige Reproduktion metaphorisch für den Tagungsort und das Tagungsthema gleichermaßen – Recht macht Landschaft.

---

2 Für weiterführende Literatur zu dieser Karte vgl.: https://objektkatalog.gnm.de/wisski/navigate/316783/view (Zugriff: 8. August 2024).

Abb. 1: Karte des Rothenburger Landgebietes, der sog. Rothenburger Landhege, von Wilhelm Ziegler, 1537; Maße: 160 × 167 cm. Quelle: Germanisches Nationalmuseum, Sammlung der Druckgraphiken und Zeichnungen, Inventarnummer La4040; Foto: Monika Runge (CC BY-NC-ND 4.0)

Literatur

Gulczyński, A. [Hrsg.] (2012): Rechtsikonographie geistlicher und weltlicher Macht. – Halle an der Saale (SIGNA IVRIS. Beiträge zur Rechtsikonographie, Rechtsarchäologie und Rechtlichen Volkskunde, 10).

Gulczyński, A. [Hrsg.] (2012): The visualisation of law in academic traditions and the teaching of law. – Poznań 2022.

Paulissen, M.; van Beek, R.; Nekrassoff, S.; Huijbens, E. H. u. Spek, T. (2021): Dire Necessity or Mere Opportunity? Recurrent Peat Commercialisation from Raised Bog Commons in the Early Modern Low Countries. – In: International Journal of the Commons, 15(1), S. 100–118. DOI: https://doi.org/10.5334/ijc.1054 (Zugriff: 26. Juli 2024).

Porada, H. Th. (2022): Die Missionsreisen des Bischofs Otto von Bamberg zu den Ostseeslawen. Spuren einer regionalen Identität im Wandel von neun Jahrhunderten Rezeptionsgeschichte. – In: Blätter für deutsche Landesgeschichte, 158, S. 1–31.

Wüst, W. [Hrsg.] (2021): Der Historische Atlas (von Bayern) als Ideengeber und Rezipient historischer Diskurse. – München (Zeitschrift für bayerische Landesgeschichte, 83/2).

Siedlungsforschung. Archäologie – Geschichte – Geographie 40, 2023, S. 21–30

„Landschaft" in den kodifizierten Rechten des frühen und hohen Mittelalters

Matthias Hardt

„Recht macht Landschaft". Die thematische Ausrichtung der Jahrestagung des Arbeitskreises für historische Kulturlandschaftsforschung in Mitteleuropa (ARKUM) ließ es im Zuge der Vorbereitung des Vortragsprogramms angemessen erscheinen, im Rahmen der chronologischen Reihung der Referate auch auf „Landschaft" „in den kodifizierten Rechten des frühen und hohen Mittelalters" einzugehen, sollten diese ältesten Rechtsaufzeichnungen West-, Mittel- und Nordeuropas nicht übergangen werden. Der folgende Überblick zu landschaftsbildenden Elementen in den „Volks"- oder „Barbarenrechten", wie sie in der älteren Forschung auch genannt worden sind, erfordert ein definitorisches Vorspiel, denn der Begriff „Landschaft" ist schillernd, und vor allem, er taucht vor dem mittleren Drittel des 9. Jahrhunderts überhaupt nicht auf.

Tiefschürfende semantische und etymologische Untersuchungen von *Gerhard Hard* und *Gunter Müller* konnten in den 1960er (*Hard* 1970) und 1970er Jahren (*Hard* 1977; *Müller* 1977) zeigen, dass der Landschaftsbegriff im Verlauf der Jahrhunderte einem weitgehenden Wandel unterlegen ist. Als volkssprachliche Übersetzung für lateinisch *regio* oder *provincia* erscheint die substantivische Verbindung von *land* und dem Verbalabstraktum *-skapi-, skapja, skafti im Sinne von „Gestalt, Form, Beschaffenheit" um 830 als althochdeutsch *lantscaf* in Glossierungen oder Bibeldichtungen. Bei *Notker Labeo* von Sankt Gallen (ca. 950–1022) heißt es: *Prouincia est diu lántscaft, regio díû gibíûrda, mánige regiones mugen sîn in êinero prouincia*, wobei *prouincia* interlinear mit *Alemannia* und *regio* mit *sicut tiûregóuue für den heute schweizerischen Thurgau* glossiert ist (*Müller* 1977, S. 6). Aber auch *regio* wird regelhaft mit *lantscaf* übersetzt. Es sind also große bis mittelgroße Gebiete gemeint, wenn dieses Wort in der späten Karolingerzeit verwandt wird. In der altsächsischen Heliand-Bibeldichtung (Heliand 869f., S. 32) ist mit *landscepi* der ganze von Menschen bewohnte Erdkreis umschrieben. Bemerkenswert ist das altnordische *landskapr* für „Landesbrauch, Landessitte", hier bezogen auf „soziale Normen, Verhaltensweisen der Bewohner eines Landes" (*Müller* 1977, S. 7).

Seit den letzten Jahrzehnten des 12. Jahrhunders wird dann unter der *lantschaft* die Bevölkerung einer bestimmten Gegend verstanden, auch in Abgrenzung gegenüber Fremden oder Auswärtigen (*Müller* 1977, S. 8). Bald schon sind es nicht mehr alle, sondern nur noch die Vornehmen einer solchen Region, ihre politisch als handlungsfähig angesehene Bewohnerschaft, schließlich die Landstände und ihre Versammlungen, wie eine davon bis heute mit der „ostfriesischen Landschaft" fortlebt (*Müller* 1977, S. 8; *Hard* 1977, S. 14).

Erst seit dem 16. Jahrhundert hat sich dann, auch durch entsprechenden Gebrauch in der Landschaftsmalerei, die Wortbedeutung im Sinne von „geschauter Naturausschnitt" heraus gebildet (*Müller* 1977, S. 9; *Hard* 1977, S. 14), die im 19. und 20. Jahrhundert, wie Winfried Schenk es in Hoops Reallexikon der germanischen Altertumskunde formuliert hat, zu einer Zusammenfassung eines Aggregates „höchst verschiedener Phänomene der menschlichen Umwelt" mit einem „weitläufig[en], vieldeutig[en] und diffus[en] Wahrnehmungsfeld weiter entwickelt wurde. Unter „Landschaft" wird „für gewöhnlich die schöne, naturnahe, kleingeklammerte ländliche Kultur-Landschaft mit einem reichen Bestand an Relikten aus vergangenen Zeiten assoziiert" (*Schenk* 2001, S. 618).

Wenn nun also danach gefragt werden soll, wie sich „Landschaft", ihr Werden und ihre Veränderung in den kodifizierten Rechten des frühen und hohen Mittelalters niederschlagen, dann sind damit jene Kulturlandschaftselemente gemeint, die durch menschliches Wirken entstanden sind und die Landschaft geprägt haben. Zur Beantwortung dieser Fragestellung sollen nun „Landschaft" schaffende Bestimmungen zwischen dem Codex Iustinianus aus dem 6. Jahrhundert und dem Sachsenspiegel des 13. Jahrhunderts betrachtet werden, obwohl sich der Begriff „Landschaft" dort nirgends findet.

Kulturlandschaftsprägende Elemente in den Leges Barbarorum, insbesondere der zu Beginn des 6. Jahrhunderts aufgezeichneten Lex Salica (*Ubl* 2017) aufzuspüren, wird durch mehrere Aufsätze von *Ruth Schmidt-Wiegand* erleichtert, die sich 1975 dem „Bauern in der Lex Salica" (*Schmidt-Wiegand* 1975), 1977 dem „Dorf" (*Schmidt-Wiegand* 1977), 1979 der „Mark" (*Schmidt-Wiegand* 1979) und schließlich 1997 noch einmal „Haus und Hof" (*Schmidt-Wiegand* 1997) in den Volksrechten gewidmet hat. Dabei wurde deutlich, dass die landwirtschaftliche Tätigkeit im Frankenreich durch mit Haken- ebenso wie Räder- oder Wendepflügen betriebenen Ackerbau in vermessenen Fluren einerseits, durch Viehzucht andererseits bestimmt war, wobei sich letztere in der Lex Salica durch vielfältigste Regelungen bei Diebstahl insbesondere von Schweinen, Rindern, Schafen und Ziegen niederschlägt.

Der nachweislich der Bezeichnungen für die dabei verwendeten Geräte deutlich von galloromanischen Traditionen beeinflusste Ackerbau wurde auf Flächen vollzogen, die in den Malbergischen Glossen der Lex Salica als *strip*, Streifen, bezeichnet wurden und dementsprechend gegenüber anderen Flächen einer gemeinschaftlichen Siedlung durch Zäune und vielleicht auch schon durch Grenzsteine (*Schmidt-Wiegand* 1979, S. 78) abgegrenzt waren (Lex Ribuaria Tit. 58b, 107; *Schmidt-Wiegand* 1977, S. 417). Sie lagen *in campo vel exitu* (in Feld oder Flur), überliefert in der Lex Salica bei der Schilderung der Auffindung eines Erschlagenen zwischen zwei Ansiedlungen (Pactus Legis Salicae Tit. 102, 220 f.). Je nach Bebauung wurden sie als *messis* „Kornfeld“, *napina* „Rübenfeld“, *lenticularia* „Linsenfeld“, *pisaria* „Erbsenfeld“ oder *fabaria* „Bohnenfeld“ bezeichnet (*Schmidt-Wiegand* 1975, S. 131; *Müller-Wille* 1973). Auch für die am Rande der Siedlungen nahe der Gärten gepflanzten Apfel- und Birnbäume und ihre Veredelung ist die Übernahme vulgärlateinischer Terminologie belegt (*inpotus* „Pfropfreis“: Pactus Legis Salicae Tit. 27, § 8–11, 80 f.). Die Lex Ribuaria kennt (Lex Ribuaria, Tit. 63, 116 f.: *vineas*) auch Weinberge. Die Ränder der den Siedlungen benachbarten Wälder wurden gemeinschaftlich zur Schweinemast genutzt (Pactus Legis Salicae Tit. 122, 234 f.), es gab dort Hürden oder Verschläge für Schweine und Ziegen (Pactus Legis Alamannorum XXI, 1, 27; *Schmidt-Wiegand* 1977, S. 417) und es konnte Bau- und Brennholz von den *vicini*, den Bewohnern der Siedlung entnommen werden. Das Innere des Waldes dagegen war den Friedlosen zugewiesen, den *wargi*, „Würgern“ oder „Wölfen“, die etwa wegen Grabraubes aus der Gesellschaft ausgestoßen worden waren (*Schmidt-Wiegand* 1975, S. 132, u. 1979, S. 84; Pactus Legis Salicae Tit 55 § 4, 160 f.). Über die Aufstellung von Fallen oder das Töten gefährlicher Tiere mussten sich die *vicini* gegenseitig informieren (*Schmidt-Wiegand* 1977, S. 422). Zumindest in der frühfränkischen Periode unterlag die Verfügung über das Ackerland (die *terra salica*) einer gewissen Einschränkung, fiel nämlich beim Fehlen männlicher Erben an die Gemeinschaft der *vicini* zurück. Erst das Edictum Chilperici hob diese Beschränkung in der zweiten Hälfte des 6. Jahrhunderts auf und gestattete nun auch den Töchtern der freien Bewohner ihren Anteil am Erbe (Pactus Legis Salicae Tit. 108, 224 f.; *Schmidt-Wiegand* 1975, S. 149 f., u. 1979, S. 86).

Die durch die vielen Bestimmungen zum Diebstahl von Tieren in den Leges abgebildete Viehzucht wurde landschaftsprägend, weil die eben schon angesprochene Schweinemast die Struktur des Waldes veränderte. Schon Karl der Große suchte die königlichen Wälder vor unerlaubten Rodungen und den Folgen übermäßiger Waldweide von Schweinen zu schützen (Capitulare de villis c. 36, 86). Während die Jungtiere in Gattern (*chrannis*) gehalten wurden, durchstreiften die sogenannten „Läufer“, angeführt von Leitsauen in 25–50 Tiere umfassenden, mittels Glocken (Pactus Legis Salicae Tit. 27, 1, 78 f.) wiederzufindenden Herden die Umgebung (campus) der Siedlungen (*Schmidt-Wiegand* 1975, S. 140). Auch Rinder wurden in Herden gehalten, die allerdings nur aus 12–25 Tieren bestanden und sich im Eigentum einzelner Bewohner befanden, während Zuchttiere gemeinschaftlich von mehreren Bewohnern verschiedener (3) Siedlungen gehalten werden konnten. (*Schmidt-Wiegand* 1975, S. 141). Die Rinder fraßen von Wiesen, von denen auch Heu geerntet wurde. Geflügelhaltung fand gemäß des Pactus Legis Salicae (Tit. 7–8, 36–41) in den Gärten statt, wo weiterhin auch Bienenkörbe aufgestellt waren.

Die verschiedenen Gebäude und die Struktur der Siedlungen, aus denen eine solche Landwirtschaft betrieben wurde, lassen sich aus den zahlreichen Brandstiftungsdelikten erahnen, die in der Lex Salica zur Ahndung aufgeführt sind (Pactus Legis Salicae Tit. 16, 58–63). Bei den Wohngebäuden wird zwischen wohl repräsentativeren Hallen und Sälen oder *casae* unterschieden, wobei letztere als Wohnstallhäuser Menschen und Tieren zur Unterkunft dienten. In Grubenhäusern und Speichern wurden Vorräte aufbewahrt, Gebäude mit Flechtwänden waren Arbeits-, also z. B. Webhäuser. Brunnen konnten gemäß der Lex Baiuvariorum (X, 22, 23, 395; *Schmidt-Wiegand* 1977, S. 424) von den *vicini* gemeinschaftlich genutzt werden, und die Mühlen standen ebenso wie ihre Zufahrtswege unter einem besonderen Schutz (Pactus Legis Salicae Tit. 22, 70–73), den nach der Lex Baiuvariorum auch die Schmieden oder andere Werkstätten (fabricae) genossen, die als *casae publicae* bezeichnet wurden (Lex Baiuvariorum IX, 2, 367).

Solche vielgliedrigen Gehöfte, die als *domus* einen geschützten Hausfriedensbezirk darstellten, waren ebenso wie die Gärten von Zäunen umgeben, die im langobardischen Edictus Rothari in ihrer ganzen Bandbreite als Etterzaun (Edictus Rothari 285, 68), Stangenzaun, Gatterzaun und Zäune mit Ruten und Querverbindern beschrieben werden, unterschieden von natürlichen Hecken und Verhauen, die in der Lex Salica erwähnt werden (Pactus Legis Salicae Tit. 34, 102–105; *Schmidt-Wiegand* 1977, S. 426, u.1997, S. 347), und dem *ezzisczun* der Lex Baiuvariorum (X, 16, 392), der wohl einen Esch (got. a*tisk* „Saatfeld, Feldflur“) schützte (*Schmidt-Wiegand* 1977, S. 426). Gelegentliche Absätze über Hausziehung (*alachtaco*) oder Hausverschleppung zeigen, dass Gebäude verlegt werden und Baumaterialien an anderer Stelle wieder verwendet werden konnten (Pactus Legis Salicae Tit. 14, 54 f.). „Bestimmungen wie diese lassen erkennen, daß die Siedler nicht fest und dauernd an ihren Siedlungsplatz gebunden gewesen sind, daß also … eine gewisse Mobilität bei der Ackerbau treibenden Bevölkerung vorhanden gewesen ist“ (*Schmidt-Wiegand* 1975, S. 148, u. 1977, S. 429). Bestattungsplätze, deren Lage nicht näher ausgeführt wird, gehörten natürlich auch zu den Siedlungen. *Karl der Große* verbot in der Capitulatio de partibus Saxoniae Begräbnisse an den Hügeln der Ahnen (MGH Capitularia I, Nr. 26, 22, 69).

Wenn man danach fragt, wie diese durch Siedlung, Viehzucht und Ackerbau geprägten „Landschaften“, die nicht so hießen, begrenzt gewesen sein könnten, stößt man entweder auf den eben schon kurz erwähnten Wald, oder aber tatsächliche Grenzen, die als *marca* bezeichnet wurden. Das Wort ist, wie „Landschaft“, schillernd, kann eine Grenze, aber auch ein Gebiet bezeichnen, z. B. Dänemark, das Land der Dänen (*Stieldorf* 2012, S. 40–47, 111 f.). *Ratchis*, König der Langobarden, bestimmte, dass *marcas nostras* „streng bewacht und mit Falltoren versehen sein sollten, damit weder die Feinde noch die eigene Bevölkerung (*gentes nostre*) unkontrolliert oder unbemerkt diese Grenze passieren können“ (Ratchis regis capitula 13, 192; *Schmidt-Wiegand* 1979, S. 81). Waren hier sicher die Außengrenzen des Langobardenreiches gemeint, so könnte Tit. XIII, 9, 412 der Lex Baiuvariorum mit *marca* das Gebiet einer Siedlung bezeichnen, aus dem heraus Unfreie nicht verkauft werden sollten. Im gleichen Gesetz wird schließlich auch die Nutzung der „Holzmark“ durch die *conmarcani* behandelt (Lex Baiuvariorum Tit. XXII, 11, 473; *Schmidt-Wiegand* 1979, S. 82 f.). In der rheinfränkischen Lex Ribuaria (Tit. 79, 128 f.) wird bei der Waldnutzung schon zwischen verschiedenen Eigentumsformen unterschieden, nämlich zwischen dem „Markwald, dem Königsforst und dem Wald in Privatbesitz“

(*silva communis, silva regis vel alicuius*). Aus keiner dieser Waldungen sollten Hölzer entnommen noch dort Fischerei- oder Jagdfrevel betrieben werden (*Schmidt-Wiegand* 1979, S. 84, 90).

Im zwischen 1220 und 1235 im östlichen Harzvorland von *Eike von Repgow* niedergeschriebenen Sachsenspiegel (*Lück* 2017, S. 15–25) finden sich zahlreiche Bestimmungen, die das Zusammenleben in einer nun durch den hochmittelalterlichen Landesausbau (*Hardt* 2013) mit vermessenen Fluren, Fruchtwechsel und emphyteutischem Recht, der freien Erbzinsleihe also, zu organisieren versuchen. Viele Regelungen sollten vorbeugen, dass einzelne Parzellen von den falschen Bauern bestellt oder von Tieren heimgesucht würden. So handelt das Landrecht, Buch II, 46 darüber, „wer unwissentlich das Feld eines anderen oder das Feld, das ihm ein anderer übergeben hat, bestellt, wird er deshalb beschuldigt, weil er dort pflügt, so verliert er daran den Ertrag seiner Arbeit, wenn jener es erstreitet“. § 4: „Wer das besäte Feld eines anderen umpflügt, der soll ihm den Schaden bezahlen und, wie es das Recht vorsieht, seine Buße entrichten“ (*Eike von Repgow*, Sachsenspiegel, 136; Sachsenspiegel, 100). Im gleich darauf folgenden Artikel II, 47 heißt es: „Wer sein Vieh in das Kornfeld oder auf die Wiese eines anderen treibt, der soll ihm seinen Schaden erstatten, wie es das Recht vorsieht, und es mit drei Schillingen büßen“ (*Eike von Repgow*, Sachsenspiegel, 136; Sachsenspiegel, 100 f.). Um solche „Unfälle“ zu vermeiden, wurden von der Gemeinde Viehhirten eingesetzt, und auch ihr Wirken wurde im Sachsenspiegel geregelt: „Niemand soll Vieh, das mit dem Hirten laufen kann, auf dem Hof lassen, ausgenommen jede Sau, die Ferkel aufzieht. … Niemand darf einen eigenen Hirten anstellen, so daß er dann dem Gemeindehirten seinen Verdienst schmälert. Außer er besitzt drei Hufen Land oder mehr, die sein Eigengut oder sein Lehengut sind. Dann darf er wohl einen eigenen Schafhirten halten“, so wird in II, 54 bestimmt (*Eike von Repgow*, Sachsenspiegel, 141 f.; Sachsenspiegel, 104 f.). Die Hirten sollten verhindern, dass die Tiere sich an den falschen Bäumen oder Gräsern bedienten, wenn sie es auch nicht immer taten, wie eine Illumination der Oldenburger Bilderhandschrift zeigt (Abb. 1).

Schon der Codex Iustinianus hatte sich in dieser Hinsicht unerbittlich gezeigt: „Wenn ein Fremder Schaf- oder Pferdeherden in Waldungen des kaiserlichen Privatbesitzes getrieben hat, sollen sie sofort dem Fiskus verfallen. Wenn aber die käufliche Nachsicht der Prokuratoren solche Versuche auch weiterhin gestattet, befehlen wir, sie den härtesten Strafen zu unterwerfen“ (Codex Iustiniani 11, 67, 1, 252 f.).

Denkbar waren aber auch schon zu Zeiten des Sachsenspiegels direkte menschliche Einflussnahmen auf der Nächsten Gut: II, 28 § 1 bestimmt, dass „wer Holz haut, Gras schneidet, oder in den Gewässern eines anderen fischt, dessen Strafgeld beläuft sich auf drei Schillinge, und den Schaden bezahlt er dem Recht entsprechend“ (*Eike von Repgow*, Sachsenspiegel, 120; Sachsenspiegel, 91). II, 39, 1 legte fest: „Wer bei Nacht Korn stiehlt, der ist des Galgens schuldig; Stiehlt er es aber bei Tage, es geht ihm an den Hals“ (*Eike von Repgow*, Sachsenspiegel, 131; Sachsenspiegel, 96).

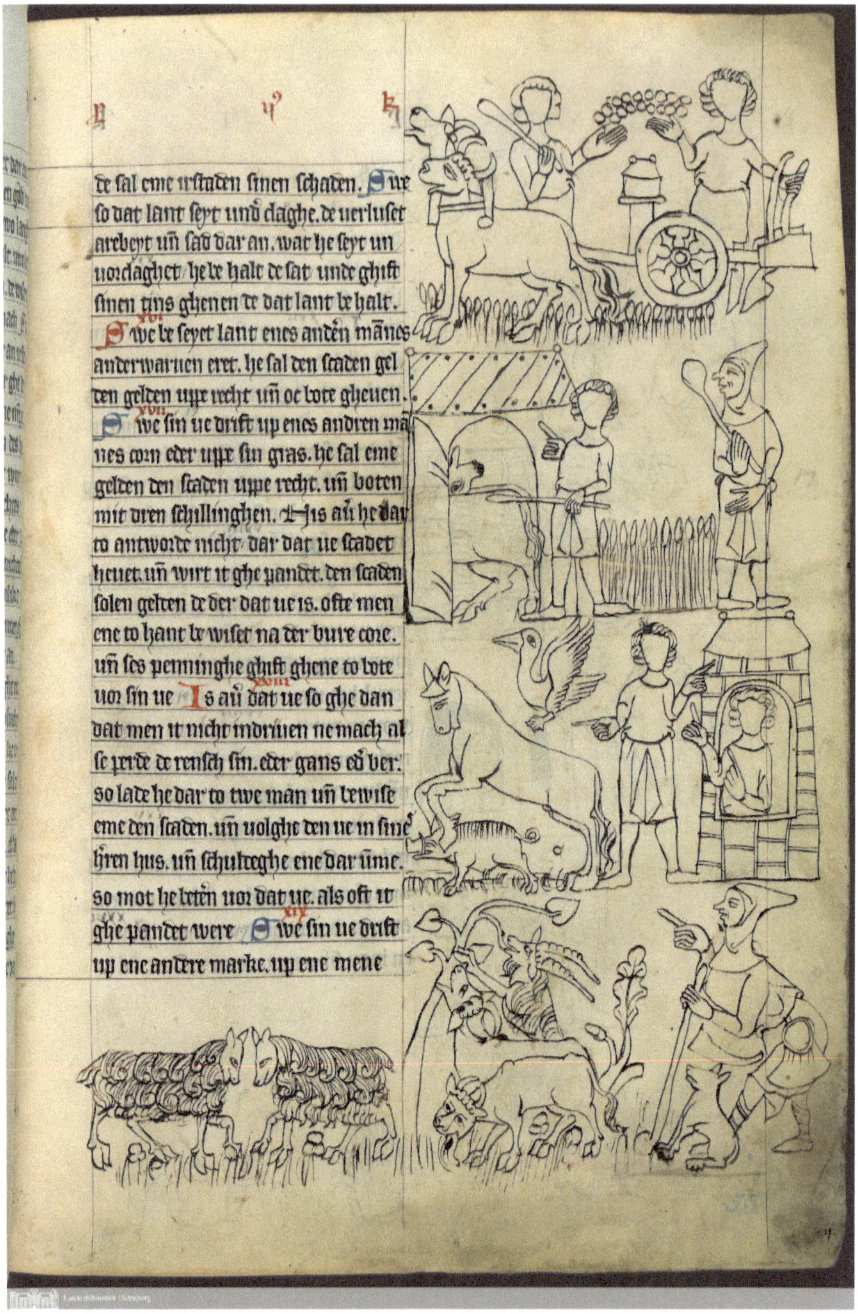

Abb. 1: Oldenburger Bilderhandschrift des Sachsenspiegels fol. 55r4 mit der Darstellung eines Hirten mit Hund, der Ziegen am unbefugten Verbiss hindern soll (untere Darstellung). Quelle: https://digital.lb-oldenburg.de/ihd/content/pageview/192538 (Zugriff: 24. Juli 2024)

Abb. 2: Heidelberger Bilderhandschrift des Sachsenspiegels fol. 8r mit der Darstellung von Gänsezehnt – Nachbarrechte: Traufwasser – Schweinekoben – Abort – Backofen – überhängende Früchte – Hirte – Sau mit Ferkeln. Quelle: https://digi.ub.uni-heidelberg.de/diglit/cpg164/0029/image,info,thumbs (Zugriff: 24. Juli 2024)

Bezüglich der Siedlungen wurden unter anderem auch Bestimmungen getroffen, die *Heiner Lück* (2017, S. 96) als die „Anfänge privaten Umweltrechts" bezeichnet hat (Abb. 2): „Backofen, Abort und Schweinestall sollen drei Fuß von dem Zaun entfernt sein" (Landrecht II, 51, 1; *Eike von Repgow*, Sachsenspiegel, 140; Sachsenspiegel, 103). „Jeder soll ferner auf seinen Backofen und seine Feuermauer achten, damit ihm nicht Schaden dadurch erwächst, daß die Funken in den Hof eines anderen fliegen" (II, 51, 2; *Eike von Repgow*, Sachsenspiegel, 140; Sachsenspiegel, 103). Abschließend soll auf Bestimmungen des Sachsenspiegels zu Deichbau und Gewässerentwicklung hingewiesen werden: „Alle Dörfer, die am Wasser liegen und einen Deich haben, der sie vor der Flut schützt, sollen ihren Teil des Deiches vor der Flut befestigen" und „wenn eine Insel in einem Fluß auftaucht, dann gehört sie zu dem Ufer, zu dem sie näher gelegen ist; befindet sie sich in der Mitte des Flusses, dann gehört sie zu beiden Ufern. Gleiches gilt von einem Flußbett, das ausgetrocknet ist" (II, 56, 1 und 3; *Eike von Repgow*, Sachsenspiegel, 143 f.; Sachsenspiegel, 106).

Die Reihe der Beispiele einschlägiger Bestimmungen aus kodifizierten Rechten zwischen dem 6. und dem 13. Jahrhundert hat deutlich werden lassen, dass es keine unmittelbaren Regelungen gegeben hat, welche die Landschaft betrafen. Diese wurde als solche und als Rechtsgegenstand noch nicht wahrgenommen. Dennoch gab es viele Verordnungen, die kulturlandschaftsbildend werden konnten, weil sie Siedlungen, Ackerbau und Viehzucht, die Vermessung agrarisch genutzter Flächen, die Nutzung der Wälder oder Wege- und Deichbau betrafen. Das Recht machte die Landschaft in diesen Jahrhunderten also nicht unmittelbar, sondern nur auf mittelbarem Wege.

Zusammenfassung

Obwohl der Begriff der Landschaft in der heutigen Bedeutung des Wortes im frühen Mittelalter noch nicht existierte, enthalten die kodifizierten Rechte dieser Zeit eine Anzahl von Bestimmungen, die kulturlandschaftsbildende Auswirkungen haben konnten. Landnutzung und Siedlungsstrukturen waren vielfach geregelt, und als möglich angenommene Rechtsverstöße geben Einblick in Konflikte, die beim Werden der Kulturlandschaft entstehen konnten. Der Beitrag bietet Beispiele aus der Zeit zwischen der Niederschrift der Lex Salica im 6. Jahrhundert und derjenigen des Sachsenspiegels in der ersten Hälfte des 13. Jahrhunderts.

Summary: "Landscape" in the codified rights of the early and high Middle Ages

Although the concept of landscape in the modern meaning of the word did not yet exist in the early Middle Ages, the codified laws of the period contain a number of provisions that could have cultural landscape-forming effects. Land use and settlement patterns were regulated in many cases, and violations of rights assumed to be possible provide insight into conflicts that could arise in the making of the cultural landscape. The article offers examples from the period between the writing of the Lex Salica in the 6th century and that of the Sachsenspiegel in the first half of the 13th century.

Quellen

Capitulare de villis: *Boretius, A. [Hrsg.]*: Capitularia Regum Francorum I. MGH Legum Sectio II. – Hannover 1883, S. 83–91.

Capitulatio de partibus Saxoniae: *Boretius, A. [Hrsg.]*: Capitularia Regum Francorum I. MGH Legum Sectio II. –Hannover 1883, S. 68–70.

Codex Justinianus: *Härtel, G. u. Kaufmann, F.-M. [Hrsg.]*: Codex Justinianus. – Leipzig 1991 (Reclam-Bibliothek, 1368).

Edictus Rothari: *Bluhme, F. [Hrsg.]*: MGH Legum IV. – Hannover 1868, S. 3–90.

Eike von Repgow: *Schott, C. [Hrsg.]*: Der Sachsenspiegel. 3. revidierte Auflage. – Zürich 1996 (Manesse Bibliothek der Weltliteratur).

Heliand: *Behaghel, O. u. Mitzka, W. [Hrsg.]*: Heliand und Genesis. 7. Auflage. – Tübingen 1958 (Altdeutsche Textbibliothek, 4).

Lex Baiuvariorum: *Heymann, E. [Hrsg.]*: Lex Baiwariorum. MGH Leges Nationum Germanicarum V, II. – Hannover 1926.

Lex Ribuaria: *Beyerle, F. u. Buchner, R. [Hrsg.]*: Lex Ribuaria. MGH Leges Nationum Germanicarum III, II. – Hannover 1954.

Pactus Legis Alamannorum: *Lehmann, K. u. Eckhardt, K. A. [Hrsg.]*: Leges Alamannorum, MGH Leges Nationum Germanicarum V, 1. – Hannover 1966, S. 21–34.

Pactus Legis Salicae: *Eckhardt, K. A. [Hrsg.]*: Die Gesetze des Merowingerreiches 481–714, Bd. 1: Pactus Legis Salicae: Recensiones Merovingicae, Zweite Bearbeitung. – Göttingen, Berlin, Frankfurt am Main 1955 (Germanenrechte. Texte und Übersetzungen).

Ratchis regis capitula in breve statuta. – In: *Bluhme, F. [Hrsg.]*: MGH Legum IV. – Hannover 1868, S. 192–193.

Sachsenspiegel: *Ebel, F. [Hrsg.]*: Sachsenspiegel. Landrecht und Lehnrecht. – Stuttgart 1993 (Reclams Universal Bibliothek, 3355).

Literatur

Hard, G. (1977): Zu den Landschaftsbegriffen der Geographie. – In: *Wallthor, A. H. von u. Quirin, H. [Hrsg.]*: Landschaft als interdisziplinäres Forschungsproblem. Vorträge und Diskussionen des Kolloquiums am 7./8. November 1975 in Münster. – Münster 1977 (Veröffentlichungen des Provinzialinstituts für westfälische Landes- und Volksforschung des Landschaftsverbandes Westfalen-Lippe, Reihe 1, Heft 21), S. 13–25.

Hard, G. (1970): Die „Landschaft“ der Sprache und die „Landschaft“ der Geographen. Semantische und forschungslogische Studien. – Bonn 1970 (Colloquium Geographicum, 11).

Hardt, M. (2013): Landesausbau. – In: *Cordes, A.; Haferkamp, H.-P.; Lück, H.; Werkmüller, D. u. Bertelsmeier-Kierst, C. [Hrsg.]*: Handwörterbuch zur deutschen Rechtsgeschichte. 2., völlig überarbeitete und erweiterte Auflage, 18. Lieferung. – Berlin 2013, Sp. 416–420.

Lück, H. (2017): Der Sachsenspiegel. Das berühmteste deutsche Rechtsbuch des Mittelalters. – Darmstadt 2017.

Müller, G. (1977): Zur Geschichte des Wortes Landschaft. – In: *Wallthor, A. H. von u. Quirin, H. [Hrsg.]*: Landschaft als interdisziplinäres Forschungsproblem. Vorträge und Diskussionen des Kolloquiums am 7./8. November 1975 in Münster. – Münster 1977 (Veröffentlichungen des Provinzialinstituts für westfälische Landes- und Volksforschung des Landschaftsverbandes Westfalen-Lippe, Reihe 1, Heft 21), S. 4–13.

Müller-Wille, M. (1973): Acker- und Flurformen, B: Frühmittelalterliche Zeit, § 3. Nordwest- und Mitteleuropa. – In: Reallexikon der Germanischen Altertumskunde, 1. – Berlin u. New York 1973, S. 45–50.

Schenk, Winfried (2001): Landschaft. – In: Reallexikon der Germanischen Altertumskunde, 17. – Berlin u. New York, S. 617–630.

Schmidt-Wiegand, R. (1975): Der „Bauer“ in der Lex Salica. – In: *Wenskus, R.; Jankuhn, H. u. Grinda, K. [Hrsg.]*: Wort und Begriff „Bauer“. Zusammenfassender Bericht über die Kolloquien der Kommission für die Altertumskunde Mittel- und Nordeuropas. – Göttingen 1975 (Abhandlungen der Akademie der Wissenschaften in Göttingen; philologisch-historische Klasse, 3. Folge, Nr. 89), S. 128–152.

Schmidt-Wiegand, R. (1977): Das Dorf nach den Stammesrechten des Kontinents. – In: *Jankuhn, H.; Schützeichel, R. u. Schwind, F. [Hrsg.]*: Das Dorf der Eisenzeit und des frühen Mittelalters. Siedlungsform – wirtschaftliche Funktion – soziale Struktur. Bericht über die Kolloquien der Kommission für die Altertumskunde Mittel- und Nordeuropas in den Jahren 1973 und 1974. – Göttingen 1977 (Abhandlungen der Akademie der Wissenschaften in Göttingen; philologisch-historische Klasse, 3. Folge, Nr. 101), S. 409–443.

Schmidt-Wiegand, R. (1979): *Marca.* Zu den Begriffen „Mark“ und „Gemarkung“ in den Leges barbarorum. – In: *Beck, H.; Denecke, D. u. Jankuhn, H. [Hrsg.]*: Untersuchungen zur eisenzeitlichen und frühmittelalterlichen Flur in Mitteleuropa und ihrer Nutzung. Bericht über die Kolloquien der Kommission für die Altertumskunde Mittel- und Nordeuropas in den Jahren 1975 und 1976, Teil I. – Göttingen 1979 (Abhandlungen der Akademie der Wissenschaften in Göttingen; philologisch-historische Klasse, 3. Folge, Nr. 115), S. 74–91.

Schmidt-Wiegand, R. (1997): Haus und Hof in den Leges barbarorum. – In: *Beck, H. u. Steuer, H. [Hrsg.]*: Haus und Hof in ur- und frühgeschichtlicher Zeit. Bericht über zwei Kolloquien der Kommission für die Altertumskunde Mittel- und Nordeuropas vom 24. bis 26. Mai 1990 und 20. bis 22. November 1991 (34. und 35. Arbeitstagung; Gedenkschrift für Herbert Jankuhn). – Göttingen 1997 (Abhandlungen der Akademie der Wissenschaften in Göttingen; philologisch-historische Klasse, 3. Folge, Nr. 218), S. 335–351.

Stieldorf, A. (2012): Marken und Markgrafen. Studien zur Grenzsicherung durch die fränkisch-deutschen Herrscher. – Hannover 2012 (Monumenta Germaniae Historica, Schriften 64).

Ubl, K. (2017): Sinnstiftungen eines Rechtsbuchs. Die *Lex Salica* im Frankenreich. – Ostfildern 2017 (Quellen und Forschungen zum Recht im Mittelalter, 9).

Siedlungsforschung. Archäologie – Geschichte – Geographie 40, 2023, S. 31–43

Von Galgenklippen und Diebesschluchten

Zur landschaftlichen Rezeption und Imagination von Richtstätten in isländischen Lokalüberlieferungen

Matthias Egeler

Die blutigen Aspekte des Rechts sind ein Thema, das sich in der isländischen Erzählkultur nicht erst im modernen Island-Krimi ungemeiner Beliebtheit erfreut. Die Faszination, die von Gesetzesbrechern, ihren Untaten und ihrem oft blutigen Ende ausgeht, spielt schon in einigen der berühmtesten mittelalterlichen Sagas eine zentrale Rolle, insbesondere in den drei Isländersagas, die Geächtete als ihre Hauptprotagonisten haben – *Gísla saga*, *Grettis saga* und *Harðar saga* – und die natürlich mit der Tötung dieser Geächteten enden (vgl. *Ahola* 2014). Der vorliegende Aufsatz wird seinen Fokus aber nicht auf diese berühmten Texte legen, sondern auf die weit weniger bekannte landschaftliche Rezeption von Richtstätten in isländischen Lokalüberlieferungen der Gegenwart und jüngeren Vergangenheit. Diese soll exemplarisch anhand der „Richtstättenlandschaft" der Fjorde Steingrímsfjörður und Kollafjörður in den isländischen Westfjorden vorgestellt werden. Im Zuge einer Analyse und lokalen sowie regionalen Kontextualisierung der vorgeblich historischen Richtstätten dieser beiden Fjorde werde ich die Arbeitshypothese entwickeln, dass die reiche Richtstättenlandschaft dieser Fjorde nicht eine Erinnerung an rechtsgeschichtliche Realitäten reflektiert, sondern ein Zeugnis für die Faszinationskraft von Hinrichtungen als Teil einer Kultur des Erzählens über Verbrechen und Strafe darstellt. Oder anders gesagt: Die Richtstättenlandschaft der isländischen Lokalüberlieferung gehört zwar zum kulturellen *imaginaire*, aber nicht zur eigentlichen Rechtsgeschichte. Die Frage nach der Übertragbarkeit dieser Schlussfolgerung auf die mittelalterliche Sagaliteratur liegt nahe, bedarf zu ihrer Beantwortung aber weiterer Studien.

Steingrímsfjörður und Kollafjörður sind zwei Fjorde im Zentrum der Region Strandir in den isländischen Westfjorden, in denen bis in die Gegenwart eine reiche Erzählüberlieferung zu lokalen Richtstätten bewahrt geblieben ist.[1] Die Dokumentation dieser (bis dahin rein mündlichen) Überlieferungen begann um die Mitte des 20. Jahrhunderts. Ein entsprechendes Zeugnis ist etwa mit dem Hof Hrófberg an der Südseite des Steingrímsfjords verbunden. In einer undatierten Beschreibung des Hofs ungefähr aus der Mitte des 20. Jahrhunderts heißt es (*Jóhann Hjaltason* o. J., S. 2–3):[2]

> Gálgaklif („Galgenklippe") […] [E]s heißt, dass dort in früheren Zeiten Verbrecher gehängt wurden, denn für eine lange Zeit war der Thing- und Versammlungsplatz der Einwohner des Bezirks in Hrófberg. Dort ist an einem Platz eine große Scharte in die Felsen hinein und es heißt, dass der Galgen auf die Weise zugerichtet wurde, dort einen Querbalken darüber zu legen.

In der Beschreibung der Landschaft, in der der Hof gelegen ist, haben Recht und Rechtsordnung nur in einer Form Spuren hinterlassen, nämlich in der des Felsens, der als ein Hinrichtungsplatz gedient haben soll. Dieser Hinrichtungsplatz soll einfach aus einer Felsscharte bestanden haben, die man (ganz praktisch) mit einem einzigen Querbalken in einen natürlichen Galgen verwandelte.

Der Hinrichtungsfelsen von Hrófberg existiert heute nicht mehr, da die Galgenklippe beim Bau der modernen Küstenstraße gesprengt wurde. Ein noch existierendes Beispiel befindet sich aber direkt auf der gegenüberliegenden Seite des Fjords auf dem Land des Hofs Bassastaðir.

Auch dort gibt es unmittelbar an der Küstenstraße eine Felsformation mit dem Namen Gálgaklif, „Galgenklippe". In einer undatierten Beschreibung wohl aus der zweiten Hälfte des 20. Jahrhunderts heißt es dazu (*Matthías Helgason* o. J., S. 3):

> […] Gálgaklif („Galgenklippe"). Das sind zwei Felsnasen, die ins Meer hinaus gehen. Zwischen ihnen ist ein gleichhoher Felsen. Da, heißt es, dass Verbrecher gehängt worden sind, zumal der Platz für diesen Zweck gut geeignet scheint.

Die Mechanik des Verfahrens wird hier nicht so detailliert erläutert wie in der Beschreibung des Hinrichtungsplatzes auf Hrófberg, aber die Idee ist offenkundig dieselbe: Eine Scharte zwischen zwei Felsnasen wird mit einem einfachen Querbalken in einen simplen und praktischen Galgen transformiert.

---

1 Über den hier in den Blick genommenen Aspekt der Richtstätten hinaus vgl. zur Erzähl- und Volksglaubenslandschaft von Strandir *Egeler* 2024.

2 Alle Übersetzungen von mir. Auf die Reproduktion der Originaltexte wurde aus Raumgründen verzichtet.

Abb. 1: Die Felsformation Gálgaklif („Galgenklippe") in Bassastaðir.
Foto: M. Egeler, 2019

Eine Beschreibung des Hofs Þrúðardalur im Nachbarfjord Kollafjörður, etwa 25 km Luftlinie entfernt, zeichnet noch ein weiteres Mal ein ganz ähnliches Bild. Direkt an der Zufahrtsstraße zum (heute aufgegebenen) Hof liegt dort eine kleine Felsklamm namens Þjófagjá, „Klamm/Spalte der Diebe". Eine Beschreibung des Hofs aus den 1970ern, die auf Auskünften des nahebei geborenen *Sigurður Franklínsson* (1903–1983) beruhte, erzählt dazu (*Guðrún S. Magnúsdóttir* 1976, S. 2):

> Am Ufer oberhalb der Küste fließt der Bach durch Þjófagjá („Klamm der Diebe"). Sie ist tief und ganz oben schmal, so dass man dort einen Balken darüberlegen könnte.

Diese Beschreibung bringt die Geländeform auf den Punkt: Der Bach fließt hier durch eine mehrere Meter tiefe, extrem schmale Klamm mit fast senkrechten, teilweise sogar überhängenden Wänden – also eine Landschaftsform, die mit ihrem engen Felsspalt auffallende Parallelen zur Galgenklippe in Bassastaðir zeigt.

Dass die Beschreibung den Balken ausdrücklich erwähnt, suggeriert, dass man auch Þjófagjá als Hinrichtungsort auffasste. Damit wäre Þjófagjá der dritte Galgenort dieses Typs in einem Radius von 25 km.

Selbst darin erschöpft die lokale Galgenlandschaft sich noch nicht. Auf halber Strecke zwischen der „Klamm der Diebe" Þjófagjá und den beiden gleichnamigen „Galgenklippen" (Gálgaklif) von Hrófberg und Bassastaðir findet sich noch eine vierte Richtstätte desselben Typs. Dieser vierte Hinrichtungsplatz ist Dauðaklif: die „Klippe der Toten“ beim heute aufgegebenen Hof Tungugröf.

In der Umgebung von Tungugröf franst das Land mit einem Gewirr von Landzungen und Schären ins Meer hinein aus. Die moderne Küstenstraße durchschneidet dieses Gewirr auf einem Damm; noch vor wenigen Jahrzehnten folgte die Straße aber eng der natürlichen Küstenlinie. Von primärem Interesse ist im gegenwärtigen Kontext der Hinrichtungsplatz Dauðaklif, „Klippe der Toten“. Dieser befand sich an der felsigen Spitze einer kleinen Landzunge direkt an der alten Straße. Eine schriftliche Überlieferung gibt es zu Dauðaklif meines Wissens nicht; von diesem Hinrichtungsplatz weiß ich nur durch das Bauernehepaar auf dem benachbarten Hof Húsavík, *Hafdís Sturlaugsdóttir* und *Matthías Sævar Lýðsson*. Dass manche solcher Orte bisher noch nie dokumentiert worden sind und nur in mündlicher Tradition überliefert werden, wirft nebenbei die Frage auf, wie viele solcher Orte es tatsächlich einmal gab: Dauðaklif war der bisherigen Dokumentation entgangen und man fragt sich, welche andere solche Orte dieser Dokumentation noch entgangen sind.

Abb. 2: Þjófagjá („Klamm der Diebe“) in Þrúðardalur. Foto: M. Egeler, 2019

Matthías und *Hafdís* zufolge befindet sich der Hinrichtungsplatz Dauðaklif an der Spitze einer Klippe direkt an der alten Küstenstraße, etwa 250 m von den ehemaligen Hofgebäuden entfernt. Dabei hat sich die Verwendung des Namens seit dem Bau der neuen, heutigen Straße etwas verschoben: Vor dem Neubau verwendete man die Bezeichnung Dauðaklif spezifisch für den Hinrichtungsplatz, aber seit dem Neubau nennt man die ganze Spitze der Klippe so. Die Klippe landeinwärts vom Hinrichtungsplatz trägt zudem den Namen Draugaklif: „Klippe der Gespenster".

Abb. 3: Der Blick durch die Felsscharte, die in Dauðaklif („Klippe der Toten") den Galgen bildete, mit der ehemaligen Küstenstraße am Fuß des Felsens.
Foto: M. Egeler, 2019

Der Hinrichtungsplatz Dauðaklif hat erneut dieselbe Struktur wie die Richtstätten in Hrófberg, Bassastaðir und Þrúðardalur: Er besteht aus einer Scharte im Fels, über die man nur einen Querbalken legen muss, um einen Galgen zu erhalten. In einer Entfernung von gerade einmal 25 km Luftlinie voneinander haben wir hier damit vier Hinrichtungsplätze, die alle dieselbe Struktur aufweisen; und jeder dieser Orte liegt direkt an einer Straßentrasse.

Welche Schlüsse legen diese Parallelen und die Dichte der Hinrichtungsstätten nahe? Ehe ich dazu einen Vorschlag unterbreite, möchte ich zunächst noch etwas in Tungugröf verweilen und den unmittelbaren lokalen Kontext der dortigen Richtstätte skizzieren, da dieser Kontext wichtige Fingerzeige für ihre Interpretation geben kann.

Die Landschaft von Tungugröf ist mit einer ungemeinen Dichte von Geschichten verbunden.

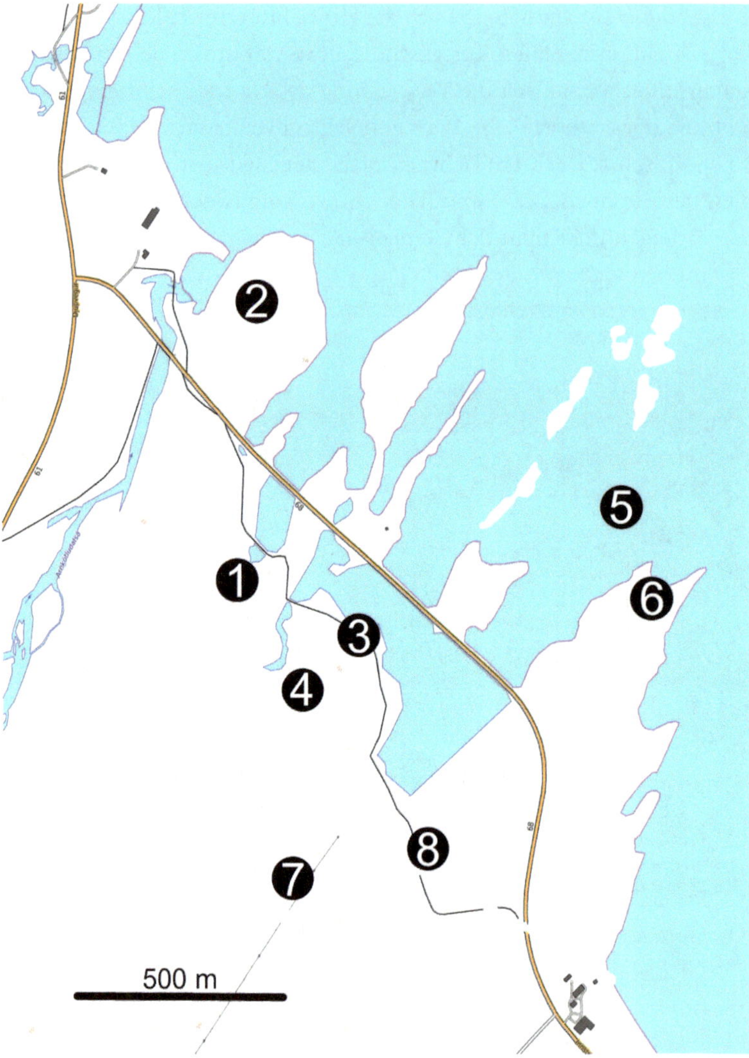

Abb. 4: Die Umgebung des historischen Hofs Tungugröf (Nr. 1). Die heutige Küstenstraße (dicke gelbe Linie) verläuft auf einem geraden Damm. Die historische Küstenstraße (dünne schwarze Linie) folgte hingegen den natürlichen Konturen der Küste. Entlang dieser Straße reiht sich eine ganze Kette von Orten des Todes und des Übernatürlichen auf und bildet eine Landschaft eines „folk horror": 1: Tungugröf, Ort einer Gespenstersichtung. 2: Draugaskarð („Pass der Gespenster"). 3: Dauðaklif („Klippe der Toten"). 4: Draugaklif („Klippe der Gespenster"). 5: Ort der Sichtung eines Elfenschiffs. 6: Elfenhandelsplatz. 7: Leichenfundort Hrólfsmýri („Hrólfurs Feuchtland"). 8: Strákaskarð („Pass der Burschen"), Ort eines Doppeltotschlags. Grundkarte erstellt mit Inkatlas.com. Copyright: OpenStreetMap contributors (openstreetmap.org), OpenTopoMap (CC-BY-SA)

Gerade im direkten Umfeld der alten Straßentrasse folgen hier Geschichten und sprechende Ortsnamen mit suggestiver Bedeutung einander in enger Abfolge. Wenn man dem Straßenverlauf von Westen nach Osten folgt, ist der erste einschlägige Ort Draugaskarð, der „Pass der Untoten" oder „Pass der Gespenster" (Abb. 4, Nr. 2; *Guðrún S. Magnúsdóttir* 1977, S. 1–2). Der Pass der Untoten ist eine Stelle, wo eine Klippe unmittelbar nördlich der Straße einen natürlichen Durchbruch hat; diese Stelle ist *Hafdís Sturlaugsdóttir* zufolge der beste Platz, um Schafe auf die fragliche Halbinsel zu treiben. Zwar war schon vor Jahrzehnten keine Geschichte mehr darüber bekannt, wie der Ort zu seinem gespenstischen Namen kam (*Guðrún S. Magnúsdóttir* 1977, S. 2), der Name selbst ist aber bis heute lebendig.

Gut einen halben Kilometer weiter standen die Gebäude des Hofs Tungugröf (Abb. 4, Nr. 1). Die Küstenstraße schnitt dort einen Weg, der von einem Bootslandeplatz zum eigentlichen Hof führte. Auch dieser Ort ist mit Assoziationen von Gespenstern verbunden, diesmal in Form einer expliziten Geschichte (*Jón Kr. Guðmundsson* 1989, S. 16–17): Eine Erzählung, die von Guðmundur Jónsson von Selbekkur (1904–1977) aufgezeichnet wurde, handelt davon, wie einmal ein Boot mit fünf Männern am Landeplatz des Hofs anlegte. Die Leute auf dem Hof sahen, wie die Bootsbesatzung vom Landeplatz zum Hofgebäude ging. Unterwegs durchquerten die fünf Männer einen kleinen blinden Fleck hinter einem Nebengebäude, wo sie vom Hof aus nicht zu sehen waren; und danach waren die Besucher plötzlich nur noch zu viert. Auf dem Hof befragte man die vier dann, wo der fünfte Mann verblieben war; aber von diesem fünften Mann wusste niemand etwas. So stellte sich heraus, dass die Männer in ihrem Boot das lokal berüchtigte Gespenst Ennis-Móri nach Tungugröf gebracht hatten.

Etwa 250 m weiter die Straße entlang kommt man dann zur Richtstätte: zur „Klippe der Toten" Dauðaklif mit dem eigentlichen Hinrichtungsplatz (Abb. 4, Nr. 3), und direkt südlich daran anschließend der „Klippe der Gespenster" Draugaklif (Abb. 4, Nr. 4).

Folgt man der Straße nochmals etwa 200 m weiter, dann öffnete sich linkerhand einst der Blick aufs offene Meer. Heute wird dieser Blick vom neuen Straßendamm abgeschnitten, aber als die Küstenstraße noch eng der Küstenlinie folgte, sah man hier durch einen engen Kanal in den Fjord hinein. *Guðmundur Jónsson* zufolge soll in diesem Kanal im Jahr 1935 ein großes Elfenschiff gesichtet worden sein (Abb. 4, Nr. 5); und die Sichtung dieses Schiffs der Elfen wurde damit in Verbindung gebracht, dass sich an der Spitze der Halbinsel ein Handelsplatz der Elfen befinden soll (Abb. 4, Nr. 6; *Jón Kr. Guðmundsson* 1989, S. 10–11).

Nochmals 200 m weiter führte die historische Küstenstraße an einer heute trockengelegten Feuchtwiese namens Hrólfsmýri („Hrólfurs Feuchtland") vorbei (Abb. 4, Nr. 7). Der Flurname Hrólfsmýri verbindet diese Wiese mit einer der prominentesten lokalen Katastrophenerzählungen (*Guðrún S. Magnúsdóttir* 1977, S. 4; *Egeler* 2021). Die Erzählung *Manntjónið á Heiðarbæjarheiði*, oder „Männerverlust auf Heiðarbæjarheiði", handelt davon, wie 18 Männer einst eines schönen Wintertages versuchten, den Berg Heiðarbæjarheiði zu überqueren, um zu den Fischgründen im Fjord auf der anderen Seite des Gebirgszugs zu gelangen. Sie wurden aber von einem Schneesturm überrascht und kamen alle ums Leben. Ihre Leichen wurden nach dem Unglück an ganz unterschiedlichen Orten gefunden, je nach dem, wie weit sie sich schleppen konnten, ehe das Unwetter sie übermannte. Hrólfsmýri, also „Hrólfurs Feuchtland", ist einer dieser Orte: Dort soll der Leichnam des Fischers Hrólfur gefunden worden sein.

Nach Osten hin endet Hrólfsmýri an einem Klippengürtel. Die alte Straße überquert diesen Klippengürtel an einem natürlichen Einschnitt; dieser kleine Pass trägt den Namen Strákaskarð, „Pass der Burschen" (Abb. 4, Nr. 8). Auch Strákaskarð ist wieder mit einer Geschichte verbunden. Diese erzählt, dass hier zwei Hirten von den benachbarten Höfen Tungugröf und Húsavík miteinander in Streit gerieten; der Streit artete aus, und die beiden Burschen töteten sich gegenseitig. Seitdem heißt der Pass der „Pass der Burschen", Strákaskarð (*Matthías Sævar Lýðsson u. Hafdís Sturlaugsdóttir* o. J., S. 1; vgl. *Gísli Jónatansson* 1989, S. 125).

Die Umgebung von Tungugröf präsentiert sich somit als eine dichte Erzähllandschaft (Abb. 4). Auf anderthalb Kilometern Luftlinie befinden sich acht Orte, die mit Geschichten oder zumindest suggestiven narrativen Ortsnamen verbunden sind: ein Gespensterpass, ein Ort einer Gespenstersichtung, eine Gespensterklippe, eine Totenklippe mit Hinrichtungsplatz, zwei Elfenorte und zwei Orte mit Leichenfunden. Auf kaum zwei Kilometern Landstraße treffen wir damit eine erstaunliche Dichte von Orten an, die mit dem Tod zu tun haben, plus in etwas größerer Entfernung zwei Elfenorte. Die Landschaft, die wir hier sehen, passt erstaunlich gut zu dem, was Andy Paciorek, Katherine Peach und andere in der Filmwissenschaft als *folk horror* bezeichnet haben (*Paciorek u. a.* 2018): Elemente volkstümlichen Erzählens werden hier in einer Weise zusammengestellt, die konzeptuell eine Art von Horrorlandschaft kreiert.

Um die Signifikanz dieser Beobachtung zu würdigen, sind meines Erachtens nicht zuletzt zwei Faktoren wichtig. Der eine ist, dass diese Dichte von Erzählorten nicht ungewöhnlich ist. Die Beleglage für Tungugröf ist besser als für viele andere Höfe in der Region, aber wo die Beleglage gut ist, dort sieht die Situation oft ganz ähnlich aus. Oben habe ich die Hinrichtungsorte in Hrófberg und Bassastaðir vorgestellt; auch dort befinden sich in der unmittelbaren Umgebung der eigentlichen Hinrichtungsplätze weitere Orte, die mit Gespenstergeschichten, Elfensagen und ähnlichem Erzählgut verbunden sind. Die Dichte, die man in Tungugröf antrifft, ist nicht außergewöhnlich, sondern exemplarisch.

Der zweite Punkt ist, dass sich sehr klare Aussagen zur Historizität solcher Erzähltraditionen treffen lassen. Innerhalb des bisher angesprochenen Materials ist dies vielleicht am deutlichsten für das Beispiel von Hrólfsmýri. Die lokale Erzähltradition leitet diesen Namen davon her, dass hier die Leiche eines der 18 Männer gefunden worden sei, die bei der Überquerung des Bergs Heiðarbæjarheiði in einem Schneesturm starben (etwa *Guðrún S. Magnúsdóttir* 1977, S. 4). Ein in jüngsten Jahren erstelltes Survey der mit der Erzählung vom „Männerverlust" verbundenen Orte konnte 21 der 18 Leichenfundorte lokalisieren:

In der regionalen Erzähltradition werden mehr Orte mit entsprechenden Leichenfunden assoziiert, als der Geschichte nach überhaupt Männer zu Tode gekommen sein sollen. Zudem fällt an diesen Orten auf, dass mehrere von ihnen vom schicksalhaften Berg viele Kilometer und mehrere Bergkämme entfernt lokalisiert werden; die Strecken, die manche der Opfer unter widrigsten Witterungsbedingungen bewältigt haben sollen, sind ganz außerordentlich und völlig unrealistisch. Wenn man die Überlieferung im Detail analysiert, findet dieser zunächst überraschende Befund jedoch eine einfache Erklärung. Denn die Erzählung vom „Männerverlust" hat in der Region einerseits eine gewaltige Zugkraft, und andererseits gibt es regional sehr viele Ortsnamen, die von Personennamen abgeleitet sind. Die Herkunft solcher Flurnamen ist oft sehr banal; so kann ein Feld etwa nach dem Bauern benannt sein, der es als erster urbar gemacht hat. Aber sobald später vergessen wurde, warum ein Ort nach einem bestimmten Mann benannt worden war, konnte dieser Ort in das Gravitationsfeld der Geschichte vom „Männerverlust" gezogen werden. Orte mit Männerortsnamen, die keine andere Geschichte hatten, wurden dann offenbar als Orte uminterpretiert, an denen einer der Männer gefunden wurde, die bei dieser Katastrophe gestorben waren. Wenn ein Ort mit einer solchen Geschichte verbunden ist, handelt es sich hierbei also nicht um eine im eigentlichen Sinne historische Überlieferung. Vermutlich ist sogar keine einzige dieser Überlieferungen historisch korrekt, da die angeblich tödliche Bergstraße wohl nie als solche verwendet wurde. Solche Orte sind Orte des Geschichtenerzählens, nicht von Geschichte (*Egeler* 2021).

Abb. 5: Strákaskarð, der „Pass der Burschen", Ort eines Doppeltotschlags. Foto: M. Egeler, 2019

Ganz ähnlich ist die Situation auch für den östlichsten der Orte, die ich in Tungugröf angesprochen habe: Strákaskarð, der „Pass der Burschen", wo zwei Hirten einander getötet haben sollen. Die Geschichte vom Doppeltotschlag der Hirten ist eine Variante einer der häufigsten Erzählungen in der Region Strandir (*Egeler* 2024, S. 64–65). Üblicherweise verläuft dieser Typ von Geschichten folgendermaßen: Zwei Hirten von zwei benachbarten Höfen geraten miteinander in Streit; die beiden Hirten töten sich gegenseitig und werden nebeneinander im selben Grab bestattet; die Namen der Hirten und der Grund des Streits sind üblicherweise unbekannt; und das Grab hat typischerweise einen sehr generischen Namen wie Strákadys, „Grab der Burschen". Allein im Bezirk Strandir ist diese Geschichte mit wenig Variation auf zumindest einem Dutzend Höfen belegt: Ófeigsfjörður, Víganes, Stóra-Ávík, Kolbeinsvík, Bjarnarnes, Staður in Hrófbergshreppur, Ós, Miðdalsgröf, Tungugröf in Kirkjubólshreppur, Snartartunga, und vielleicht Bær in Bæjarhreppur. Mit etwas größeren Abweichungen finden sich zudem Varianten in Laxárdalur in Bæjarhreppur, wo sich drei statt der üblichen zwei Hirten gegenseitig getötet haben sollen (*Sigríður Elísdóttir* 1977, S. 6), sowie in Bræðrabrekka in Bitra, wo die Geschichte statt mit zwei Hirten mit zwei Brüdern verbunden ist.[3] Diese Wiederholungen legen nahe, dass es sich auch bei dieser Geschichte nicht um eine historische Überlieferung handelt; vielmehr ist sie eine Lokalsage im Gewand einer historischen Erzählung. Offenbar war dieser Typ von Erzählung für die lokale Bevölkerung äußerst attraktiv, so dass er mit kleinerer Variation und minimaler Anpassung an die jeweiligen neuen Handlungsorte auf eine Vielzahl von Orten übertragen wurde. Aber in erster Linie war diese Geschichte eben eine Geschichte, deren häufige Wiederholung zeigt, dass sie zeitgenössisch als ansprechend empfunden wurde, ohne aber historische Realität beanspruchen zu können.

Ein wichtiges Stichwort ist hier das der Wiederholung. Es ist eines der zentralsten Charakteristika des isländischen Erzählens über die Landschaft, dass eine relativ kleine Zahl von Motiven immer wieder wiederholt wird. Dies zeigt sich bereits innerhalb des oben besprochenen Umfelds von Tungugröf, und das nicht nur darin, dass die Geschichte vom „Pass der Burschen" in mehr oder weniger identischer Weise noch an einem Dutzend weiterer Orte der Region vertreten ist. Vielmehr findet sich die Liebe dieses Erzählens zur Wiederholung auch unmittelbar vor Ort: Allein auf den oben beschriebenen anderthalb Kilometern entlang der alten Küstenstraße befinden sich nicht weniger als drei Gespensterorte, und in zwei dieser drei Fälle ist der Ortsname sogar mit demselben Element und nach demselben Muster gebildet. Im Herzen dieser Erzähltradition steht nicht ein Streben nach Originalität, sondern eine Liebe zur Wiederholung und Variation von Mustern, die offenbar als ansprechend empfunden wurden.

---

[3] Quelle: Artikel „Af skessum, bófum og draugum" auf der lokalen Webseite *strandir.saudfjarsetur.is* http://strandir.saudfjarsetur.is/af-skessum-bofum-og-draugum/ (Zugriff: 24. Juli 2024).

Diese Liebe zur Wiederholung führt uns zugleich zum eigentlichen Hinrichtungsplatz zurück. Die Richtstätte Dauðaklif bei Tungugröf hat genau dieselbe Struktur wie die Hinrichtungsstätten in Hrófberg, Bassastaðir und Þrúðardalur: Sie besteht aus einer Kluft im Felsen, die man durch einen Querbalken in einen einfachen Galgen verwandeln kann, und sie liegt direkt an einer ehemaligen Straße. Auch dieser Ort stellt somit eine Wiederholung eines geläufigen Motivkomplexes dar. Betrachtet man zudem den unmittelbaren lokalen Kontext im Detail, so ist diese Richtstätte obendrein Teil eines ganzen Ensembles von – sozusagen – Horror-Orten.

Hinrichtungsplätze sind ein wichtiges Element weiter Teile der isländischen Landschaft; sie sind möglicherweise sogar die wichtigste Art überhaupt, wie das Recht – jedenfalls das Strafrecht – in der Landschaft gegenwärtig ist. Andere Rechtsinstitutionen haben sehr viel weniger Sichtbarkeit. Hier lohnt sich ein Rückblick auf das einleitende Beispiel aus Hrófberg: In der oben zitierten Beschreibung Hrófbergs wird die dortige Lokalisierung der Richtstätte ausdrücklich damit verbunden, dass auf Hrófberg der Versammlungsplatz der Gemeinde gewesen sei. Dieser Versammlungsplatz als solcher hat aber keinerlei landschaftliche Präsenz. Eine spezifische visuelle Präsenz haben nicht die Stätten, an denen Gericht gehalten wurde (oder: der Erzähltradition nach gehalten worden sei soll), sondern visuelle Präsenz haben nur die Hinrichtungsorte. Gerade diese sind aber so zahlreich, so stereotyp und so eng in lokale Erzählkontexte eingebunden, dass man die Frage stellen muss: Können diese vielen Traditionen von ehemaligen Richtstätten wirklich historisch sein? Ich denke nicht. Ich denke, die vielen Felsgalgen der Region sind vielmehr eine Art, wie die Rechtsordnung in der Landschaft zur Konstruktion einer Erzähllandschaft verwendet wird, die nicht dazu dient, Rechtsgeschichte zu erinnern, sondern dazu, den Nervenkitzel einer Landschaft von Verbrechen und Strafe aufzubauen. Berücksichtigt man zudem die wiederkehrende Lokalisierung solcher Orte im unmittelbaren Umfeld historischer Straßen, so drängt sich die Arbeitshypothese auf: Diese Felsgalgen sind Orte kleiner Horrorgeschichten am Straßenrand, die zusammen mit anderen Horrororten dazu beitragen, die Langeweile aufzulockern, die sich einstellt, wenn man zu Fuß oder zu Pferd stundenlang auf diesen Straßen unterwegs sein muss.

In isländischen Lokalüberlieferungen über Richtstätten macht Recht Landschaft, indem der Landschaft narrative Assoziationen eingeschrieben werden. Ortsnamen und Topographie werden hier verwendet, um über Verbrechen und Hinrichtungen Geschichten zu erzählen, und damit macht diese Erzähltradition Landschaft gewissermaßen zum Kriminalroman. Dabei ist es in diesen Geschichten ein wenig wie auf dem heutigen Buchmarkt: In Islandromanen werden sehr viel mehr Morde begangen als im realen Island. Ebenso finden in der Landschaft lokaler Erzähltraditionen sehr viel mehr Hinrichtungen statt als das in der historischen Realität wohl je der Fall war. Isländisches Erzählen verwendet Strafrecht, um eine Landschaft zu machen, die aufregend ist und in der Verbrechen und Strafe zum Nervenkitzel werden. Diese Landschaft wird nicht mit schönen

Dingen gefüllt, sondern mit etwas, was man in der anglophonen Filmwissenschaft *folk horror* genannt hat. Nichts sonst gibt Recht in der isländischen Landschaft eine derartige Präsenz wie solche Elemente des Grauens – oder sollte man vielleicht besser sagen: des wohligen Grusels? Hier eröffnet sich somit eine ganz „unhistorische“ neue Perspektive auf die Art, wie Recht Landschaft macht, für die es sich lohnen würde, die Frage nach ihrer Übertragbarkeit auf andere Quellengattungen zu stellen. Dazu zählen mit Sicherheit die berühmten Sagas des isländischen Mittelalters, aber zukünftige Forschung sollte sich auf diese nicht beschränken. Recht macht vielleicht auch anderswo Landschaft eher im Sinne eines Kriminalromans als einer Rechtsgeschichte.

Danksagung

Ich danke *Hafdís Sturlaugsdóttir* und *Matthías Sævar Lýðsson*; *Jón Jónsson* (Rannsóknasetur HÍ á Ströndum – Þjóðfræðistofa); sowie den Organisatoren der ARKUM-Tagung „Recht macht Landschaft“ und den Herausgebern dieses Tagungsbands. Diese Forschung wurde gefördert durch das Heisenberg-Programm der Deutschen Forschungsgemeinschaft (DFG) – Projektnummer 453026744.

Zusammenfassung

Eine Fallstudie zur „Richtstättenlandschaft“ in der lokalen Erzähltradition zweier isländischer Fjorde entwickelt die Arbeitshypothese, dass es sich bei den vorgeblichen Hinrichtungsplätzen in diesen Fjorden nicht um Erinnerungen an eine reale historische Praxis handelt, sondern um eine narrative Konstruktion einer Landschaft des Nervenkitzels.

Summary: Of Gallows’ Cliffs and Chasms of Thieves: On the Landscape Reception and Imagination of Execution Sites in Icelandic Place Lore

A case study of the local storytelling tradition of two Icelandic fjords develops the working hypothesis that the alleged execution sites of these fjords do not reflect memories of real historical practice, but narrative constructions of a landscape of thrills and excitement through folk horror: this landscape is not a landscape of crime, but one of crime mystery.

Bibliographie

Isländer sind isländischer Konvention entsprechend nach ihren Vornamen geordnet.

Archivmaterial

Guðrún S. Magnúsdóttir (1976): Hlíð (Strandasýla, Fellshreppur). Heimildamaður: Sigurður Franklínsson. https://nafnid.is/ornefnaskra/17704 (Zugriff: 24. Juli 2024).

Guðrún S. Magnúsdóttir (1977): Tungugröf (Strandasýsla, Kirkjubólshreppur). Heimildamaður: Guðmundur Jónsson. https://nafnid.is/ornefnaskra/17676 (Zugriff: 24. Juli 2024).

Jóhann Hjaltason (o. J.): Hrófberg (Strandasýsla, Hrófbergshreppur). Örnefni og sagnir. Skráð eftir sögn Jóns Jóhannssonar. https://nafnid.is/ornefnaskra/17554 (Zugriff: 24. Juli 2024).

Magnús Steingrímsson (1953): Hrófberg (Strandasýsla, Hrófbergshreppur). Magnús Steingrímsson skráði í marz 1953. https://nafnid.is/ornefnaskra/17555 (Zugriff: 24. Juli 2024).

Matthías Helgason (o. J.): Bassastaðir (Strandasýsla, Kaldrananeshreppur). https://nafnid.is/ornefnaskra/17448 (Zugriff: 24. Juli 2024).

Matthías Sævar Lýðsson u. Hafdís Sturlaugsdóttir (o. J.): Húsavík (Kirkjubólshreppur, Strandasýsla). Svör við spurningum. https://nafnid.is/ornefnaskra/17651 (Zugriff: 24. Juli 2024).

Sigríður Elísdóttir (1977): Laxárdalur (Strandasýsla, Bæjarhreppur). Heimildamenn: Guðrún Benónísdóttir og Elís Bergur Þorsteinsson. https://nafnid.is/ornefnaskra/17593 (Zugriff: 24. Juli 2024).

Gedruckte Quellen und Sekundärliteratur

Ahola, Joonas (2014): Outlawry in the Icelandic Family Sagas. PhD dissertation, Helsinki: Folkloristics, Department of Philosophy, History, Culture and Art Studies, University of Helsinki.

Egeler, Matthias (2021): An Ethnography of an Imaginary Road: Fear, Death, and Storytelling in the Icelandic Westfjords. – In: Folklore, 132, 2021, S. 115–139.

Egeler, Matthias (2024): Landscape, Religion, and the Supernatural: Nordic Perspectives on Landscape Theory. – New York. https://doi.org/10.1093/oso/9780197747360.001.0001 (Zugriff: 24. Juli 2024).

Gísli Jónatansson (1989): Nokkur örnefni í Kirkjubólshreppi. – In: Strandapósturinn, 23, 1989, S. 121–126.

Jón Kr. Guðmundsson (1989): Sprek úr fjöru. Þjóðlífsþættir. – Kópavogur.

Paciorek, Andy; Malkin, Grey; Hing, Richard u. Peach, Katherine [Hrsg.] (2018): Folk Horror Revival: Field Studies – Second Edition. – Durham.

Siedlungsforschung. Archäologie – Geschichte – Geographie 40, 2023, S. 45–76

Hochmittelalterliche Binnenkolonisation im Weserbergland

Andreas Reuschel[1] und Rudolf Bergmann[2]

A. Das Hägerrecht und die darauf basierende Form der Hägerhufensiedlungen

1 Einleitung

Die Hägerhufensiedlungen mit ihrem Hägerrecht sind heute in der Landschaft der Ithbörde nicht mehr sichtbar. Wie diese Sichtbarmachung erfolgen kann, zeigt ein überarbeiteter Ergebnisauszug aus der Dissertation des Autors (*Reuschel* 2009). Im folgenden Text wird hier das Hägerrecht mit den darauf bestehenden Hägerhufensiedlungen kurz erläutert. Und schließlich wird ein Beispiel einer ehemals existierenden Hägerhufensiedlung auf der Flur des Dorfes Kreipke vorgestellt. Die Ithbörde ist eine fruchtbare Ackerbaulandschaft in Südniedersachsen und benannt nach dem nordöstlich von ihr verlaufenden, ca. 22 km langen Kamm des Ithes (Karte 1 aus *Reuschel* 2009, S. 247). Bei einer wechselnden Breite von 2–4 km und einer Längenausdehnung von etwa 25 km hat die fruchtbare Ebene Höhenunterschiede von ca. 120 bis 160 m über NN und ist von unterbrochenen Schichtkämmen umgeben. Diese Schichtkämme haben z. B. Höhen von 232 m, 289 m, 286 m, 270 m, 269 oder 223 m über NN. Trotz dieser Höhenunterschiede ist die Talmulde, bedingt durch die umrahmenden Höhenzüge, als einheitlich anzusprechen (*Reuschel* 2009, S. 126). Im Bereich der Ithbörde liegen sehr gute bis gute Acker- und Grünlandböden mit einer Ackerbewertungsziffer von 85 bis 65 und in den Randbereichen der Börde ziemlich gute bis mittlere Acker- und Grünlandböden mit einer Ackerbewertungsziffer von 64 bis 38 (*Tacke* 1951, S. 55, Abb. 34).

Im südlichen Randbereich der Ithbörde erfolgte im 11. Jahrhundert eine Besiedlung mit fünf bis sechs Dörfern nach dem „ius hegerorum“. Das Hägerrecht war ein Rodungs-

---

[1] Autor des Abschnitts A.

[2] Autor des Abschnitts B.

recht. Überliefert ist dies durch den sogenannten Eschershäuser Vertrag, benannt nach der schon existierenden größten benachbarten Siedlung Eschershausen/Ith (Kr. Holzminden). Auch im nördlichen Teil der Ithbörde gab es Hägerhufensiedlungen, ohne dass dies in einem Vertrag festgehalten wurde. Zu diesem Bereich gehörte die Hägerhufensiedlung auf der Flur des Dorfes Kreipke. Während über die Eigentümlichkeit des Hägerrechts u. a. schon *Nolten* (1728) und vor allen Dingen *Rustenbach* (1903) berichteten, gab es über die Form dieser Hägerhufensiedlungen keine befriedigende Arbeit, auch nicht bei *Engel* (1949), *Asch* (1978) oder *Dahms* (2003). Der Autor benutzt bewusst die Begriffe Hägerhufensiedlung und Hägerrecht, Häger und Hägerhufe. *Engel* (1949, S. 6) verwendete ohne Unterscheidung immer die Begriffe mit Hagen-, z. B. Hagensiedlung, Hagenrecht, Hagenherr und Hagenzins, auch wenn das „Hägerrecht" genannt wurde. Das eine Unterscheidung von Hägerrecht und Hagenrecht nicht nur sinnvoll, sondern auch notwendig ist, soll im folgenden Text gezeigt und bewiesen werden.

2 Das Hägerrecht

Im 11. Jahrhundert wird unter dem Hildesheimer Bischof Udo (1079–1114) durch den sogenannten Eschershäuser Vertrag erstmals über ein Hägerrecht in der Ithbörde bei Eschershausen/Ith berichtet. Dieser Vertrag liegt nicht im Original vor (*Boehmer*, Acta imperii selecta (1870) Nr. 1129 nach *Franz* 1967, S. 178–185). Die Überschrift im Kopialbuch des 13. Jahrhunderts des Klosters Amelungsborn lautet: „Rescriptum privilegii rusticorum de Eschereshusen, in quo continentur iura hegerorum, quod ecclesiae nostrae valet". In der Urkunde selbst wird ein „ius hegerorum" (= ein Recht der Häger) nicht erwähnt. Die Urkunde enthält aus späteren Hägerrechten bekannte Bestimmungen, wie die Köhr, d. h. das beste Stück Vieh, ist nach einem Todesfall vom neuen Häger dem Bischof durch den villicus (später Hägerjunker oder Oberhäger genannt) zu geben; Ehefrauen und Kinder sind erbberechtigt; Abgaben sind einheitlich und es gibt festgelegte gemeinsame Gerichtstermine. Das in den ersten ca. 500 Jahren nur mündlich überlieferte Hägerrecht überdauerte als Rechtsform über 700 Jahre, während die Hägerhufensiedlungen als Siedlungen schon um 1500 nicht mehr existierten, da die Häger in die benachbarten Dörfer gezogen waren und von dort ihre Hägerhufen bewirtschafteten.

Seit wann die Hägerjunker oder Oberhäger ihren Schutz als Gerichtsherren der Hägergerichte ausüben konnten, ist nicht bekannt. Diese Hägerjunker waren meist adelige Herren. Auch kann nicht gesagt werden, wann die Oberherrschaft des Bischofs auf die weltliche Macht, den Herzog von Braunschweig, überging. Wie schon gesagt, gibt es für die ersten 500 Jahre des Hägerrechts in der Ithbörde außer der Kopie des „Eschershäuser Vertrages" keine schriftlichen Nachweise. Das Hägerrecht wurde mündlich von Generation zu Generation weiterverbreitet. Der Häger erhielt wohl spätestens um 1700 nicht nur einen Hägerbrief, sondern das Hägergut wurde auch in ein Hägerbuch eingetragen, so 1715 in Stadtoldendorf (*Nolten* 1728, S. 165).

Aufgearbeitet wurde das Hägerrecht erstmals umfassend von Robert Rustenbach (* 1854 Eschershausen, † 1909 Braunschweig) einem Juristen (*Reuschel* 2015/16, S. 135–140). Rustenbach benutzte nur schriftliche Quellen und konnte daher nichts über die Form der Hägerhufensiedlungen und auch nicht den Zusammenhang zwischen Häger und Hägerhufe aussagen. Der Landgerichtsrat *Rustenbach* (1903, S. 557) interessierte sich für den „Ursprung dieser eigenartigen Gerichte". Er wollte beweisen, dass die „Hagenkolonisation" von Niederländern betrieben worden wäre. *Rustenbach* führte dafür als Begründung ganz allgemein eine Kolonisation in Norddeutschland durch Niederländer an. Weder die Lage noch die Größe der Hufen der Häger lassen sich nach *Rustenbach* (1903, S. 571) bestimmen bzw. angeben. Da *Rustenbach* den Zusammenhang Häger und Hägerhufe nicht erkannte, konnte er auch den Einfluss der Hägergerichte auf die Hägerhufensiedlungen nicht beschreiben.

Die Besonderheit und der Zusammenhang von Häger und Hägerhufensiedlung ergeben sich aus den folgenden gegen Ende der Hägergerichtsbarkeit erfolgten Aufzeichnungen: In einem Weistum von 1573 aus Alfeld (*Illemann* 1969, S. 117) hieß es, dass, wenn eine Hufe von den Erben verteilt worden wäre, ein Häger gewählt werden sollte: „Item noch ist tho rechte gefrageth worden, wen de hove vordeleth worden van den erven, wu se sick des wider holden scullen? Dar up ist tho rechten ingebracht worden, se scullen dar eynen heger van maken", d. h. für jede Hufe nahm nur ein Häger die vollen Rechte wahr (*Reuschel* 2009, S. 34).

„Auch wenn das Hägerland nur so groß war, dass ein dreibeiniger Schemel Platz hatte, sollte die Köhr gegeben werden (*Grimm* 1863 IV, S. 683). Grundsätzlich wurde als Einheit für die Köhr aber die Hufe zugrunde gelegt. Da hier Hägerland genannt wird, heißt dies, dass die Hägerhufe bereits in zahlreiche Parzellen aufgeteilt war. Nur wer dem Oberhäger die Köhr gibt, sollte ein Häger sein" (*Hagemann* 1794, S. 56 und StAWF 7 Alt B 2176; *Reuschel* 2009, S. 33). Aus diesen Auszügen des Hägerrechts ergibt sich, dass immer nur ein Häger für eine Hägerhufe rechtlich zuständig war und diese Hägerhufe bei Gericht vertreten konnte.

In den überlieferten Hägergerichtsprotokollen sind viele nicht notwendige stereotype Fragestellungen. Dies erklärt sich aus der mündlichen Überlieferung. Erst als die Hägerhufensiedlungen nicht mehr existierten, kam es im 16. Jahrhundert allmählich zur schriftlichen Aufzeichnung des Hägerrechts. Ein Aktenstück aus dem Jahr 1686 beschreibt, wie ein Hägergericht zu bestellen und welche „leges" dabei zu beobachten sind (StAWF 7 Alt B 2179). Johann Adolph Freiherr Wolff-Metternich, Herr zur Gracht hat „vor gut befunden, dass diesen Bisperodischen Gütern von alters und ohndenklichen Jahren hero zugestandenes … Hägergerichte zu halten, und anzustellen". Zu diesem Gericht wurden als Schöffen Häger aus Bodenwerder, Tuchtfeld und Dielmissen (alle Orte im Kr. Holzminden) hinzugezogen. Bei den Schöffen handelte es sich um die Häger, die eine Hägerhufe bei Gericht vertreten durften. Bei anderen Hägergerichten wurden dann auch wieder Schöffen aus unterschiedlichen andern oder gleichen ehemaligen Hägerhufensiedlungen zum Gerichtstermin eingeladen. Dadurch kam und blieb es bei einer Vereinheitlichung des Hägerrechts. Alle Häger kannten die gleichen Gerichtsverfahren und alle Häger waren gleichberechtigte „Haggenossen", besser „Hägergenossen". In der Ithbörde sind z. B. Hägergerichte in Bisperode (*Grimm* 1863, S. 671), Bodenwerder (*Meyer* 1843, S. 109), Buchhagen (*Grimm* 1863, S. 671), Harderode (*Rustenbach* 1903, S. 559), Hunzen (*Grimm* 1863, S. 671), Kirchbrak und Westerbrak (*Grimm* 1863, S. 671) überliefert.

Die Hägerjunker oder Oberhäger besaßen in den Hägerhufensiedlungen keine Hägerhufe. Sie wohnten auf ihren „Nichthäger-Gütern". Sie waren keine Lokatoren und somit gab es auch keine Lokatorenhufen. Dies hätte auch dem Genossenschaftsprinzip des Hägerrechts widersprochen. 1807 tagte das letzte Hägergericht in Bodenwerder, außerhalb der Ithbörde an der Weser gelegen (*Vogell* 1846, S. 261 ff.). *Vogell* veröffentlichte einen Aufsatz, dass diese Gerichte nach den Veränderungen durch die napoleonische Zeit nicht wieder eingeführt werden sollten. Damit gab es diese Form eines Gerichtes, wo die Beteiligten selbst miturteilten, um ein geschlossenes genossenschaftliches System zu erhalten, nicht mehr. Die „Obrigkeit" hatte über die Gleichheit der Häger gesiegt.

3 Die Hägerhufensiedlungen

In der Ithbörde lagen die Hägerhufensiedlungen als gereihte Einheiten mit meistens sechs, auch sieben Hägerhufen nebeneinander an den angrenzenden Berghängen, d. h. am Rand der fruchtbaren Börde. Auf jeder Hägerhufe hatte ein Häger im unteren Teil seinen Hof. Die Hägerhufensiedlungen befanden sich am Rande des „Altsiedellandes", gegründet auf herrschaftlichem Besitz der Bischöfe von Hildesheim oder der Bischöfe von Minden außerhalb der damaligen „alten" Siedlungen. Die Häger kamen zuerst bei Eschershausen im Bereich des Bistums Hildesheim als „advenae", möglicherweise aus niederrheinischen Gebieten (Namen: Benzo, Menzo, Immo, Egezo) an, um ihre „Hägerhufensiedlungen" zu gründen. Über die Herkunft der Häger im nördlichen Bereich der Ithbörde, der zum Bistums Minden gehörte, sind bisher keine schriftlichen Überlieferungen bekannt. Heute sind in der Ithbörde im Weserbergland im südlichen Niedersachsen keine Hägerhufensiedlungen mehr zu erkennen.

Es gibt nur ausgeräumte Fluren nach der Verkopplung des 19. Jahrhunderts und den Flurbereinigungen des 20. Jahrhunderts. Neben den -hagen-Siedlungsnamen im Bereich der Ithbörde wie z. B. Buchhagen und den Wüstungen +Grindhagen, +Hillekenhagen gab es auch Hägerhufensiedlungen, die keinen -hagen-Namen trugen, z. B. +Dischershausen, +Uppendorf, +Welliehausen. Außerdem sind bei mehreren Hägerhufensiedlungen keine Namen mehr bekannt. Der -hagen-Name ist nur ein Indiz für eine Hägerhufensiedlung, zwingend ist er nicht. Und die Siedlung Heinrichshagen im Vogler ist eine Gründung des 16. Jahrhunderts und eben keine Hägerhufensiedlung.

Abb. 1: *Die Lage der Ithbörde. Quelle: Reuschel 2009, S. 247, Karte 1*

Um eine Aussage über die Form der ehemaligen Hägerhufensiedlungen zu erhalten, wurden die entsprechenden Flurteile auf den Karten des 18. Jahrhunderts der Generallandesvermessung (*Kraatz* 1975) in das 16. Jahrhundert zurückgeschrieben. Damit gelangen wir in die Nähe des Ortswüstungsprozesses der Hägerhufensiedlungen und können die Zersplitterung der Hägerhufen näher bestimmen. Grundsätzlich ist eine Rückschreibung des Landbesitzes in der Ithbörde bei allen Dörfern von um 1760 nach 1580, teilweise auch 1545 möglich, da bei der im Herzogtum Braunschweig von 1746 bis 1784 erfolgten Generallandesvermessung mit genauen Angaben die Lage der einzelnen Flurstücke dieser Dörfer angegeben wurden. Die Feldrisse haben einen Maßstab von ca. 1:4000 (*Kraatz* 1975, S. 1 und Anm. 4, wonach eine genaue Nachmessung einen Maßstab von 1:4026 ergibt) und dazu gibt es jeweils Dorf-, Feld- und Wiesenbeschreibungen.

Durch Erbregister aus den Jahren 1545, 1580, 1650 (StAWF 19 Alt 214 bis 218) sowie eine Landesbeschreibung von 1685 (StAWF 24 Alt 20) und Kontributionsbeschreibungen aus den Jahren 1690, 1718, 1754 und 1760 (StAWF 23 Alt) kann eine recht genaue Rückschreibung des Besitzes erfolgen (siehe *Reuschel* 2009, S. 130 ff.). In der Ithbörde wurden einschließlich einiger südlichwestlich angrenzender Gebiete 22 Flurkarten untersucht und dabei ca. 25 Hägerhufensiedlungen ermittelt. Hier wird nur das Beispiel der Flur Kreipke beschrieben. Diese Flur wurde 1760 speziell vermessen und der Besitz der jeweiligen Interessenten lässt sich anhand der Erbregister etc. bis 1545 zurückverfolgen.

4 Die Hägerhufensiedlung bei Kreipke

Als „Criepan“ wird Kreipke schon in den Traditiones Corbeiensis um 976–979 (*Honselmann* 1982, S. 140) erwähnt. Es folgen noch weitere verstreute Nennungen ohne einen Hinweis auf Hägerland. 1400 wird Kreipke in dem Homburger Güterverzeichnis als an die von Hehlen verlehnt genannt (StAWF VII B Hs 17). Henning Alswede hat vor 1483 (HstAH Dep 49 I Nr. 224) Besitz in und bei „Crepe“. Kreipke hat somit zumindest teilweise zu der Herrschaft der Homburger gehört. Erst 1536 erfolgt eine weitere Nennung von Kreipke. Bischof Franz von Minden belehnt Hermann Hake u. a. mit zwei Hufen Landes zu „Kreipe“ (*Reuschel* 2009, S. 199 f.). Außer dem Bischof von Minden und der Familie Hake, die auch als Hägerjunker auftrat, gab es keinen Hinweis auf eine Hägerhufensiedlung. Allerdings könnte auch Henning Alswede ein Häger gewesen sein. In dem Erbregister von 1545 (StAWF 19 Alt 214) wird Kreipke sogar als ein „nie dorp“ bezeichnet. Offensichtlich sind große Teile der Siedlung Kreipke vor 1545 wüst gewesen. Das Land, welches 1536 an Hermann Hake verlehnt war, ist vermutlich mit dem Land der Interessenten Conrad Sagebiel und Fr. Hennecke aus Heyen von 1760 identisch. Diese beiden Interessenten wohnten nicht in Kreipke, hatten dort aber hakisches Land. 1536 wurden also wenigstens diese zwei Hufen in Kreipke von auswärtigen Interessenten bebaut. 1571 wird die Belehnung derer von Hake mit diesen zwei Hufen noch einmal bestätigt. Da dieses Land aber in dem Erbregister von 1580 nicht bei Kreipke genannt wird, müssen die Interessenten zu diesem Zeitpunkt außerhalb gewohnt haben. Auch die 30 Morgen „Hagenland", die 1580 im Erbregister stehen, waren Teil einer nicht namentlich bekannten Hägerhufensiedlung am Hang des Krukberges bei Kreipke. Auch Interessenten aus dem benachbarten Halle hatten 1580 „Hagenland" am Kreipker Berg (*Reuschel* 2009, S. 197). Somit wohnten Häger dieser Hägersiedlung bei Kreipke erst nach der Neubesiedlung Kreipkes wieder dort. Zumindest ein Häger hat seinen Hof auf seiner Hägerhufe gehabt. Hierzu gibt es einen Hinweis, da noch 1760 eine Flurwanne den Namen „Auf dem alten Kohlhof" trägt und dieser unterhalb der zweiten Hägerhufe lag.

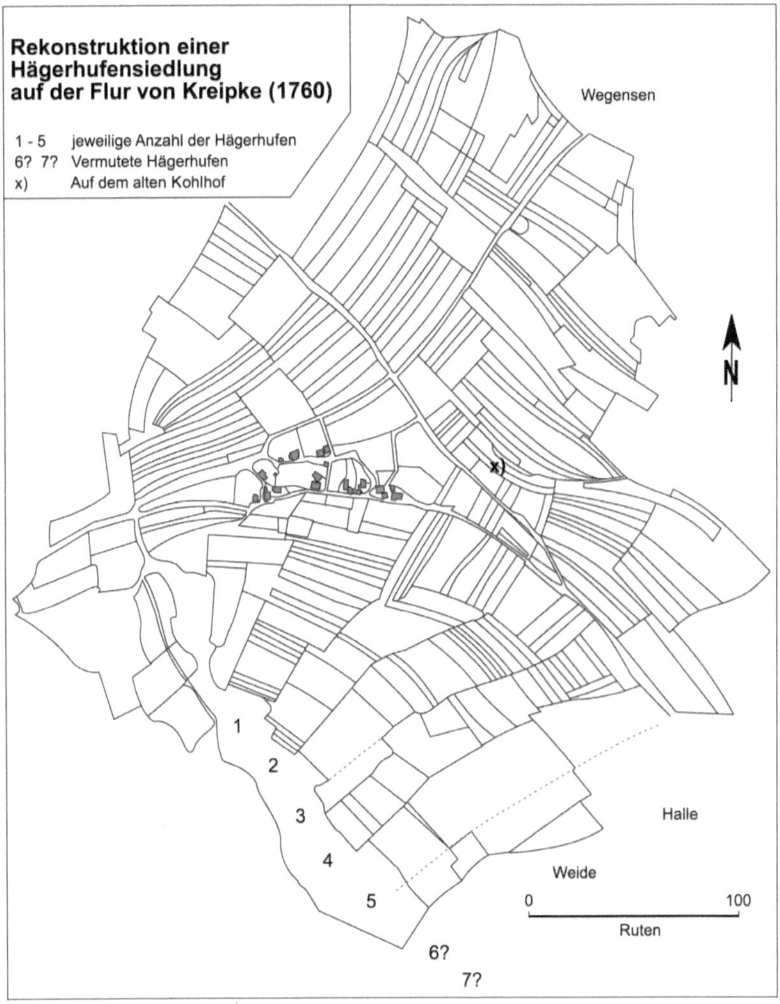

Abb. 2: Rekonstruktion der Lage der Höfe der Besitzer von „Hegergut" um 1545 auf dem Ortsgrundriss von Kreipke (1760). X = Auf dem alten Kohlhof.
Quelle: Reuschel 2009, S. 273, Karte 27

Während sich auf der Flur von Kreipke im Norden die drei Gewanne der alten Dreifelderwirtschaft befinden, sind im Süden am Krukberg die Hägerhufen bis auf eine Ausnahme als einzelne Gewanne bezeichnet und dabei aber in das System der Dreifelderwirtschaft eingebunden.

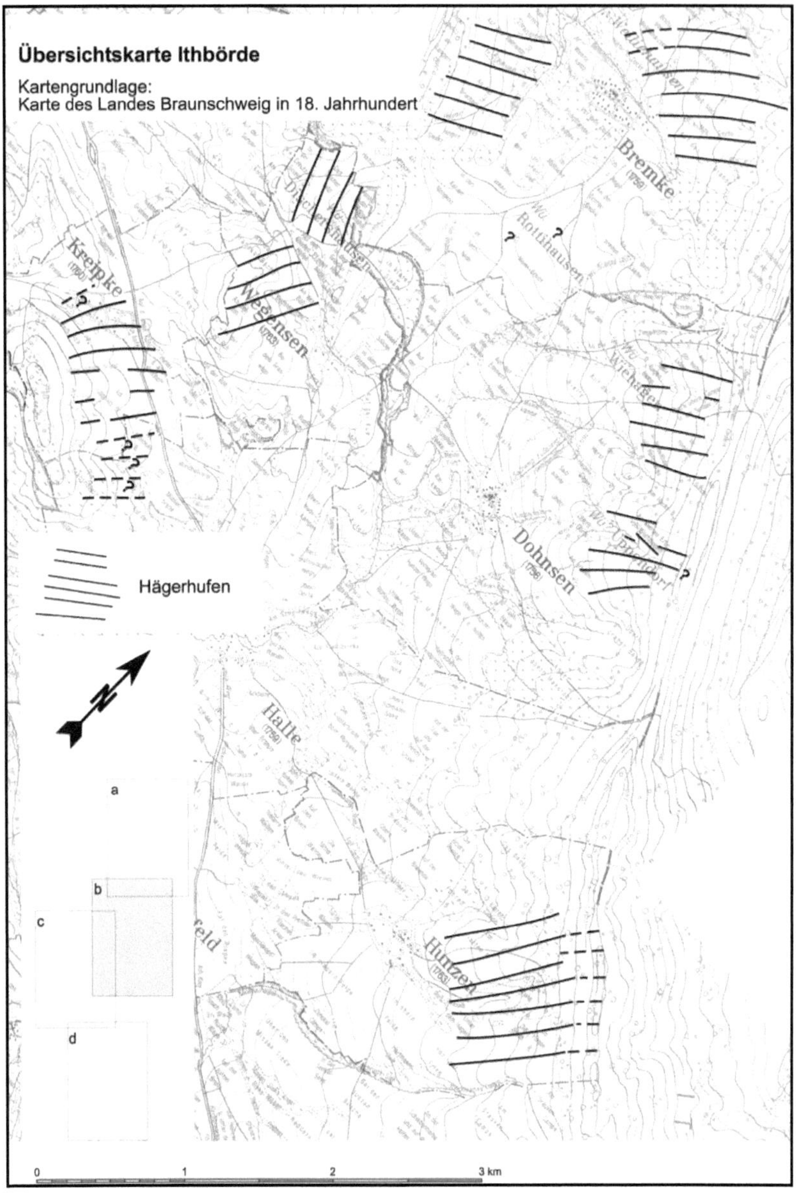

Abb. 3: Ausschnitt aus der Übersichtskarte Ithbörde mit einigen Hägerhufensiedlungen und der Hägerhufensiedlung auf der Gemarkung Kreipke.
Quelle: Reuschel 2009, S. 288, Karte 38b

Die Breiten der Hägerhufen auf der Kreipker Flur am Krukberg (Kreipker Berg) entsprechen den üblichen Größen der Hägerhufen in der nördlichen Ithbörde. In der mittleren Hanglage der Hufen herrscht eine Breite von durchschnittlich 30 Ruthen (1 braunschweigische Ruthe = 4,565 m), was der Standardbreite der Hägerhufen in der Ithbörde entsprechen würde. Eine Hufe auf der zweiten Wanne[3] des Sommerfeldes ist vermutlich durch die am Anfang des 16. Jahrhunderts neu angelegte Ortslage von Kreipke gestört, so dass auch für diese Hufe eine ursprüngliche Länge von über 160 Ruthen möglich ist. Die fünf bzw. sechs Hägerhufen der namenlosen Hägerhufensiedlung auf der Gemarkung von Kreipke haben die Standardflächengrößen von ca. 40 Morgen (= 10,2 ha) pro Hufe und dabei eine Standardbreite von 30 braunschweigischen Ruthen und 160 Ruthen in der Länge, wie es in der nördlichen Ithbörde üblich ist. Somit befand sich bei Kreipke eine namentlich nicht bekannte Hägerhufensiedlung.

5 Hägerhufensiedlung und Hägerrecht im Unterschied zu Hagenhufensiedlungen und Hagenrecht

Die Hägerhufensiedlungen in der Ithbörde waren bischöfliche Gründungen an den jeweiligen Grenzgebieten eines Bistums. Erst eine Untersuchung mit einer Teilfluranalyse brachte das Ergebnis, dass es sich bei den Hägerhufensiedlungen in der Ithbörde um kleine Reihensiedlungen mit meist sechs bis sieben nebeneinander liegenden Hägerhufen, an deren unterem Ende jeweils das Gehöft lag, handelte. Damit sind die Hägerhufensiedlungen nicht mit den bekannten Schaumburger Hagenhufensiedlungen identisch, außer der Form der Reihensiedlung. Somit gehören die unter dem Namen Hagenhufensiedlungen geführten Gebiete im Bereich Schaumburg und Mecklenburg nicht zu den Hägerhufengebieten. Die Hägerjunker oder Oberhäger waren keine Lokatoren und wohnten nicht in den Hägerhufensiedlungen. Das Land der Hägerhufensiedlungen wird auch nach dem Wüstfallen der Hägergehöfte auf den Hägerhufen noch genutzt. Die Häger waren in benachbarte Orte gezogen.

Entscheidend ist, dass beim Hägerrecht alle Häger gleiche Genossen, Haggenossen oder besser „Hägergenossen" waren. Zu jedem Häger gehörte eine Hägerhufe. Jeder Häger kannte sein Recht auswendig! Die Ithbörde war der Ausgangspunkt für die Hägerhufensiedlungen, auf die die Hagenhufensiedlungen mit einem anderen Recht und Lokatoren folgten. Das System der Hägerhufensiedlungen der Ithbörde wurde nach Westen im Bereich Lippe übernommen (*Reuschel* 2009, S. 78). Auch bei den Hagenhufensiedlungen gab es keine „Ost-Wanderung". Das Wanderungssystem war komplizierter. So erfolgt

[3] Wanne, Wende = Parzellenverband gleicher Verlaufsrichtung, in der Regel mit einer gemeinsamen Anwende.

z. B. die Wanderung von Mecklenburg nach Schaumburg, d. h. von Ost (!) nach West und dann nach Schleswig-Holstein, also nach Norden (*Reuschel* 2009, S. 124).

B. Hägerhufensiedlungen im westfälisch-lippischen Teil des Weserberglandes

1 Einleitung

Nachdem sich die Ausführungen von *Andreas Reuschel* auf das südniedersächsische (östliche) Weserbergland bezogen haben, konzentriert sich der folgende Aufsatzteil auf den westlich der Weser gelegenen und zu Westfalen gehörenden Abschnitt des Weserberglandes. Aufgrund der Tätigkeit des LWL-Fachreferats für die Archäologie des Mittelalters und der Neuzeit besteht für letzteren Raum eine besondere Bearbeitungslage. Um Forschungsannahmen vor allem bezüglich des Entstehungszeitraums und der Besiedlungsdauer von Hagenhufensiedlungen zu beantworten, wurden potentielle Studienobjekte so ausgewählt, dass archäologische Feldarbeiten durchführbar waren. Für historisch-geographisch-archäologischen Fallstudien wurde eine Kleinregion im lippischen Bergland am Rotenberg zwischen den Gründungstädten Detmold und Lemgo im Kreis Lippe (Fallstudie 1) und in der Warburger Börde des Kreises Höxter (Fallstudie 2) ausgewählt.

Ortsnamen mit dem Grundwort -hagen treten im Zusammenhang mit regelhaft angelegten Orten der herrschaftlich gelenkten Binnenkolonisation[4] bzw. ausgeprägten Rodungsperiode des hohen und einsetzenden späten Mittelalters gehäuft auf. Sie beschränken sich jedoch nicht auf geplante Orte (*Henker* 2014, S. 313 f.) und reichen vom Ortsnamen (!) im westfälischen Gesamtraum von ihrer Entstehung zeitlich in das Frühmittelalter zurück. So ist im 9. Jahrhundert erstmals ein im Brukterergo (*pago Borahtron*) gelegener Weiler (*uilla*) *Hagon sive Piluchem* bezeugt, der im südlichen Münsterland verortet worden ist (Urbare Werden 1, S. 171; Schneider 1936, S. 55). Der im klassischen Gebiet der Hägerhufensiedlungen gelegene Ort Hagen nördlich von Lage (Kr. Lippe) ist bereits in einer Heberolle des Klosters Corvey/Weser aus dem 11. Jahrhundert unter der Namensform *Hagun* bezeugt (Reichsabtei Corvey Salierzeit, S. 216). Andererseits entstand die höchstgelegene (754–766 m) Siedlung Nordrhein-Westfalens, der jetzt wüste Weiler Neuenhagen bzw. *Nova Indagine*, erst im ausgehenden Hochmittelalter am Rand einer Hochfläche des Astengebirges (Hochsauerlandkreis). Aufgrund der Lage der Siedlungsrelikte ist bei ihm eine geplante Anlage auszuschließen (*Bergmann* 2015, S. 442–447 und Abb. [Karte] 144). Ortsnamen des -hagen Typs beziehen sich somit nicht

[4] Überblicksdarstellungen zu dieser finden sich bei *Schenk* 2011, S. 83–85.

ausschließlich auf regelhaft angelegte Orte, genauso wie Hagenhufensiedlungen nicht zwangsläufig einen Ortsnamen mit dem Grundwort -hagen tragen müssen.

2 Klassische Hägerhufen im lippischen Bergland

In ihrer charakteristischen Form zeigen Hägerhufensiedlungen einen geplanten, regelmäßigen Grundriss mit einer linearen, einzeiligen Aufreihung der Hofstellen. Die Höfereihe kann am äußeren Rand der Flur angelegt sein, oder auch mittig. Sie kann in Einzelfällen schräg zur Gesamtflur eine Hagenhufensiedlung verlaufen, ist also von ihrer topographischen Ausrichtung zur Flur nicht festgelegt. Im idealtypischen „Normalfall" liegt der Hof im ostwestfälischen Kr. Lippe am kürzeren, unteren Ende eines Breitstreifens (= Hufe), dessen höher gelegener Abschnitt vorwiegend getreidebauwirtschaftlich genutzt worden ist und dessen unterer Abschnitt häufig Dauergrünland war. Die jeweilige Höfereihe ist durch einen parallel zu dieser verlaufenden Weg erschlossen, die sowohl auf der topographisch höher gelegenen Seite der Höfe als auch auf deren niederer Seite angelegt worden sein kann. Die Verlaufsrichtung der Hagenhufen stimmt häufig näherungsweise mit dem Hanggefälle überein, jedoch bestehen Ausnahmen von dieser „Regel". Für die Gemarkungen der Hägerhufenorte ist das Fehlen einer Waldmark (Allmende) kennzeichnend (vgl. *Reuschel* 2009, S. 37), da diese durch die Rodung einer Waldmark entstanden sind. Dies schließt die Existenz privatrechtlich (und nicht genossenschaftlich) genutzter Waldareale und Waldhudeflächen nicht aus. Bislang haben sich für die Hägerhufenorte der Region keine Lokatorenhufen mit einer etwaig größeren Breitenzumessung erkennen lassen. Dennoch bestehen derartige Hufen größerer Breite. Sie sind jedoch durch Zusammenlegung von Primärhufen z. B. im Zusammenhang mit Wüstungsvorgängen entstanden.

3 Das Hägerrecht und sein Verfall

Für Ostwestfalen, jedoch auch für Räume des südlichen und südöstlichen Niedersachsen einschließlich des Leineberglandes und wahrscheinlich auch den nordhessischen Reinhardwald lässt sich für Siedlungen vom Typus der Hagenhufensiedlung[5] eine spezifische Form des Rodungsrechts nachweisen (*Reuschel* 2009, u. a. S. 61, 94, 100). Dieses beinhaltete Formen einer Eigengerichtsbarkeit, gewährte den als Hagenfreien bezeichneten Bewohnern der jeweiligen ländlichen Siedlung einen bestimmten persönlichen Freiheitsstatus – Häger waren persönlich frei –, legte die Erblichkeit und freie Vererbbarkeit des bäuerlichen Besitzes fest und war mit ermäßigten Grund- wie auch Sterbfallabgaben

[5] Zum Hagenrecht der Hagenhufensiedlungen siehe u. a. *Henker* 2014, S. 317.

(= *Kurmede, Köhr*) verbunden (*Schüttler* 1968, S. 290; *Bergmann* 2014, S. 36; vgl. auch *Bergmann* 2024). Letztere war im Sterbfall vom Hofnachfolger an den Hagherrn oder Hägerjunker, einen Adeligen, der die Herrschaft über Hägersiedlungen ausübte, zu entrichten. Dem Hagherrn oblag der Vorsitz des Hägergerichts, dessen Zuständigkeit sich auf die Rechtsangelegenheiten der Hagengüter bezog (*Reuschel* 2009, S. 28, 125). Teilnehmende an ihm waren die genossenschaftlich organisierten Häger bzw. Haggenossen (*Schenk* 2011, S. 84). Das Rodungsrecht tritt in den spätmittelalterlichen Quellen Ostwestfalens als *Hegerrecht* bzw. *Recht von deme Haghen* (Urkunden Kloster Hardehausen, Nr. 795 und Nr. 911) entgegen. Lässt sich für eine Hagenhufensiedlung (als Siedlungstyp) die Rechtsform des Hägerrechts nachweisen, so ist diese näher als Hägerhufensiedlung zu spezifizieren, eine begriffliche Feinabstimmung die von *Andreas Reuschel* in seiner Bonner Geographischen Dissertation herausgearbeitet wurde. Mit der Definition wird zugleich ein Dilemma deutlich: Denn in demjenigen Zeitraum, in dem Quellen zur Sozialgeschichte des ländlichen Raumes vermehrt auftreten, befindet sich das Hägerrecht zugunsten einer Vereinheitlichung und Nivellierung bäuerlicher Rechte auf dem Rückzug. Hier ist beispielhaft das Salbuch der lippischen Vogtei Heiden von etwa 1617 anzuführen, dem zu entnehmen ist, dass die ehemaligen Hägerhufen nunmehr fast ausschließlich von Eigenhörigen bewirtschaftet wurden. Zahlreiche Hofherren gaben damals zu Protokoll, den Status eines Hagenfreien zu besitzen. Auf Verlangen der Landesherrschaft war die Hagenfreiheit jedoch durch ein Schriftstück nachzuweisen. Konnte ein derartiges Dokument nicht beigebracht werden, ignorierte die Herrschaft den Rechtsstatus. Das Salbuch der Vogtei bemerkt hierzu lapidar: „berichtet wol, er sie [=sei] hagenfrey, ist aber nicht bescheinigt“ (Salbücher Lippe, S. 94 ff.).

4 Vor- und Frühformen

Die im östlichen Westfalen mit einem Schwerpunkt in der ehemaligen Grafschaft Lippe verbreiteten Hägerhufensiedlungen sind das Ergebnis einer längeren Entwicklung. Ihre typologischen Vorläuferformen können formell in den im Kernmünsterland nachzuweisenden „waldhufenartigen Siedlungen mit Streifenflur“ erblickt werden. Auf diesen Typus der Reihensiedlungen ist im Zusammenhang mit der Bulderner Kleiplatte des Kernmünsterlandes eingegangen worden. Ihre Bewohner waren Eigenhörige, also Unfreie. Folgetyp dieser frühen Rodungsorte waren ebenfalls einzeilige Reihensiedlungen mit nun voll ausgeprägter Hufenflur, deren bäuerliche Bewirtschafter gleichfalls der Gruppe der Hörigen zuzurechnen sind: Im Delbrücker Land (Kr. Paderborn) konnte *E. Bertelsmeier* mehrere derartige Waldhufensiedlungen nachweisen, von denen der Ort Sudhagen seit dem ausgehenden 14. Jahrhundert urkundlich bezeugt ist. Auf dem Delbrücker Landrücken nehmen Siedlungen dieses Typs Bereiche mit stärker bindigen Lehmböden ein. Die 14 Althöfe von Nordhagen, das auch als „Freier Hagen“ bezeichnet wurde und somit möglicherweise bereits dem Typ der vollausgebildeten Hagenhufensiedlung zuzurechnen ist, gehörten in der Neuzeit ausschließlich der Grundherrschaft der Grafen von Rietberg an und die Althöfe von Sudhagen befanden sich überwiegend, d. h. zu 89 % im Besitz des Paderborner Fürstbischofs und Paderborner Domkapitels. Für den Delbrücker Rücken ist somit von einer durch die jeweiligen Landesherren gelenkten Raumerschließung auszugehen, die vor 1200 erfolgt ist (*Bertelsmeier* 1982, S. 29, 35 f., 39 f. und 52 f.).

5 Fallstudie zu Hägerhufensiedlungen nördlich von Detmold, Kr. Lippe

Der Untersuchungsraum umfasst die aneinandergrenzenden Hägerhufensiedlungen Oettern, Bremke und Hedderhagen des mittelalterlichen Kirchspiels Heiden, das neben den angeführten drei Orten die ländlichen Siedlungen Bentrup, Dehlentrup, Röhrentrup, Jerxen, Klüt, Niewald und Trophagen umfasste. Zu den Kirchspielsorten besteht eine ergiebige und in der zweiten Hälfte des 14. Jahrhunderts einsetzende historische Quellenüberlieferung. Die Gemarkungen der Hägerhufenorte sind auf im ersten Drittel des 18. Jahrhunderts entstandenen Vermessungsplänen des Detmolder Hofmalers *Johann Christoph Friemel* (dem Jüngeren) dargestellt. Durch eine gezielte Prospektion innerhalb der Höfereihen gelegener potentieller Hofwüstungsareale eröffnete sich die bislang für das Lipperland nicht genutzte Möglichkeit, den Siedlungsbeginn von Hägeorten zeitlich mit Hilfe der Archäologie einzugrenzen.

Um Vorstellungen über das Aussehen der historischen Kulturlandschaft zu erhalten, kann in Westfalen in der Regel auf das preußische Urkataster der ersten Hälfte des 19. Jahrhunderts zurückgegriffen werden. Für das Fürstentum Lippe besteht diese Möglichkeit nicht. Jedoch ist der Zustand der regionalen Kulturlandschaft 1728 von *J. C. Friemel* auf mehreren Kartenkatastern festgehalten worden, wobei zu den auf Pergament gezeichneten, kolorierten Karten separate Parzellenbeschreibungen erhalten sind (Nordrhein-Westfälisches Staatsarchiv Detmold: Friemel'sches Vermeßregister der Vogtei Heiden, L 101 C I Nr. 103; D 73, Tit. 6, Nr. 8; Nr. 11; Nr. 16–18; Nr. 22 und Nr. 24). Die Ergebnisse der auswertenden Rekonstruktion sind auf einer aktuell erstellten Karte festgehalten.

Dort, wo die Gemarkungen der Hägerorte Bremke, Oettern und Hedderhagen aneinandergrenzten, befand sich auf der Höhe des Rothenbergs (246 m) nahe des Lemgoer Weges der durch den Flurnamen *Galgenkuhlenkamp* überlieferte Standort einer Richtstätte. Die zu den Höfen in Bremke und Oettern gehörigen Besitzstreifen sind fast immer Primärhufen gewesen (zu Ausnahmeformen siehe nachfolgend) und waren rechtwinklig zum Verlauf der Erschließungsachse angelegt.

zu HEDDER-
HAGEN
BREIMKE
Alte Hoffkamp
Eickhoffes Weese
Wemmeyer
Echteren-kamp
Ohns Kamp
Busch Kamp (Eichen und Buchen)
Ferner Kamp
Helle (Buchen)
Helle (Eichen und Buchen)
Perkamp
Lütke Kley-kamp
Große Feld oben den Weege
Bercken Sieck (Buchen)
Heidischer Weeg
Roen Berg
Roen Berges Kamp
Galgen Kuhlen Kamp
Vorderste lange Rechtes Kamp
Holtz-rechte
Eicken Busch-kamp
(Vorderste) Roen Berges Kamp
Hinterste Roen Berg
Winkel Kamp
Kleine Kamp
Wente
Laen (Buchen)
Echteren Hoff
Beie
Wellen
Auf der Leimen
Vorn Berge oben den Pferde-kampe
Pferde Kamp
Zwei Stücken Kamp
Hinter den Garten
Vorn Laen
Oben im Papen-lau
Oberste Rottkamp
Foshagen Kamp
Berg (Buchen)
Neren Bergkamp
Rechte
Buschbreie Dreische (Hainbuchen)
Dreische beim Foshagen
Foshagen (Eichen und Buchen)
auf den Kley
Kohle Böckenkamp
Bergkamp
Holtzrechte
Oberste Kamp
Oberste Holtzrechte
Rechte
Im Papenlau
Kamp vorn Berge
Nerenkamp
Dreischkamp
Steinkamp
Kamp vorn Papen Laus-kamp
Pferdekamp
(Eichen)
Kamp vorn Papen Lau
Kühkamp (mit Eichen)
Stein Breie
Brock (Eichen)
Mergelkuhl
Grund
Kamp hinter den Berge
Drei Stücken Kamp
Vor den Grund
Hinterste Knap
Klein Berg
Unterste Rott-kamp
Kamp hinter den Busche
Knap
Große Garte
Oberkromen
Kamp vorn Busche
Bam Kamp und vor der Grund
Mittelste Knap
Pferde Kamp
Busch
Kamp hinter den Garte
Kamp hinter den Garten
Vordersten Knap (mit Hainbuchen)
Hinter den Garten vorn Berge
Klafter Kamp
Plas-kamp
Busch (Eichen)
Vorn Berge
Straten Garte
Große Weese
Kley-kamp
Kohlgarte
Weese Brein
Lüers
Nerkromen
Pockes
Wintmeyer
Betckers
Böltcken
Fische Diech
(Eichen)
Neue Weese
Alte Weesen
Hoffbrein
Sieck
Holtz-busch (Buchen)
Brookkamp
Kamp ober der neuen Weese
Suhre Feld
Lange Brein
Vorderste lange Brein
Auf den Rechte
Holtzbüsche auf der langen Brein
Klein Kley Busch
Neuen Kohlgarte
Midel-plas
Hinter den Brocke
Große Kley Kamp
Dreische Kamp
Breien Land
Gehrskamp
Gülcke
Holbrein
Suhre Feld
Ohrt-kamp
Suhre Kamp
Kley-land
auf der Hochte
auf der langen Brein
Lange(n) Brein
Meyer Brink
Meschk weese
Kley
34 91,4
57
51,0

Abb. 4: Die Hägerhufensiedlungen Bremke, Oettern und Hedderhagen nördlich von Detmold (Kr. Lippe) im Jahr 1728. Entwurf/ Kartographie: R. Bergmann/M. Thede, LWL-Archäologie für Westfalen; Kartengrundlage: Friemel'sche Karten und Meßregister von 1728

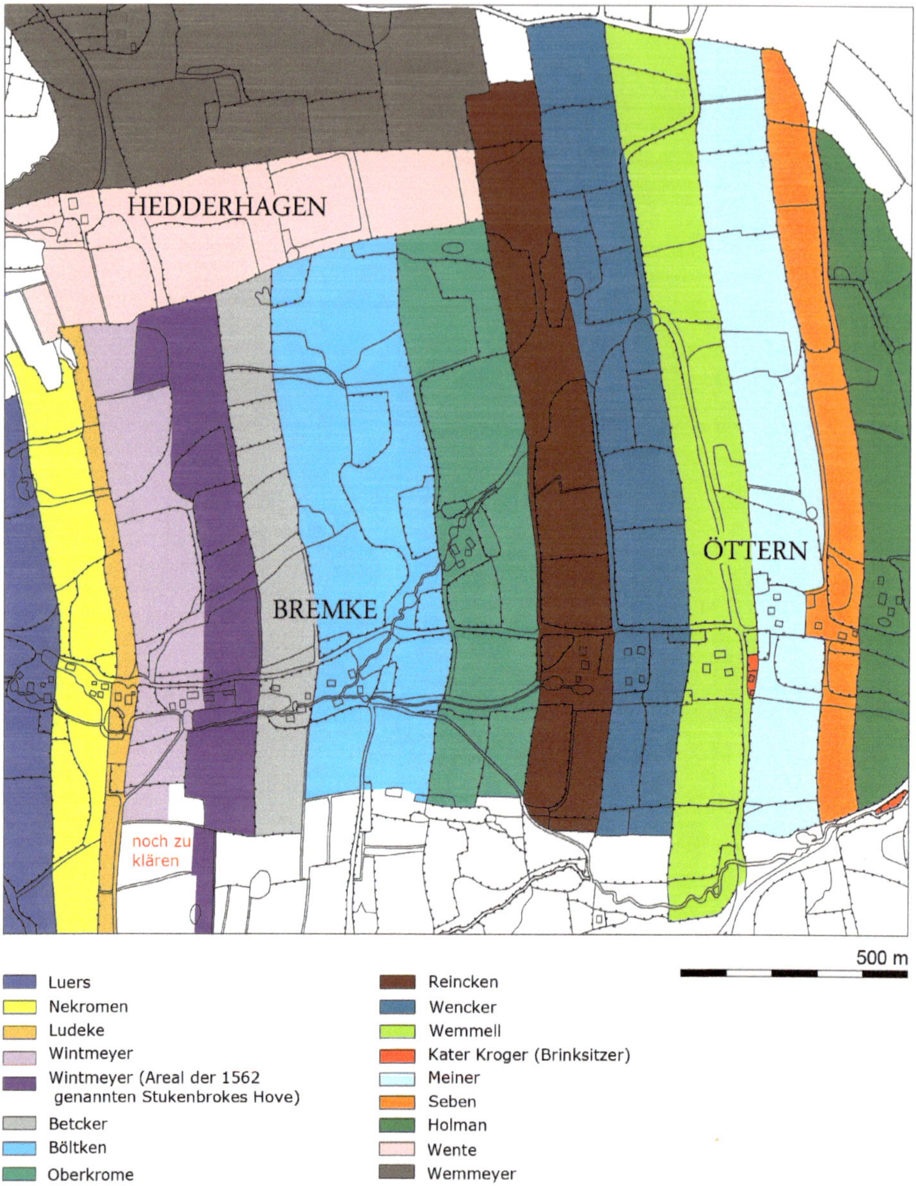

Abb. 5: Besitzverhältnisse in Bremke, Öttern und Hedderhagen nach Angaben der Friemel'schen Meßregister aus dem Jahr 1728.
Entwurf/Kartographie: R. Bergmann/M. Thede, LWL-Archäologie für Westfalen

Festgelegt wurde bei der Rodung des Waldgebiets offenbar lediglich die Hufenbreite. Die zugewiesenen Streifen wurden von der Hofstelle ausgehend in beide Richtungen so weit gerodet oder in Besitz genommen, bis man auf ein „Hindernis" im Sinn einer bereits bestehenden Nutzung traf. Südlich von Bremke bestand zum Zeitpunkt der Siedlungsgründung das besitzrechtliche Strukturgefüge der Kleinsiedlung Jerxen. Da sich die Besitzstreifen in diese Richtung teilweise lediglich um rund 200 m ausdehnen konnten, wies die Gemarkung Bremke in diesem Bereich eine auffällige Einbuchtung auf. Da unmittelbar nördlich von Oettern keine Siedlung bestand, sondern das noch 1728 als herrschaftliche Mark bezeichnete *Loße Bro(o)ck*, konnten sich die Hufen hier weitgehend ungehindert in dessen Richtung ausdehnen und wiesen nördlich der Hofstellen eine Längserstreckung von bis zu 1,2 km auf. Die Hufenbreiten wurden offensichtlich nach einem einheitlichen Maß bestimmt. Dieses betrug ca. 33 lippische Ruten, die Rute gerechnet zu jeweils 16 Fuß von um 0,29 cm Länge[6]. Eine derartige Streifenbreite bestand 1728 noch bei den Höfen Lüers (155 m), Reincken (167 m), Wencker (157 m), Wemmels (153m) und Meiner (143 m). Eine doppelte Hufenbreite von 283 m existierte bei dem Hof Böltcken. Eine ebenfalls doppelte Hufenbreite bestand bei dem Hof Wintmeyer. Sie ist nachweislich dadurch bedingt, dass von diesem Hof vor 1562 der etwa ebenso große, im Osten angrenzende Besitz Stukenbrokes übernommen worden war. Die geringere Breite des Besitzes Nerkromen ist durch die Abspaltung des Kleinhofes Ludeke bedingt. Addiert man hier die Breite beider Besitzstreifen, so gelangt man zu einer ursprünglichen Hufenbreite von 156 m. Von der Normierung abweichende Breiten der Besitzstreifen lassen sich weiterhin für die Höfe Oberkrome und Holman (jeweils 205 m bzw. 44 lippische Ruten von 16 Fuß) wie auch für den Hof Seben (um 80 m) erkennen.

Die annähernd rechtwinklig zu den Höhenschichtlinien verlaufend angelegten Besitzstreifen waren und wurden in Abhängigkeit von den kleinräumig variierenden Voraussetzungen von Relief, Böden und Gewässerhaushalt in von Hecken begrenzte Kampblöcke untergliedert, die als Wiesen, Dauerackerland, Dreischländer, Wiesen, Weiden und als Waldweide genutzt wurden. Das Dauerackerland von Oettern und Bremke lag beiderseits der Höfereihe und zwar vorzugsweise in Bereichen mit Löß-Parabraunerden.

Zur Verminderung der Bodenerosion waren die Ackerbeete in den stärker geneigten Bereichen quer zum Hanggefälle angelegt worden. Heutige Rainstufen an den Grenzen von Besitzstreifen wie auch im Bereich historischer Nutzungsartengrenzen lassen erkennen, dass mit diesen Mitteln einer flächenhaften Bodenerosion (Denudation) der leichten Lösslehmböden in den Ober- und Mittelhangbereichen entgegengewirkt, diese jedoch nicht dauerhaft verhindert werden konnte.

6 *Verdenhalven* 1968, S. 24 und S. 44, gibt die Länge eines lippischen Fußes mit 0,29 m und die einer Rute in Lippe mit 4,632 m bzw. 16 Fuß an.

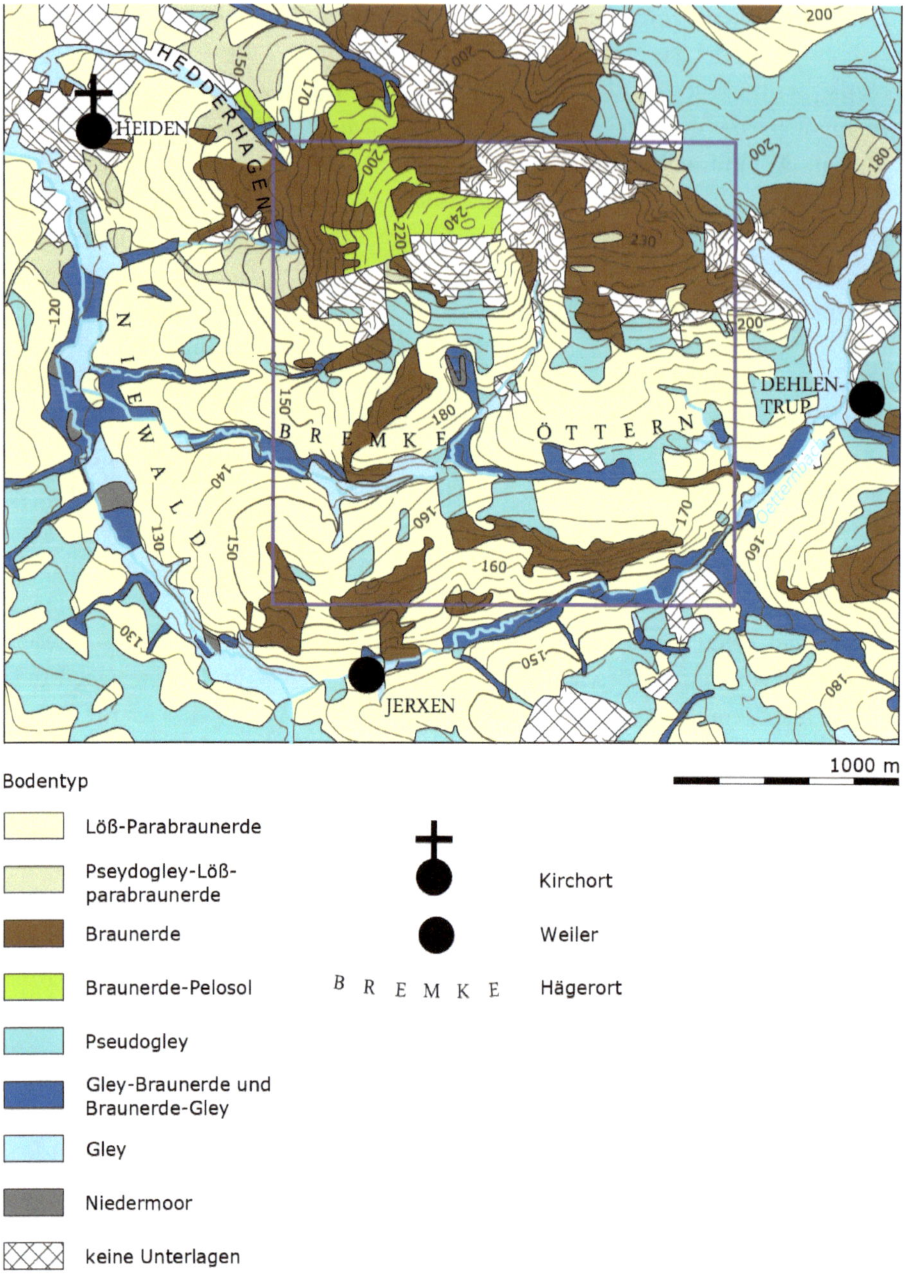

Abb. 6: Verbreitung von Bodentypen im Bereich der Hägerhufensiedlungen Bremke, Öttern, Hedderhagen und Niewald nördlich von Detmold.
Entwurf/Kartographie: R. Bergmann/M. Thede, LWL-Archäologie für Westfalen; Kartengrundlage: Bodenkarte 1:5.000

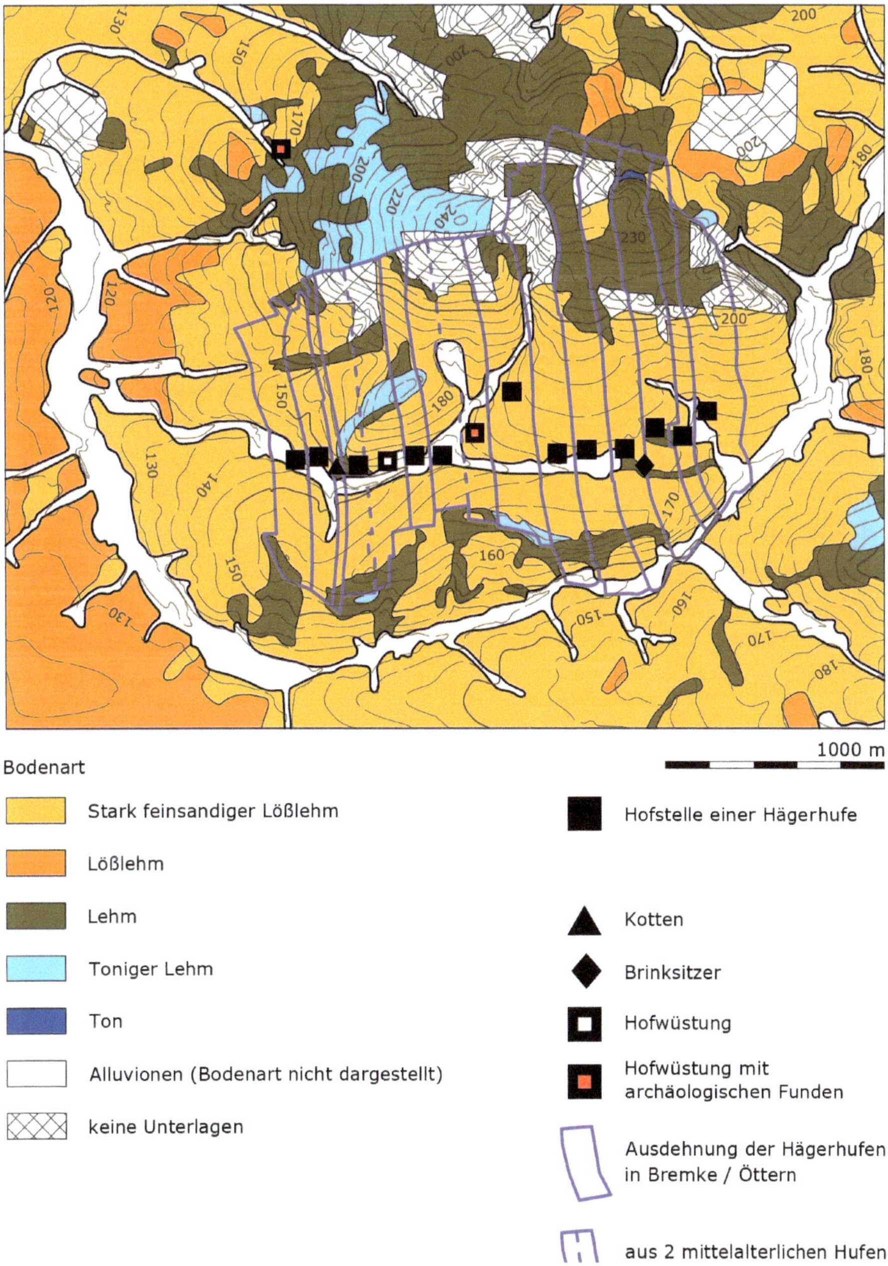

Abb. 7: Verbreitung von Bodenarten im Bereich der Hägerhufensiedlungen Bremke, Öttern, Hedderhagen und Niewald nördlich von Detmold. Entwurf/Kartographie: R. Bergmann/M. Thede, LWL-Archäologie für Westfalen; Kartengrundlage: Bodenkarte 1:5.000

Die Höhe derartiger denudationsbewirkter Rainstufen beträgt zwischen 0,5 und einem Meter. In den Unterhangbereichen fand eine Akkumulation abgeschwemmten Bodenmaterials statt. Im Wechsel als Grün- und als Ackerland genutzte Dreischländer bestanden vornehmlich in hoffernen Bereichen mit Böden geringerer Bonität[7]. An den Rändern der Ackerflächen und Dreische lagen Mergelkuhlen, aus denen Kalkmergel zur Düngung entnommen wurde. Schwere Böden mit geringem Lössanteil und Pseudogley-Böden waren insbesondere auf der Kuppe des Rotenbergs sowie im *Loße Bro(o)ck* verbreitet und wurden als Weideflächen genutzt. Im Privatbesitz befindliche, von *J. C. Friemel* als *Waldung* und *Hudeanger* bezeichnete Flächen dienten der Bau- und Brennholzentnahme und wurden in nachhaltiger, bestandserhaltender Form als Waldweiden bewirtschaftet.

Die Hägerhufensiedlung Hedderhagen bestand zur Zeit der Urmessung (1728) aus vier Höfen und einer Kleinstbesitzerstelle, von denen auf der Kartenrekonstruktion die Höfe Wente und Wemmeyer erfasst sind. Anders als von *A. Schüttler* (1968, S. 290) angenommen handelt es sich bei Hedderhagen um eine geplant angelegte ländliche Siedlung. Ihre ursprüngliche Struktur ist im Mittelalter durch die Übernahme eines wüsten Hofes durch den resistenten Hof Wemmeyer nachhaltig verändert worden. Die Flur von Hedderhagen wurde im Westen überwiegend von der Altflur des Kirchortes Heiden und im Süden von den Ausbauenden der Bremker Hagenhufen begrenzt bzw. war im Osten mit den Fluren von Oettern und Bentrup verzahnt. Die Hufen wiesen eine Länge von bis zu 1,15 km auf. Die Hufenbreiten waren sehr verschieden. Mit einer Breite von durchschnittlich 35 Ruten ist diejenige der Cruwelshofe[8] mit dem für Öttern und Bremke ermittelten Grundmaß vergleichbar. Mit 60 Ruten wies der Besitzstreifen Wente etwa das doppelte und der zwischen 118 und 133 Ruten große Breitstreifen Wemmeyer annähernd das vierfache dieser Abmessungen auf. Möglicherweise sind die abweichenden Hufenbreiten bei Wente und Wemmeyer durch Wüstungserscheinungen und damit verbundene Zusammenlegungen von Hufen rückführbar (wie nachfolgend für den Hof Wemmeyer nachgewiesen werden kann). Die Flur von Hedderhagen nimmt das stark reliefierte, 135 bis 246 m hoch gelegene Gelände nordwestlich des Rotenberges bzw. *Roen Berg* einschließlich dessen Kuppe ein. Die Hufen waren ähnlich derjenigen von Oettern und Bremke in heckenbegrenzte Blockparzellen untergliedert. Die Hecken waren teilweise als breiter Gehölzstreifen (*Holtzreckte*) ausgeprägt, die im Bereich des weidewirtschaftlich genutzten Rotenbergs (*Roen Berg*) von Hainbuchenbeständen gebildet wurden. Die Bonität der im Mittelhang- und Kuppenbereich dieses Berges bestehenden Ackerflächen, wo neben flachgründigen Braunerden teilweise Braunerde-Pelosole nachweisbar sind, war zumeist gering.

---

7 *Friemel* weist die Dreischländer nicht als besondere Nutzungsform aus. Eine derartige Nutzung lässt sich jedoch für diejenigen Bereiche erschließen, die von ihm als in Ackerbeete(!) untergliedertes Weideland dargestellt wurden.

8 Lage bereits außerhalb der Abb. 4 nördlich des Hofes Wemmeyer.

Abb. 8: Rekonstruktion der vom Nachbarhof Wyndt Drewes übernommenen Hufe Stukenbrokes in Bremke und angrenzender Hägerhufen nach den textlichen Angaben einer Landweisung von 1562. Entwurf/Kartographie: R. Bergmann/M. Thede, LWL-Archäologie für Westfalen

Für die Rekonstruktion des Kulturlandschaftszustandes im zweiten Drittel des 16. Jahrhunderts ist eine auf Veranlassung des Grundherrn unter Anleitung des Bauerrichters Ludeken Corde für eine Hufe in der *Burschop Bremeke* vorgenommene Landweisung von Bedeutung, die der aus Tangermünde/Altmark stammenden Notar Gallus beglaubigte: Die Hufe des ehemals von Berndt Stukenbrokes bewirtschafteten Hofes bildete 1562 einen von Norden nach Süden verlaufenden Breitstreifen aus.

Grundherr des Hofes war Diderich Grothe, der das Gut an Wyndt Drewes vermeiert hatte. Wyndt Drewes ist in den Schatzungslisten von 1562–1572 und 1555 bezeugt. Er bewirtschaftete ursprünglich nur die im Westen an die Stukenbrokes Hufe angrenzende *Winthufe*.

Auf die mittelalterliche Höfegeschichte ist nachfolgend nur ausschnitthaft einzugehen, wobei Quellen berücksichtigt werden sollen, die in einem allgemeinen Zusammenhang von Bedeutung erscheinen. Aufgrund eines Wechsels von Hofnamen ließ sich zwischen den bis 1467 zurückreichenden Schatzungslisten und der älteren urkundlichen Überlieferung nur zum Teil eine sichere Verbindung herstellen. Dieser Überlieferung sind Einblicke in das Eindringen von Bürgern in die Besitzstrukturen der Hägerorte und zur Hägergerichtsbarkeit zu entnehmen. An der Schwelle vom Mittelalter zur frühen Neuzeit vollziehen sich in den Hägerhufensiedlungen am Rotenberg wichtige Änderungen. Hagherr in Bremke war 1491 der Adelige Hermann de Here und in Oettern 1430 Lutbert de Wend und nicht die Grafen zur Lippe, die im 16. Jahrhundert die Masse des Wendischen Besitzes aufkauften und als Landesherren die Hagherrenrechte in fast allen Hägerhufensiedlungen an sich brachten (*Reuschel* 2009, S. 79). – Um der 1555 herrschenden Pest zu entgehen, hatte sich der Lemgoer Bürger Diderich Grothe auf den ihm als Grundherrn gehörenden Hof Wintmeyer in Bremke zurückgezogen. Bernhard (VIII.) zur Lippe erlaubte als Hagherr, dass der Grote den Hof bewohnte und nach seinen Bedürfnissen einrichtete. Jedoch sollte er weder den das Besitztum bewirtschaftenden Meier Wyndt Drewes vertreiben, noch zusätzliches Vieh in der Gemeinheit halten dürfen (LR Bd. 3, S. 391, Nr. 2319). – 1491 wurde dem Lemgoer Bürger Tönnies Hoygger von Hermann de Here als Hagherr in Bredenbeck und von Henke tor Wedem als Hagenrichter in den vier (!) Hagen bescheinigt, dass er mit der Einwilligung des Hagherrn und des Hagenrichters von den Hagengenossen in den Hof Meiner (*Meinen*) in Bredenbeck „eingewert" sei. Die Verhandlung hierüber fand in einem gehegten Hägergericht statt. Der Hagherr bestätigt den Rechtsvorgang mit seinem bürgerlichen Siegel (LR Bd. 4, S. 149, Nr. 2776). – Eine Quelle von 1430 dokumentiert die Umwandlung von ursprünglich hagenfreien Höfen in grundherrschaftlich Gebundene. Durch den Verkauf begab sich der Hagenfreie in die grundherrschaftliche Abhängigkeit, woraus deutlich wird, dass es sich bei den Freiheitsrechten der Häger um ein veräußerliches Gut handelte: Und zwar bezeugte der Knappe Lutbert de Wend 1430 als Hagherr des Hagens in der Oettern, dass Lüdeke Culemann dem Kleriker Hartmann Stadenhaus seien Hof in der Oettern für 24 Mark verkauft hatte. Der Kleriker vermeierte den Hof nachfolgend an den Verkäufer, der sich somit in die grundherrschaftliche Abhängigkeit des Stadenhaus begab (LR Bd. 3, S. 193, Nr. 1900). –

Personelle Beziehungen zwischen dem Zisterzienserkloster Doberan im Bistum Schwerin und dem Untersuchungsraum sind für das Jahr 1419 nachzuweisen: In diesem Jahr war der sich nach dem Kirchdorf Heiden nennende Hermann von Heiden Abt des Klosters. Er urkundete, dass dem Kloster als Erbe des Doberaner Mitbruders *Herman van Heden*, seines Sohns, die Cruwelhofe *in deme Hederhagene* zugefallen sei. Diesen Hof hatten einst Hermen van Heyden und dessen Brüder und später Hinrich Mannick in ihrem Besitz *(Gewere)*. Mit Zustimmung seines Konvents übertrug der Abt den Hof nunmehr dem Conrad Mannick (LRNF, Nr. 1409.03.06).

Zur Entstehungszeit der Hägerhufensiedlungen in Lippe bestehen unterschiedliche Auffassungen. Für die Region wird einerseits davon ausgegangen, dass zur „Zeit der Stadtgründungen bzw. kurz danach" … „in bisher nicht besiedelten Bereichen zahlreiche Hagen-Siedlungen mit Hagenhufenfluren" angelegt worden sind (*Reuschel* 2009, S. 81). Nach verbreiteter Auffassung sind diese ländlichen Siedlungen hier im Verlauf des 13. Jahrhunderts, das weiterhin durch die planmäßige Anlage neugegründeter städtischer Zentren geprägt war, von den Edelherren zur Lippe angelegt worden. Kann man diese Forschungsannahmen so verstehen, dass die Entstehung der lippischen Hägerhufensiedlungen gleichzeitig oder nahezu gleichzeitig mit denjenigen der lippischen Planstädten erfolgte? Den Geschichtsquellen jedenfalls sind keine Gründungsdaten der ländlichen Siedlungen zu entnehmen. In einem für die Region erstmals herangezogenen Arbeitsansatz – der Prospektion bestimmter Hägerhofwüstungen – soll nachfolgend der Versuch unternommen werden, weitere Grundlagen für die Datierung der Besiedlungsabläufe zu gewinnen. In diesem Zusammenhang ist zunächst auf die regionalspezifisch-archäologischen Grundlagen einer Datierung einzugehen.

Die Phase der Stadtgründungen im Oberweserraum ist archäologisch betrachtet eine Zeit, in der sich die reduzierend gebrannten Irdenwaren gegenüber den älteren, uneinheitlich gebrannten Kugeltopfwaren durchgesetzt hatten und neben Proto- und Faststeinzeugen den Markt beherrschten. Für das südliche Weserbergland wird davon ausgegangen, dass die älteren Kugeltopfwaren ab etwa um 1160 nicht mehr hergestellt wurden und in der Produktion ausliefen (*Stephan* 1978, S. 22). In Lippe hat sich diese innovative Keramikentwicklung mit einem retardierenden Moment vollzogen. So gelangte die Bearbeiterin des Materials der in Luftlinie 21 km von Bremke und Oettern entfernten, archäologisch untersuchten Ortswüstung Barkhof (zuletzt: *Treude* 2018, S. 48–59) bei Schieder (Kr. Lippe) zum Ergebnis, dass dieser Ort frühestens im der zweiten Hälfte des 13. Jahrhunderts bzw. eventuell um 1300 entstanden sei und der Schwerpunkt seiner Besiedlung in das 14. Jahrhundert falle (*Halle* 1992, S. 79 und 83). Im Fundkomplex der wüstgefallenen Siedlung ist uneinheitlich gebrannte granitgrusgemagerte Irdenware mit einem Anteil von 1,5 % und uneinheitlich gebrannte sandgemagerte Irdenware mit 13,2 % vertreten (*Halle* 1992, S. 27 ff.). Daher wird man davon ausgehen müssen, dass uneinheitlich gebrannte Irdenwaren in Lippe noch im ausgehenden 12. und 13. Jahrhundert gebräuchlich gewesen sind.

Zum lokalen archäologischen Befund: In der Flurparzelle *Weese Brein* in Bremke konnte in einer „überbreiten" Hufe eine Hofwüstung lokalisiert werden. Die etwa 40 × 30 m2 große Fundstreuung liegt in einer Flucht mit den übrigen Höfen des Hagens innerhalb des im Vergleich mit anderen Hagenhufen etwa doppelt so breiten Besitzstreifens Böltcken. Das Fundmaterial der Hofwüstung ist überwiegend dem ausgehenden 12. bis 14. Jahrhundert zuzuweisen. Die Anfangsdatierung ergibt sich aus den in erheblichem Umfang (immerhin 50% bezogen auf mittelalterliche Keramiken) vorliegenden uneinheitlich gebrannten Irdenwaren. In Hedderhagen verzeichnet das Friemel'sche Messregister von 1728 in dem Bachtälchen südlich der Hofstelle Wemmeyer den Flurnamen *Alte Hoffkamp*. Die hier nachgewiesene Hofwüstung befindet sich innerhalb der „überbreiten" Hägerhufe Wemmeyer und liegt mit den wüstungsresistenten Höfen Otto, Cruwels und Wendt des Hagens in einer Flucht. Die Fundstreuung mittelalterlicher Keramik weist eine Ausdehnung von etwa 40 × 55 m2 auf. Der nicht unerhebliche Anteil uneinheitlich gebrannter Irdenwaren spricht für eine Anlage des Hofes und damit von Hedderhagen im ausgehenden 12. Jahrhundert. Gleichgültig, ob man eine Datierung nach *Stephan* (1978) oder nach *Halle* (1992) anstrebt, wird deutlich, dass die Erschließung des Rotenberges durch planmäßig angelegte Hägerhufensiedlungen der Welle der Stadtgründungen vorausgegangen ist.

6 Hägerhufen-Totalwüstungen in der Warburger Börde und ihren Randlandschaften

In der altbesiedelten Warburger Börde (Kr. Höxter) sind Hagenhufensiedlungen (bzw. Hägerhufensiedlungen) eine Ausnahmeerscheinung und bestanden weiterhin am Ostrand des Eggegebirges. Im Kr. Höxter sind alle derartigen ländlichen Siedlungen wüstgefallen und ihre Strukturen sind im rezenten Landschaftsbild nicht zu erkennen. Projektbezogen wurden die inmitten der Bördenlandschaft gelegenen Ortswüstungen Bünerhagen und Dinkelburgerhagen prospektiert. Auf der Ostseite des Eggegebirges sind +Agatenhagen und +Bodikenhaghen mutmaßliche Hagenhufensiedlungen. Sie sind von ihrer genauen topographischen Lage unbekannt, wohingegen die Ortslage von +Oldenhaghen bei Steinheim-Sandebeck durch Flurnamen relativ genau bestimmbar ist.

Der Ort *Bu(e)nerhagen* wurde von den mit den Schwalenbergen eng verwandten Grafen von Waldeck gegründet und ist eine Ausbausiedlung des Kirchortes +Lütken Bühne (*Bune minor*). Die frühesten Einträge zu Bünerhagen sind dem ca. 1332–1348 angelegten Waldecker Lehnsregister zu entnehmen. Gemäß diesem war die Hälfte des Zehnten in *Bunerhagen* vom Grafen Otto von Waldeck an Conrad Schultetus verlehnt. An anderer Stelle des Lehnsverzeichnisses wird ausgeführt, dass Conradus Schulthete de Helmeren sechs Mark Silber jährliche Renteneinkünfte von den Naturaleinkünften in Bühne (*Bun*) und vom Zehnten *Bunerhagen* zustanden. (Waldecker Ub., Nr. 31, S. 42 und 47). 1360 verkauften Otto von Waldeck und sein Sohn Heinrich den gesamten Zehnten des Hagens und das damit verbundene *Hegerrecht* an das Zisterzienserkloster Hardehausen (Urkunden Kloster Hardehausen, Nr. 795). In der Folgezeit beschwerte sich das Kloster bei dem Grafen Heinrich, dass das nun vom Kloster besessene Hagenrecht (*Recht von deme Haghen*) nicht eingehalten werde. Hintergrund dieser Klage dürfte gewesen sein, dass das Kloster versuchte, die Rechte der Bewohner (*Hegerin*) *uff dem Bu(e)nerhagen vu(e) r Borgentrike*, die diese von den Vorfahren des Grafen erhalten hatten, einzuschränken, worauf Heinrich von Waldeck die Häger 1406 ermahnte, dem Kloster sein Recht widerfahren zu lassen (Urkunden Kloster Hardehausen, Nr. 911). 1577 wurden Zehnteinkünfte des Hagens vom Kloster an Johann Fuller und Hermann Kather, Sekretären und Benefiziaten des Paderborner Doms übertragen (Urkunden Kloster Hardehausen, Nr. 1363). Der Hagen dürfte zu diesem Zeitpunkt nicht mehr als Siedlung bestanden zu haben.

Die Angaben des Urkatasters ließen vermuten, dass die Höfe des Ortes in einer West-Ost orientierten Reihe angelegt waren. Diese Annahme ließ sich archäologisch absichern. Die acht nachgewiesenen Hofstellen des Hagens waren auf einer Längserstreckung von mindestens 1,6 km unmittelbar an einer Terrassenkante um 195 bis 205 m üb. NN oberhalb eines Feuchtphysiotopenbereichs (Körbecker Bruch) aufgereiht.

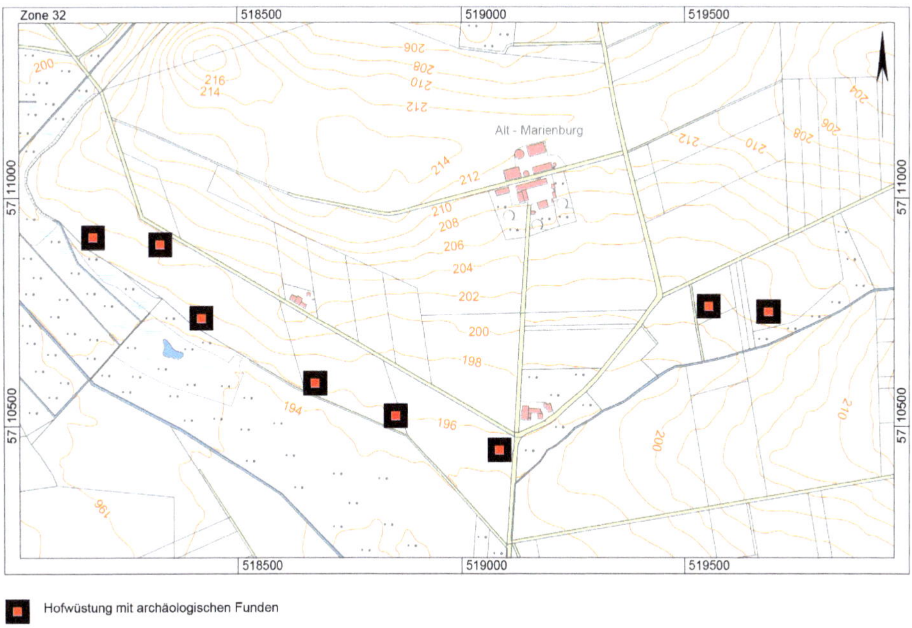

Abb. 9: Archäologische Fundareale von Hofwüstungen im Bereich der Hägerhufenwüstung Bünerhagen bei Borgentreich-Körbecke, Kr. Höxter. Entwurf/Kartographie: R. Bergmann/M. Thede, LWL-Archäologie für Westfalen

Das Fundmaterial der bislang verorteten acht Höfe[9] des Hagens ist relativ einheitlich und umfasst insgesamt 289 Keramiken. Das Fundspektrum zeichnet sich durch das völlige Fehlen uneinheitlich gebrannter Irdenwaren aus. Im Fundmaterial der im späten 12. Jahrhundert begründeten Zisterziensergrangienwüstung Rozedehusen (*Bergmann* 2017, S. 168–171) bei Warburg-Bonenburg (Kr. Höxter) sind uneinheitlich gebrannte Irdenwaren ebenfalls nicht mehr repräsentiert. Aus den Funden lässt sich ableiten, dass Bünerhagen um 1200 oder, um die Lesefunde nicht zu arg zu strapazieren, spätestens in der ersten Hälfte des 13. Jahrhunderts begründet wurde. An den Lesefunden ist der erhebliche Anteil von u. a. monochrom grün glasierten gelben Irdenwaren auffallend, der aus archäologischer Sicht für einen Fortbestand der Siedlung bis in das 15. Jahrhundert sprechen würde

Bei der benachbarten, 1370 als *Dinkelborgirhagin/Dinkelbergerhagen* ersterwähnten (Überlieferung Kloster Hardehausen, S. 109 f.) Ortswüstung handelt es sich um eine Ausbausiedlung des 1,3 km entfernten Weilers Dinkelburg. Der Hagen ist oberhalb desselben Feuchtgebiets wie Bünerhagen am Rand eines Lößlehmrückens angelegt worden. Die Fundareale sind unmittelbar oberhalb einer mehrere Meter hohen Geländekante nachgewiesen, die durch Akkumulation abgeschwemmten Lößlehm entstanden ist. Im Bereich der Fundstellen findet auch aktuell eine Ablagerung von weiter oberhalb abgeschwemmtem Löß statt, woraus eine insgesamt geringe Funddichte resultiert. Bislang sind sieben Areale mit keramischen Fundschleiern nachgewiesen, die wahrscheinlich Hofstellen entsprechen. Das zeitlich älteste Material sind wenige Scherben von Kugeltöpfen aus uneinheitlich gebrannter sandgemagerter Irdenware. Ihre geringe Anzahl deutet darauf hin, dass die Hagenhöfe wahrscheinlich um 1200 oder in der ersten Hälfte des 13. Jahrhunderts angelegt worden sind.

Zusammenfassung

[A] Im 11. Jahrhundert begann in der Ithbörde des Weserberglandes durch den „Eschershäuser Vertrag“ die Hägerhufenkolonisation. Kleine Siedlungen mit ca. 6–7 parallel liegenden Hägerhufen, auf denen die rechtlich gleichgestellten Häger ihre Höfe hatten, entstanden. Erst nach ca. 500 Jahren wurde das mündlich tradierte Recht der Häger verschriftlicht. Die Siedlungsplätze fielen nach und nach wüst und die Häger zogen in benachbarte Orte. Noch bis ins 18. Jahrhundert hinein wurden die Hägerhufen unter gleichem Recht, aber schon von verschiedenen Eigentümern bewirtschaftet. Gezeigt wird dies anhand der auf einer Rückschreibung von Flurkarten und Besitzregistern

9 Vier Areale, in denen Hofstellen zu vermuten gewesen sind, konnten bislang bewuchsbedingt nicht prospektiert werden. Für Bünerhagen ist wahrscheinlich von einer Mindestanzahl von etwa einem Dutzend Hägerhöfen auszugehen.

basierenden Dissertation des Autors A. Reuschel am Beispiel einer ehemaligen Hägerhufensiedlung auf der Gemarkung Kreipke (Kr. Holzminden). Seit napoleonischer Zeit gibt es die Rechtsform der Hägerhufensiedlungen mit gleichberechtigten Hägergenossen nicht mehr. Die kleinen Hägerhufensiedlungen unterscheiden sich als die ältere Form durch ihr besonderes Hägerrecht ohne Lokatoren und Lokatorenhufen von Hagenhufensiedlungen.

[B] In Ostwestfalen (u. a. Lippisches und Ravensberger Hügelland, Warburger Börde) verbreitete Hägerhufensiedlungen sind eine kennzeichnende Siedlungsform regelhaft angelegter ländlicher Siedlungen der herrschaftlich gelenkten hochmittelalterlichen Binnenkolonisation. Träger des inneren Landesausbaus waren Bischöfe und weltliche Territorialherren (Grafen, Edelherren). Derartige regelhafte Besiedlungsstrukturen waren ursprünglich mit einer besonderen Rechtsform, dem Hägerrecht (*Hegerrecht* bzw. *Recht von deme Haghen*), wie es in südostwestfälischen Quellen von 1360 bzw. 1406 bezeichnet ist, verbunden. Dieses gewährte besondere persönliche Freiheitsrechte sowie eine verminderte Abgabenlast und legte die Erblichkeit des betreffenden bäuerlichen Besitzes fest. In ihrer charakteristischen Form zeigen Hagenhufensiedlungen des westfälisch-lippischen Weserberglandes einen geplanten, regelmäßigen Grundriss mit einer linearen, einzeiligen Aufreihung der Hofstellen. Für sie sind Breitstreifen- bzw. Primärhufenfluren kennzeichnend; der Hof befand sich jeweils innerhalb der betreffenden Hufe. Seit dem ausgehenden Spätmittelalter gehen die Hägerrechte in der lippischen Teil-Untersuchungsregion zugunsten einer Nivellierung/Egalisierung des Bauernstandes zunehmend unter. Dies führte dazu, dass in der frühen Neuzeit nur noch Relikte der ursprünglichen Hägerfreiheiten zu fassen sind. In der Untersuchungsregion nördlich von Detmold (Kr. Lippe) wurde die Siedlungsgenese der Hägerorte Oettern, Bremke und Hedderhagen aufgearbeitet (Fallstudie 1). Die in einzelne Kampblöcke untergliederten Hägerhufen erstreckten sich von den Hofstellen der Hagen Öttern und Bremke zu beiden Seiten und in Hedderhagen ausschließlich nach Norden. Noch zum Zeitpunkt der frühesten kartographischen Erfassung im Jahr 1728 handelte es sich bei den meisten Hägerhufen um Primärhufen und nur zu einem geringeren Anteil waren ursprüngliche Hufeneinteilungen durch Zusammenlegungen wie auch Erbteilungsvorgänge verändert worden. Die Breite der ursprünglichen Hufen in Oettern und Bremke war auf etwa 33 Ruten festgelegt, die Rute gerechnet auf jeweils 16 Fuß von um 0,29 m Länge. Die Längen der zu rodenden Hufen ist nicht festgelegt worden. Diese endeten z. B. dort, wo ein präexistentes Besitzstrukturgefüge (etwa durch ältere Siedlungen) bestand. Lokal können die Rodungshufen eine Länge von bis zu maximal 1,2 km erreichen. Die im Verlauf der hochmittelalterlichen Rodung in Lippe geschaffenen Hufenstrukturen erwiesen sich als persistent und können heute in der Kernregion der lippischen Hägerhufenkolonisation als landschaftsprägend beobachtet werden. Die in Hedderhagen und Bremke gezielt innerhalb von Hufen ungewöhnlich großer Breite bzw. Siedlungslücken durchgeführte archäologische Prospektion führte zum Nachweis von Hofwüstungen. Geborgene archäologische Funde verdeutlichen, dass die Gründung dieser Hägerorte mit ihren ineinander verschachtelten Fluren im ausgehenden 12. Jahrhundert erfolgt ist. Im Unterschied zur Region um Detmold, wo sich in anderen Hägerhufensiedlungen weitere wahrscheinliche Hofwüstungen in Siedlungslücken verbergen, sind derartige Orte im Kr. Höxter fast immer vollständig und auf Dauer wüstgefallen. Bei einer der beiden ehemals mit Hägerrecht ausgestatteten und prospektierten Reihensiedlungen in der Altsiedellandschaft der Warburger Börde (Fallstudie 2) ließen sich die Grafen von Waldeck-Schwalenberg als Siedlungsgründer ausmachen. Die untersuchten Totalwüstungen Bünerhagen wie auch Dinkelburgerhagen sind um 1200 oder in der ersten Hälfte des 13. Jahrhunderts begründet worden.

Summary: The interior colonisation of the Weser mountain region during the high middle ages

The essay is concerned with the settlement colonisation of the Weser mountain region (= Weserbergland) during the high middle ages. For practical reasons the paper was divided up into two parts. Part one is presented by *A. Reuschel*, who focuses on early and later historical records of the interior colonisation within the eastern Weser mountain region, whereas the author *R. Bergmann* concentrates on the western, westfalian part of the region and tries to depict the process of colonisation by the means of historical maps and archaeological survey. Colonisation had created a special regional form of rural settlement, the so called Hägerhufen-settlements. These consist of a linear row of farmsteads with hides extending in an approximately right angle to the course of the settlement's row. The clearances of woodlands during the high middle ages were initiated by political forces, especially bishops, earls and nobleman (= Edelherren). The settlement's inhabitants (= Häger) possessed special rights (= *ius hegerorum, Hegerrecht, Recht von deme Haghen*). They and their families were personally free, paid reduced feudal rents and were able to sell their possessions. In the case of hereditary succession they paid diminished contributions (best beast or best piece of cloth). The belongings of the Hägerhufen-settlements fell into the responsibility of an own jurisdiction court (Hägergericht). Just so the Häger-community formed a fellowship of equal companions under a judge's chairmanship. There are some distinguishing points between Hägerhufen-settlements and Hagenhufen-settlements of later times, which also formed linear settlements of similar form: Apart from the fact, that the inhabitants of the Hagenhufen-settlements didn't live under the conditions of the Häger-right the Hägerhufen-settlements had no locators. As a consequence of this Hägerhufen-settlements had no locator's hide. Since the end of the late medieval age the rights of the Häger were cut down. In the county Lippe in the 17th century Häger had to prove their rights by a charter (= Freibrief). In the case of missing the inhabitants were graduated down as farmers not being free.

In the loess basin southwest to the hill ridge of the Ith (county Holzminden) interior colonisation started in the 11th century and is documented by the "treaty of Eschershausen". Colonisation locally led to the creation of small settlements with six or seven hides. The special freedom-rights of the Häger were handed down by word of mouth and were written down nearly 500 years later. All the local settlements of Hägerhufen-type in the Ith-basin were abandoned and their former inhabitants settled down in the neighbouring villages. The hides being cultivated from the surviving villages were split up then. *A. Reuschel* has demonstrated this in his dissertation by the means of map retrogression including the evaluation of land registers in a case study of a former Hägerhufen-settlement of unknown name in the district of Kreipke (county Holzminden; [Abb. 1–3]).

Within the region north of Detmold (county Lippe) the development of the existing Hägerhufen-settlements of Oettern, Bremke and Hedderhagen was examined (*R. Bergmann*; case study 1). The area was surveyed by mapping in 1728. The maps and appertaining land-registers allow to reconstruct the landscape's appearance in the first third of the 18th century [Abb. 4]. The hides were mostly primarily hides then, like being created in high medieval times [Abb. 8]. The original width of hides in Oettern and Bremke was 33 rods, the rod consisting of 16 feet of approximately 0.29 m. The length of the hides was not defined originally and they extended up to an obstacle like lands already possessed by other owners or belonging to older settlements. In the result hides could reach lengths up to 1.2 km at maximum locally. Archaeological survey was started within hides of abnormal width respectively within settlement-breaks. Within these gaps deserted farmsteads (Hofwüstungen) have been located. The finds depict a foundation of the planned local settlements in the late 12th century. – To the southwest of the Weser mountain region in the basin of Warburg with its loessic soils all settlements of the Hägerhufen-type have been totally abandoned during the late middle ages (case study 2). There is proof, that one of the deserted Hägerhufen-settlements, called Buenerhagen [Abb. 9], was founded by the earls of Waldeck-Schwalenberg. Archaeological finds point out, that Buenerhagen as well as the neighbouring Dinkelburgerhagen have been founded around the year 1200 or in the first half of the 13th century. Within the basin of Warburg desertion has wiped out nearly all the structures of the formerly linear villages. But in the county of Lippe these structures do still exist and can be observed as structures shaping the landscape.

Quellen

HStAH = Niedersächsisches Hauptstaatsarchiv Hannover
HStAH Dep 49 I Nr. 224.

StAWF = Niedersächsisches Staatsarchiv Wolfenbüttel
StAWF 7 Alt B 2176; StAWF 19 Alt 214 bis 218; StAWF 23 Alt; StAWF 24 Alt 20; StAWF VII B Hs 17.

LR Bd. 1, 2, 3 und 4
Preuß, O. u. Falkmann, A. [Bearb.] (1860–1868): Lippische Regesten. Aus gedruckten und ungedruckten Quellen. – Neudruck der Ausgaben Lemgo und Detmold, Bd. 1: 1860, Bd. 2: 1863, Bd. 3: 1866 und Bd. 4: 1868. – Osnabrück 1975.

LRNF
Wehlt, Hans-Peter (1989–1997): Lippische Regesten. Neue Folge. – Lemgo.

Reichsabtei Corvey Salierzeit
Kaminsky, H. H. (1972): Studien zur Reichsabtei Corvey in der Salierzeit. – Köln u. Graz (Veröffentlichungen der Historischen Kommission Westfalens, 10; Abhandlungen zur Corveyer Geschichtsschreibung, 4).

Salbücher Lippe
Stöwer, H. u. Verdenhalven, F. (1969): Salbücher der Grafschaft Lippe von 1614 bis etwa 1620. – Münster.

Überlieferung Kloster Hardehausen
Conrad, H. [Hrsg.] (2011): Die Kopiar- und Urbarüberlieferung des Klosters Hardehausen des 12. bis 14. Jahrhunderts. – Münster.

Urbare Werden 1
Kötzschke, R. (1906): Die Urbare der Abtei Werden a. d. Ruhr. A: Die Urbare vom 9.–13. Jahrhundert. – Bonn (Rheinische Urbare, 2).

Urkunden Kloster Hardehausen
Müller, H. [Bearb.] (2002): Urkunden des Klosters Hardehausen. – Paderborn (Westfälische Urkunden. Texte und Regesten, 9).

Waldecker Ub.
Curtze, L. (1872): Urkunden zur Geschichte der Fürstenthümer Waldeck und Pyrmont. – (o. O).

Literatur

Asch, J. (1978): Grundherrschaft und Freiheit. – In: Niedersächsisches Jahrbuch, 50, S. 107–192.

Bergmann, R. (2014): Ländliche Siedlungsentwicklung im mittelalterlichen Westfalen. Settlement development in medieval Westfalia. – In: *Gringmuth-Dallmer, E. u. Klapste, J.* in Zusammenarbeit mit *Hasil, J.* [Hrsg.]: Tradition – Umgestaltung – Innovation. Transformationsprozesse im hohen Mittelalter. – Prag (Praehistorica, XXXI.2), S. 13–41.

Bergmann, R. (2015): Die Wüstungen des Hoch- und Ostsauerlandes. Studien zur Kulturlandschaftsentwicklung in Mittelalter und früher Neuzeit. – Darmstadt (Bodenaltertümer Westfalens, 53).

Bergmann, R. (2017): Grangien des Klosters Hardehausen. Rozedehusen, Hodagessen, Kivelinchusen und Bunessen. – In: Die Zisterzienser. Das Europa der Klöster. Begleitbuch zur Ausstellung. – Bonn, S. 168–171.

Bergmann, R. (2024): Wüstungen in Westfalen. – Münster (Siedlung und Landschaft in Westfalen, 44).

Bertelsmeier, E. (1942, Nachdruck 1982): Bäuerliche Siedlung und Wirtschaft im Delbrücker Land. – Münster (Landeskundliche Karten und Hefte der Geographischen Kommission für Westfalen, 14).

Dahms, Th. (2003): Die Hagen von Salzgitter-Gebhardshagen, Braunschweig, Gandersheim und des Kültzer Ortes. – Salzgitter.

Engel, F. (1949): Das Rodungsrecht der Hagensiedlungen. – Hildesheim.

Franz, G. (1967): Quellen zur Geschichte des Bauernstandes im Mittelalter. – Berlin.

Grimm, J. (1863): Weistümer, Teil IV. – Göttingen.

Hagemann, Theodor (1794): Ueber die Hägergüter: D. Theodor Hagemann's... kleine juristische Aufsätze, Zweyter Theil. – Hannover.

Halle, U. (1992): Keramik des Mittelalters aus Schieder. Scherbenfunde der Ausgrabung Barkhof. – Detmold (Lippische Studien, 12).

Henker, J. (2014): Die Hagenhufendörfer Norddeutschlands. Eine Strukturanalyse zum hochmittelalterlichen Landesausbau. – In: *Gringmuth-Dallmer, E.; Klapste, J.* in Zusammenarbeit mit *Hasil, J.* [Hrsg.]: Tradition – Umgestaltung – Innovation. Transformationsprozesse im hohen Mittelalter. – Prag (Praehistorica, XXXI.2), S. 311–322.

Honselmann, K. [Hrsg.] (1982): Die alten Mönchslisten und die Traditionen des Klosters Corvey (Veröffentlichungen der Historischen Kommission für Westfalen X; Abhandlungen zur Corveyer Geschichtsschreibung, 6,1). Paderborn.

Illemann, H. D. (1969): Bäuerliche Besitzrechte im Bistum Hildesheim. – Göttingen.

Kraatz, Hartwig (1975): Die Generallandesvermessung des Landes Braunschweig 1746–1784. – Göttingen.

Nolten, R. A. (1728): Tractatio juris georgici de singularibus quibusdam praediis rusticorum quae sunt in terris Brunsvico-Luneburgicis et vicinia vulg Von Sattelfreyen-Meyerdings-Probstings- und Laet-Gütern. – Helmstedt.

Reuschel, A. (2009): Hagenhufensiedlungen oder „Hägerhufensiedlungen" in der Ithbörde? Ein Beitrag zur Ausdifferenzierung eines siedlungsgeographischen Terminus oder Phänomens. Dissertation der Mathematisch-naturwissenschaftlichen Fakultät der Rheinischen Friedrich-Wilhelms-Universität zu Bonn. – Bonn.

Reuschel, A. (2015/16): Robert Rustenbach, Jurist und „fleißiger" Forscher aus Eschershausen. – In: Jahrbuch für den Landkreis Holzminden, 33/34. – Holzminden, S. 135–140).

Rustenbach, R. (1903): Über Häger und Hägergerichte in den braunschweigischen Weserlanden. – In: Zeitschrift des hist. Vereins für Niedersachsen, 68, S. 567–645.

Schenk, W. (2011): Historische Geographie, Geowissen kompakt. – Darmstadt.

Schneider, H. (1936): Die Ortschaften der Provinz Westfalen bis zum Jahr 1300 nach urkundlichen Zeugnissen und geschichtlichen Nachrichten. – Münster (Münstersche Beiträge zur Geschichtsforschung, 63).

Schüttler, A. (1968): Das Lipper Land bei Detmold. – In: Topographischer Atlas Nordrhein-Westfalen, hrsg. vom Landesvermessungsamt Nordrhein-Westfalen. – Bonn, S. 290 f.

Stephan, H.-G. (1978): Archäologische Studien zur Wüstungsforschung im südlichen Weserbergland. – Hildesheim (Münstersche Beiträge zur Ur- und Frühgeschichte ,10).

Tacke, E. (1943): Die Entwicklung der Landschaft im Solling. – Göttingen.

Treude, E. (2018): Handwerk in einer ländlichen Siedlung. Die mittelalterliche Wüstung Barkhof bei Schieder-Schwalenberg, Kreis Lippe. – In: Echt alt! Mittelalterliches Handwerk ausgegraben. Sonderausstellung im LWL-Freilichtmuseum Hagen. Westfälisches Landesmuseum für Handwerk und Technik. 6. Mai bis 31. Oktober 2018. – Hagen (Forschungsbeiträge zu Handwerk und Technik, 33), S. 48–59.

Verdenhalven, F. (1968): Alte Maße, Münzen und Gewichte aus dem deutschen Sprachgebiet. – Neustadt an der Aisch.

Vogell, F. S. E. Ph. (1846): Ueber die Häger=Gerichte in der vormaligen Herrschaft Homburg: Archiv des historischen Vereins für Niedersachsen, Neue Folge Jahrgang 1846. – Hannover, S. 261–274.

Siedlungsforschung. Archäologie – Geschichte – Geographie 40, 2022, S. 77–112

Kulturlandschaftsprägende Zeugnisse vormodernen Rechtslebens[1]

Heiner Lück

Gewidmet den Wegbereitern der Rechtsarchäologie:
Karl von Amira (1848–1930), Louis Carlen (1929–2022),
Wilhelm August Eckhardt (1929–2019), Wernfried Fieber (1940–2014),
Karl Frölich (1877–1953), Jacob Grimm (1785–1863),
Witold Maisel (1914–1993), Claudius Frhr. von Schwerin (1880–1944).

1 Vorbemerkung

Das gesellschaftliche Phänomen „Recht" gilt nach moderner Auffassung und Erfahrung als eine abstrakte und nur schwer visualisierbare sowie hoch komplexe Erscheinung (*Willoweit* 2022). Eine Besinnung auf die eher philosophische Definition am Anfang der Digesten (*Manthe* 2008) aus dem 6. Jahrhundert „ius est ars boni et aequi" (D. 1, 1, 1 [Celsus]; *Liebs* 2007, S. 117 f.) macht die Erfassbarkeit nicht leichter. Heute ist unstreitig, dass es sich bei „Recht" in der Moderne um ein System allgemein verbindlicher Normen handelt, die auf eine bestimmte Art und Weise entstehen und ggf. mit Gewalt durchgesetzt werden können bzw. müssen (Gewaltmonopol des Staates).

---

[1] Öffentlicher Abendvortrag vom 14. September 2022, Mittelalterliches Kriminalmuseum Rothenburg o. T. Die Vortragsform wurde bei geringfügiger Erweiterung des Textes beibehalten. Zu den einzelnen Gruppen von Sachzeugen, Institutionen und Bräuchen mit rechtlichem Bezug existiert eine Fülle von Literatur, die zu einem großen Teil in der landes-, regional- und ortsgeschichtlichen Forschung bzw. Heimatgeschichte angesiedelt ist. Sie kann hier nicht ansatzweise repräsentativ wiedergegeben werden. Stattdessen werden die einschlägigen Artikel im „Handwörterbuch zur deutschen Rechtsgeschichte" (HRG), dem auf dem aktuellen Stand der Forschung befindlichen Standardwerk unserer Disziplin, zitiert. Über die dort den Lemmata beigegebenen Auswahlbibliographien lassen sich komfortabel weitere Literaturangaben erschließen. Nur einige, vom Verfasser als unverzichtbar erachtete Werke werden zusätzlich genannt.

Abb. 1: Symbolbild für die Juristische Fakultät mit Zitat aus Digesten 1, 1, 1 (Celsus), Martin-Luther-Universität Halle-Wittenberg, Universitätshauptgebäude, Decke der Aula, Universität Halle/Zentrale Kustodie. Foto: Markus Scholz

Die bis heute fortwirkende römisch-rechtliche Sicht auf die Dinge erzeugte im 19. Jahrhundert eine fein ziselierte, stringente juristische Begrifflichkeit und Methodik (*Schlosser* 2021, S. 307–343; *Schröder* 2012). Sie sind allerdings nur bedingt geeignet, die Vielseitigkeit des Rechts in seiner Lebendigkeit in weit zurück liegenden Epochen zu erfassen und zu verstehen. Das betrifft vor allem das Mittelalter. Freilich galt spätestens seit der Stauferzeit, in den oft gepriesenen „juristischen Jahrhunderten" (12. und 13. Jahrhundert; *Schlosser* 2021, S. 49), römisches und kanonisches Recht in der jeweils aktuell angepassten verwissenschaftlichten Form (*Ebel, Fijal u. Kocher* 1988). Dieses sog. gelehrte Recht (*Avenarius* 2012), das man studiert haben musste, um es begreifen und anwenden zu können, war nicht das einzige Normensystem, welchem unsere Vorfahren ausgesetzt waren. So dürften das Rechtsverständnis und der Umgang mit dem Recht beispielsweise im Umfeld der Kaiser und Könige (*Schumann* 2016) sowie z. B. des Rates der Reichsstadt (*Eitel* 1990) Rothenburg ob der Tauber[2] andere gewesen sein als in den Dörfern, Grundherrschaften und Städten der fränkischen, sächsischen oder anderen Lande. Es ist daran zu erinnern, dass um 1350 ca. 90 % der Reichsbevölkerung in dörflichen/ländlichen Strukturen lebten (*Pohl* 1983, S. 217). Für sie waren die gelehrten Rechtstexte in Latein und Griechisch aus Rom, Konstantinopel und Bologna ganz weit weg – sprach-

[2] Das Beispiel wird hier dankbar als Referenz an den gastfreundlichen Tagungsort gewählt.

lich und inhaltlich. Ihre Alltagsprobleme konnten sie damit nicht lösen. Dafür eignete sich viel besser das seit etwa 1200 in vielen Regionen Europas in der Volkssprache aufgeschriebene Gewohnheitsrecht (*Krause u. Köbler* 2012; „Rechtsbücher": *Lück* 2022c; *Bertelsmeier-Kierst* 2008). Von den gelehrten Juristen war unter den Gerichtslinden und auf den Gerichtshügeln[3] noch nichts zu sehen. Erst im Laufe des späten 15. und 16. Jahrhunderts sollte das anders werden. Die Forderungen der Bauern nach ihrem „guten alten" bzw. „göttlichen" Recht (*Kaufmann* 2012) am Vorabend des Bauernkriegs (*Blickle* 2008) sind uns bekannt (*Hasselhoff u. Mayenburg* 2012). Sie richteten sich auch gegen die gelehrten Juristen (*Schirmer* 2012; Oestmann 2012) im Dienst der Grundherren, die jahrhundertelang erbrachte Dienste und Abgaben zum Vorteil der sie bezahlenden Obrigkeiten ausweiten wollten. Der Rechtsalltag lief lange Zeit jenseits einer „gelehrten" Rechtsordnung ab, auch wenn die letztere, aufs Ganze gesehen, historisch obsiegen sollte. Nach mittelalterlicher Auffassung war ein Mann, der ohne fremde Hilfe auf ein Pferd steigen konnte, als Richter geeignet (Sachsenspiegel, Landrecht I 52 § 2). Die heutigen Voraussetzungen für das Richteramt sind bekanntlich andere.[4] Der Rechtsalltag der Menschen vollzog sich nach ganz anderen Regeln. Das Recht war lange Zeit nicht aufgeschrieben. Es wurde von Generation zu Generation durch Sprache, Gebärden (*Schmidt-Wiegand* 2008b) und ständig praktizierte Anwendung (Rechtsgewohnheit) weitergegeben und verstetigt. Die gemeinsame Klammer war die geglaubte göttliche Herkunft des Rechts, denn Gott sei selbst Recht und habe daher das Recht lieb – so steht es im Prolog zum Sachsenspiegel, dem bedeutendsten deutschen Rechtsbuch, entstanden zwischen 1220 und 1235: *Got is selve recht, dar umme is em recht lef* (*Eckhardt* 1973, S. 51 f.; *Lück* 2017a).

Es dürfte kaum einen zweiten deutschen Rechtstext geben, der einerseits den Rechtsalltag in den Dörfern und Grundherrschaften authentisch, sogar mit Hunderten von Illustrationen, so anschaulich präsentiert wie der Sachsenspiegel. Andererseits ist unübersehbar, wie intensiv das teilweise bis in das 19. Jahrhundert geltende Sachsenspiegelrecht in seinem großen Geltungsgebiet (*Lück* 2010a u. 2012) das rechtliche Zusammenleben der Menschen in und mit der jeweiligen Landschaft (Natur; *Lück* 2007a) geprägt hat (*Schmidt-Wiegand* 1995). Die Verknüpfung von Sachsenspiegel mit Siedlungsgeschichte (*Lück* 2010, 2013, 2015 u. 2015a), Gerichtsverfassung (*Lück* 1997), ländlichen Wirtschaftsstrukturen (*Schirmer* 2011) und normativ bestimmtem Handeln ist hochgradig evident.

---

[3] „Gerichtslinden" und „Gerichtshügel" stehen hier für typische Gerichtsstätten des Mittelalters.

[4] „Die Befähigung zum Richteramt erwirbt, wer ein rechtswissenschaftliches Studium an einer Universität mit der ersten Prüfung und einen anschließenden Vorbereitungsdienst mit der zweiten Staatsprüfung abschließt, die erste Prüfung besteht aus einer universitären Schwerpunktbereichsprüfung und einer staatlichen Pflichtfachprüfung." (§ 5 Abs. 1 Deutsches Richtergesetz vom 1. Juli 1962 i. d. F. vom 1. August 2021).

Abb. 2: Eike von Repgow als Verfasser des Sachsenspiegels.
Quelle: Oldenburger Bilderhandschrift des Sachsenspiegels, 1336, LB Oldenburg, Cim 410 I, fol. 6r. Foto: Landesbibliothek Oldenburg

Abb. 3: Dorfgründung „aus wilder Wurzel".
Quelle: Heidelberger Bilderhandschrift des Sachsenspiegels, zw. 1295 u. 1304, UB Heidelberg, Cod. Pal. Germ. 164, fol. 26v. Foto: UB Heidelberg

Manche aus dem Mittelalter herrührende gemeindlich-genossenschaftliche Waldnutzungsverhältnisse haben noch in der Gegenwart Bestand, z. B. der Siebengemeindewald am Südharzrand zwischen Uftrungen und Schwenda, Gemeinde Südharz, Ldkr. Mansfeld-Südharz, Sachsen-Anhalt (*Rohland u. Noack* 2004). Nicht wenige Sachzeugen des Rechtsalltags haben sich bis heute erhalten.[5] Eine ganz kleine Auswahl davon und deren

[5] Vollständige und wissenschaftlich fundierte Inventare gibt es nicht. Eine Ausnahme bilden die Steinkreuze, die traditionell von den Landesämtern für Archäologie oder/und anderen Institutionen erfasst und in Inventarbänden mit späteren Ergänzungen publiziert werden. Dorfgerichtsplätze sind territorial sehr unterschiedlich erfasst: z. B. *Eckhardt* 2023. Für die

Kontextualisierung mit Recht und Landschaft sind Gegenstand dieses Vortrages. Man kann diese Zeugnisse auch als gegenständliche Quellen der Rechtsgeschichte bezeichnen, deren Erforschung ein Anliegen der Rechtsarchäologie[6] ist. Dazu gehören freilich auch Herrschaftszeichen (*Lück* 2012g), Reliquienkästchen, Strafvollzugsgeräte, Folterinstrumente und vieles andere. Das Haus, in dem wir tagen dürfen, besitzt eine einzigartige Sammlung davon.[7] Hier und heute soll es jedoch um die sichtbaren Zeugnisse in der Landschaft unter freiem Himmel gehen. Dabei will ich in fünf Schritten vorgehen. In einem ersten Schritt werde ich kurz etwas Begriffliches zu Recht und Gericht ausführen. Ein zweiter Abschnitt ist den Gerichtsplätzen gewidmet. Es folgt in einem dritten Abschnitt ein kurzer Blick auf Strafvollzugsorte, insbesondere Galgenberge. Ein vierter Schritt gilt Grenzen und Grenzzeichen. Schließlich werden in einer ganz kleinen Auswahl in einem fünften und letzten Abschnitt weitere Zeugnisse rechtlich relevanter Handlungen vorgestellt. Mit einer knappen Schlussbemerkung wird der Vortrag enden. Sofern nicht anders ausgeführt, betreffen die Aussagen die Epochen des Mittelalters und der Frühen Neuzeit, also die „Vormoderne" im Sinne der Überschrift.

2 Recht und Gericht

An dieser Stelle muss kurz dargelegt werden, was unter Recht und Gericht in der hier betrachteten Zeit, vor allem auch unter Beachtung des Rechtsalltags, zu verstehen ist. Das ist notwendig, um Gegenständen und Orten ihre einstige rechtliche Relevanz zuschreiben zu können. Zunächst zum *Recht*: Das Entscheidende für das Begreifen von Recht im Mittelalter ist die Offenheit des Rechtsbegriffs gegenüber anderen Normensystemen, vor allem Religion, Kult, Kunst, Sitten, Brauchtum (*Bühler* 2008), Ritual und formelhaftes Sprechen. Das ist vor allem deshalb wichtig, weil sich insbesondere für das Frühmittelalter das, was wir heute als Recht bezeichnen, nicht hinreichend exakt und abgrenzbar von verwandten Erscheinungen bestimmen lässt (*Lück* 2003). Man denke nur an die ver-

mit „Bauernsteinen" bestückten Dorfplätze Sachsen-Anhalts gibt es ein Inventar von *Fieber, Lück u. Schmitt* 2009. Eine Auswahl zu bestimmten Regionen bieten z. B. *Riebeling* 1988; *Kapff u. Wolff* 2000; *Müller* 2019; *Fieber, Münnich u. Wemhöner* 2017; *Lück* 2010b. Für die Rechtsarchäologie existieren zwei maßgebliche Periodika: *Carlen* 1978–2004 (inzwischen abgeschlossen); *Deutsch, Kocher, Lück u. Schott* 2008 ff. (bislang 20 Bände erschienen). Beide Reihen sind erschlossen durch ein detailliertes Register von *Gut* 2021. Zu älteren Schriftenreihen, Sammlungen etc. vgl. *Lück* 2022b, hier Sp. 1122–1123. Ein unverzichtbares Instrument bei der rechtsarchäologischen Arbeit ist das von der Heidelberger Akademie der Wissenschaften herausgegebene Deutsche Rechtswörterbuch (Wörterbuch der älteren deutschen Rechtssprache) – vgl. *Speer* 2008.

6 Vgl. den Überblick von *Lück* 2012m u. 2022b. Zu den Standardwerken gehören: Grimm 1956 (zu diesem Werk vgl. auch *Fruscione* 2022); *Amira u. Schwerin* 1943; *Maisel* 1992.

7 Vgl. dazu Mittelalterliches Kriminalmuseum Rothenburg o. d. T. 1989; zu dieser Gruppe von Sachzeugen vgl. *Schild* 2010.

schiedenen Handlungen, die im Mittelalter zu einer vollgültigen Eheschließung erforderlich waren: das Zusammengeben der Brautleute (*Schmidt-Wiegand* 2008) in Gegenwart der Verwandten, die Übergabe eines Brautschatzes an die Brautfamilie (*Lück* 2005), die Heimführung der Braut durch den Bräutigam – über die Schwelle als exakte Markierung des Übergangs der Gewalt des Brautvaters („Munt"; *Ogris u. Olechowski* 2016) auf den Bräutigam, öffentliches Beilager (zumindest unter Zeugen) und die Zuwendung von Gütern an die Braut/Ehefrau nach der Hochzeitsnacht (Morgengabe; *Brauneder* 2016). Was ist hiervon Recht und was nicht (*Schmidt-Wiegand* 2012)? Die heute entscheidende rechtliche Voraussetzung der Eheschließung, die höchstpersönliche Erklärung der Eheschließungswilligen vor einer öffentlichen Stelle („Ja-Wort" i. S. v. § 1310 BGB), kommt gar nicht vor. Wegen der Andersartigkeit und der Heterogenität, die sich bei vielen rechtlichen Vorgängen ausmachen lassen, sprechen wir von „Rechtshandlungen", die an bestimmten Orten, den „Rechtsorten", vollzogen werden müssen.

Abb. 4: Grafengericht mit Schöffen. Quelle: Wolfenbütteler Bilderhandschrift des Sachsenspiegels, zw. 1348 u. 1371, Herzog August Bibliothek Wolfenbüttel, Cod. Guelf. 3.1 Aug. 2°, fol 10r5. Foto: Herzog August Bibliothek Wolfenbüttel

Ein ähnlich weit zu fassender Begriff ist in unserem Kontext der des *Gerichts* (*Lück* 2012a u. 2017b). „Gericht" ist zunächst ganz allgemein eine Organisationsform zur Ausübung des Herrschaftsrechts „Gerichtsbarkeit" (*iurisdictio, iudicium*) bzw. einer aus Autonomie und/oder Privileg fließenden Kompetenz (*Lück* 2012f; *Oestmann* 2015). Ferner werden der Ort, an dem das Gericht zusammentrat, und das Gebiet, auf welches sich die Gerichtsherrschaft erstreckte, mit „Gericht" bezeichnet. In der Frühen Neuzeit steht das Wort gelegentlich auch für Orte und Geräte der Strafvollstreckung, z. B. Galgen (*Lück* 2008d), Rabenstein (*Lück* 2020), Rad (*Deutsch* 2022). Die historisch konkreten Erscheinungsformen des Gerichts sind unübersehbar. Es lassen sich Benennungen ausmachen, die an verschiedene Aspekte des jeweiligen Gerichts anknüpfen: an den Gerichtsherrn (*Lück* 2012c), z. B. Stadtgericht, Königsgericht (*Weitzel* 2016), an die sachliche Zuständigkeit, z. B. Lehnsgericht (*Lück* 2016), Holzgericht, Wassergericht, an die funktionale Kompetenz, z. B. Niedergericht (*Krey* 2016), Blutgericht (*Lück* 2012h), an die räumliche Zuständigkeit, z. B. Landgericht (*Merzbacher u. Lück* 2016), Feldgericht, an die Binnenstruktur, z. B. Einzelrichter, Schöffengericht, Kollegialgericht (*Lingelbach* 2012), an die Gerichtszeit, z. B. Quatembergericht (*Oppitz* 2020), Jahrgericht), an den Gerichtsort bzw. an die topographische Lage, z. B. Brückengericht, Berggericht, Talgericht, Gericht am Roten Turm, Gericht vor dem Roland). Angesichts der enormen Varianz ist eine Systematisierung kaum möglich (*Lück* 2012f).

Jedes Gericht setzt sich grundsätzlich aus bestimmten Personen, die im Gericht unterschiedliche Funktionen wahrnehmen, zusammen. Schon in fränkischer Zeit war ein relativ feststehender Personenkreis als Gericht aus der Gesamtheit der Gerichtsgemeinschaft (Dinggenossenschaft) herausgewachsen (*Weitzel* 1988). Prinzipiell führte eine Person den Vorsitz, während eine gewisse Anzahl von Personen (Schöffen) die Gerichtsgemeinde repräsentierte. Die Gerichtsgemeinde hatte aufgrund der Dingpflicht bei der Gerichtssitzung anwesend zu sein. Neben Richtern und Schöffen ist der Fronbote (*Lück* 2008c) regelmäßig als Teil des Gerichtpersonals anzutreffen. Um das Gericht herum stehen die gerichtspflichtigen Dinggenossen (der „Umstand"; vgl. *Weitzel* 1998), die dem gesprochenen Urteil ihre Zustimmung (die „Vollbort"; vgl. *Sellert* 1998), erteilen oder eben nicht. Seit dem Spätmittelalter befinden sich regelmäßig Gerichtsschreiber im Dienst des Gerichts bzw. Gerichtsherrn. Im Zuge der Verschriftlichung des Gerichtswesens avancierten die Schreiber zur wichtigsten Gruppe der mit der Dokumentation gerichtlicher Tätigkeit befassten Personen, wobei hier die Städte vorangingen (*Kintzinger* 2018; *Döhring* 1990). Unter modernen Verhältnissen ist die Hauptaufgabe der Gerichte die Rechtsprechung. Das gilt für die Gerichte im Mittelalter nicht in dieser Dominanz. Ein großer Aufgabenbereich bestand in der Bezeugung von Rechtsgeschäften, vor allem solcher zur Übertragung von Grund und Boden, sowie in der Vermittlung rechtlicher Konflikte, auch solcher, die wir heute dem Strafrecht zuordnen würden. In diesem Sinne war das Gericht ein Ort, der eine besondere Publizität – funktional an Stelle der weitgehend fehlenden Schriftlichkeit – entfaltete. Auf den Gerichtsversammlungen wurden Gebote und Verbote der Gerichtsherrschaft verkündet (*Lück* 1998) oder alte Rechte in Erinnerung gerufen und bestätigt (*Lück* 1998a). Auch als ein Ort der allgemeinen Kommunikation unter den Gerichtsgenossen darf das Gericht angesehen werden, fand doch im Anschluss an Gerichtsversammlungen häufig ein befriedender gemeinsamer Verzehr von Speisen und Getränken, vor allem Bier, statt („Gerichtsmahl"). Auf dem „Bierhügel" bei Salzmünde (Gemeinde Salzatal, Ldkr. Saalekreis, Sachsen-Anhalt) lebt dieser Gerichtsbrauch als „Himmelfahrtsbier" bis heute fort (*Lück* 2007).

Abb. 5: Bierhügel, Salzmünde, OT von Salzatal, Ldkr. Saalekreis, Sachsen-Anhalt. Foto: Heiner Lück

Das Gericht war der Inbegriff der Herrschaft schlechthin und ein institutionelles Sammelbecken für hoheitliche Aufgaben unterschiedlichster Art (*Lück* 1997). Es war das wichtigste Herrschaftsrecht. Im Hinblick auf seine rechtsprechende Funktion hebt es sich von anderen Institutionen ab. Das Gericht muss verbindliche Entscheidungen treffen können, die in einem bestimmten Verfahren, das bis heute strengen Formalien folgt, zustande kommen und notfalls zwangsweise durchgesetzt werden können. Dass das in einem gerüttelt Maß Ideal blieb, zeigen z. B. die vielen offenen Unterhaltsforderungen in der aktuellen familienrechtlichen Praxis.

3 Gerichtsplätze

Jedes Gericht war und ist bis heute auf eine Örtlichkeit, die ihm physisch-räumlich die Möglichkeit gewährt, Versammlungen bzw. Sitzungen mit allen damit verbundenen gerichtlich relevanten Handlungen durchzuführen, angewiesen. Dieser Platz heißt Gerichtsstätte (*Lück* 2012e), Dingstätte, Dingstuhl, Ding, Thing, Tie, Gerichtsplatz, Gerichtsort oder einfach „Gericht". Die uns heute vertrauten Gerichtsgebäude (*Lück* 2012b) sind erst im 19. Jahrhundert aufgekommen. Die „Rügegerichtshütte" von Volkmannrode bei Stangerode (Ortsteil der Stadt Arnstein, Ldkr. Mansfeld-Südharz, Sachsen-Anhalt) ist mit ihrer Entstehungszeit im 18. Jahrhundert (*Jablonowski* 2001) eine sehr seltene Ausnahme, wahrscheinlich sogar der älteste Gerichtsbau im deutschen Sprachraum.

Abb. 6: Rügegerichtshütte Volkmannrode, Wüstung bei Stangerode, OT von Arnstein, Ldkr. Mansfeld-Südharz, Sachsen-Anhalt. Foto: Heiner Lück

Das auf Pfosten ruhende verlängerte Dach hält die traditionell gebotene Verbindung zum freien Himmel aufrecht. Bis in die späte Frühe Neuzeit wurden Orte unter freiem Himmel (*Lück* 2008b) für Gerichtssitzungen (weltlicher Gerichte) benutzt. Die kirchlichen Gerichte (Synoden, Sendgerichte; *Becker* 1990), traten demgegenüber von vornherein auch in der jeweiligen Kirche oder in Kreuzgängen zusammen. Die Funktion dieser Örtlichkeiten ging über die Vollziehung gerichtlich relevanter Handlungen hinaus. So dienten die Gerichtsstätten häufig als allgemeine Treffpunkte und Orte der Kommunikation sowie Bekanntmachung amtlicher Nachrichten. Noch heute sind manche ehemaligen Gerichtsstätten Spiel-, Tanz- und Tummelplätze für die Jungen, Schwatzplätze für die Alten sowie Schauplätze örtlicher, auch einst rechtlich relevanter Brauchtumspflege.

Die Durchführung des Gerichts unter freiem Himmel war ursprünglich zwingend. Doch gewährte Karl der Große (reg. 768/800–814) im Jahre 809 eine weitere Variante, indem er gestattete, bei schlechtem Wetter unter einem Dach Gericht zu halten. Vor diesem Hintergrund entstanden die ersten überdachten Gerichtsstätten in Form einfacher, nach mindestens drei Seiten hin offener Pfahl-/Säulenkonstruktionen – die Gerichtslauben (*Lück* 2012d) –, so dass das Prinzip des freien Himmels gewahrt blieb. Im Lehnrecht des Sachsenspiegels (Artikel 72 § 1) heißt es: *Binnen beslotenen wenden unde under dake ne darf neman ordel vinden* (*Eckhardt* 1973a, S. 110).

Aufgrund der erfreulich dichten rechtsarchäologischen Überlieferung lassen sich bestimmte Örtlichkeiten, die als Gerichtsstätten bevorzugt wurden, ausmachen. Eine große Vielzahl von Gerichtsstätten befand sich auf Hügeln, die sich zumeist auffällig von der sie umgebenden Landschaft abhoben („Landmarken"; *Schmidt-Wiegand u. Lück* 2016).

Abb. 7: Collm (Berg im Hintergrund), Landdingstätte der Markgrafen von Meißen bei Oschatz, Ldkr. Nordsachsen, Sachsen. Foto: Mario Teumer

Ihre exponierte Lage markierte die Gerichtsstätte in der Regel eindeutig, so dass man sie mühelos finden konnte. Schon aus der Ferne konnte man sie sehen. Neben solchen Anhöhen gehörten auch Wegekreuzungen, Brücken, Burg- und Stadttore, Brunnen, Türme (insbes. Rote Türme), Kirchenportale (*Lück* 2012k), Vorhallen von Kirchen, Kreuzgänge, Märkte, Rathäuser (*Lück* 2022), Rolande und Friedhöfe (*Schempf* 2008) sowie Dorfplätze (Anger, Tie; *Schmidt-Wiegand* 1998; *Brednich* 2008), Höfe und Wirtshäuser, zu häufig nachweisbaren Gerichtsplätzen. Das Agieren des Gerichts an der richtigen, d. h. traditionell überlieferten und ständig gebrauchten Gerichtsstätte

(Sachsenspiegel, Landrecht I 67 § 1: *to echter dingstat; Eckhardt* 1973, S. 128) war Voraussetzung für die Rechtsgültigkeit der vor Gericht vollzogenen Handlungen. Die konkrete topographische Lage der Gerichtsstätten konnte nicht ohne weiteres verändert werden. Unabhängig von den tradierten Örtlichkeiten konnten Gerichtssitzungen („Notgericht") am Ort einer geschehenen Straftat stattfinden (*Lück* 2016d), so z. B. im Verbreitungsgebiet der Femegerichte „auf der Roten Erde Westfalens" (*Lück* 2008a), aber auch darüber hinaus.

Nicht wenige der heute noch erhaltenen Gerichtsstätten weisen als typische Attribute Bäume oder/und Steine auf. Ihre einstige Funktion, äußere Gestalt und Topographie (in Dörfern häufig zentral gelegen) wirkten über die Zeiten hinweg identitätsstiftend, so dass etliche Gemeinden im 19. und frühen 20. Jahrhundert, teilweise bis heute, Steine, Steintische und/oder Bäume in ihren Siegeln bzw. Wappen führten bzw. führen (z. B. Adenstedt, Gemeinde Sibbesse, Ldkr. Hildesheim, Niedersachsen: tischförmiger Tiestein; Eilsdorf, Gemeinde Huy, Ldkr. Harz, Sachsen-Anhalt: Gerichtshügel mit Linde und Eiche). Die für mitteldeutsche Dorfplätze typischen Steine, Steintische oder Steinsetzungen werden zumeist „Bauernsteine" genannt.

Abb. 8: Bauernstein, Noßwitz, Ortsteil von Rochlitz, Ldkr. Mittelsachsen, Sachsen. Foto: Heiner Lück

Abb. 9: Dorfplatz mit Bauernsteinen, Rossbach, Ortsteil von Braunsbedra, Ldkr. Saalekreis, Sachsen-Anhalt. Foto: Heiner Lück

Die kultische Verehrung des Baumes stammt aus vorchristlicher Zeit und wirkte lange in den christlichen Jahrhunderten nach (*Werkmüller* 1990). Der Baum galt als Seelensitz, wohl weil der Wald aus unterschiedlichen Gründen viele Lebende verschlang, darunter auch die Geächteten (*Battenberg* 2008), d. h. die kraft Urteilsspruchs aus der Rechtsgemeinschaft Ausgeschlossenen. Vielfach wurde der Baum als beseelt angesehen, stand er doch auch für das Leben des Menschen (*Brosse* 2003). Die zum Schutz und zur Markierung von Gerichtsstätten gepflanzten Einzelbäume oder Baumgruppen (Baumkreise) waren der Häufigkeit nach Linden, Ulmen, Eichen, Fichten und Eschen. Deutlich dominierte die Linde, welcher der Aberglaube besonders vielfältige und starke magische Wirkungen zuschrieb (*Lück* 2016a; *Brunner* 2007).

So sollte man unter der Linde am sichersten vor Blitzschlag geschützt sein. Für die Wahl der Linde zum Gerichtsbaum schlechthin waren sicher auch ihr hoher Wuchs, ihr rasches Wachstum, ihre hohe Lebensdauer von mehreren hundert Jahren und ihr dichtes Blätterdach bestimmend. Hinzu kommt, dass die Linde relativ gut Eingriffe von Menschenhand verträgt, etwa das Abstützen und Umleiten der Äste, um den durch das Blätterdach geschützten Bereich zu vergrößern oder um in ihrer Krone eine Tanzdiele einzurichten (geleitete Linden, Tanzlinden).

Abb. 10: Gerichtslinde, Collm (Dorf), OT von Wermsdorf, Ldkr. Nordsachsen, Sachsen. Foto: Mario Teumer

Abb. 11: Tanzlinde Galenbeck, Ldkr. Mecklenburgische Seenplatte, Mecklenburg-Vorpommern. Foto: Heiner Lück

Bäume kommen häufig kombiniert mit einzelnen Steinen oder Steinsetzungen vor, so auch an den Plätzen, an denen die westfälischen Femegerichte zusammenkamen.[8] Wie Bäume genießen Steine in vielen Kulturen seit ältester Zeit eine kultische Verehrung (*Fieber* 2004; *Büchner* 2004). Ihre Beständigkeit, Gestaltbarkeit, Härte, Formen und Farben zogen die Aufmerksamkeit der Menschen seit jeher auf sich (*Fieber* 2007).

Zur üblichen Ausstattung der Gerichtsstätten gehörten ein Richterstuhl, Schöffenbänke oder -stühle und ein Tisch aus Stein oder Holz sowie eine Umgrenzung (Steine, Stöcke, Pfähle, Haselruten, Latten, „Schranken") dieses, unter einem besonderen Frieden stehenden Handlungsraumes (*Lück* 2017). Die heute noch vorhandenen steinernen Bänke und Tische gehören mehrheitlich zu dörflichen Gerichtsstätten.

Abb. 12: Viierersteine bei Krimpe, OT von Schochwitz, Gemeinde Salzatal, Ldkr. Saalekreis, Sachsen-Anhalt. Foto: Heiner Lück

Besonders eindrucksvolle Beispiele stellen die sog. Angertische auf dem thüringischen Eichsfeld (*Godehardt u. Kahlmeyer* 1986) sowie die Steinsetzungen auf den Ties Niedersachsens dar. Einigen Orten haben Gerichtssteine ihre Ortsnamen (*Bily* 2017) gegeben, z. B. Breitenstein, Ortsteil der Gemeinde Südharz, Ldkr. Mansfeld-Südharz, Sachsen-Anhalt (*Fieber, Lück u. Schmitt* 2009, S. 27), Güsten,[9] Verbandsgemeinde Saale-Wipper,

---

8 Zu den noch vorhandenen Femegerichtsplätzen vgl. *Fricke* 2002 u. 2011.

9 970: *Guddesten*, vgl. MGH DO I, Nr. 385, S. 526–527, hier S. 527.

Ldkr. Salzlandkreis, Sachsen-Anhalt; Langenstein, Stadtteil von Kirchhain, Ldkr. Marburg-Biedenkopf, Hessen.

Abb. 13: „Guddestein"; Menhir in Güsten, Verbandsgemeinde Saale-Wipper, Salzldkr., Sachsen-Anhalt. Foto: Heiner Lück

An vielen Orten scheint es üblich gewesen zu sein, dass auf der Gerichtsstätte ein Hoheitszeichen des Gerichtsherrn (Pfahl mit Wappen o. ä.) aufgestellt wurde (*Lück* 2012e). Von hier aus verläuft vielleicht eine direkte Entwicklungslinie bis zum obligatorischen Bundes-/Landes-/Staatswappen in unseren modernen Gerichtssälen, den Gerichtsstätten der Gegenwart.

Seit undenklicher Zeit dienen aufgestellte Steine der Schadensabwehr und dem Andenken an die Verstorbenen. Gerichtsstätten in der freien Landschaft fielen nachweislich häufig mit vorzeitlichen Kultplätzen (Grabhügel, Megalithgräber, Steinkreise) zusammen, z. B. Mettine bei Zörbig, Ldkr. Anhalt-Bitterfeld, Sachsen-Anhalt, wo 1209 Eike von Repgow erstmals urkundlich erwähnt wird (*Lück* 2013a).

Hier fand man wohl auch Steine vor, eventuell die von einem Großsteingrab der Ahnen oder einen einzelnen aufrecht stehenden Stein, die kultische Bedeutung hatten („Menhire"; *Meier* 1950; *Lück* 2016c).

Abb. 14: „Mettine" (Quetzer Berg), Landdingstätte der Grafen von Brehna mit bronzezeitlichem Hügelgrab, Quetzdölsdorf, Stadtteil von Zörbig, Ldkr. Anhalt-Bitterfeld, Sachsen-Anhalt. Foto: Heiner Lück

Abb. 15: „Steinerne Jungfrau", jungsteinzeitlicher Menhir, Halle an der Saale, Stadtteil Dölau, Sachsen-Anhalt. Foto: Heiner Lück

Abb. 16: „Speckseite", Menhir bei Aschersleben, Salzldkr., Sachsen-Anhalt. Foto: Heiner Lück

Eine bewusste Anknüpfung an die Grablege der Vorfahren war im Mittelalter wahrscheinlich nicht (mehr) gegeben. Es war offenbar die markante Lage, welche die Menschen der Vorzeit genauso anzog wie die Rechtsgenossen Jahrtausende später. Daneben mag es von vornherein angefertigte Tische und Bänke für Gerichtszwecke gegeben haben. Sie können auch als künstliche Nachbildungen alter Kultsteine begriffen werden. Der freie Himmel war von jeher bis weit in die Frühe Neuzeit hinein eine unverzichtbare Voraussetzung für das rechtmäßige Abhalten von Gerichtssitzungen und das Vollziehen anderer öffentlicher Rechtshandlungen. Räumlich durfte zwischen Gericht und Himmel prinzipiell nichts Trennendes vorhanden sein. In zeitlicher Hinsicht kommt nur der Tageshimmel für Gerichtssitzungen in Frage, nach zahlreichen Quellen der Vormittag. Nach Sonnenuntergang war z. B. der Lehnsmann im Geltungsbereich des Sachsenspiegels nicht mehr verpflichtet, seinem Lehnsherrn im Gericht zu antworten (*Lück* 2016b). Die Unmittelbarkeit zwischen Gericht und freiem Himmel ergab sich von vornherein aus den bekannten bevorzugten Gerichtsstätten: Hügel, Steine, Bäume, Flussufer, Brücken, Mühlen, Bestattungsorte, an Toren, vor Kirchen etc. Das Gericht agierte unter freiem Himmel in der grundsätzlich offenen Landschaft.

Abb. 17: Gericht des Bauermeisters vor der Dorfkirche. Quelle: Heidelberger Bilderhandschrift des Sachsenspiegels, zw. 1295 u. 1304, UB Heidelberg, Cod. Pal. Germ. 164, fol. 25v5. Foto: UB Heidelberg

4 Strafvollzugsorte

Mit bestimmten Gerichtsstätten korrespondieren Strafvollzugsorte, auf denen vornehmlich Todesstrafen, Verstümmelungsstrafen (*Maihold* 2017) und Ehrenstrafen (Pranger; *Deutsch* 2008; *Gulczyński* 2018) vollstreckt wurden. Wir alle kennen Flurnamen (*Schmidt-Wiegand* 2008a) wie Galgenberg, Galgenfeld, Radeberg, Räderberg, Brandberg u. ä.

Abb. 18: „Brandsäule", moderner Gedenkstein, bei Eckartsberga, Burgenldkr., Sachsen-Anhalt. Foto: Astrid Henke

Die Todesstrafe durch das Schwert wurde häufig auf Marktplätzen vollstreckt; in der Frühen Neuzeit oft mit Bühnenaufbau (Schafott). Während des 13. Jahrhunderts ist in den Städten der Beruf des Henkers aufgekommen, der auch die umliegenden ländlichen Gerichtsherrschaften mit seinem unehrenhaften Handwerk versorgte (*Deutsch* 2012). Der in unseren Landschaften wohl am häufigsten verbreitete und noch erkennbare Strafvollzugsort ist der Galgenberg. Die Galgen und ihre Standorte seien hier als markante kulturlandschaftsprägende Zeugnisse etwas näher vorgestellt.

Abb. 19: Galgensäule Seeburg, OT der Gemeinde Seegebiet Mansfelder Land, Ldkr. Mansfeld-Südharz, Sachsen-Anhalt. Foto: Heiner Lück

Der Galgen ist eine Vorrichtung (Gerüst) zur Vollstreckung der Todesstrafe durch Erhängen, einer der ältesten, am häufigsten und am längsten (bis in das 20. Jahrhundert) praktizierten Arten der Hinrichtung. Nach Tacitus, Germania, cap. 12, hängten die Germanen Verräter und Überläufer an Bäumen auf. Im Sachsenspiegel (Landrecht II 13 und 39) sowie in den Artikeln 159 und 162 der Constitutio Criminalis Carolina (CCC) von 1532 war für den Dieb die Bestrafung mit dem Galgen vorgesehen. Sie wurde hauptsächlich an Männern vollstreckt; aber auch Tiere wurden nach entsprechenden Prozessen an Galgen aufgehängt (*Dinzelbacher* 2006; *Oehrl* 2010). Angehörige des Adels waren grundsätzlich von der entehrenden Todesstrafe durch den Strang/Galgen ausgenommen.

Ursprünglich nutzte man wohl den blätterlosen Baum, an den sich mythische Vorstellungen von der Ehrlosigkeit knüpften, unter Zuhilfenahme eines Strickes oder einer Weidenrute als Hinrichtungswerkzeug. Der Galgen kann von seinen Ursprüngen her als künstliche Nachbildung des abgestorbenen und laublosen Baumes gedeutet werden. Daneben wurden auch immer natürliche („grüne") Bäume als Galgenersatz verwendet. Über die Vielfalt der historisch belegbaren Formen von Galgen informiert seit dem Spätmittelalter eine Fülle zeitgenössischer Illustrationen.

Abb. 20: Galgensäule Klein-Schierstedt, OT der Stadt Aschersleben, Salzlandldkr., Sachsen-Anhalt. Foto: Heiner Lück

Recht alt scheint der *Gabel*galgen zu sein, der aus zwei aufrechtstehenden Astgabeln mit einem darüber liegenden Querbalken hergestellt wurde (so etwa in den Bilderhandschriften des Sachsenspiegels).

Im Laufe der Zeit entstanden Kombinationen aus mehreren Pfählen mit darüber liegenden Querhölzern (später auch Metallstangen), welche die gleichzeitige Hinrichtung mehrerer Verurteilter gestatteten. Seit dem 16. Jahrhundert traten an die Stelle der alten wetteranfälligen Holzkonstruktionen zunehmend gemauerte Galgensäulen, von denen sich einige bzw. Reste bis heute erhalten haben. An manchen Galgen waren Eisenketten angebracht. Sie schlossen das Risiko des Reißens des Stricks mit Folgen für den zum Tode Verurteilten und den Henker aus. Zur vollständigen Vollstreckung der Todesstrafe am Galgen gehörte bis in die Frühe Neuzeit hinein zwingend, dass die Körper der Hingerichteten nicht abgenommen werden durften. Vielmehr sollten die Leichname, begleitet von Vogelfraß, allmählich verwesen und in Teilen herabfallen. Vor diesem Hintergrund bildeten mit menschlichen Körpern behangene Galgen sowie die damit vertrauten Henker attraktive Anlaufpunkte für die mit wissenschaftlichem Erkenntnisdrang beflissenen Anatomen, war doch die Besorgung von (möglichst frischen) Leichen für die medizinische Ausbildung ein strukturelles Problem aller spätmittelalterlichen und frühneuzeitlichen Universitäten (*Lück* 2022a).

Abb. 21: Gabelgalgen und Staupsäule mit Henker.
Quelle: Wolfenbütteler Bilderhandschrift des Sachsenspiegels, zwischen 1348 und 1371, Herzog August Bibliothek Wolfenbüttel, Cod. Guelf. 3.1, Aug. 2, fol. 29r3.
Foto: Herzog August Bibliothek Wolfenbüttel

Wie die Gerichtsstätten befanden sich auch die Galgen nicht an zufälligen oder beliebigen Plätzen. Typisch waren Galgenstandorte weitab von den Dörfern und Städten. Noch heute markieren die massenhaft vorhandenen Flurnamen (insbes. „Galgenberg"), Gemeinde- und Gemarkungsgrenzen. Wegen der mit dem Erhängen verbundenen Ehrlosigkeit sollte der Ort des Geschehens möglichst weit entfernt vom Sitz der Gerichtsherrschaft, welche den Galgen betrieb, liegen (*Deutsch* 2008a). Durch die Errichtung des Galgens auf einer Anhöhe war dieser zumeist von weither zu sehen. Insofern standen nicht selten der Sitz der Gerichtsherrschaft, die von ihr benutzten Gerichtsstätten und die Galgenstandorte in einem bestimmten topographischen Verhältnis zueinander (*Lück* 2000). Zu den bevorzugten Galgenstandorten gehörten neben Hügeln Wegekreuzungen sowie das Gelände vor Stadttoren und Stadtmauern, wo die Galgen, häufig kombiniert mit Rädern auf empor ragenden Pfählen, von der „Strenge der Justiz" der jeweiligen Stadt kündeten. Letztere Situation ist durch einschlägige Bildzeugnisse mannigfach belegt. Auf dem Weg vom Ort der Verurteilung oder Verwahrung zum Galgen stand häufig (und damit in einer bestimmten topographischen Beziehung zum Galgen) eine Betsäule, an welcher der Verurteilte ein letztes Gebet vornehmen konnte/sollte.

Abb. 22: Betsäule, 15. Jahrhundert, Halle an der Saale, Sachsen-Anhalt. Foto: Heiner Lück

Auch solche sind noch vorhanden (z. B. in Halle an der Saale, nach mehrfach verändertem Standort jetzt am Universitätsring).

Aufgrund der in der Regel gut sichtbaren Galgen sind ihre Standorte mit einem bestimmten Symbol, das häufig den dreisäuligen Galgen stilisiert wiedergibt, auch auf vielen historischer Landkarten, Messtischblättern und Lageplänen gekennzeichnet (*Lück* 2022d).

Aus der fulminanten Häufigkeit der heute noch vorhandenen Flur- und Straßennamen, welche das Kompositum „Galgen-" aufweisen, darf nicht auf eine ebenso oder auch nur ansatzweise so große Zahl von Hinrichtungen am Galgen geschlossen werden. Das massenhafte Vorkommen von Galgenstandorten resultiert vielmehr aus der Funktion des Galgens als Rechtssymbol (*Lück* 2003a). Der Galgen stand symbolhaft und beweiskräftig für das Recht, die Hochgerichtsbarkeit innezuhaben und auszuüben. Es gibt Belege dafür, dass der Besitz eines Galgens im Zweifel mehr wert war als eine geschriebene Urkunde, um die Berechtigung zur Hochgerichtsbarkeit zu beweisen (*Lück* 1997, S. 88–90).

Ein Überblick über die gegenwärtig existenten Galgenreste fehlt. In Mitteldeutschland, gewiss auch anderenorts, scheinen die Galgenberge häufig in einer Verbindung mit

Flurnamen zu stehen, die auf als minderwertig geltende Vögel Bezug nehmen („Sperlingsberg“, „Krähenberg“, „Hühnerberg“). Ob diese Übereinstimmungen zufällig sind oder mit der Mythologie des Galgens zusammenhängen (vgl. etwa das noch gebräuchliche Wort „Galgenvögel“), konnte noch nicht geklärt werden.

Innerhalb der Archäologie scheint sich in den letzten Jahren eine sog. Richtstättenarchäologie etabliert zu haben, die mit archäologischen Methoden (Ausgrabungen) den einstigen Gebrauch von Galgen und anderen Hinrichtungswerkzeugen erforscht, verifiziert und dokumentiert (*Auler* 2008–2012; *Genesis* 2014).

5 Grenzen und Grenzzeichen

Rechtsbereiche bedurften seit jeher der Abgrenzung von anderen Berechtigten (*Reiter* 2012). Ursprünglich dienten natürliche Erscheinungen in der Landschaft als Grenzmarkierungen (*Werkmüller* 2012), z. B. Küsten, Flussläufe,[10] Bergketten, Wälder, Bäume, Felsen, Hügel usw. Es handelte sich weniger um exakt verlaufende Grenzlinien, sondern eher um Grenzsäume. Seit dem Frühmittelalter geht die in der Natur markierte und visualisierte Erinnerung an den Grenzverlauf mit schriftlichen Aufzeichnungen einher (*Bünz* 2022). Später kamen Grenzzeichen hinzu, die vom Menschen geschaffen wurden und die Grenzverläufe genauer markierten.

Abb. 23: Grenzstein mit anhaltischem Wappen, 18. Jahrhundert, Dornburg an der Elbe, Ortschaft der Stadt Gommern, Ldkr. Jerichower Land, Sachsen-Anhalt. Foto: Heiner Lück

[10] So schreibt z. B. das Lehnrecht des Sachsenspiegels (Artikel 4 § 1) für die Lehnsleute, die östlich der Saale ansässig sind, andere Pflichten als für jene westlich der Saale vor.

Dazu gehörten Grenzwege (z. B. Rennsteig; *Rüger* 2003), Raine, gesetzte Steine mit und ohne bildliche Darstellungen (Wappen), Buchstaben oder Zahlen (Marksteine, Grenzsteine), Pfähle, Palisaden, Wälle, Gräben, Zäune, Hecken, Landwehren (*Fieber u. Schmitt* 2016), Warten, Gebück, Mauern u. ä.

Abb. 24: Landwehr bei Stendal, Sachsen-Anhalt. Foto: Björn Dittrich

Abb. 25: Warte Deetz, Ortsteil der Stadt Zerbst in Anhalt, Ldkr. Anhalt-Bitterfeld, Sachsen-Anhalt. Foto: Björn Dittrich

Die letzteren dienten zudem dem Schutz vor wilden Tieren oder dem Eindringen von Fremden in das umzäunte Dorf.

Abb. 26: Gebück Schleberoda, Stadtteil von Freyburg an der Unstrut, Burgenldkr., Sachsen-Anhalt. Foto: Joachim Säckl

Aber auch die Anknüpfung an bereits von Menschenhand gemachte, in der Landschaft vorhandene ältere Gegenstände ist vielerorts zu beobachten: z. B. Steinkreuze, Galgen, aufrechtstehende Steine, Großsteingräber, Steinhaufen, Betsäulen, einstmals bewusst gepflanzte Bäume u. ä. Der Bedarf und die existenzielle Bedeutung für den oder die innerhalb der Grenzen Berechtigten brachten eine nahezu unübersehbare Vielfalt von Kennzeichnungen hervor. Sie genossen einen hohen Rechtsschutz. In der Regel war Grenzfrevel mit Strafen oder Bußen bedroht. Die CCC droht in Artikel 114 für Grenzfrevel als Fälschungsdelikt eine Körperstrafe an (*Deutsch* 2016). Grenzen und Grenzzeichen wurden als Rechtssymbole des Friedens verstanden. Grenzumgänge oder Flurumzüge gehörten zum Rechtsbrauchtum bis in das 19. Jahrhundert hinein (*Kramer u. Schildt* 2012). Dabei wurde die dörfliche Jugend über die Gemarkungsgrenze geführt. An markanten Grenzzeichen bekamen die Jugendlichen etwas geschenkt (z. B. einen Apfel), oft aber auch eine Ohrfeige, um den konkreten Ort möglichst ein Leben lang in Erinnerung zu behalten – jährliche Wiederholung inklusive (*Kimmel-Schröder* 2017). Die Grenzzeichen (Grenzsteine) sind in der heutigen Landschaft noch in großer Anzahl zu erkennen. Bekanntlich markieren Grenzsteine auch heute noch Grundstücksgrenzen.

6 Weitere Zeugnisse rechtlich relevanter Handlungen in Auswahl

Die Zeugnisse rechtlich relevanten Handelns in der Vormoderne sind kaum übersehbar. Von nicht ganz so großer Häufigkeit wie die Grenzsteine sind die noch zahlreich vorhandenen Steinkreuze in ihrer Funktion als Sühnekreuze.

Abb. 27: Steinkreuz, gen. „Himmel" bei Zscheiplitz, Stadtteil von Freyburg an der Unstrut, Burgenldkr., Sachsen-Anhalt. Foto: Astrid Henke

Sie waren Bestandteile eines bestimmten Verfahrens zur rechtlichen Konfliktlösung, insbesondere bei Totschlag (Totschlagsühne; *Lück* 1999 u. 2012l). Grundlage bildete ein Vertrag, der vor Gericht zwischen dem Täter und der Opferfamilie geschlossen wurde (Sühnevertrag; *Lück* 2011).

Abb. 28: Sühne vor Gericht. Quelle: Wolfenbütteler Bilderhandschrift des Sachsenspiegels, zw. 1348 u 1371, Herzog August Bibliothek Wolfenbüttel, Cod. Guelf. 3.1 Aug. 2°, fol. 12v3. Foto: Herzog August Bibliothek Wolfenbüttel

Das Steinkreuz, dessen Gestalt und Standort vom Gericht vorgegeben wurden, sollte die daran vorbei Laufenden zum Gebet für den Erschlagenen anhalten, gewissermaßen als Ersatz für das entgangene Sakrament der letzten Ölung. Das Steinkreuzsetzen hörte im Verlauf des 16. Jahrhunderts allmählich auf, was mit gravierenden Veränderungen des Strafverfahrens und des Strafensystems, aber auch mit der Reformation, einherging.

Als Orte bzw. Gegenstände, an denen über Gerichtsversammlung und Hinrichtung weitere rechtlich relevante Handlungen vorgenommen wurden, sind zu nennen: Kirchengebäude (*Lück* 2012i), wüste Kirchen, Kirchenportale, Übergabestellen (Steine, Brücken), Stadt- und Burgtore, Verkünderker, Brunnen, Schänken, Anger, Steine, Steinkreise, Bäume, Baumkreise u. v. a.

Abb. 29: Wüste Kirche Volkmannrode (rechts im Bild) bei Stangerode, OT von Arnstein, Ldkr. Mansfeld-Südharz, Sachsen-Anhalt. Foto: Heiner Lück

Abb. 30: Pappelring mit Bauernstein, Fienstedt, Gemeinde Salzatal, Ldkr. Saalekreis, Sachsen-Anhalt. Foto: Heiner Lück

Abb. 31: Baumkreis mit Straßennamen „Klagesberg", Quenstedt, OT der Stadt Arnstein, Ldkr. Mansfeld-Südharz, Sachsen-Anhalt. Foto: Heiner Lück

Die dörflichen Richter besaßen als Entschädigung für ihre Tätigkeit bestimmte Höfe, sog. Richtergüter, die mit Privilegien ausgestattet waren (Schankrecht, niedere Jagd, Salzverkauf; *Lück* 1997, S. 238). Es lassen sich je nach Übertragungs- und Berechtigungsform Lehn- und Erbrichtergüter unterscheiden (*Schulze* 2008, *Rödel* 2016). Sie sind noch heute in nicht wenigen Orten vorhanden, oftmals als Gasthöfe und Hotels. In den heutigen ostsächsischen Gebieten (insbesondere in der Oberlausitz) heißen sie „Kretscham" (sorbisch *korčma*), ihre Inhaber „Kretschmar", „Kretzschmer" o. ä.

Schließlich soll noch auf die einem besonderen Rechtsregime unterliegenden Hutewälder und Dorfanger hingewiesen werden (*Behre* 1995, S. 133–135). Während sich von den einstigen Hutewäldern nur spärliche Reste erhalten haben (z. B. die Ivenacker Eichen), bestimmen die Anger noch heute das ländliche Siedlungsbild (*Voß u. Rüchel* 2009).

Abb. 32: Eichen in Ivenack, Ldkr. Mecklenburgische Seenplatte, Mecklenburg-Vorpommern. Foto: Björn Dittrich

Zusammenfassung

Der Streifzug durch unsere Landschaften mit dem Blick auf Zeugnisse, welche mit dem älteren Rechtsleben zu tun haben, ließe sich beliebig fortsetzen. Das Leben unserer Vorfahren war intensiv verrechtlicht, auch wenn das Recht mangels schriftlicher Präsenz nicht so allgegenwärtig war, wie es uns heute gegenüber tritt. Solange der Alltag in nachbarschaftlicher Zufriedenheit ablief, bedurfte es nicht der Heranziehung ganz bestimmter Rechtsnormen oder gar des verbal-frontalen Ausschleuderns eines Rechtssatzes aus dem „Effeff" (Digesten, römisches geschriebenes Recht; *Lück* 2008). Erst im Konfliktfall, der nicht durch Einigung zu lösen war, rief man das Gericht an. Dieses wandte vorwiegend Gewohnheitsrecht an, so dass erst in diesem Kontext und auf den konkreten Streitfall bezogen offenkundig wurde, wie das Recht, das man suchte, konkret aussah. Wir können uns eine solche, weitgehend orale, Rechtskultur mit unseren Denk- und Ordnungsmustern im Kopf kaum vorstellen. Will man sich damit beschäftigen, muss man versuchen, sich davon halbwegs frei zu machen – und das immer wieder neu. Das Sehen und Begreifen von Landschaften als von Recht mit gestaltete Natur- und Siedlungsräume können dabei helfen – und zwar ohne das moderne Gesetzbuch (*Kroppenberg* 2012) in der Hand!

Summary: Evidence of pre-modern legal life that characterizes the cultural landscape

The journey through our landscapes with a view to evidence relating to older legal life could be continued indefinitely. The lives of our ancestors were intensively legalized, even if the law was not as omnipresent as it is today due to a lack of written records. As long as everyday life was carried out in a neighbourly manner, there was no need to refer to very specific legal norms or even to verbally and frontally hurl out a legal sentence from the "Effeff" (Digests, Roman written law). Only in cases of conflict that could not be resolved by agreement was the court called upon. The court mainly applied customary law, so that it was only in this context and in relation to the specific dispute that it became clear what the law that was being sought actually looked like. We can hardly imagine such a largely oral legal culture with our own patterns of thought and organization. If you want to engage with it, you have to try to free yourself from it to some extent – and do so again and again. Seeing and understanding landscapes as natural and settlement areas shaped by law can help – without a modern law book in hand!

Literatur

Amira, K. von u. Schwerin, C. Frhr. von (1943): Rechtsarchäologie, Teil I: Einführung in die Rechtsarchäologie [von Claudius Frhr. von Schwerin]. – Berlin-Dahlem.

Auler, J. [Hrsg.] (2008–2012): Richtstättenarchäologie, 3 Bände. – Dormagen.

Avenarius, M. (2012): Gelehrtes Recht. – In: Handwörterbuch zur deutschen Rechtsgeschichte (2. Aufl.). – [2]HRG, 2. – Berlin, Sp. 31–37.

Battenberg F. (2008): Acht. – In: [2]HRG, 1, Sp. 59–65.

Becker, H.-J. (1990): Send, Sendgericht. – In: Handwörterbuch zur deutschen Rechtsgeschichte (1. Aufl.). – [1]HRG, 4. – Berlin, Sp. 1630–1631.

Behre, K.-E. (1995): Landschaft und Landwirtschaft zur Zeit des Sachsenspiegels. – In: *Fansa, M. [Hrsg.]*: Aus dem Leben gegriffen – Ein Rechtsbuch spiegelt seine Zeit. – Oldenburg (*der sassen speyghel.* Sachsenspiegel-Recht-Alltag, 2/Archäologische Mitteilungen aus Nordwestdeutschland, 10), S. 133–142.

Bertelsmeier-Kierst, C. (2008): Kommunikation und Herrschaft. Zum volkssprachlichen Verschriftlichungsprozeß des Rechts im 13. Jahrhundert. – Stuttgart (Zeitschrift für deutsches Altertum und deutsche Literatur, Beihefte 9).

Bily, I. (2017): Ortsnamen. – In: ²HRG, 25. Lieferung, Sp. 212–217.

Blickle, P. (2008): Bauernkrieg. – In: ²HRG, 1, Sp. 471–475.

Brauneder, W. (2016): Morgengabe. – In: ²HRG, 3, Sp. 1628–1634.

Brednich, R. W. (2008): Tie und Anger. Historische Dorfplätze in Niedersachsen, Thüringen, Hessen und Franken. – Friedland.

Brosse, J. (2003): Mythologie der Bäume. – Mannheim.

Brunner, M. (2007): Bedeutende Linden. 400 Baumriesen Deutschlands. – Bern, Stuttgart u. Wien.

Büchner, C. u. a. (2004): Kataster der Findlinge und großen Steine. – In: *Thomae, M. u. a. [Hrsg.]*: Findlinge und große Steine in Sachsen-Anhalt. – Halle an der Saale o. J. (Mitteilungen zur Geologie von Sachsen-Anhalt, Beiheft 7), S. 56–99.

Bühler, T. (2008): Brauchtum und Recht. – In: ²HRG, 1, Sp. 665–671.

Bünz, E. (2022): Grenzen in Franken. Die ältesten Grenzbeschreibungen des deutschen Sprachraums wurden in Franken aufgezeichnet: die Markbeschreibungen von Hammelburg 777 und Würzburg 779. – In: *Christof Paulus u. a. [Hrsg.]*: Typisch Franken? , Ausstellungskatalog/Haus der Bayerischen Geschichte. – Regensburg, S. 52–59.

Carlen, L. [Hrsg.] (1978–2004): Forschungen zur Rechtsarchäologie und Rechtlichen Volkskunde. 24 Bände. – Zürich.

Deutsch, A. (2008): Ehrenstrafe. – In: ²HRG, 1, Sp. 1232–1234.

Deutsch, A. (2008a): Ehrlosigkeit. – In: ²HRG, 1, Sp. 1240–1243.

Deutsch, A. (2012): Henker. – In: ²HRG, 2, Sp. 937–943.

Deutsch, A. (2016): Leibesstrafen. – In: ²HRG, 3, Sp. 778–789.

Deutsch, A. (2022): Rädern. – In: ²HRG, 29. Lieferung, Sp. 994–996.

Deutsch, A.; Kocher, G.; Lück, H. u. Schott, C. [Hrsg.] (2008 ff.): SIGNA IVRIS. Beiträge zur Rechtsikonographie, Rechtsarchäologie und Rechtlichen Volkskunde. – Halle an der Saale.

Dinzelbacher, P. (2006): Das fremde Mittelalter. Gottesurteil und Tierprozess. – Essen.

Döhring, E. (1990): Schreiber. – In: ¹HRG, 4, Sp. 1488–1496.

Ebel, F.; Fijal, A. u. Kocher, G. (1988): Römisches Rechtsleben im Mittelalter. Miniaturen aus den Handschriften des Corpus iuris civilis. – Heidelberg.

Eckhardt, K. A. [Hrsg.] (1973): Sachsenspiegel Landrecht. – Hannover, unveränderter Nachdruck 1995 (MGH. Fontes iuris germanici antiqui, nova series, 1, 1.).

Eckhardt, K. A. [Hrsg.] (1973a): Sachsenspiegel Lehnrecht. – Hannover, unveränderter Nachdruck 1989 (MGH. Fontes iuris germanici antiqui, nova series, I, Pars II).

Eckhardt, W. A. (2023): Gerichtsstätten in Hessen. – In: www.lagis-hessen.de (Zugriff: 28. Februar 2023).

Eitel, P. (1990): Reichsstädte. – In: ¹HRG, 4, Sp. 754–760.

Fieber, W. (2004): Findlinge und große Steine als Kulturdenkmale – ihr Beitrag zu einer Kulturgeschichte Mitteldeutschlands. – In: *Thomae, M. u. a. [Hrsg.]*: Findlinge und große Steine in Sachsen-Anhalt. – Halle Saale an der Saale o. J. (Mitteilungen zur Geologie von Sachsen-Anhalt, Beiheft 7), S. 15–22.

Fieber, W. (2007): Spur der Blauen Steine – zu einer in Vergessenheit geratenen Gruppe von Rechtsdenkmalen in Mitteldeutschland. – In: Archäologie in Sachsen-Anhalt, N. F. 4, S. 412–423.

Fieber, W. u. Schmitt, R. (2016): Landwehren. – In: ²HRG, 3, Sp. 616–618.

Fieber, W.; Lück, H. u. Schmitt, R. (2009): Bauernsteine in Sachsen-Anhalt. „... ahnn den Stein, so uf den Anger stehet ...". Ein Inventar. – Halle an der Saale (Archäologie in Sachsen-Anhalt, Sonderheft 11).

Fieber, W.; Münnich, U. u. Wemhöner, B. (2017): Kleindenkmale in Sachsen-Anhalt. – Halle an der Saale (Kleine Hefte zur Archäologie in Sachsen-Anhalt, 14).

Fricke, E. (2002): Die westfälische Veme im Bild. Geschichte, Verbreitung und Einfluss der westfälischen Vemegerichtsbarkeit. – Münster.

Fricke, E. (2011): Die westfälische Veme im Bild – Supplementband. – Münster.

Fruscione, D. (2022): Rechtsaltertümer. – In: ²HRG, 29. Lieferung, Sp. 1112–1115.

Genesis, M. (2014): „Das Gericht" in Alkensleben – archäologischer und historischer Nachweis einer mittelalterlichen Richtstätte in Thüringen unter Hinzuziehung anthropologischer Analysen. – Langenweißbach.

Godehardt, H. u. Kahlmeyer, M. (1986): Die schönsten Dorfanger des Eichsfeldes. – Heilbad Heiligenstadt.

Grimm, J. (1956): Deutsche Rechtsalterthümer (1. Aufl. Göttingen 1828; Nachdruck der von A. Heusler u. R. Hübner besorgten 4. Aufl., 1899, in zwei Bänden). – Berlin.

Gulczyński, A. (2018): Pranger. – In: ²HRG, 27. Lieferung, Sp. 721–728.

Gut, F. (2021): Registerband zu Forschungen zur Rechtsarchäologie und Rechtlichen Volkskunde sowie zu SIGNA IVRIS. Zu 40 Jahren Rechts- und Kulturgeschichte in 40 Bänden. Mit 378 Beiträgen der Rechtlichen Volkskunde, der Rechtsarchäologie und der Rechtsikonographie. – Halle an der Saale (SIGNA IVRIS. Beiträge zur Rechtsikonographie, Rechtsarchäologie und Rechtlichen Volkskunde, 17).

Hasselhoff, G. K. u. Mayenburg, D. von [Hrsg.] (2012): Die Zwölf Artikel von 1525 und das „Göttliche Recht" der Bauern – rechtshistorische und theologische Dimensionen. – Würzburg (Studien des Bonner Zentrums für Religion und Gesellschaft, 8).

Jablonowski, U. (2001): Eine neue Quelle zu Volkmannrode. – In: Mitteilungen des Vereins für Anhaltische Landeskunde 10. S. 39–54.

Kapff, D. u. Wolf, R. (2000): Steinkreuze, Grenzsteine, Wegweiser ... Kleindenkmale in Baden-Württemberg. – Stuttgart.

Kaufmann, M. (2012): Göttliches Recht. – In: ²HRG, 2, Sp. 500–504.

Kimmel-Schröder, Christina Marie (2017): Ohrfeige, Ohrenzupfen. – In: ²HRG, 25. Lieferung, Sp. 134–135.

Kintzinger, M. (2018): Schrift und Recht in der Stadt. Wissenspolitik im Spätmittelalter. – In: *Köster, G.; Link, C. u. Lück, H. [Hrsg.]*: Kulturelle Vernetzung in Europa. Das Magdeburger Recht und seine Städte. Wissenschaftlicher Begleitband zur Ausstellung „Faszination Stadt". – Dresden, S. 315–331.

Kramer, K.-S. u. Schildt, B. (2012): Grenzumgang. – In: ²HRG, 2, Sp. 550–552.

Krause, H. u. Köbler, G. (2012): Gewohnheitsrecht. - In: ²HRG, 2, Sp. 364–375.

Krey, A. (2016): Niedergericht, Niedergerichtsbarkeit. - In: ²HRG, 3, Sp. 1909–1914.

Kroppenberg, I. (2012): Kodifikation. - In: ²HRG, 2, Sp. 1918–1930.

Liebs, Detlef (2007): Lateinische Rechtsregeln und Rechtssprichwörter, 7. Aufl. - München.

Lingelbach, G. (2012): Kollegialgericht. - In: ²HRG, 2, Sp. 1942–1945.

Lück, H. (1997): Die kursächsische Gerichtsverfassung 1423–1550. - Köln/Weimar/Wien (Forschungen zur deutschen Rechtsgeschichte, 17).

Lück, H. (1998): Verkündplätze. - In: ¹HRG, 5, Sp. 748–750.

Lück, H. (1998a): Verlesen von Rechtssatzungen. - In: ¹HRG, 5, Sp. 760–761.

Lück, H. (1999): Sühne und Strafgerichtsbarkeit im Kursachsen des 15. und 16. Jahrhunderts. - In: *Schlosser, H. u. Willoweit, D. [Hrsg.]*: Neue Wege strafrechtsgeschichtliche Forschung. - Köln, Weimar u. Wien (Konflikt, Verbrechen und Sanktion in den Gesellschaften Alteuropas. Symposien und Synthesen, 2), S. 83–99.

Lück, H. (2000): Schauplätze des Verfahrens. Zum Verhältnis von Gerichtsherrschaft, Gerichtsort und Richtstätte im frühneuzeitlichen Kursachsen. - In: *Hausmann, J. u. Krause, Th. [Hrsg.]*: „Zur Erhaltung guter Ordnung". Beiträge zur Geschichte von Recht und Justiz. Festschrift für Wolfgang Sellert zum 65. Geburtstag. - Köln, Weimar u. Wien, S. 141–160.

Lück, H. (2003): Recht. - In: *Hoops, J. [Begr.]; Beck, H.; Geuenich, D. u. Steuer, H. [Hrsg.]*: Reallexikon der Germanischen Altertumskunde. (2. Aufl., Bd. 24), S. 209–224.

Lück, H. (2003a): Rechtssymbolik. - In: *Hoops, J. [Begr.]; Beck, H.; Geuenich, D. u. Steuer, H. [Hrsg.]*: Reallexikon der Germanischen Altertumskunde. (2. Aufl., Bd. 24), S. 284–291.

Lück, H. (2005): Von Jungfrauen, Bräuten und Steinen. Der „Brautstein" als Element archaischer Eheschließungsrituale. - In: *Hofer, S.; Klippel, D. u. Walter, U. [Hrsg.]*: Perspektiven des Familienrechts. Festschrift für Dieter Schwab zum 70. Geburtstag am 15. August 2005. - Bielefeld, S. 205–226.

Lück, H. (2007): Die Heilige Elisabeth und das Himmelfahrtsbier in Salzmünde. Von der Kontinuität eines Gerichtsbrauchs. - In: *Buchholz, S. u. Lück, H. [Hrsg.]*: Worte des Rechts - Wörter zur Rechtsgeschichte. Festschrift für Dieter Werkmüller zum 70. Geburtstag. - Berlin, S. 227–246.

Lück, H. (2007a): Natur als Erklärungshilfe in den Bilderhandschriften des Sachsenspiegels. Zwölf Beispiele. - In: Acta Historica Leopoldina, 48, S. 241–263.

Lück, H. (2008): Effeff. - In: ²HRG, 1, Sp. 1189–1190.

Lück, H. (2008a): Feme, Femgericht. - In: ²HRG, 1, Sp. 1535–1543.

Lück, H. (2008b): Freier Himmel. - In: ²HRG, 1, Sp. 1734–1736.

Lück, H. (2008c): Fronbote. - In: ²HRG, 1, Sp. 1856–1859.

Lück, H. (2008d): Galgen. - In: ²HRG, 1, Sp. 1917–1926.

Lück, H. (2010): „Flämisches Recht" in Mitteldeutschland. - In: Tijdschrift voor Rechtsgeschiedenis XXVIII. S. 37–61.

Lück, H. (2010a): Sächsisches Recht. - In: *Jaeger, F. [Hrsg.]*: Enzyklopädie der Neuzeit, 11. - Stuttgart u. Weimar, Sp. 493–495.

Lück, H. (2010b): Spuren des Rechts in der Heimat Eikes von Repgow. - Wettin (Kulturreisen in Sachsen-Anhalt, 10).

Lück, H. (2011): Sühnevertrag. - In: *Jaeger, F. [Hrsg.]*: Enzyklopädie der Neuzeit, 13. - Stuttgart u. Weimar, Sp. 116–119.

Lück, H. (2012): Gemeines Sachsenrecht. – In: ²HRG, 2, Sp. 77–84.

Lück, H. (2012a): Gericht. – In: ²HRG, 2, Sp. 131–143.

Lück, H. (2012b): Gerichtsgebäude. – In: ²HRG, 2, Sp. 150–155.

Lück, H. (2012c): Gerichtsherr. – In: ²HRG, 2, Sp. 159–162.

Lück, H. (2012d): Gerichtslaube. – In: ²HRG, 2, Sp. 162–165.

Lück, H. (2012e): Gerichtsstätte. – In: ²HRG, 2, Sp. 171–178.

Lück, H. (2012f): Gerichtsverfassung. – In: ²HRG, 2, Sp. 192–219.

Lück, H. (2012g): Herrschaftszeichen. – In: ²HRG, 2, Sp. 982–987.

Lück, H. (2012h): Hochgerichtsbarkeit. – In: ²HRG, 2, Sp. 1055–1059.

Lück, H. (2012i): Kirchengebäude. – In: ²HRG, Sp. 1787–1796.

Lück, H. (2012k): Kirchenportal. – In: ²HRG, 3, Sp. 1812–1814.

Lück, H. (2012l): Von Ombudsleuten, Mediatoren, Schlichtern und Sühneverträgen – Institutionen der Konfliktlösung außerhalb des gerichtlichen Streitverfahrens im Mittelalter. – In: Fikentscher, R. u. Kolb, A. [Hrsg.]: Schlichtungskulturen in Europa. – Halle an der Saale (mdv aktuell, 8), S. 85–101.

Lück, H. (2012m): Was ist und was kann Rechtsarchäologie? – In: Denkströme. Journal der Sächsischen Akademie der Wissenschaften zu Leipzig, 8. – Leipzig, S. 35–55.

Lück, H. (2013): Integration durch Recht: Flamen, Franken, Schwaben, Sachsen, Slawen und Juden im Entstehungsgebiet des Sachsenspiegels. – In: *Fikentscher, R. [Hrsg.]*: Integrationskulturen in Europa. – Halle an der Saale (mdv aktuell, 9)., S. 72–100.

Lück, H. (2013a): Über den Sachsenspiegel. Entstehung, Inhalt und Wirkung des Rechtsbuches. 3. Aufl. – Wettin-Löbejün (Veröffentlichungen der Stiftung Dome und Schlösser in Sachsen-Anhalt, 1).

Lück, H. (2015): Alltagsfrömmigkeit und Rechtsalltag um 1500. Beobachtungen in Mitteldeutschland. – In: *Bünz, E. u. Kühne, H. [Hrsg.]*: Alltag und Frömmigkeit am Vorabend der Reformation in Mitteldeutschland. Wissenschaftlicher Begleitband zur Ausstellung „Umsonst ist der Tod“. – Leipzig (Schriften zur sächsischen Geschichte und Volkskunde, 50), S. 545–570.

Lück, H. (2015a): Die Dorfkirche im Rechtsalltag des hohen und späten Mittelalters. – In: *Höhne, D. u. Schmitt, R. [Hrsg.]*: Wehrhafte Kirchen und befestigte Kirchhöfe (Tagung vom 12. bis 14. Oktober 2012 in Meiningen). – Langenweißbach, S. 31–49.

Lück, H. (2016): Lehnsgerichte. – In: ²HRG, 3, Sp. 750–753.

Lück, H. (2016a): Linde. – In: ²HRG, 3, Sp. 1001–1004.

Lück, H. (2016b): Lehnsgerichte. – In: ²HRG, 3, Sp. 750–753.

Lück, H. (2016c): Menhire. – In: ²HRG, 3, Sp. 1447–1450.

Lück, H. (2016d): Notgericht, Notrichter. – In: ²HRG, 3, Sp. 1982–1983.

Lück, H. (2017): Pfahl. – In: ²HRG, 26. Lieferung, Sp. 506–509.

Lück, H. (2017a): Der Sachsenspiegel. Das berühmteste deutsche Rechtsbuch des Mittelalters. – Darmstadt (Sonderausgabe 2022).

Lück, H. (2017b): Vielmehr als Rechtsprechung. „Gericht“ als komplexes gesellschaftliches Gebilde. – In: *Richter, B. (Red.)*: Sächsische Gerichtsbücher im Fokus. Alte Quellen im neuen Informationssystem (Fachkolloquium des Sächsischen Staatsarchivs 16. September 2016). – Halle an der Saale, S. 11–29.

Lück, H. (2020): Rabenstein. – In: ^{2}HRG, 28. Lieferung, Sp. 982f.

Lück, H. (2022): Rathaus. – In: ^{2}HRG, 29. Lieferung, Sp. 1025–1033.

Lück, H. (2022a): Eine Kontroverse um die öffentliche Sektion weiblicher und männlicher Leichen an der Universität Wittenberg. Joannes Jessenius (1566–1621) contra Ägidius Hunnius d. Ä. (1550–1603). – In: *Fabian, S. u. Fingerhut-Säck, M. [Hrsg.]*: Der Mensch in der Neuzeit. Alltag – Körper – Emotionen. Festschrift für Eva Labouvie zum 65. Geburtstag. – Wien u. Köln, S. 121–150.

Lück, H. (2022b): Rechtsarchäologie. – In: ^{2}HRG, 29. Lieferung, Sp. 1116–1126.

Lück, H. (2022c): Rechtsbücher. – In: ^{2}HRG, 29. Lieferung, Sp. 1131–1148.

Lück, H. (2022d): Rechtskartographie. – In: ^{2}HRG, 29. Lieferung, Sp. 1197–1201.

Maihold, H. (2017): Peinliche Strafen. – In: ^{2}HRG, 26. Lieferung, Sp. 462–466.

Maisel, W. (1992): Rechtsarchäologie Europas. Aus dem Polnischen übersetzt von *R. Ponińska-Maisel*. – Wien, Köln u. Weimar.

Manthe, U. (2008): Corpus Iuris Civilis. – In: ^{2}HRG, 1, Sp. 901–907.

Meier, J. (1950): Ahnengrab und Rechtsstein. Untersuchungen zur deutschen Volkskunde und Rechtsgeschichte. – Berlin.

Merzbacher, F. u. Lück, H. (2016): Landgericht. – In: ^{2}HRG, 3, Sp. 518–527.

Mittelalterliches Kriminalmuseum Rothenburg o. d. T. [Hrsg.] (1989): Justiz in alter Zeit. – Rothenburg o. d. T. o. J. (Schriftenreihe des Mittelalterlichen Kriminalmuseums Rothenburg ob der Tauber, VI c),

Müller, H. (2019): Denkmal? Denk mal! Denkmale, Gedenksteine, Grenzsteine und Wegweiser in Mecklenburg-Vorpommern. – Grevesmühlen.

Oehrl, S. (2010): Archäologische Überlegungen zur Rolle von Tieren im hochgerichtlichen Strafvollzug des Spätmittelalters und der Frühen Neuzeit. – In: SIGNA IVRIS 6, S. 107–150.

Oestmann, P. (2012): Gelehrte Richter. – In: ^{2}HRG, 2, Sp. 27–31.

Oestmann, P. (2015): Wege zur Rechtsgeschichte: Gerichtsbarkeit und Verfahren. – Köln, Weimar u. Wien.

Ogris, W. u. Olechowski, T. (2016): Munt, Muntwalt. – In: ^{2}HRG, 3, Sp. 1683–1689.

Oppitz, U.-D. (2020): Quatember, Quatembergericht. – In: ^{2}HRG, 28. Lieferung, Sp. 970–972.

Pohl, H. (1983): Die wirtschaftliche und soziale Entwicklung vom Spätmittelalter bis zum ausgehenden 18. Jahrhundert. – In: *Jeserich, K. G. A.; Pohl, H. u. Unruh, G.-C. von [Hrsg.]*: Deutsche Verwaltungsgeschichte, 1: Vom Spätmittelalter bis zum Ende des Reiches. – Stuttgart, S. 214–267.

Reiter, I. (2012): Grenze. – In: ^{2}HRG, 2, Sp. 541–546.

Riebeling, H. (1988): Historische Rechtsmale in Hessen. Ein topographisches Handbuch zur Rechtsgeschichte. Anhang: Funde, Bestandsveränderungen, Ergänzungen zu „Steinkreuze und Kreuzsteine in Hessen". Ein topographisches Handbuch zur Rechtlichen Volkskunde. – Dossenheim u. Heidelberg.

Rödel, V. (2016): Lehnsschulze. – In: ^{2}HRG, 3, Sp. 759–760.

Rohland, S. u. Noack, H. (2004): das holz all der dorfer gemeyne. Aus der Geschichte des Siebengemeindewaldes. – Bennungen.

Rüger, U. (2003): Die historischen Grenzsteine des Rennsteiges in der Neuhäuser Region Erfurt (Thüringer Landesvermessungsamt Schriftenreihe, 2).

Schempf, H. (2008): Friedhof. – In: ²HRG, 1, Sp. 1824–1826.

Schild, W. (2010): Folter, Pranger, Scheiterhaufen. Rechtsprechung im Mittelalter. – München.

Schirmer, U. (2011): Der Sachsenspiegel als agrar- und siedlungsgeschichtliche Quelle – Ländliche Gesellschaft und Agrarverfassung im mitteldeutschen Raum des 13. Jahrhunderts. – In: *Lück, H. [Hrsg.]*: Eike von Repgow. Sachsenspiegel. Die Dresdner Bilderhandschrift Mscr. Dresd. M 32. Vollständige Faksimile-Ausgabe im Originalformat der Handschrift aus der Sächsischen Landesbibliothek – Staats- und Universitätsbibliothek Dresden. Aufsätze und Untersuchungen. Im Auftrag der Sächsischen Landesbibliothek – Staats- und Universitätsbibliothek Dresden mit Förderung des Freistaates Sachsen, des Deutschen Sparkassen- und Giroverbandes und der Ostdeutschen Sparkassenstiftung im Freistaat Sachsen, Graz, S. 37–46.

Schirmer, U. (2012): Gelehrte Räte. – In: ²HRG, 2, Sp. 23–27.

Schlosser, H. (2021): Europäische Rechtsgeschichte: Privat- und Strafrecht von der Spätantike bis zur Moderne. – München (4. Aufl.).

Schmidt-Wiegand, R. (1995): Die Bedeutung und Wirkung des Sachsenspiegels Eikes von Repgow in Land und Stadt. – In: *Koolman, E.; Gäßler, E. u. Scheele, F. [Hrsg.]*: Beiträge und Katalog zu den Ausstellungen Bilderhandschriften des Sachsenspiegels – Niederdeutsche Sachsenspiegel und Nun vernehmet in Land und Stadt – Oldenburg. Sachsenspiegel. Stadtrecht. – Oldenburg (*der sassen speyghel.* Sachsenspiegel – Recht – Alltag, 1/Veröffentlichungen des Stadtmuseums Oldenburg, 21/Schriften der Landesbibliothek Oldenburg, 29), S. 33–46.

Schmidt-Wiegand, R. (1998): Tie. – In: Handwörterbuch zur deutschen Rechtsgeschichte. (1. Aufl., Bd. 5), Sp. 228 f.

Schmidt-Wiegand, R. (2008): Braut. – In: ²HRG, 1, Sp. 676–680.

Schmidt-Wiegand, R. (2008a): Flurnamen. – In: ²HRG, 1, Sp. 1600–1603.

Schmidt-Wiegand, R. (2008b): Gebärden. – In: ²HRG, 1, Sp. 1954–1969.

Schmidt-Wiegand, R. (2012): Hochzeitsbräuche. – In: ²HRG, 2, Sp. 1068–1074.

Schmidt-Wiegand, R. u. Lück, H. (2016): Mallus, mallum. – In: ²HRG, 3, Sp. 1216–1218.

Schröder, J. (2012): Juristische Methode. – In: ²HRG, 2, Sp. 1449–1456.

Schulze, H. K. (2008): Erbschulze. – In: ²HRG, 1, Sp. 1384–138.

Schumann, E. (2016): Königsrecht. – In: ²HRG, 3, Sp. 72–73.

Sellert, W. (1998): Vollbort. – In: ¹HRG, 5, Sp. 1023 f.

Speer, H. (2008): Deutsches Rechtswörterbuch. – In: ²HRG, 1, Sp. 1007–1011.

Voß, E. u. Rüchel, F. (2009): Ivenacker Eichen. Tausendjährige Eichen im Wandel der Zeit. – Waren (Müritz) u. Neubrandenburg.

Weitzel, J. (1988): Dinggenossenschaft und Recht. Untersuchungen zum Rechtsverständnis im fränkisch-deutschen Mittelalter. 2 Teilbände. – Köln u. Wien (Quellen und Forschungen zur höchsten Gerichtsbarkeit im Alten Reich, 15/I–II).

Weitzel, J. (1998): Umstand. – In: ¹HRG, 5, Sp. 437–442.

Weitzel, J. (2016): Königsgericht. – In: ²HRG, 3, Sp. 41–50.

Willoweit, D. (2022): Recht. – In: ²HRG, 29. Lieferung, Sp. 1079–1084.

Werkmüller, D. (1990): Gli alberi come segno di confine e luogo di giudizio nel diritto germanico medievale. – In: Settimane di studio del Centro italiano di studi sull'alto medioevo XXXVII. – Spoleto, S. 461–478.

Werkmüller, D. (2012): Grenzstein, Grenzzeichen. – In: ²HRG, 2, Sp. 546–550.

Siedlungsforschung. Archäologie – Geschichte – Geographie 40, 2022, S. 113–126

Mordwerkzeuge an der Kirche?

Sühnekreuze als Zeugnisse der Rechtsgeschichte in der Kulturlandschaft

Eike Gringmuth-Dallmer unter Mitarbeit von Matthias Hardt

1 Einleitung

In Bytom Odrzański, deutsch Beuthen an der Oder in Niederschlesien, befinden sich in den beiden Eckbereichen des Turmes der Stadtkirche St. Hieronymus (früher St. Stephan) (*Badstübner* 2005, S. 210f.) vier ungewöhnliche Darstellungen: Auf der Südwestseite ein Lang- und ein Kurzschwert sowie eine Lanzenspitze, an der Nordwestseite ein Spaten. Eingeritzt sind sie in ehemalige Sühnekreuze, deren Oberteile entfernt wurden. Ein fünftes gleichartiges Teil zeigt keine Abbildung. Die in den Kirchturm der schlesischen Stadt eingemauerten Überreste eines Steinkreuzes sind von rechtsarchäologischem Interesse, weil diese an mittelalterliches oder frühneuzeitliches Rechtswesen erinnern und häufig einen eindrucksvollen Bezug zur Landschaft haben können (*Lück* 2003 u. 2012, S. 35 u. 53).

„Sühnekreuze sind Denkmale mittelalterlichen Rechts. Sie waren ein Erfüllungsteil von Sühneverträgen, welche zwischen zwei verfeindeten Parteien geschlossen wurden, um eine Blutfehde wegen eines begangenen Mordes oder Totschlages zu beenden. Der überwiegende Teil der Sühnekreuze ist in Kreuzform gestaltet, oftmals ist die Mordwaffe bzw. ein berufstypisches Gerät des Getöteten (Entleibten) in den Stein gehauen. In den seltensten Fällen finden sich eingeschlagene Jahreszahlen. Mit der Einführung der Halsgerichtsordnung Kaiser Karls V. im Jahre 1532 wurden private Abmachungen offiziell nicht mehr geduldet, an ihre Stelle trat das ordentliche Gericht, das den Täter nach dem neuen Recht verurteilte. Mit der Einführung dieses neuen Rechtes wurden die Sühneverträge zwar offiziell abgeschafft, lebten jedoch je nach Landessitte noch … fort“,[1] örtlich mindestens bis ins 18. Jahrhundert, zumal Teile des sächsischen Rechtsgebietes wie

[1] www.suehnekreuz.de (Zugriff: 21. Januar 2023). Vgl. zur Weiterexistenz der Sühneverträge auch *Lück*, 2003a, S. 280–283; *Deutsch* 2005, S. 118.

Kursachsen, Kurbrandenburg und das Erzstift Magdeburg sich weiterhin auf den zwischen 1220 und 1235 niedergeschriebenen Sachsenspiegel beriefen (*Lück* 2003a, S. 272).

Abb. 1 und 2: Bytom Odrzański, Stadtkirche. Im Turm vermauerte Sühnekreuze, deren Oberteil entfernt wurde. Dargestellte Gegenstände: a Lanzenspitze, Schwert, Kurzschwert; b Spaten. Foto: Eike Gringmuth-Dallmer

Allein die Form reicht aber nicht aus, um Steine als Sühnekreuze zu deklarieren. Von ihnen unterscheidet die Forschung eine schlicht Steinkreuze genannte Gruppe (*Leiser* 1990; *Fleischmann* 1975; *Köber* 1960). Es handelt sich um „in Kreuzesform gehauene Steine, deren Ursprung nicht in den mittelalterlichen Sühnevergleichen zu suchen ist. Sie sind als Wetter-, Pest-, Stationskreuze von Pilgern und Prozessionen oder auch als Grenzmarkierungen von Kirchenparochien gesetzt worden. Hier gibt es aber eine ‚Grauzone' von Steinen, welche durchaus den Sühnekreuzen zugerechnet werden könnten. Sie ergibt sich zum einen aus der Verwitterung der Steine, welche das Bildrelief nicht mehr erkennen läßt und zum anderen daraus, dass es übliche Praxis war, die Sühnekreuze in späteren Jahrhunderten als Grenzsteine zu nutzen."[2] Auch gibt es Steine, die schlicht an tödlich Verunglückte oder auf Reisen plötzlich Verstorbene erinnern sollten. Da uns hier aber neben dem juristischen v. a. der landschaftsgebundene Aspekt interessiert, werden auch Denkmäler in die Betrachtung einbezogen, die eventuell Steinkreuze anderer Funktion gewesen sind. Zumal zu Recht darauf hingewiesen wurde, dass es eine verkürzte Betrachtungsweise ist, die Kreuze allein als Rechtsdenkmäler zu interpretieren (*Quietzsch* 1989). Sie sind zunächst religiöse Denkmäler, sonst hätte man nicht die Kreuzesform gewählt. In unserem Zusammenhang wollen wir uns jedoch auf die das Tagungsthema betreffenden Aspekte und damit auf den rechtlich-landschaftlichen Aspekt konzentrieren.

Eine dritte Gruppe bilden sogenannte Kreuzsteine, bei denen ein anders geformter Stein mit einem Kreuz versehen wurde. Hier ist unterschiedliche Entstehung möglich, wohl nur einige von ihnen stellten Sühnekreuze dar.

2 www.suehnekreuz.de (Zugriff: 21. Januar 2023).

2 Zur Geschichte der Forschung

Vorangeschickt seien ein paar Worte zur Geschichte der Forschung (nach *Losch* 1968; Losch 2012). Die älteste literarische Erwähnung eines Steinkreuzes im hier besprochenen Sinne stammt von 1736 und betrifft den Johannisfriedhof in Nürnberg. Beschrieben wird „... ein steinern Creutz, dergleichen an diejenige Oerter wo Erschlagene, oder sonst durch die Mörder entleibte Personen gefunden werden, noch heut zu Tag pflegen gesetzet zu werden" (*Losch* 1968, S. 65). In der Folgezeit kommt es zu regionalen Übersichten, als erste größere, wissenschaftlich ausgewertete Bestandsaufnahmen gelten Arbeiten über Oberschwaben (*Nägele* 1913) und Sachsen (*Naumann 1910; Kuhfahl* 1914 u. 1928; *Müller u. Quietzsch* 1977; *Wendt* 1979; *Quietzsch* 1980). Auch in anderen Regionen ist die Inventarisierung inzwischen voran geschritten *(Hoffmann 1935; Riebeling* 1977; *Losch* 1981; *Brockpähler* 1983; *Störzner* 1984 u. 1988; *Saal* 1987 u. 1989) Die Deutung als Rechtsdenkmäler wurde insbesondere durch rechtshistorische Arbeiten zu Blutrache und Sühne voran getrieben wie durch das Werk „Blutrache und Todtschlagsühne im Deutschen Mittelalter" von *Paul Frauenstädt* (1881), wobei den Sühneverträgen (*Kaufmann* 1998; *Deutsch* 2005, S. 126–131) eine besondere Bedeutung zukam, die teilweise die Pflicht zur Errichtung von Kreuzen enthielten (*Deutsch* 2005, S. 114, 116, 127–129, 141, 145).

Der unbezweifelbaren mittelalterlichen Einordnung der Steinkreuze folgte, grundlegend durch *Eugen Mogk* 1929, der Versuch, die Steinkreuze als in christliches Gewand gekleidete, direkte Fortsetzung altheidnisch-primitiven Steinkultes zu deuten. Dass dieser Ansatz in der NS-Zeit gerne verfolgt wurde, braucht wohl nicht näher erläutert zu werden. Dieser Standpunkt ist heute weitgehend überwunden.

3 Charakterisierung der Steinkreuze

3.1 Gegenstände

Eine Charakterisierung der Steinkreuze geht am besten von den auf ihnen dargestellten Gegenständen aus.[3] Wie nach der Definition nicht anders zu erwarten, zeigen viele Sühnekreuze, sofern überhaupt etwas dargestellt bzw. noch erkennbar ist, Waffen, v. a.

[3] Die Materialsammlung zu den folgenden Ausführungen stammt, wenn nicht anders zitiert, aus der Website www.suehnekreuz.de. Um die Suche dort zu erleichtern, wurden jeweils die offiziellen Abkürzungen der Bundesländer hinzugefügt, in Einzelfällen auch die Länderbezeichnungen CZ und PL. Einige der im Text genannten Kreise sind inzwischen umbenannt worden, jedoch ist für die Internet-Recherche der alte Name beibehalten worden.

natürlich Hieb- und Stichwaffen: Schwert und Degen, Dolch und Messer, diverse Äxte, Spieße und Lanzenspitzen, Armbrust und Pfeil.

Eine Reihe der neben den Waffen noch relativ häufig auftretenden landwirtschaftlichen Geräte kommen ebenfalls als Mordwerkzeuge in Frage, wie auch das Ensemble von Bytom Odrzański mit seinem Spaten neben drei Waffen diese Deutung nahelegt. Weiterhin im Angebot sind Hacken und Forken, Dreschflegel, Sichel und Rebmesser und vom Pflugzubehör Sech und Pflugreute, doch hier ist die Deutung als Tötungswerkzeug entschieden unsicherer.

Anzuschließen wären Handwerker und Händler z. B. mit berufstypischen Beilen, die natürlich auch als Mordwerkzeuge zu nutzen waren. In Büchenbronn, Stadt Pforzheim BW, sind ein Rad und ein Beil dargestellt, als Berufe könnten Zimmermann, Fleischer, Wagner und Fuhrmann in Frage kommen. In Colditz, Kr. Grimma SN finden sich Schere und Nähnadel oder Elle, in Milków PL zwei Schuhsohlen. Hier war ein Schneider bzw. Schuhmacher im Spiel. Die Balkenwaage von Plan CZ ist eindeutig einem Händler zuzuordnen.

Ansonsten gibt es Gegenstände, die einen eher individuellen Hintergrund haben wie in Jeßnitz, Kr. Bautzen SN, wo unter der Jahreszahl 1669 und einem Beil zwei Kreise zu sehen sind, offensichtlich Kinderköpfe. Dort ist im eingemeißelten Jahr ein Kindesmord überliefert, der zur Hinrichtung der Mörderin (der Mutter) führte, ihr Haus wurde geschleift. Und der Krummstab in Kuckau, Kr. Kamenz SN, weist auf einen höheren Geistlichen hin. Die Darstellungen mit „individuellem" Hintergrund ließen sich vermehren. Nicht berücksichtigt wurden die häufig anzutreffenden eingeritzten Kreuze innerhalb der Steinkreuze, da sie keinerlei Hinweise auf die Ursache ihrer Errichtung geben.

3.2 Datierungsprobleme

Die Datierung der einzelnen Kreuze ist, von wenigen Exemplaren mit guter Überlieferung abgesehen, sehr problematisch. Über den Beginn der Sitte haben wir keinerlei sichere Anhaltspunkte. Das offizielle Ende ist, wie bereits erwähnt, die Einführung der Halsgerichtsordnung Kaiser Karls V. im Jahre 1532 (*Lieberwirth* 1971; *Lück* 2003a, S. 272), praktisch wurden sie, regional sicher unterschiedlich, bis ins 17. oder gar 18. Jahrhundert errichtet, wie das oben erwähnte Nürnberger Beispiel zeigt. Und die stilistische Einordnung? Wie unmöglich sie ist, zeigt ein kurzer Vergleich mit den Ergebnissen der Kunstgeschichte und der Archäologie. Der Kupferstich „Ritter, Tod und Teufel" von Albrecht Dürer ist jahrgenau auf 1513 datiert (*Hübscher* 1955), die spätslawischen Schwertgräber von Wusterhausen an der Dosse auf Grund stilistischer Merkmale in die erste Hälfte des 12. Jahrhunderts (*Biermann u. Schopper* 2012). Und was machen wir selbst mit so gut erhaltenen Beispielen auf Sühnekreuzen wie in Bytom Odrzański?

3.3 Großräumige Übersicht

Nun sagen die gezeigten Einzelbeispiele natürlich noch nichts darüber aus, wieweit die Gegenstände auf den Steinkreuzen auch wirklich typisch für die zugrundeliegenden Ursachen bzw. Ereignisse sind. Eine Gesamtübersicht über eine größere Region zeigt folgendes Bild (Tab. 1):

Bereich	Gegenstand	n
Waffen	Schwert	82
	Sonstige Hieb- und Stichwaffen	60
	Beil/Axt	23
	Lanze/Spieß (Saufeder)	30
	Sonstige Waffen	3
Landwirtschaft	Pflugschar	4
	Hacke	3
	Heugabel	3
	Spaten	1
	Dreschflegel	1
Handwerk	Hammer	7
Sonstiges	Krummstab	3
	Wappen	1
	Krummstab	3
Summe		**221**

Tab. 1: Gesamtübersicht über die auf Sühnekreuzen dargestellten Gegenstände in Berlin-Brandenburg, Mecklenburg-Vorpommern, Sachsen-Anhalt (Teile), Sachsen, Polen (Lebus/Niederschlesien). Nicht berücksichtigt sind eingeritzte Kreuze (nach www.suehnekreuz.de; Zugriff: 21. Januar 2023)

Es ist wohl davon auszugehen, dass diese Zahlen im Prinzip für Deutschland und seine Nachbarländer repräsentativ sind.

Wenn wir die deutschlandweit oder gar gesamteuropäisch natürlich unvollständige Zusammenstellung in Bezug auf eine mögliche juristische Aussage auswerten wollen, so können uns mit den Objekten verbundene Sagen, so unsicher sie im Blick auf das einzelne Denkmal sind, durchaus hilfreich sein. Dabei ist zweierlei zu berücksichtigen. Zum einen zeigen die Symbole zwar potentielle Mordwaffen, jedoch ist nicht in jedem Fall sicher, ob sie den Täter oder das Opfer charakterisieren sollen. In einem Sühnevertrag des

Klosters Neustadt von 1467 wird gefordert, die Tatwaffe in das Kreuz einzuhauen.[4] Hier ist es eindeutig die Waffe des Mörders. In anderen Fällen, besonders beim am häufigsten auftretenden Schwert, wird aber auch an dessen Eigenschaft als Zeichen der Gerichtsbarkeit – in diesem Fall wäre es sozusagen neutral – oder als Standeszeichen des Adels gedacht, das für das Opfer steht. Ähnlich sieht es mit dem Beil aus, das Mordwerkzeug und Berufszeichen sein kann. Sichel, Pflugreute oder Sech können für einen Bauern als Mörder oder Ermordeten sprechen, der Pflug wohl nur für letzteres.

Zum zweiten legen zahlreiche Sagen nahe, dass die Denkmäler die Bezeichnung Sühnekreuz gar nicht zu Recht tragen. Vielmehr wurden sie, wie bereits erwähnt, für tödlich Verunglückte oder plötzlich Verstorbene errichtet und haben damit überhaupt keinen Rechtscharakter.

Wenn wir trotz dieser Unsicherheiten die Statistik zur Grundlage unserer Ausführungen machen, dann unter der Prämisse, dass in den weitaus meisten Fällen Mord oder Todschlag die Ursache für die Errichtung waren, war doch insgesamt unwichtig, ob Täter oder Opfer dargestellt sind. 198 von 221 Darstellungen zeigen dafür nutzbare Waffen. Hacke, Heugabel, Spaten und Dreschflegel sind gleichfalls geeignet, lediglich für 19, d. h. nicht einmal ein Zehntel, wird man diese Möglichkeit ausschließen dürfen.

4 Gründe für die Errichtung

4.1 Das Berliner Steinkreuz

Schwierig, in der übergroßen Zahl der Fälle unmöglich ist es, etwas über die konkreten Gründe für die Errichtung bestimmter Kreuze zu erfahren. Eine besondere Gunst der Überlieferung gestattet, die individuelle Geschichte eines Kreuzes zu verfolgen, das seit 1726 an er Westseite der Berliner Marienkirche steht (*Kurze* 1987, S. 159; *Seyer* 1989).

Es erinnert an die Ermordung des Propstes Nikolaus von Bernau durch Berliner Bürger, die in Zusammenhang mit der Auseinandersetzung von Kaiser- und Papsttum stand. 1325 hatte Nikolaus die Berliner beim Gottesdienst in der Marienkirche gescholten, dass sie trotz des päpstlichen Verbotes zu ihrem vom Kaiser eingesetzten Markgrafen hielten. Danach zerrte eine von Patriziern aufgehetzte Meute Nikolaus aus dem Haus seines Berliner Amtsbruders Eberhard, misshandelte ihn schwer und verbrannte ihn schließlich. Als Motiv wird Nikolaus' Versuch angesehen, Rat und Bürgerschaft von der Anerkennung und Huldigung des wittelsbachischen Königssohnes abzuhalten. Die Einseitigkeit der vorliegenden Quellen lässt die wirklichen Ursachen der Tat nicht er-

[4] *Timpel* 1975b, S. 68, Anm. 23, zitiert nach der schwer zugänglichen Arbeit von Koch 1938, S. 160. Welches Neustadt gemeint ist, konnte ich nicht ermitteln.

kennen, in jedem Fall spricht sie für eine allgemeine Missstimmung gegenüber Kirche und Klerus. Die Antwort des Papstes war hart. Er verfügte die Exkommunikation der Berliner und Cöllner. Sie wurde erst zwei Jahrzehnte später aufgehoben gegen die hohe Bußleistung von 750 Mark brandenburgischen Silbers, die Stiftung eines Altars in der Marienkirche und die Errichtung eines zwei Faden hohen Steinkreuzes mit einer ewigen Lampe an der Stelle, wo der Propst umgebracht wurde. Der ursprüngliche Standort ist nicht bekannt, die 1727 erfolgte Umsetzung an die Marienkirche könnte das „Überleben" des Steines ermöglicht haben.

Abb. 3: Berlin, Marienkirche. Steinkreuz. Foto: Götz Gringmuth-Dallmer

Ein weiteres Beispiel für eine glaubhafte Überlieferung zu einem Steinkreuz ist der oben erwähnte Mord in Jeßnitz, wo 1669, also lange nach der Halsgerichtsordnung von 1532, eine Kindsmörderin hingerichtet wurde.

4.2 Weitere Schriftquellen und Sagen

Ansonsten ist die Forschung, wenn überhaupt etwas vorliegt, weitgehend auf Sagen angewiesen, die häufig selbst an einem Objekt voneinander abweichend oder gar widersprüchlich sind. Hier steht immer die Frage, ob ihnen ein realer Kern zugrunde liegt, was sicher teilweise der Fall ist. Aus einigen Überlieferungen ist zu schließen, dass die Steine nicht vom Mörder aufgestellt wurden, sondern als Gedächtnismale von den Angehörigen, der Kirche oder wem auch immer wie in Pahlsdorf, Lkr. Elbe-Elster BB, für einen Offizier des Dreißigjährigen Krieges, als Dank für Errettung aus der Not wie in einer volkstümlichen Version zum Berliner Kreuz, nach der ein betrunkener Musiker vom Turm fällt und lebend unten ankommt, oder in Hermsdorf, Holzlandkreis TH. Hier waren zwei Nonnen von drei Räubern überfallen worden, ihre Hilferufe wurden in der nahe gelegenen Gastwirtschaft erhört. Nach einer anderen Überlieferung wurden drei Nonnen vom Blitz erschlagen. In Groß Osterhausen, Lkr. Mansfelder Land ST, soll das mit einem Morgenstern versehene Kreuz vor dem Bau der Kirche (1595/96) auf den Gräbern von Bauern gestanden haben, die während des Bauernkrieges vom Grafen von Mansfeld hier erschlagen wurden.

Nach *Friedrich Karl Azzola* (2001) wurden Kreuze auch für Menschen errichtet, die plötzlich ohne Sterbesakramente gestorben sind. Die Zeichen konnten dann Hinweise auf die (berufliche) Tätigkeit des/der Betroffenen, z. B. bei Blitzschlag o. ä., bieten.[5]

Bei diesen Beispielen sind die Steine eindeutig nicht von den Tätern bzw. ihren Angehörigen errichtet worden. Es ist aber damit zu rechnen, dass auch unter den eindeutig mit Verbrechen in Zusammenhang stehenden Kreuzen einzelne nicht von den Tätern (kannte man sie überhaupt, waren sie selbst der Blutfehde zum Opfer gefallen?), sondern zum Gedächtnis der Opfer errichtet wurden.

Noch einige Beispiele für gesühnte Untaten seien genannt. In Sonnewalde, Lkr. Elbe-Elster BB, ging es 1595 um eine Erbstreitigkeit, in Grün Kordshagen, Lkr. Nordvorpommern MV, um das Liebesverhältnis eines Mönches mit einer jungen Bäuerin (1440?). In Geußnitz, Burgenlandkreis ST, erschlug nach einer Sage der Großknecht den Kleinknecht oder umgekehrt mit einer Pflugreute. In Gatzen, Lkr. Leipziger Land SN, hat ein Bauer seinen Kutscher mit der Heugabel erstochen, und in Zschernitz, Lkr. Altenburger Land TH, haben zwei Bauernkerle sich gegenseitig mit Mistgabeln umgebracht.

Neben diesen realistisch erscheinenden Vorgängen spielte auch der Aberglaube eine Rolle, etwa die Rache des Teufels: In Berlin, wo ja die Zusammenhänge bekannte waren, hat sich trotzdem die Sage des Stoffes bemächtigt. In ihr hatte sich der Baumeister nicht an die Abmachung gehalten, beim Bau der Kirchengewölbe einen Fehler zu machen, so dass diese am Einweihungstag über den Gläubigen zusammenbrächen. Als er trotzdem exakt arbeitete und das versprochene Ereignis nicht eintrat, drehte der Teufel ihm den

---

5 Brief vom 25. Januar 2010.

Hals um. In Mölbis, Lkr. Leipziger Land SN, geht nachts ein Kalb ohne Kopf um, auch ein Drache. Einer hat eine Sau mit sieben Ferkeln gesehen und danach geschlagen, da schwoll der Arm an und er starb bald darauf. Die Beispiele ließen sich beliebig vermehren, wozu hier nicht der Ort ist.

5 Sühne- und Steinkreuze in der Kulturlandschaft

„Den Zweck der Sühnekreuze haben die Menschen nach und nach vergessen, viele Kreuze verschwanden. Tausende stehen aber noch heute am Wegesrand: unscheinbare, schützenswerte Rechtsdenkmale und zugleich jedes ein Zeugnis für eine vor Jahrhunderten begangene Tat" (*Deutsch* 2005, 149). Waren die bisherigen Ausführungen den Rechtszeugnissen gewidmet, so soll sich ein zweiter, notwendig kürzerer, aber für das Gesamtthema entscheidender Teil mit den Sühne- und Steinkreuzen in der Kulturlandschaft befassen.

Wenn man von den unterschiedlichen Flurbildern in Realteilungs- und Anerbengebieten absieht, deren rechtliche Bedingtheit natürlich dem Normalbürger in keiner Weise bewusst ist, stellen die Sühnekreuze neben Grenzsteinen wohl die einzigen Objekte in der Kulturlandschaft dar, bei denen jedem Betrachter die Beziehung zum Recht deutlich ist.

Historische Steinkreuze sind denkmalgeschützt und gehören damit in den Verantwortungsbereich der Denkmalämter, die sie auch durchaus in ihre Bildungsarbeit einbeziehen. So schrieb *Wolfgang Timpel* schon 1975 für Thüringen: „Als wertvolle Bestandteile unserer Landschaft prägen die Burgen, Hügelgräber und Steinkreuze mit ihr typisches Bild und verleihen ihr eine besondere Anziehungskraft. Sie vermitteln uns als aussagekräftige Geschichtsquellen einen Einblick in das Leben der Menschen, in die gesellschaftliche und ökonomische Entwicklung in tausenden von Jahren" (*Timpel* 1975a, S. 7). Allerdings sind Sühnekreuze, im Unterschied zu den anderen beiden genannten Kategorien, kaum Gegenstand institutioneller Forschung gewesen. Sie haben aber immer wieder ambitionierte Lokal- und Heimatforscher beschäftigt, die viele von ihnen beschrieben und zugehörige historische Quellen und Sagen gesammelt haben. Und vielfach haben sie, was nicht hoch genug eingeschätzt werden kann, Umsetzungen von gefährdeten Orten her veranlasst und damit ihre endgültige Zerstörung verhindert. Es gibt einen Arbeitskreis für internationale Steinkreuzforschung. Mit welchen Problemen sie zu kämpfen hat, dürfte aus der Tatsache hervorgehen, dass die „Mitteilungsblätter für internationale Steinkreuzforschung" 1993 nach 10 Jahren ihr Erscheinen einstellten. Hingegen veröffentlicht die „Steinkreuzforschung. Studien zur deutschen und internationalen Flurdenkmalforschung" jährlich einen Sammelband.

Allein in Deutschland sind einige Tausend Objekte über die Landschaften verteilt, die größte Zahl weist der Kreis Ansbach BY mit 116 Exemplaren auf, es folgen die Kreise

Schwäbisch Hall BW und Sächsische Schweiz SN mit je 83 und Bautzen SN mit mindestens 61 Fällen. Freilich ist die Dichte sehr unterschiedlich. *Walter Saal* (1991) hat eine Karte der Flurdenkmaldichte in der ehemaligen DDR vorgelegt. Einige andere Bildwerke wie drei slawische Bildsteine und ein gutes Dutzend inhaltlich den Sühnekreuzen gleichzustellende Mordwangen im Norden (Beispiel: Gustow, Lkr. Rügen MV) sowie einige Bildstöcke im Süden (Beispiele: Cunnewitz, Lkr. Kamenz SN) sind eingeflossen, beeinflussen aber insgesamt nicht das Kartenbild. Auffallend ist das deutliche Süd-Nord-Gefälle, das grundsätzlich sicher die Tatsachen widerspiegelt. Aber welche Tatsachen? Entspricht es wirklich der ursprünglichen Häufigkeit, dem Grad der Erhaltung bzw. Zerstörung? Oder einfach dem Forschungsstand? Wohl nicht nur. Während in Brandenburg etwa die Kreise Oberhavel, Prignitz und Ostprignitz-Ruppin nur je ein Kreuz aufweisen, sind es im Elbe-Elster-Kreis 26. Die Gründe sind sicherlich vielfältig. Die drei erstgenannten Kreise liegen einander benachbart im Nordwesten des Bundeslandes, der letztgenannte ganz im Südwesten. Das lässt, sollten hier die ursprünglichen Verhältnisse durchscheinen, vermuten, dass im Nordwesten die Sitte weniger verbreitet war oder auch die Blutrache eine geringere Rolle spielte. Hier könnte aber auch die Entstehung der ostelbischen Gutsherrschaft mit ihren vorherrschenden Guts- und Gewannfluren (*Krenzlin* 1982, Blatt 1) zur Zerstörung vieler Denkmäler beigetragen haben. Zum Landkreis Elbe-Elster sind mir keine Fluruntersuchungen bekannt.

Ein weiterer Grund könnte in dem Ersatz von Steinmalen durch Holzkreuze zu suchen sein, wie er für Wittenberg und Zerbst nachgewiesen ist. Er könnte erklären, dass der Bestand am Nordrand des Harzes erheblich geringer ist als der am Südrand (*Saal* 1991, S. 65).

Was intensive Lokalforschung und zusätzlich die Onomastik ergeben können, zeigt der Kreis Weimar (*Timpel* 1975b, Karte 2), für den auch eine systematische Aufnahme der Flurnamen vorliegt (*Hänse* 1970). Neben 20 vorhandenen und 4 verschwundenen Steinen weisen in etwa 34 Fällen Flurnamen auf solche hin, einige Male gibt es Überschneidungen. Die Zahlen vermitteln vielleicht eine ungefähre Vorstellung, wie groß mindestens die Verlustquote ist.

Es dürfte klar sein, dass Sühne- und Steinkreuze ein rechtlich bedingter, sehr alter Teil unserer Kulturlandschaft sind. Aber was machen wir daraus? Die kleinsten „normalen“ Denkmäler sind etwa so groß wie die größten Steinkreuze, und sie sprechen den Betrachter direkt an, z. B. bei Tierplastiken, oder klären ihn über bestimmte Persönlichkeiten oder Ereignisse auf. Und was macht ein Steinkreuz in der Hinsicht? Wenn man Glück hat, ist aus einem eingeritzten Schwert zu erschließen, dass hier vor langer Zeit vermutlich einmal ein Mord geschehen ist. Und weiter? Wir sind damit mitten im Bereich der angewandten Kulturlandschaftsforschung und einer historischen Bildungsarbeit. Was ist zu tun?

Will man einen größeren Kreis ansprechen, und darum geht es ja, bietet sich zunächst natürlich an, Karten mit größerem Maßstab mit Hinweisen zu versehen. Eine Durchsicht meiner umfangreichen Sammlung von Fahrrad- und Wanderkarten brachte allerdings das Ergebnis, dass Burgwälle, Großsteingräber, Grabhügel bzw. Hügelgräber, Wegkreuze und historische Grenzsteine, Gedenksteine, Wüstungen, vereinzelt Postdistanzsäulen, allgemein Denkmäler und sonstige Sehenswürdigkeiten ausgewiesen sind, aber keine Steinkreuze. Zweifellos sind das, sofern sie es auf solche Karten geschafft haben, zumindest fast immer mehr oder weniger markante historische Zeugnisse in der Landschaft, die in ihrer Sichtbarkeit die Steinkreuze in den Schatten stellen, wenn sich nicht das eine oder andere unter ihnen verbirgt. Als sichtbare historische Elemente in der Kulturlandschaft wären auch diese Gruppen durchaus eine Untersuchung unter kulturlandschaftlichem Gesichtspunkt Wert, aber eines fehlt eben den meisten: Sie sind keine Rechtszeugnisse. Die einzige Ausnahme bilden Grenzsteine, die sich jedoch keines so großen Interesses bei der Lokal- und Regionalforschung sowie der Denkmalpflege erfreuen. Den Grund kann man erahnen, wenn man die Angebote im Internet sichtet. Sie kommen z. B. von https://www.mcmakler.de/immobilienlexikon/grenzstein (Zugriff: 20. Juli 2024), beziehen sich also auf aktuelle Fragen, die die historische Forschung weniger interessieren.

Natürlich ist es schwierig, einem einfachen Kreuz, möglichst noch ohne jede bildliche Darstellung, erhöhtes Interesse entgegenzubringen. Das gelingt schon eher, wenn sich mehrere an einem Ort versammelt finden. Dabei ist zu berücksichtigen, dass die Kreuze in den meisten Fällen umgesetzt sind. In jedem Fall aber stammen sie aus der unmittelbaren Umgebung. Die größte mir bekannte Gruppe stammt aus Cracau, einem Vorort von Magdeburg ST, wo nicht weniger als 15 Kreuze in der Friedhofsmauer eingelassen sind. Eines gehört nach einer kaum noch lesbaren Inschrift in die Mitte der zweiten Hälfte des 14. Jahrhunderts, insgesamt scheinen sie bis in die erste Hälfte des 15. Jahrhunderts zu reichen. Es wird vermutet, dass sie alle als Grabsteine gedient haben.

Eine Besonderheit war bis zum Krieg im Bezirk Cheb/Eger und dem benachbarten Ascher Ländchen zu beobachten, wo sich nicht weniger als 15 Gruppen von Steinkreuzen befanden, genannt Steinkreuznester (*Schmeissner* 1991; *Vít* 1997, S. 81f.). Sie bestanden aus zwei, drei oder vier Denkmälern, in einem Fall waren es sogar sieben. Leider haben nur fünf von ihnen den Krieg überstanden.

Was machen wir nun mit diesen Informationen? Sicher wäre es gut, sie gezielt in Reise- und Wanderführern zu verankern. Wünschenswert wäre natürlich auch der Druck regionaler Verzeichnisse mit genauer Standortbestimmung, Bild, Beschreibung und Darstellung der historischen Überlieferung und von Sagen. Aber das ist wohl die typische Vorstellung eines Menschen, der noch aus dem analogen Steinzeitalter stammt. Sinnvoller wäre sicher das Bemühen, die wirklich sehr instruktive, ständig ergänzte Website www.suehnekreuz.de bekannt zu machen, z. B. auf Karten, den Webseiten von Gemeinden o. ä. Vielleicht kann damit dieses wichtige Element unserer Kulturlandschaft breiter in die Öffentlichkeit gebracht werden.

Zusammenfassung

Die Sitte der Errichtung von Steinkreuzen im Mittelalter steht in Zusammenhang mit der Blutrache, der genaue Zeitpunkt ihres Aufkommens ist unbekannt. Ihr offizielles Ende findet der Brauch 1532 mit der Halsgerichtsordnung Kaiser Karls V., nach der Morde von ordentlichen Gerichten abzuhandeln waren. Die Sitte hielt sich aber teilweise bis ins 18. Jahrhundert. Besondere Probleme für die Erforschung bieten die schwierige Datierbarkeit (sehr einfache Ausführung der dargestellten Gegenstände) und fehlende, auf das konkrete Einzelobjekt bezogene Schriftquellen. Zur allgemeinen Kenntnis des Brauches sind aber die häufig überlieferten (und sich oft selbst am Einzelobjekt unterscheidenden) Sagen hilfreich. Eine Reihe von Kreuzen ist möglicherweise nicht auf Morde, sondern auf Unglücksfälle zurückzuführen. Auch ist nicht immer zu entscheiden, ob sie vom Täter oder den Angehörigen des Opfers errichtet wurden.

Die unter Denkmalschutz stehenden Steinkreuze erfahren nur geringe allgemeine Beachtung hinsichtlich ihrer Bedeutung in der Kulturlandschaft. Für eine stärkere Verankerung im Bewusstsein der Bevölkerung sollte vermehrt auf digitale Information gesetzt werden.

Summary: Murderous weapons at the church? „Sühnekreuze“ as evidences of history of law in the cultural landscape

„Steinkreuze“ are crosses of stone of small height, set up after a murder as a result of blood revenge. They begun in the middle age and ended officially in 1532 with an order of emperor Karl V., according to which murder must process of regular courts. But in some regions the custom lived until the 18. century. Their investigation is difficult, because they individually are seldom to date and the concrete backgrounds are unknown. Several written sources and legends light common the reasons of the erection. Today many Steinkreuze are transferred to prevent their devastation. The article looks, which position the monuments have in the modern cultural landscape and how can attract attention of the people to this group of monuments.

Literatur

Azzola, F. K. (2001): Das spätmittelalterliche Kreuz in der Flur – ein Denkmal der Memoria, des Gebetsgedenkens. – In: Das Kleindenkmal, 25. – Straubing, S. 28.

Badstübner, E. u.a. [Hrsg.] (2005): Dehio-Handbuch der Kunstdenkmäler in Polen. Schlesien. Im Auftrag des Herder-Instituts Marburg und der Dehio-Vereinigung (Wissenschaftliche Vereinigung zur Fortführung des kunsttopographischen Werks von Georg Dehio e. V.) in Verbindung mit dem Krajowy Ośrodek Badań i Dokumentacji Zabytków Warszawa hrsg. von *Badstübner, E.; Popp, D.; Tomaszewski, A. u. Winterfeld, D. von.* Bearb. von *Brzezicki, S. u. Nielsen, C.* unter Mitarbeit von *Grajewski, G. u. Popp, D.* – München u. Berlin.

Biermann, F. u. Schopper, F. [Hrsg.] (2012): Ein spätslawischer Friedhof mit Schwertgräbern von Wusterhausen an der Dosse. – Wünsdorf.

Brockpähler, W. (1983): Steinkreuze in Westfalen – Münster.

Deutsch, A. (2005): Späte Sühne – Zur praktischen und rechtlichen Einordnung der Totschlagsühneverträge in Spätmittelalter und früher Neuzeit. – In: Zeitschrift der Savigny-Stiftung für Rechtsgeschichte, Germ. Abt., 122, S. 113–149.

Fleischmann, W. (1975): Steinerne Zeugen der Vergangenheit im Kreis Bad Langensalza, hrsg. vom Museum für Ur- und Frühgeschichte Thüringens und von der Bezirksleitung Erfurt des Kulturbundes der DDR. – Weimar.

Frauenstädt, P. (1881): Blutrache und Totschlagsühne im deutschen Mittelalter. Studien zur deutschen Kultur- und Rechtsgeschichte. – Neuausgabe Berlin 2018.

Hänse, G. (1970): Die Flurnamen des Stadt- und Landkreises Weimar. – Berlin.

Hübscher, A. (1955): Ritter, Tod und Teufel. Symbolik und Widerspiegelung der Wirklichkeit in Dürers Meisterwerk. – In: Urania Universum, 1, S. 269–273.

Hoffmann, A.: (1935): Die mittelalterlichen Steinkreuze, Kreuz- und Denksteine in Niedersachsen. – Hildesheim u. Leipzig (Quellen und Darstellungen zur Geschichte Niedersachsens, 42).

Kaufmann, E. (1998): Sühne, Sühneverträge. – In: Handwörterbuch zur deutschen Rechtsgeschichte (1. Aufl.). – [1]HRG, 5. – Berlin, Sp. 72–76.

Koch, H. (1938): Totschlag und Kreuzstein. – In: Thüringer Fähnlein 5, 1938.

Krenzlin, A. (1983): Siedlungsformen der Mark Brandenburg. – In: Historischer Atlas von Brandenburg, NF, Lfg. 2. – Berlin.

Köber, H. (1960): Die alten Steinkreuze und Sühnesteine Thüringens. – Erfurt (Beiträge zur Geschichte der Stadt Erfurt, 5).

Kufahl, G. A. (1914): Die alten Steinkreuze im Königreich Sachsen. – In: Landesverein Sächsischer Heimatschutz, IV, Heft 6, 1914.

Kufahl, G. A. (1928): Die alten Steinkreuze in Sachsen. Ein Beitrag zur Erforschung des Steinkreuzproblems. – Dresden.

Kurze, D. (1987): Die Kirche. – In: Bürger Bauer Edelmann. Berlin im Mittelalter. – Berlin, S. 130–162.

Leiser, W. (1990): Steinkreuz. – In: [1]HRG, 4. – Berlin, Sp. 1948–1949.

Lieberwirth, R. (1971): Carolina – Constitutio Criminalis Carolina (CCC) – Peinliche Gerichtsordnung Karls V. – In: [1]HRG, 1. – Berlin, Sp. 592–595.

Lück, H. (2003): Rechtsarchäologie. – In: Reallexikon der Germanischen Altertumskunde, 24. – Berlin u. New York, S. 240–246.

Lück, H. (2003a): Zur Entstehung des peinlichen Strafrechts in Kursachsen – Genesis und Alternativen. In: *Rudolph, H. u. Schnabel-Schüle, H. [Hrsg.]*: Justiz = Justice = Justicia? – Trier (Trierer Historische Forschungen, 48), S. 271–286.

Lück, H. (2012): Was ist und was kann Rechtsarchäologie? – In: Denkströme. Journal der Sächsischen Akademie der Wissenschaften, 8, S. 35–55.

Losch, B. (1968): Steinkreuze in Südwestdeutschland. – Tübingen.

Losch, B. (1981): Steinkreuze in Baden-Württemberg. Ein Inventar. – Stuttgart (Forschungen und Berichte zur Volkskunde in Baden-Württemberg, 4).

Losch, B. (2012): Geschichten von Mord und Totschlag: Steinkreuze erinnern als Kleindenkmale an alte Rechtsgeschichte und vormoderne Formen der Kommunikation. – In: Schwäbische Heimat, 63, 3, S. 330–337.

Mogk, E. (1929): Der Ursprung der mittelalterlichen Sühnekreuze. – Leipzig.

Müller, G. u. Quietzsch, H. (1977): Steinkreuze und Kreuzsteine in Sachsen I: Inventar Bezirk Dresden. – Berlin (Arbeits- und Forschungsberichte zur sächsischen Bodendenkmalpflege, Beiheft 13).

Nägele, A. (1913): Über Kreuzsteine in Württemberg und ihre Bedeutung. – In: Württembergische Jahrbücher für Statistik und Landeskunde 1913, Heft 2, S. 377–426.

Naumann, J. (1910): Steinkreuze und Kreuzsteine von Bautzen und Umgebung. Hg. unter Beihilfe der Gesellschaft für Anthropologie und Urgeschichte der Oberlausitz, Zweigverein Bautzen. – Bautzen.

Neuber, D. u. Wetzel, G. (1982): Steinkreuze und Kreuzsteine. Inventar Bezirk Cottbus. – Cottbus (Geschichte und Gegenwart des Bezirkes Cottbus (Niederlausitzer Studien, Sonderheft).

Quietzsch, H. (1980): Steinkreuze und Kreuzsteine in Sachsen III: Inventar Bezirk Leipzig. – Berlin (Arbeits- und Forschungsberichte zur sächsischen Bodendenkmalpflege, Beiheft 15).

Quietzsch, H. (1989): Das Flurkreuz als Kreuz. – In: Archäologie und Heimatgeschichte, 4, S. 49–58.

Riebeling, H (1977): Steinkreuze und Kreuzsteine in Hessen. Ein topographisches Handbuch zur rechtlichen Volkskunde. –Dossenheim u. Heidelberg.

Saal, W. (1987): Steinkreuze und Kreuzsteine im Bezirk Magdeburg – Halle (Saale).

Saal, W. (1989): Steinkreuze und Kreuzsteine im Bezirk Halle – Halle (Saale).

Saal, W. (1991): Zur Verbreitung der Steinkreuze und verwandter Kleindenkmale in Mitteldeutschland (ehemals DDR). – In: Steinkreuzforschung, Sammelband 18 (NF 3), S. 65–67.

Schmeissner, R. H. (1991): Steinkreuznester im nordwestlichen Egerland. – In: Steinkreuzforschung, Sammelband 18 (NF 3), S. 105–112.

Seyer, H. (1989): Das Steinkreuz an der Marienkirche in Berlin. – In: Archäologie und Heimatgeschichte 4, S. 75–76.

Störzner, F. (1984): Steinkreuze in Thüringen. Katalog Bezirk Erfurt. – Weimar (Weimarer Monographien zur Ur- und Frühgeschichte, 10).

Störzner, F. (1988): Steinkreuze in Thüringen. Katalog der Bezirke Gera und Suhl. – Weimar (Weimarer Monographien zur Ur- und Frühgeschichte, 21).

Timpel, W. (1975a): Einführung. In: *Grimm, P. u. Timpel, W.*: Die ur- und frühgeschichtlichen Bodendenkmäler des Kreises Weimar. – Weimar, S. 7.

Timpel, W. (1975b): Urgeschichtliche und mittelalterliche Steindenkmale. In: *Grimm, P. u. Timpel, W.*: Die ur- und frühgeschichtlichen Bodendenkmäler des Kreises Weimar. – Weimar, S. 64–71, Katalog S. 108–115.

Vít, J. (1997): Katalog. – In: Kamenné kříže Čech a Moravy, Prag 1997, S. 29–381.

Wendt, H.-J. (1979): Steinkreuze und Kreuzsteine in Sachsen II: Inventar Bezirk Karl-Marx-Stadt. – Berlin (Arbeits- und Forschungsberichte zur sächsischen Bodendenkmalpflege, Beiheft 14).

Siedlungsforschung. Archäologie – Geschichte – Geographie 40, 2023, S. 127–136

Steinriegel im Taubertal

Landschaftliche Zeugnisse aufgegebenen Weinbaus, historischer Besitz- und Nutzungsgrenzen sowie agrarsozialen Ausgleichs[1]

Winfried Schenk

Steinriegel, auch „Steinmauern“, „Stoarassel“, „Steinrütschen“ oder „Rasseln“ genannt, prägen das Landschaftsbild besonders der mittleren Tauber und ihrer Nebenläufe (*Wolf* 2005), wie Abb. 1 bespielhaft für die Umgebung der bayerisch-fränkischen Tauberorte Bieberehren und Röttingen zeigt.

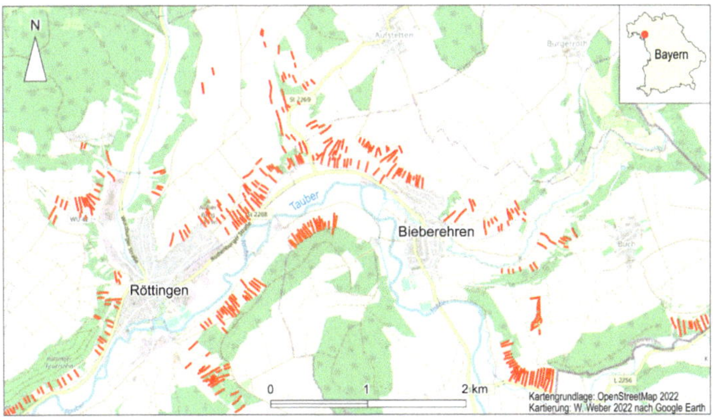

Abb. 1: Kartierung von Steinriegeln im bayerischen Taubertal um Bieberehren und Röttingen,Landkreis Würzburg, über Google Earth 2022. Entwurf: Winfried Weber, Institut für Geographie und Geologie der Universität Würzburg

---

1 Im Zuge der Exkursion von Rothenburg nach Würzburg am 17. September 2022 im Rahmen der in diesem Band dokumentierten Jahrestagung von ARKUM in Rothenburg zum Thema „Recht macht Landschaft“ wurden auch die Steinriegel im Taubertal als landschaftsprägende Elemente bei einem Aufenthalt in Weikersheim hinsichtlich ihres Rechtsgehaltes als Dokumente historischer Besitzgrenzen und als Hinweise auf historischen Weinbau und agrarsozialen Ausgleichs kurz angesprochen. Diese Aspekte sollen hier ausführlicher dargestellt und begründet werden.

Es sind dies häufig in Familienarbeit überwiegend kunstvoll geschichtete, hangabwärts laufende, also die Höhenlinien schneidende Steinwälle.[2] Da Weinbau im Taubertal seit dem 11. Jahrhundert nachzuweisen ist (*Gräter* 1996, *Kiermayr-Bühn* 2009; S. 77 ff.), wird ihr Alter auf über 800 Jahre geschätzt. Die Mehrzahl dürfte aber aus der Frühen Neuzeit stammen; die Hochphase des tauberfränkischen Weinbaus lag im 16. Jahrhundert (*Schenk u. Stöhr* 2001). Steinriegel sind damit älter als viele Kirchen und Schlösser. Das macht sie zu Objekten der Denkmal- und Kulturlandschaftspflege sowohl in Bayern als auch Baden-Württemberg, denn die Tauber fließt durch beide Bundesländer. In Bayern ist die Steinriegellage „Hasennestle" unter der Bezeichnung „Weinbergslagen Unterer Tauberweg – Berge und Untere Setzberge" südlich Tauberzell in die Denkmalliste aufgenommen. Vor allem im Umfeld von Rothenburg werden kontinuierlich auch Relikte ehemaligen Weinbaus kartiert[3] und Hinweise darauf finden sich auch in der Bayerischen Kulturlandschaftsdatenbank[4]. Das Landesdenkmalamt Baden-Württemberg hatte 1996 im Rahmen seiner Stellungnahme zum Landschaftsplan der Stadt Weikersheim ein „Sondergutachten zur Steinriegellandschaft auf Weikersheimer Gemarkung" (dazu *Eidloth* 2002 sowie grundlegend zu Fragen des Denkmalschutzes historischer Elemente der Kulturlandschaft *Eidloth u. Goer* 1996) durch meine damalige Doktorandin, Liane Stöhr, erstellen lassen. Zentrale Ergebnisse daraus finden sich in *Schenk u. Stöhr* 1999 und 2001. Es sind genau die darin aufgezeigten und nachfolgend näher beschriebenen Kulturdenkmaleigenschaft von Steinriegellagen gewesen, nämlich Dokumente früheren Weinbaus und Relikte vorindustrieller Wirtschaftsweisen zu sein, deretwegen auf der Basis des damaligen Gutachtens einige Steinriegel auch im Umfeld von Weikersheim unter Denkmalschutz gestellt wurden.

Aus der Sicht des Naturschutzes sind Steinriegel dank ihrer Wärmespeicherfähigkeit – sie wirken wie „Bettflaschen" (*Kiermayr-Bühn* 2009, S. 86) und bremsen zugleich den Wind – Steuerungselemente des Mikroklimas. Die Steine heizen sich am Tag auf, speichern die Wärme und geben sie abends langsam ab. Dieses ausgeglichene Kleinstklima bietet wärmeliebenden Insekten- und Reptilienarten optimale Bedingungen. So sind Steinriegel Lebensraum für verschiedene Wildbienenarten, Schlingnattern, Zauneidechsen sowie die besonders gefährdete Italienische Schönschrecke. Aber auch viele Pflanzenarten wie das Grauscheidige Federgras, das Wimper-Perlgras, der schmalblättrige Hohlzahn, der blaue Lattich oder der Edel- und Trauben-Gamander siedeln sich dort an. Die Steinriegel müssen regelmäßig gepflegt und freigehalten werden, da sich sonst Hecken und Gebüsche ausbreiten und der Lebensraum für die genannten Arten an Wert verliert. Pflegerische Modellprojekte der 1990er Jahre (*Matern* 1995; *Nickel* 1992) sind heute durch den Kommunalen

---

[2] Zur regionalen Verbreitung von Lesesteinen *Strunk* 1985 und zur Definition *Schenk* 2001.

[3] Siehe dazu http://historische8.gemeinsam.bayern/de/historische-kukturlandschaften/relikt-landschaft-taubertal-mit-nebentaelern/ (Zugriff: 14. November 2022).

[4] Siehe dazu https://erfassung.kulturlandschaftsforum-bayern.de (Zugriff: 14. November 2022).

Landschaftspflegeverband Main-Tauber[5] verstetigt, denn seit 1992 gelten Steinriegel in Baden-Württemberg nach § 32 des Landesnaturschutzgesetzes als Naturdenkmale und Biotope und werden auf der Roten Liste der Biotoptypen als „gefährdete Biotope" nach Gefährdungskategorie 3, also „von mittlerer bis hoher Bedeutung", bewertet.[6]

Im Folgenden sollen die Steinriegel im Taubertal aus historisch-geographischer Perspektive als landschaftliche Zeugen früheren Weinbaus (Kap. 1) sowie als rechtsgeschichtliche Dokumente ehemaliger Besitz- und Nutzungsgrenzen und eng damit verbunden als Zeugnisse agrarsozialen und ökonomischen Ausgleichs in den Weinbaugemeinden diskutiert werden (Kap. 2); letzterer Gedanke findet sich bisher nur an versteckter Stelle in der Literatur (*Schenk u. Stöhr* 1999) und soll hier ausführlicher begründet werden.

1 Steinriegel als Zeugnisse ehemaligen Weinbaus

Die Tauber durchfließt auf ihrem etwa 130 km langen Weg vom Westfuß der Frankenhöhe bis zur Mündung in den Main in Wertheim die drei geologischen Hauptformationen der Germanischen Trias: Keuper, Muschelkalk und Buntsandstein. Während im Buntsandstein Weinbau in historischer Zeit überwiegend in Terrassen betrieben wurde, finden sich im Muschelkalk Steinriegel als die Isohypsen schneidende Steinwälle. Sie sind als Relikte früheren Weinbaus zu verstehen. Das erklärt sich wie folgt: Der Muschelkalk zeigt im Taubertal vielerorts ein dreigeteiltes Profil (Abb. 2).

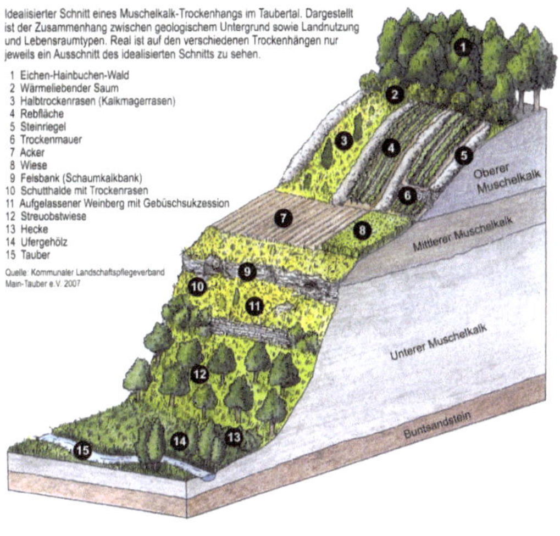

Abb. 2: Idealtypisches Profil durch einen Hang im Taubertal im Muschelkalk. Quelle: Kommunaler Landschaftspflegeverband Main-Tauber e. V., 2007

[5] Sie dazu https://klpv-main-tauber.de/ (Zugriff: 14. November 2022).

[6] Nach https://de.wikipedia.org/wiki/Steinriegel#cite_note-3 (Zugriff: 27. Dezember 2022).

Über der Felsterrasse im Unteren Muschelkalk folgt der flachere Anstieg des Mittleren Muschelkalks (Anhydrit- und Salzgebirge), darüber erhebt sich der Steilhang des Oberen Muschelkalks (Trochitenkalk). Dieser Dreigliederung folgte die Bodennutzung. Die flacheren Lagen des Mittleren Muschelkalks trugen eher Wiesen und Äcker und im Bereich des Unteren Muschelkalks fehlen die Steinriegel völlig, denn hier wurde nie Wein angebaut, weil sich in diesem Talbereich oft Kaltluftseen bilden. Der Steilhang des oberen Muschelkalks bietet dagegen vor allem bei einem Südhang eine ideale Exposition zur Sonne in einer Region, die zwar die kühlste Badens ist, aber mehr Sonnentage als andere deutsche Weinbauregionen aufweist. Beispielsweise erhält ein Hang mit 30 % Neigung im Laufe der Vegetationszeit 140 % der Globalstrahlung einer horizontalen Fläche in gleicher Lage. Trotz kontinentaler Prägung der Region mit der Gefahr von Früh- und Spätfrösten ließ sich in solchen lokalklimatischen Gunstlagen die Weinrebe kultivieren, und hier finden sich nun die hangsenkrecht verlaufenden Lesesteinriegel als Relikte aufgegebenen Weinbaus, denn auf den Gesteinen des Oberen Muschelkalks entwickelten sich geringmächtige, schwere Tonböden, aus denen die größeren Steine beim Hacken und Umgraben der Weinberge ausgelesen wurden. Das Auslesen von Steinen bildete einen zentralen Teil der Arbeiten bei der Anlage und Pflege eines Weinberges im Oberen Muschelkalk. Wurde hier ein Weinberg neu angelegt, musste auf jeden Fall *rigolt* werden, dieses Verb nimmt das französische Wort rigole = ‚Rinne' bzw. französisch rigoler = ‚umgraben'/‚tief pflügen' auf (*Brockhaus* 1839, S. 622). Der Boden wurde dabei zunächst 30–40 cm tief umgegraben und sodann wurden die Steine ausgelesen, auf die Seite getragen und dort abgelegt. *Bronner* (1839, S. 156 f. u. 160) beschreibt diese Arbeiten im Detail: „Das Rotten oder Wenden wird im Spätjahre oder Frühjahre vorgenommen und geschieht mit dem Karst und der Reuthaue. Hiebei wird der Boden im ganzen Taubergrunde, auch nur stark anderthalb Fuß tief umgebrochen, wobei aber jedesmal die Steine, welche größer als faustgroß sind, auf die Seite zu den Steinmauern getragen werden, wo sie von mehreren Jahrhunderten her aufgehäuft sind. Es befindet sich nämlich fast zwischen jedem Weinberge, manchmal auch nur zwischen mehreren eine bedeutende Anhäufung von Steinen und zwar von oben bis unten an den Fuß des Berges in einer Richtung, so daß oft mehrere hundert, ja wohl tausend Wägen voll Steine hier aufgehäuft sind, die man hier Steinmauern nennt … Nur zweimal wird der Boden gebaut, einmal gehackt und einmal gebracht, beides mit dem Karst …Die Baukosten eines Morgens Weinberg betragen bei Privatleuten 15 fl. (die Herrschaft zahlt aber nur 13 fl.) wozu beim Hacken noch Wein gegeben wird; gewöhnlich aber wird Alles im Taglohn gebaut. Der Taglohn eines Häckers ist beim Hacken und Binden 36 kr. ohne Kost, beim Schneiden und Brechen nur 30 kr."

Das Hacken der Weinberge erfolgte mehrmals im Jahr. Ohne Maschineneinsatz konnten vier Männer einen Morgen Weinberg am Tag hacken (*Neubert* 1990, S. 61 f.). Die ausgelesenen Steine wurden mit speziellen Tragen und Körben (die heute im Tauberländer Dorfmuseum in Weikersheim zu besichtigen sind) nicht selten von Kindern aus dem Weinberg geschafft und seitlich zu Steinmauern aufgesetzt, was häufig die Frauen übernahmen (*Neubert* 1990, S. 41 ff.). Hierfür wurden sehr unterschiedliche Techniken und verschiedene Grade von Sorgfalt angewendet, was zu den unterschiedlichsten Ausformungen der Steinriegel führte. Es lassen sich vor allem drei verschiedene Typen von Steinriegeln dem Aufbau nach charakterisieren: (1) regelloser oder ungeschichteter Aufbau, (2) waagrechte Schichtung der Seitenmauern und (3) schräge und waagrechte Schichtung der Seitenmauern. Regellos aufgeworfene Steinriegel finden sich selten und meist nur dort, wo die Riegel nur geringmächtig ausgebildet sind und deshalb nicht viel Mühe auf eine sorgfältige Schichtung verwendet werden musste. Wesentlich häufiger ist die waagrechte und schräge Schichtung der Seitenmauern (Abb. 3), da sie eine höhere Stabilität des Steinriegels am Hang gewährleistet. In seltenen Fällen können auch doppelreihige Anlagen von Seitenmauern beobachtet werden (*Hüttl* 1991, S. 64). In der aktuellen Landschaft lösen sich viele Steinriegel mangels Pflege sukzessive auf und die einstigen Weinberge sind oftmals mit Streuobst als der typischen Nachfolgenutzung des 19. Jahrhunderts bestanden, vielerorts jedoch verbuscht oder schon wieder komplett bewaldet (Abb. 4). Da der Boden unter den Steinriegel kaum von Erosion betroffen ist, gibt er somit einen Hinweis auf die ursprüngliche Erdoberfläche zu Beginn der Weinbauzeit (*Wagner* 1961 u. 2018).

Abb. 3: Geschichteter Steinriegel bei Randersacker nahe Würzburg neben Reben in Zeilenanlage. Foto: Winfried Schenk, Januar 2021

Abb. 4: Steinriegellagen im Taubertal zwischen Bieberehren und Röttingen (Landkreis Würzburg) in unterschiedlichen Sukzessionsstadien.
Foto: Winfried Weber, Dezember 2021

2 Steinriegel als Zeugnisse von Besitz- oder Nutzungsgrenzen und agrarsozialen und ökonomischen Ausgleichs innerhalb der Weinbaugemeinden

Wie dargelegt wurden beim Hacken und Umgraben der Weinberge die oft über faustgroßen Steinbrocken kontinuierlich ausgelesen. Da die Steine meist an Parzellengrenzen aufgeschichtet wurden, zeichnen sie noch heute den Verlauf der historischen Besitz- oder Nutzungsparzellen hangabwärts nach, und da die rechtliche Erfassung der Grenzen überwiegend erst im Zuge der Aufstellung von Katastern im Laufe des 19. Jahrhunderts erfolgte, kann für die Zeit davor meist nicht exakt angegeben werden, ob es sich um Besitz- oder Nutzungsgrenzen handelte. Unabhängig von ihrem rechtlichen Charakter waren die Grenzzonen die Bereiche, auf die man auf kürzestem, kraftsparendem und dazu beinahe ebenem Wege, mithin mit geringstem Kraftaufwand und unter Vermeidung von Konflikten mit den Nachbarn die aufgelesenen

Steine ablagern konnte. Den rechtshistorischen und landschaftsgeschichtlichen Charakter von Steinriegeln hat schon der Begründer der Volkskunde, Heinrich Riehl, bei seinem Gang durchs Taubertal (1865, zitiert nach *Gräter* 2003, S. 38) beschrieben: „Diese langestreckten Steinhaufen, hier ‚Steinmauern' genannt, sind Denkmale uralten Fleißes bei der Rodung des Acker- und Reblandes, und geben als unverrückbare Grenzlinien dem Forscher der Wirtschaftsgeschichte einen Wink über den ältesten Umfang der Güterteile."

Das erklärt aber nicht den hangsenkrechten Verlauf der Nutzungsparzellen, denn der steht dem Gebot von Erosionsschutz durch isohypsenparallele Bewirtschaftung der Steilhänge direkt entgegen (*Wagner* 1961) Tatsächlich wurde mit dem Einsetzen des Weinbaus Boden in großer Menge von den Hängen der Tauber und ihrer Zuflüsse hinuntergeschwemmt, wie *Wagner* (2018) in seinen Untersuchungen an Steinriegellagen zur Bodenerosion in der historischen Agrarlandschaft des Taubertals zeigt. Abgeschwemmter Boden wurde im Taubertal in historischer Zeit immer wieder mühsam etwa in Körben nach oben getragen, weshalb man ihn sprichwörtlich als „Trageboden" bezeichnen kann.

Auch wenn sich das aus den Quellen kaum belegen lässt, nahm man all diese Mühe wohl auch aus Gründen eines innerdörflichen Sozial- und Wirtschaftsausgleichs auf sich, sei es von Vornherein gewollt oder als Nebenergebnis der kraftsparenden seitlichen Ablagerung der Lesesteine. Grundlegend für diesen Gedanken ist dabei die Beobachtung, dass in historischer Perspektive alle weinbautreibenden Gemeinden im Taubertal durch die Realteilung geprägt waren (*Schenk u. Stöhr* 2001). Ich sehe in dieser Erbsitte sogar das zentrale Agens, Weinbau dort zu betreiben, denn nur mittels dieser Sonderkultur war eine ausreichende Wertschöpfung auf den sich im Erbfalle verkleinernden Parzellen möglich. Die hangsenkrechte Fluraufteilung kann in diesem Gedankengang als gerecht empfundene Verteilung des Besitzes über das ganze Hangprofil hinweg gesehen werden, denn auf diese Weise hatte ein jeder in etwa den gleichen Anteil an der für den Muschelkalk typischen Bodencatena (siehe wiederum Abb. 2) und an den aus dem Hangverlauf entstehenden Varianzen der Insolation. Das unterscheidet die Taubertaler Lesesteinwälle von denen der nördlichen Frankenalb, welche Ackerland abgrenzten und erosionshemmend isohypsenparallel angelegt sind; wie *Hahn* (1985, S. 93) berichtet. Er sieht in der Struktur und Lage der Lesesteine auch keinen Zufall oder eine Reaktion auf Realteilung, sondern einen Reflex auf Böschigkeit und Skelettstruktur der Böden. Im Gegensatz dazu ist die Anlage hangsenkrechter Steinriegel im Taubertal auch als landschaftlicher Ausdruck eines – sei es a priori gewollt oder aus Pragmatismus fürderhin akzeptiert – sozialen und ökonomischen Interessenausgleichs zwischen den Weinbauern unter den schwierigen Bedingungen in den durch Realteilung geprägten weinbaubetreibenden Gemeinden im Taubertal in vorindustrieller Zeit zu verstehen. Wegen der daraus resultierenden Kleinheit der Betriebe wurde er durchweg im Nebenerwerb betrieben (*Königlich statistisch-topographisches*

Bureau 1880). Dazu war Weinbau, wie schon dargelegt, aus klimatischen Gründen im Taubertal in historischer Zeit durchweg sehr risikoreich. Die Einschleppung der Reblaus im 19. Jahrhundert führte auch im Taubertal zu einem Rückgang des Weinanbaus und zu einer Verringerung der Rebfläche. Der Rebbau wurde aufgegeben, sofern er sich selbst in der Kombination mit einer anderen Tätigkeit nicht mehr rechnete und es Erwerbsalternativen dazu gab. Vor diesem Hintergrund gab es um 1950 es nur noch rund 500 ha Rebland im Taubergrund. Die erfolgreiche Arbeit von Weinbaugenossenschaften – schon 1894 in Beckstein, 1898 in Markelsheim 1925 in Laudenbach und 1951 in Wertheim-Reicholzheim gegründet – ließen im Verbund mit Rebflurbereinigungen nach 1960 (*Friz* 1974) und dem Aufbau touristischer Einrichtungen in jüngerer Zeit das unternehmerische Risiko auf ein kalkulierbares Maß sinken, so dass heute wieder etwa 1.100 ha im Tauberland mit Reben bestellt sind. Steinriegel sind dabei störend. Infolge Abtrags und Nutzung der Steine für allerlei Zwecke, der Bebauung von siedlungsnahen Hanglagen mit Wohngebäuden sowie im Zuge von Flurbereinigungen verschwanden in der Folge vielerorts die Steinriegel, denn die Kultivierung der Reben wird heute nahezu durchgehend im Zeilenanbau betrieben (siehe wiederum Abb. 3). Sofern die Hänge für das Befahren etwa mit Traktoren zu steil sind, werden Maschinen an Winden die Hänge herabgelassen, welche auf im Rahmen von Flurbereinigungen entstandenen Wegen stehen. Auch diese Bewirtschaftung ist also isohypsenschneidend! Das Landschaftsbild ist in diesen Bereichen jedoch nicht mehr durch die Kleinteiligkeit von Steinriegeln und den darin eingeschlossenen ehemaligen Weinbauflächen in unterschiedlichen Auflassungsstadien als Zeugnisse nicht-technisierter Arbeitswelten und agrarsozialen Ausgleichs innerhalb der Weinbaugemeinden gekennzeichnet, sondern wird bestimmt durch Überlegungen zur Maschinisierbarkeit von Arbeiten im Weinberg sowie zu einzelbetrieblicher Rentabilität.

Zusammenfassung

In den Steillagen des Oberen Muschelkalks des Flusses Tauber (gelegen in Franken etwa zwischen den Städten Rothenburg ob der Tauber und Wertheim im südlichen Deutschland) finden sich Steinriegel in großer Zahl. Sie laufen den Hang hinab und entstanden bei der Anlage von Weinbergen durch das Auslesen von Steinen und deren Ablagerung auf vormaligen Eigentums- oder Nutzungsgrenzen. Sie dokumentieren damit frühe Rechtsverhältnisse und historischen Weinbau. Ich interpretiere diese Steinriegel zudem als Dokumente agrarsozialen Ausgleichs, da der isohypsenschneidende Verlauf garantierte, dass ein jeder Weinbauer in etwa den gleichen Anteil an der für den Muschelkalk typischen Bodencatena und an den aus dem Hangverlauf entstehenden Varianzen der Insolation hatte.

Summary: Stone bars (Steinriegel) in the Tauber valley as landscape evidence of historical viticulture, historical ownership- and landuse boundaries as well as documents of agro-social equalisation

In the steep slopes of the Upper Muschelkalk of the river Tauber (located in Franconia roughly between the towns of Rothenburg ob der Tauber and Wertheim in Southern Germany), stone bars are found in large numbers. They run down the slope and were created when vineyards were planted by selecting stones and depositing them on former property- or land-use boundaries. They thus document early legal relationships and historical viticulture. I also interpret these stone bars as documents of agrarian-social equalisation, since the isohypse-cutting course guaranteed that each vintner had roughly the same share of the soil catena typical of the Muschelkalk and of the variances in insolation along the slope.

Literatur

Brockhaus Bilder-Conversations-Lexikon (1839), Bd. 3. Stichworte Rajolen, Rejolen, Rigolen. – Leipzig.

Bronner, J. Ph. (1839): Der Weinbau des Main- und Taubergrundes und der Würzburger Gegend in seinen Einzelheiten dargestellt. – Heidelberg (Reprint, Tübingen).

Eidloth, V. (2002): Historische Kulturlandschaft und Denkmalpflege. Ein Fachbeitrag zum Flächennutzungsplan/Landschaftsplan der Gemeinde Weikersheim, Baden-Württemberg. – In: *Landschaftsverband Rheinland [Hrsg.]*: Kulturelles Erbe – Umweltvorsorge und Planung. – Köln (Beiträge zur Landesentwicklung 57), S. 128–139.

Eidloth, V. u. Goer, M. (1996): Historische Kulturlandschaftselemente als Schutzgut. In: Denkmalpflege in Baden-Württemberg, 2, S. 148–157.

Friz, W. (1974): Strukturmerkmale des heutigen Weinbaus im Tauberland. In: *Grees, H. [Hrsg.]*: Die europäische Kulturlandschaft im Wandel. – Kiel, S. 129–139.

Gräter, C. (1996): Weinwanderungen an der Tauber. – Tauberbischofsheim.

Gräter, C. [Hrsg.] (2003): Riehl Wilhelm Heinrich: Ein Gang durchs Taubertal – von Rothenburg bis Wertheim. – Gerchsheim (kommentierte Wiedergabe der Ausgabe von 1865).

Hahn, R. (1985): Anordnung und Verteilung der Lesesteinriegel der nördlichen Frankenalb. Am Beispiel der Großgemeinde Heiligenstadt in Oberfranken. – In: Berichte der ANL, 9. – Laufen, S. 93–98.

Hüttl, G. (1991): Steinriegel in unserer Landschaft – eine historische und ökologische Betrachtung. – In: *Stadt Niederstetten [Hrsg.]*: 650 Jahre Niederstetten. – Niederstetten, S. 60–68.

Königlich statistisch-topographisches Bureau [Hrsg.] (1880): Beschreibung des Oberamtes Mergentheim. – Stuttgart (Neuausgabe von 1968).

Kiermayr-Bühn, S. (2009): Leben mit dem Wetter: Klima, Alltag und Katastrophe in Süddeutschland seit 1600. – Darmstadt [das Taubertal ist der Referenzraum dieser Studie].

Mattern, H. (1995): Die historische Kulturlandschaft in Naturschutz und Landschaftspflege an Beispielen aus dem nördlichen Baden-Württemberg. – In: Kulturlandschaft, 5, H.1, S. 5–8.

Neubert, H. (1990): Häckerarbeit in Franken. Ein Beitrag zur Sozial- und Wirtschaftsgeschichte des Steigerwaldvorlandes. -Würzburg.

Nickel, E. (1992): Pflege der Trockenhänge im Taubertal. Ein Modell zur Landschaftspflege in Baden-Württemberg. – In: Naturschutz und Landschaftsplanung, 24, H. 1, S. 9–15.

Schenk, W. (2001): Lesesteine. In: Reallexikon der Germanischen Altertumskunde, 18, S. 274–277.

Schenk, W. u. Stöhr, L. (1999): Steinriegel um Weikersheim als Dokumente der Wirtschafts- und Sozialgeschichte Tauberfrankens. – In: *Schliephake, K. u. Pinkwart, W. [Hrsg.]*: Geographische Exkursionen in Franken und benachbarten Regionen. – Würzburg (Würzburger Geographische Manuskripte, 50), S. 297–308.

Schenk, W. u. Stöhr, L. (2001): Geschichte und kulturhistorische Bedeutung von Steinriegellagen auf der Gemarkung von Weikersheim. – In: Württembergisch Franken, 85, S. 227–245.

Strunk, H. (1985): Lesesteine in der europäischen Kulturlandschaft. – In: Regensburger Geographische Schriften, 19/20, S. 477–508.

Wagner, H.-G. (1961): Die historische Entwicklung von Bodenabtrag und Kleinformenschatz im Gebiet des Taubertals. – In: Mitteilungen der Geographischen Gesellschaft München, 46, S. 99–149.

Wagner, H.-G. (2018): Bodenerosion in der historischen Agrarlandschaft des Taubertals. – Würzburg (Würzburger Geographische Manuskripte, 88).

Wolf, R. (2005): Das Taubertal zwischen Rothenburg o. d. T. und Bad Mergentheim: Natur, Landschaftsbild und Geschichte einer einmaligen Kulturlandschaft. – In: *Bayerisches Landesamt für Umweltschutz [Hrsg.]*: Landschaftspflege und länderübergreifende Umsetzung eines Biotopverbundes im Taubertal. – Augsburg, S. 11–25.

Siedlungsforschung. Archäologie – Geschichte – Geographie 40, 2023, S. 137–149

Strafe macht Raum

Landesverweisung und Territorialpolitik im frühmodernen Alten Reich

Falk Bretschneider[1]

Welche Rolle spielen Sanktionen der Strafjustiz in der Geschichte bei der Hervorbringung politischer, rechtlicher und sozialer Räume? Offensichtlich ist eine solche Verbindung im Fall von Projekten der inneren oder äußeren Kolonisierung, deren Urheber fast immer auch auf verurteilte Straftäter zurückgegriffen haben. Im russischen Zarenreich und später in der Sowjetunion etwa diente die Deportation bzw. die Verbringung in eines der Lager des „Archipel Goulag" der ökonomischen und administrativen Erschließung weit entfernter und unzugänglicher Gegenden wie Sibirien oder Kasachstan, die so von der Peripherie des imperialen Raumes näher an sein Zentrum heranrückten. Auch die zwischen 1788 und 1868 organisierte Transportation von mehr als 160.000 Delinquenten aus England und Irland nach Australien verfolgte den ausdrücklichen Zweck, durch ihre Ansiedlung vor Ort der jungen britischen Kolonie auf die Beine zu helfen, also diese zu einem integralen Bestandteil des Empire werden zu lassen. Weitere Beispiele lassen sich bei nahezu allen europäischen Kolonialmächten finden, seien es Frankreich, Spanien, Portugal oder die Niederlande. Sogar Schweden brachte in der Mitte des 17. Jahrhunderts Häftlinge in seine bescheidenen kolonialen Besitzungen in Nordamerika, und Dänemark-Norwegen gründete in der ersten Hälfte des 18. Jahrhunderts eine Strafkolonie auf Grönland, um von dort aus Kriminelle als Arbeiter in verschiedenen Handelsstationen einzusetzen.[2]

Doch Strafarbeit im kolonialen Kontext, ein inzwischen recht gut erschlossenes Forschungsfeld, ist nicht mein Thema. Vielmehr möchte ich mich einer Sanktion widmen, die bislang vergleichsweise wenig im Fokus der Geschichtswissenschaft gestanden hat:

---

[1] Aufgrund des beschränkten Platzes behält der Beitrag weitgehend die mündliche Form bei. Anmerkungen und Nachweise sind auf das Wesentliche reduziert. Der Text stützt sich auf die Ergebnisse meiner 2022 an der Universität Paris 1 – Panthéon-Sorbonne verteidigten Habilitationsschrift, die voraussichtlich 2025 unter dem Titel *Das Reich der Strafe. Stadt- und Landesverweis im frühmodernen Alten Reich* im Böhlau-Verlag erscheinen wird.

[2] Vgl. einführend *Steiner* 2014, S. 59-113.

der Verweisungsstrafe, also der Ausweisung von Verurteilten aus einem Ort oder einem Territorium. Im frühneuzeitlichen Europa gehörte diese nahezu überall zu den am häufigsten von Gerichten und anderen obrigkeitlichen Instanzen verhängten Sanktionen (*Schwerhoff* 2006). Ihre Wurzeln lagen im griechischen Ostrakismos, der römischen Relegation oder der germanischen Acht, vor allem aber im spätmittelalterlichen Stadtverweis, der zunächst in den italienischen Stadtrepubliken der Renaissancezeit, ab dem 13. Jahrhundert aber auch in vielen Kommunen nördlich der Alpen zu einer üblichen Praxis geworden war. Ab dem 16. Jahrhundert nahm diese traditionelle Version der Strafe im Alten Reich nach und nach eine neue Form an, die unmittelbar mit dem territorialen Herrschaftsausbau der zahlreichen Fürsten, Grafen und anderen Herrschaftsträger in Verbindung stand: Sie wurde zum Landesverweis, also der Ausstoßung aus einem einzelnen Territorium bzw. einem territorialen Herrschaftsverband. Der Stadtverweis war eine Form der genossenschaftlichen Exklusion gewesen, durch welche korporativ verfasste Personenverbände Mitglieder ausschlossen, die Regeln missachtet hatten, denen sie vorher selbst zugestimmt hatten (*Arlinghaus* 2018, S. 306–325). Nicht so der Landesverweis: Dieser wurde von einer Landesobrigkeit verhängt, die sich über Verhältnisse der hierarchischen Abhängigkeit definierte und ihre Herrschaft auf einen flächigen Raum bezog, den zu dominieren der jeweilige Landesherr vorgab. Die Ausweisung bedeutete nun also nicht mehr die Ausstoßung aus einer durch Eid konstituierten Bürgergemeinde, sondern die Entfernung aus einem mehr und mehr territorial definierten Untertanenverband.

Abb. 1: Spätmittelalterlicher Stadtverweis. Miniatur aus dem Soester Nequambuch (1312–1421). Quelle: Wilkes 1975, S. 30

Die Transformation des Stadtverweises in den Landesverweis stellt somit einen kleinen Ausschnitt jenes erheblich größeren und umfassenderen Wandels dar, in dessen Verlauf sich am Übergang vom Mittelalter zur Neuzeit eine traditionelle soziale Ordnung, die vor allem auf persönlichen Bindungen beruhte, in eine Form von Herrschaft verwandelte, die sich in erster Linie über die Zuweisung von Positionen im geographischen Raum definierte. Mit Andreas Rutz kann man deshalb sagen, dass die Entwicklung der Strafe die Möglichkeit bietet, einen Einblick in jenen performativen Prozess zu gewinnen, den er als „doing territory“ bezeichnet hat (*Rutz* 2015). Das möchte ich im Folgenden in drei Schritten tun: Zunächst werde ich einen Blick auf den für die frühmoderne politische Ordnung zentralen Zusammenhang von Strafjustiz und Herrschaft werfen. Warum konnten Akte der Strafgerichtsbarkeit überhaupt einen Einfluss auf die Gestaltung politischer Räume gewinnen? Anschließend werde ich versuchen, in groben Zügen zu schildern, in welchem Verhältnis konkret Verweisungsstrafe und Territorialpolitik standen. Und zum Schluss werde ich die Frage nach den Schwierigkeiten dieses Prozesses stellen – denn, so unmittelbar einleuchtend die Prinzipien und Folgen des territorialen Herrschaftsausbaus auch erscheinen mögen, in der Realität handelte es sich um einen Vorgang, der mit zahlreichen Hindernissen zu kämpfen hatte, weshalb er erst am Ende der Frühen Neuzeit oder sogar noch später als tatsächlich abgeschlossen gelten konnte.

1 Herrschaft und Strafjustiz

Politisches Handeln richtete sich am Übergang vom Spätmittelalter zur Frühen Neuzeit immer stärker auf eine bestimmte Raumabstraktion als Medium zur Reduktion sozialer Komplexität aus – das „Territorium“. Dieses freilich bezeichnete keine ontologische Realität, sondern eine politische und soziale Wirklichkeit, die erst geschaffen werden musste, indem man sie z. B. in rechtliche Begriffe goss, sie durch Beschreibungen oder Kartenbilder als Repräsentation fassbar machte oder ihr durch performative Akte wie Grenzbegehungen eine materielle Gestalt verlieht. Rechtlich definierte den Begriff im Alten Reich vor allem *Andreas Knichen*, der in seiner 1600 erstmals erschienenen Abhandlung *De iure territorii* versuchte, alle Rechtstitel, die mit der Herrschaft über ein Territorium verbunden waren, systematisch zu erfassen.[3] Zentral war für ihn dabei die Vorstellung der „superioritas territorialis“, ein Terminus, den die Zeitgenossen mit „Landeshoheit“ oder „Landesobrigkeit“ ins Deutsche übersetzten. Gemeint war damit ein Recht, das aus sich heraus wirkte und nicht mehr von anderen Regalien, etwa der Jurisdiktionsgewalt, abgeleitet war. Ein Territorium, so Knichen, erstreckte sich genau auf jenen Raum, in wel-

[3] *Knichen, Andreas (1600)*: De Svblimi Et Regio Territorii Ivre, Synoptica Tractatio: In Qva Principvm Germaniae regalia territorio subnixa, vulgo Landes-Obrigkeit indigetata, nusquam antehac digesta, luculenter explicantur (De iure territorii). – Frankfurt am Main (Andreas Wechel).

chem einem Fürsten oder anderen Herrschaftsträger diese „superioritas" zustand. Diese war also gleichbedeutend mit der Herrschaft über diesen Raum und alle Untertanen, die innerhalb seiner Grenzen lebten.

Das klang gut. Allerdings nur auf dem Papier. Denn schnell kamen Fragen auf. Was genau bedeutete diese allgemeine Hoheitsgewalt, wie äußerte sie sich konkret und mit welchen Vorrechten, die allein dem Territorialherrn vorbehalten blieben, war sie verbunden? Die verschiedenen Antworten auf diese Frage, die *Knichen* selbst und andere Rechtsgelehrte nach ihm gaben, mündeten erneut in lange Kataloge von einzelnen Befugnissen, die erst in ihrer Addition zur Landesherrschaft führten. Hinzukam eine zweite Frage: Die „superioritas territorialis" mochte ihrer juristischen Bestimmung nach räumlich definiert sein. Ein sicheres Kriterium, um ihren Geltungsbereich festzulegen, aber fehlte. In der Realität blieb deshalb nur, zu Hilfskonstruktionen zu greifen, etwa historisch überlieferte Landschaften oder traditionelle Grenzmarkierungen. Diese stießen sich jedoch immer wieder an den überaus komplexen Raumverhältnissen im Alten Reich, deren Elemente sich vielfach überlagerten oder widersprachen. Das galt etwa für den Streubesitz der Reichsritterschaft, aber auch für die unzähligen Exklaven und Enklaven, also den Territorialbesitz anderer Landesherren, die auch die größeren Fürstentümer im Reich vielerorts durchlöcherten. Das führte selbst die Rechtsgelehrten dazu, von abstrakten Prinzipien wieder abzurücken und sich vor allem auf das Beschreiben konkreter Situationen zu verlegen. Das tat vor allem Johann Jacob Moser, der in der zweiten Hälfte des 18. Jahrhunderts mehrere Dutzend Bände seines *Teutschen Staatsrechts* veröffentlichte, in denen er unzählige lokale Besonderheiten in alle ihre Details zerpflückte.

Mosers „Positivismus des Faktischen" (*Stolleis* 2002, S. 369) stützte sich vor allem auf das „alte Herkommen", also die Unzahl von lokalen Rechten und Gebräuchen, die seit „unvordenklichen" Zeiten von Generation zu Generation weitergegeben worden waren. Dazu gehörte auch die Hochgerichtsbarkeit, die seit dem Mittelalter dazu diente, Herrschaft lokal zuzurechnen. Sichtbar wird dies etwa in der mehrmaligen Erwähnung des Gerichtsherrn bei der Abhaltung des „Hochnotpeinlichen Halsgerichts", also der feierlichen Gerichtssitzung, die am Ende eines Inquisitionsprozesses stattfand. Die dabei verwendeten und prominent herausgestellten Titulaturen erscheinen uns heute rasch als reichlich skurril; in der Frühen Neuzeit aber waren sie ein zentrales Element in der performativen Hervorbringung von Herrschaft. Sie dienten insbesondere kleineren Territorialherren dazu, ihre vom Kaiser verliehenen Rechte immer wieder herauszustellen, rituell zu bestätigen und gegenüber anderen Herrschaftsträgern zu behaupten. In anderen Worten: Hier erfüllte die Strafjustiz nicht nur Funktionen der Kriminalitätsbekämpfung, sondern diente auch als sozialer Ranganzeiger und dazu, die politische Ordnung zu reproduzieren, die den Reichsverband auszeichnete und zusammenhielt.

Das galt auch für viele andere Handlungen der Strafverfolgung: So stritten sich benachbarte Territorialherren regelmäßig darum, wer das Recht hatte, einen Verdächtigen zu verhaften, eine gerichtliche Untersuchung anzuordnen, Zeugen zu befragen oder die

Körper von Verunglückten und Ermordeten aufzuheben. Denn das alles waren Akte, aus deren demonstrativer Ausübung sich im Zweifelsfall ein Anspruch auf Territorialherrschaft ableiten ließ. Gleiches galt für Hinrichtungsstätten, die man gern auf oder in der Nähe von territorialen Grenzen platzierte, um Passanten nicht nur vom Verbrechen abzuschrecken, sondern auch auf den Rang desjenigen aufmerksam zu machen, der hier im Besitz der Hochgerichtsbarkeit und damit eines der wichtigsten Herrschaftsrechte war (*Härter* 2020).

Wenig verwunderlich ist es deshalb auch, dass sich die Amtsträger benachbarter Territorien regelmäßig aufgrund von falsch platzierten Richtstätten in die Haare bekamen. Mitunter arteten solche Auseinandersetzungen in regelrechte „Galgenkriege" aus. Anderswo schreckte man nicht davor zurück, Schauprozesse (z. B. gegen Hexen) zu führen und die Opfer demonstrativ hinrichten zu lassen (*Voltmer* 2002). Derartige Exzesse fanden auch viele Zeitgenossen schockierend. Sie waren jedoch nur die extremen Auswüchse einer allgemeinen Praxis. Denn Hinrichtungsstätten – und allgemeiner alle Akte der Hochgerichtsbarkeit – waren Herrschaftssymbole, die man ostentativ zur Schau stellte, um politische Ansprüche anzumelden oder zu bekräftigen. Das galt auch und gerade zwischen den verschiedenen Linien einer Dynastie, die untereinander um die Landeshoheit stritten. Und selbst innerhalb von einzelnen Fürstentümern lassen sich Spuren eines solchen Wettstreits finden, weil hier intermediäre Gewalten wie Städte oder Adelsherrschaften mit der Landesherrschaft konkurrierten. In Leipzig etwa hatte der exakt auf der Weichbildgrenze platzierte Galgen zwei Arme: Der eine zeigte in Richtung Stadt; aufgeknüpft wurde hier, wer vom Stadtgericht verurteilt wurde. Der zweite hingegen wies ins Feld, wo die Gerichtsbarkeit des kurfürstlichen Amts begann, das hier seine armen Sünder aufhängte (*Wustmann* 1905, S. 95).

2 Verweisung und Territorialpolitik

Die Konkurrenz zwischen Stadt- und Amtsgerichtsbarkeit lässt sich in Leipzig auch bei Verweisungen beobachten. Vor jeder Strafvollstreckung, die vom Amt vorgenommen wurde, musste beim Rat Erlaubnis eingeholt werden. Auch war vorgesehen, dass die Landknechte beim Zug durch die Stadt mit den Delinquenten zwingend von einem Stadtknecht begleitet wurden.[4] Der enge Zusammenhang von Strafjustiz und Herrschaft wird auch hier mehr als deutlich. Allerdings wirkte die Hochgerichtsbarkeit in allen diesen Fällen in einem ganz bestimmten Modus raumbildend: Sie war lokaler Besitzanzeiger – sie signalisierte also, dass an diesem oder jenem Ort einem Fürsten, Grafen, Bischof oder Herrn (oder auch einer Stadt) ein bestimmter Rechtstitel zukam, der Herrschaft begründete. Mit der sich seit dem 17. Jahrhundert ausbreitenden Landesverweisung war

[4] *Stadtarchiv Leipzig*, Ratstube, Titelakten, Nr. VII E 76, Bl. 54r-v.

jedoch ein anderer Modus der Raumkonstruktion verbunden: der Anspruch auf ein ganzes Territorium. Denn sie beruhte auf einer anderen Logik: Sie löste Territorialherrschaft von Besitztiteln wie der Hochgerichtsbarkeit und erlaubte, sie auch dort zu behaupten, wo man solche Rechte gar nicht besaß oder ausübte. Als eine Herrschaftspraxis erhielt die Verweisung dadurch ein doppeltes Antlitz: Sie blieb einerseits ein Akt der Hochgerichtsbarkeit und bestätigte denjenigen, der sie verhängte, im Besitz dieses wichtigen Herrschaftsrechts. Andererseits wurde sie aber auch zu einem genuinen Symbol und Instrument der Landeshoheit. Denn als Reichweite der Strafe legten Landesherren immer mehr die Grenzen ihres eigenen Landes fest und forderten die Anwendung dieser Regel überall in ihrem Territorium ein – auch dort, wo sie nicht unbedingt die Hochgerichtsbarkeit selbst ausübten. In anderen Worten: Sie machten die Strafe unabhängig von einzelnen Orten zu einem zentralen Werkzeug bei der Herstellung ihres Herrschaftsraums.

Schematisch gesehen lief dieser Prozess nach einem simplen Muster ab. Aus einer ursprünglich lokalen Strafe wurde schrittweise eine territoriale Sanktion, wobei die Zwischenschritte regional verschieden sein konnten. Im Fall des Kurfürstentums Brandenburg z. B. erfuhr die Verweisungspraxis im Dezember 1684 durch ein Reskript an die Juristenfakultät der Universität Frankfurt/Oder eine einschneidende Veränderung. Darin wurde vom Kurfürsten festgelegt, die Reichweite der Strafe solle sich zukünftig nicht mehr auf einzelne Städte oder Ämter beziehen, sondern „auf alle Unser Landen, wie sie nahmen haben mögen". Als Begründung wurde angeführt, dass „offt eines oder des andern Amts= od[er] Stadt=gerichte sich nicht gar weit erstrecken, und also die Verweisung denen Inquisiten zu keiner sonderbaren straffe gereichet".[5] Die einzelnen Etappen sind hier klar erkennbar: Ein erster Schritt bestand in der Verweisung aus einzelnen kurfürstlichen Ämtern, die neben die traditionelle Form des Stadtverweis trat. Später kamen die verschiedenen Teile der Mark Brandenburg hinzu, also die Kurmark (Altmark, Mittelmark, Uckermark und Prignitz) und die Neumark. Schließlich erweiterte man die verbotene Zone auf alle Länder des Kurfürsten, „wie sie nahmen haben mögen" – 1684 waren dies Hinterpommern, die ehemaligen Bistümer Halberstadt, Magdeburg und Minden, das Herzogtum Kleve, die Grafschaft Ravensberg, die Herrschaften Cottbus, Teupitz, Crossen, Zossen, Beeskow und Storkow sowie weitere kleinerer Besitzungen und das Herzogtum Preußen in Polen.

Eine solche Ausweitung der den Delinquenten verbotenen Zone bedeutete natürlich eine erhebliche Verschärfung der Strafe. Doch darum ging es nicht in erster Linie. Auch der spätmittelalterliche Stadtverweis hatte bereits unterschiedliche Reichweiten gekannt – etwa die Verweisung über die Alpen oder über „hundert Meilen". Solche Angaben kommunizierten den höchstmöglichen sozialen Ausschluss vor der Todesstrafe und signalisierten einem Verurteilten, dass er sich an dem Ort, an dem er verwiesen worden war, keinesfalls wieder blicken lassen sollte (*Marchal* 1996). Als eine solche sym-

5 *Geheimes Staatsarchiv-Preußischer Kulturbesitz Berlin*, I. HA GR, Rep 49, F, Nr. 1 [unfol.].

bolische Maßnahme, die größtmögliche soziale Distanz auferlegte, lassen sich auch die im 17. Jahrhundert üblich werdenden Verweisungen aus ganzen territorialen Konglomeraten verstehen. Im Königreich Böhmen mit seinen Nebenländern etwa wurde bereits im 16. Jahrhundert aus einzelnen Städten, Ämtern oder Herrschaften verwiesen. Im 17. Jahrhundert finden sich vermehrt Verweisungen aus dem ganzen Königreich. Zu Beginn des 18. Jahrhunderts schließlich erfolgte der letzte Schritt. Zunächst legte 1720 ein Reskript von Kaiser Karl VI. fest, dass Verweisungen sich in Zukunft auch auf die deutschen Erblande der Habsburger erstrecken sollten, also Österreich und seine Nebenländer. Und 1725 ergingen zwei weitere Anordnungen: Die erste hob die bislang in Schlesien praktizierten „Partikularverweisungen" auf, bei denen Verurteilte nur aus einem Teilherzogtum verwiesen worden waren. Und die zweite bestimmte, dass Delinquenten zukünftig nicht nur aus Böhmen und den deutschen Erblanden der Habsburger verwiesen sein sollten, sondern ebenso aus dem Königreich Ungarn und dem kaiserlichen Hoflager.[6]

Damit war in Böhmen (und nicht nur dort, sondern auch in allen anderen Teilen des Habsburgerreichs) aus einer lokalen zunächst eine territoriale und später sogar eine imperiale Strafe geworden, die sich auf ein Herrschaftskonglomerat bezog, das große Teile Mittel- und Osteuropas umfasste. Auch hier darf gefragt werden, wie realistisch dies war. Dass Verwiesene nach ihrer Verurteilung tatsächlich alle Gebiete mieden, deren Betreten ihnen im Urteil untersagt worden war, ist wenig wahrscheinlich. Und dennoch war ein solches umfassendes Aufenthaltsverbot nun nicht mehr nur symbolischer Natur. Denn es wurde von drastischen Kontrollmaßnahmen begleitet, etwa der 1768 von Kaiserin Maria Theresia eingeführten systematischen Brandmarkung. Dergestalt gezeichnet, sammelte mancher Delinquent „eine ganze Landkarte auf seinem Rücken" (*Hoegel* 1904–1905, Bd. 2, S. 53). Viel wichtiger aber war noch, dass sich an der Entwicklung der Reichweiten der Verweisungsstrafe ablesen lässt, wie Herrschaft über den Raum entstand. Indem man nicht mehr aus einzelnen Orten verwies, sondern ganze Herrschaftsgebiete zu verbotenen Zonen erklärte, gab man diesen eine räumliche Gestalt, machte sie also überhaupt erst zu „Territorien". Auch dies war nur ein Schritt unter vielen – festgelegt werden musste z. B. noch, wo ein solches Gebiet anfing und wo es endete, wo also seine Grenzen verliefen. Doch dieser erste Schritt war besonders wichtig: Denn er wirkte unmittelbar auf die Raumvorstellungen der Akteure ein. Hier begannen traditionelle Herrschaftstitel, die bislang Fürsten oder Dynastien als Besitz zugeschrieben worden waren, sich langsam in unpersönliche Bezeichnungen für Herrschaftsräume zu verwandeln. Nur ein Beispiel unter vielen: 1535 war in Halle/Saale im Erzstift Magdeburg Kersten Hoye noch aus „Vnseres G[nä]d[igst]en Hern Landes [...] verweiset" worden. 1685 hingegen – das Gebiet war inzwischen säkularisiert und zu

[6] *Národní archiv Praha*, Apelační soud v Praze, Nr. 80, Bl. 154r–155r sowie Nr. 81, Bl. 37r–38v und 98r–99r.

Kurbrandenburg gekommen – verbannte man Hans Thiel schlicht aus dem „Herzogthumb Magdeburg“.[7] Anders ausgedrückt: Aus dem Land als persönlich zurechenbarem Besitz eines Fürsten war das Territorium als eine abstrakte Größe für die räumliche Beschreibung politischer Macht geworden.

3 Was ist ein Territorium?

Auch wenn sie regional verschiedene Ausprägungen kannte, kann hinsichtlich der Verbindung von Verweisungsstrafe und Territorialpolitik kein Zweifel bestehen. Das zeigt sich auch im Fall der Mediatisierung von Reichsständen, also dem Verlust der Reichsunmittelbarkeit und der räumlichen Eingliederung in ein anderes Territorium. Nachdem z. B. 1723 die Reichsstadt Eger unter der Oberhoheit der böhmischen Krone gezwungen worden war, teilte man dem dortigen Stadtgericht einige Zeit später mit, es habe sich zukünftig an die im gesamten Königreich geltende Formel für den „Halsrevers“ (also den Urfehdenschwur der Verwiesenen) zu halten. Den Verurteilten wurden von nun an also nicht mehr nur „das Egerische gezirck“, sondern auch „das König-Reich Boheimb, das Marggrafthumb Mähren, das Hertzogthumb Schleßien, Ihrer Kays[erlich]en, und König[lich]en May[estäten] gesambte teutsche Erbländer, das KönigReich Hungarn, und das Kays[erlich]e Hoflager“ verboten.[8] Und auch etwas weiter östlich ging man auf ähnliche Weise vor: Dort war es den sächsischen Kurfürsten nach Jahrhunderten erbitterter Auseinandersetzung gelungen, sich die am Nordrand des Erzgebirges gelegenen Schönburger Herrschaften zu unterwerfen, die zum Teil aus böhmischen Reichsafterlehen bestanden, weshalb die herrschende Grafenfamilie die Reichsstandschaft behauptete. In einem 1740 angeschlossenen Rezess blieb ihr dies zwar formal erhalten, die Landeshoheit aber ging an Kursachsen über. Das war nicht nur eine verfassungsrechtlich reichlich kuriose Situation, sie war auch damit verbunden, dass man den Schönburgern das sächsische Urfehdeformular übersandte und sie zwang, die Reichweiten der von ihnen vorgenommenen Verweisungen den kursächsischen Gepflogenheiten anzugleichen.[9]

Gleichzeitig ist der Fall Kursachsen aber auch eine gute Gelegenheit, um abschließend noch einmal darauf hinzuweisen, dass das Einspannen der Verweisungsstrafe für territorialpolitische Zwecke nicht Teil eines linearen Prozesses war. Vielmehr lässt sich an ihrem Beispiel zeigen, dass sich hinter dem schillernden Begriff des „Territoriums“ eine vielgestaltige Realität verbarg und keinesfalls selbstverständlich war, was die Zeitgenos-

---

7 *Landeshauptarchiv Sachsen-Anhalt*, Abteilung Magdeburg/Standort Magdeburg, A 2, Nr. 192, Bl. 1r; *Geheimes Staatsarchiv-Preußischer Kulturbesitz Berlin*, I. HA GR, Rep 52, Nr. 125 [unfol.].

8 *Státní okresní archiv Cheb*, Archiv města Cheb, spisy, kart. 241, fasc. 316, A-878/92.

9 *Sächsisches Hauptstaatsarchiv Dresden*, 10001, Nr. 14767, § 19.

sen damit meinten. Denn das „Territorium" war nicht, sondern es wurde – auch durch die Praxis der Verweisungsstrafe. Territoriale Herrschaft im Reich musste sich in doppelter Hinsicht durchsetzen: zum einen nach außen (also gegenüber anderen Reichsständen, die um die gleichen Vorrechte und Privilegien konkurrierten), und zum anderen nach innen, also gegenüber intermediären Gewalten wie Städten oder Adelsherrschaften, die innerhalb des Gebiets, über welches ein Landesherr die Hoheit behauptete, ebenfalls Herrschaftsrechte beanspruchten. So hieß es in den „Konstitutionen", einem 1572 von Kurfürst August erlassenen Strafgesetz, zur Landesverweisung verurteilte Straftäter sollten „aller vnserer Lande vorwiesen" werden.[10] Das jedoch meinte zu unterschiedlichen Zeiten ganz Verschiedenes. Denn wie andere Reichsterritorien auch war das Herrschaftsgebiet des sächsischen Kurfürsten eine *composite monarchie* und zahlreichen Veränderungen unterworfen.

Anhand der Angaben in den Urfehden der Verwiesenen lässt sich deshalb nachverfolgen, welche komplexe territoriale Gemengelage sich hinter einer scheinbar einfachen Formulierung wie „aller vnserer Lande" verbarg. Wichtigster und größter Teil des Territoriums waren die sogenannten „Erblande", die etwa zwei Drittel des Kurfürstentums ausmachten. Dazu gehörten der Kurkreis um Wittenberg, an den die Kurwürde gebunden war, die Markgrafschaft Meißen, das Pleißeland um Leipzig und Teile der Landgrafschaft Thüringen. In diesen Gebieten musste sich der Kurfürst zwar einzelne Rechte mit Städten oder Adligen teilen, seine Oberherrschaft aber stand außer Frage, weshalb es dort auch keine Schwierigkeiten gab, sie als Basis für die Festlegung der Reichweite einer Landesverweisung anzusehen. Komplizierter war die Lage bei anderen Landesteilen. Dazu zählten z. B. die Stifter. Damit waren die weltlichen Sprengel der drei im Zuge der Reformation säkularisierten Bistümer Meißen, Merseburg und Naumburg gemeint. Meißen ging in den Besitz des Kurfürsten über, behielt aber eine eigene Stiftsregierung in Wurzen bei und wurde in den Urfehden deshalb immer gesondert erwähnt. Merseburg und Naumburg hingegen wurden Teil der 1656 gebildeten Sekundogenituren – teilautonome Fürstentümer, mit denen die Brüder des Kurfürsten Johann Georg II. abgefunden wurden. Im „Freundbrüderlicher Hauptvergleich" genannten Teilungsvertrag wurde festgelegt, dass Verweisungen aus dem Kurfürstentum auch für die Gebiete der Sekundogenituren gelten sollten – und umgekehrt.[11] Im 18. Jahrhundert starben die Nebenlinien nach und nach aus, weshalb die Gebiete an die Kurlinie zurückfielen und auch diese beiden Stifter wieder gesondert in den Urfehden genannt wurden.

---

[10] *Constitutionen* (1572) = Des Durchlauchtigsten ... Fürsten ... Augusten ... Verordnungen vnd Constituionen des Rechtlichen Proces. – Dresden, S. 121 (pars IV, tit. XLVII).

[11] *Sächsisches Hauptstaatsarchiv Dresden*, 10001, Nr. 13352/1, § 12.

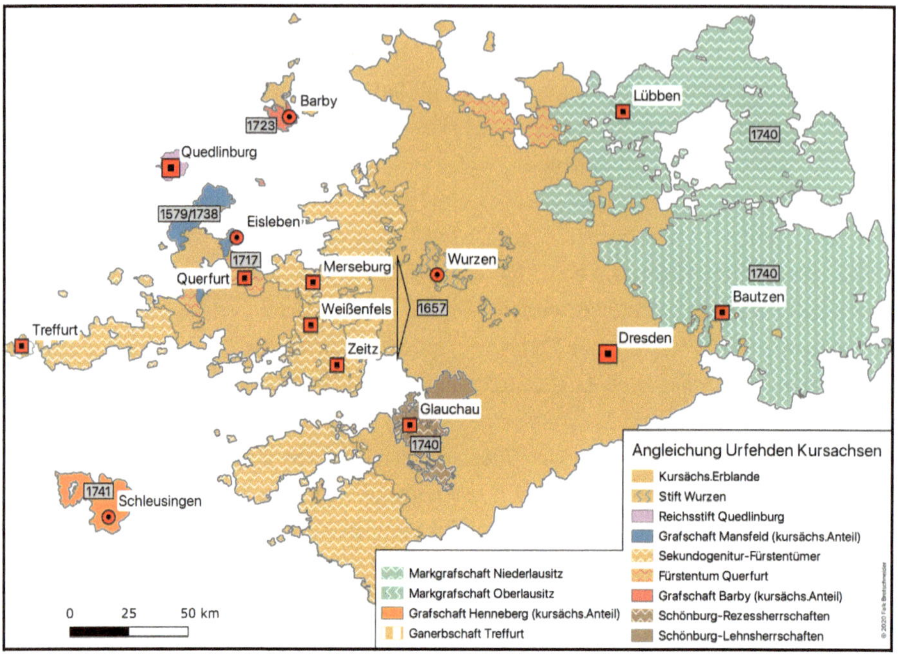

Abb. 2: Angleichung der Reichweiten der Verweisungsstrafe im Kurfürstentum Sachsen. Foto: Falk Bretschneider

Probleme bereiteten aber auch die sogenannten „inkorpierten reichsständischen Gebiete“. Auch sie waren ein verfassungsrechtliches Kuriosum – der Kurfürst betrachtete sie als Teil seines Territoriums, gleichzeitig behielten sie aber ihre Reichsstandschaft bei. Konkret handelte es sich dabei um die kursächsischen Anteile der Grafschaften Mansfeld, Barby und Henneberg sowie um das Fürstentum Querfurt. Die völlig überschuldete Grafschaft Mansfeld wurde 1579 unter Zwangsverwaltung gestellt. Drei Fünftel des Territoriums fielen an Kursachsen, je ein Fünftel an Magdeburg und Halberstadt. Erst 1738 aber, als beide bereits zu Brandenburg-Preußen gekommen waren, nahm man eine Realteilung vor, weshalb sich eine Landesverweisung aus dem kursächsischen Anteil der Grafschaft nun auch auf das übrige Kursachsen erstreckte. Barby hingegen war nach dem Aussterben der Grafenfamilie 1659 zwischen Sachsen-Weißenfels (einer der sächsischen Sekundogenituren), dem Fürstentum Anhalt-Zerbst und dem Erzstift Magdeburg aufgeteilt worden. In der Folge rangen Kursachsen und die Weißenfelser Seitenlinie um die Vorherrschaft in diesem reichsständischen Gebiet. 1723 setzte sich der Kurfürst durch und presste den Weißenfelser Vettern in einem Rezess alle „zur Superioritaet gehörige oder daraus fließende hohe Jura“ ab. Dazu zählte, dass allen in Barby zur Landesverweisung Verurteilten von nun an auch das Kurfürstentum verboten wurde (was bislang nicht der Fall gewesen war).[12]

Streit gab es auch beim Fürstentum Querfurt. Dieses bestand aus Gebieten, die ehemals zum Erzstift Magdeburg gehört hatten und im Prager Frieden 1635 Kursachsen zugesprochen worden waren. Bei der Bildung der Sekundogenituren war es ebenfalls an Sachsen-Weißenfels gekommen. Damit fiel es eigentlich unter die Bestimmungen des Teilungsvertrages von 1657. Weil es 1663 aber reichsunmittelbar wurde, war diese Regelung wieder hinfällig. Damit galten auch Verweisungen, die in diesem Gebiet ausgesprochen wurden, nicht mehr automatisch für das Kurfürstentum und umgekehrt. Auf diesen Umstand machte 1683 der Weißenfelser Herzog Johann Adolf I. aufmerksam, der dem Kurfürsten vorschlug, die Reichweiten der Landesverweisung in beiden Territorien wieder anzugleichen. Aus Gründen, die in den Quellen dunkel bleiben, kam es jedoch erst 1712 zu einer entsprechenden Vereinbarung. Noch komplizierter war die Lage in der gefürsteten Grafschaft Henneberg. Auch dort war 1583 die Grafenfamilie ausgestorben, weshalb das Gebiet an die Wettiner überging. $^{5}/_{12}$ bekamen die in Dresden residierenden Albertiner, $^{7}/_{12}$ die in Thüringen herrschenden Ernestiner. Zunächst verwalteten beide Linien das Erbe gemeinsam, erst 1660 kam es nach zahlreichen Konflikten zur Realteilung, wobei die einzelnen Teile an die Herzogtümer Sachsen-Weimar und Sachsen-Coburg-Eisenach bzw. an die Sekundogenitur Sachsen-Zeitz fielen.

Diese verwickelte Territorialentwicklung schlug sich auch in den Reichweiten der Verweisung nieder. Bis 1660 galt das Aufenthaltsverbot so aufgrund der gemeinsamen Verwaltung für das Gebiet der Grafschaft, das Kurfürstentum Sachsen und alle ernestinischen Herzogtümer. Das war nachgerade ein Treppenwitz der Geschichte, denn auf diese Weise war der 1485 geteilte wettinische Besitz zumindest bei der Vollstreckung der Strafe wieder vereint. Nach 1660 waren hingegen Verwiesenen, die im kursächsischen Anteil der Grafschaft (Henneberg-Schleusingen) verurteilt wurden, dieser Teil der Grafschaft sowie das Kurfürstentum Sachsen verboten. Wer in einem der ernestinischen Teile verwiesen wurde, musste wiederum nicht nur die Grafschaft verlassen, sondern auch jenem Fürstentum fernbleiben, zu dem der jeweilige Teil gehörte. Welche Gebiete Verurteilten verboten wurden, hing also nicht nur von der jeweiligen Epoche ab, sondern auch vom konkreten Ort, an dem die Strafe ausgesprochen wurde. Das galt auch für die Ganerbschaft Treffurt, die unter gemeinsamer Verwaltung von Kursachsen, Kurmainz und Hessen-Kassel stand. Dort verwies man Straftäter bis ins 18. Jahrhundert hinein zum Teil nur aus dem Treffurter Gebiet, zum Teil aber auch aus den Fürstentümern, die sich dort die Herrschaft teilten. Und auch in den Markgraftümern Ober- und Niederlausitz, die 1635 in der Form einer Personalunion an Kursachsen gekommen waren, blieb die Verweisungspraxis lange Zeit uneinheitlich. An einzelnen Orten, etwa in der Klosterherrschaft Sankt Marienstern, wo die Äbtissin die Hochgerichtsbarkeit besaß, wurden Verurteilte nur der Klosterpflege ver-

[12] Rezess vom 13. Oktober 1723, *Sächsisches Hauptstaatsarchiv Dresden*, 10001, Nr. 14574, § XVII.

wiesen. Anderswo verbot man ihnen das gesamte Territorium – nicht jedoch das kursächsische Gebiet, obwohl der Kurfürst gleichzeitig Markgraf in beiden Lausitzen war. Erst in den 1740er-Jahren einigte man sich nach langwierigen Verhandlungen darauf, die Urfehdenformulare auf sämtliche Teile des Kurfürstentums auszurichten, wobei man besonders viel Zeit damit verbrachte, eine der reichsständischen Rangfolge entsprechende Reihung bei der Nennung der einzelnen Gebiete zu finden.

Zusammenfassend lässt sich deshalb festhalten, dass das Strafen im Alten Reich nicht nur kriminalpolitische Funktionen erfüllte, sondern immer auch eng an den territorialpolitischen Kontext gebunden blieb, in dem es stattfand. In Kursachsen gelang es so erst Mitte des 18. Jahrhunderts, in den Praktiken der Landesverweisung so etwas wie eine innere Homogenität des Landes zum Ausdruck zu bringen, indem man nun nicht mehr die inneren Grenzen des Territoriums für die Verweisung der Delinquenten nutzte, sondern sie nur noch über seine Außengrenzen abschob. Damit zeigt die Geschichte der Landesverweisung nicht nur die performative Herstellung von Landesherrschaft auf, sondern macht auch die vielfältigen Hindernisse und Widersprüche deutlich, die mit diesem Prozess verbunden waren. In anderen Worten: Die Vollstreckung der Strafe war ohne Zweifel prominent an der Schaffung des Territoriums beteiligt. Durch die konkreten Formen, in denen sie sich vollzog, stellte sie es gleichzeitig aber immer wieder auch infrage.

Zusammenfassung

Die Verweisung gehörte im vormodernen Europa zu den am häufigsten von Gerichten und anderen obrigkeitlichen Instanzen verhängten Strafen. Im Alten Reich dominierten dabei nacheinander zwei Formen: im Spätmittelalter der Stadtverweis, also die Exklusion aus einem konkreten kommunalen Personenverband, in der Frühen Neuzeit dann der Landesverweis, also die Ausweisung aus einem bestimmten Territorium. Allerdings hatte die Sanktion an der performativen Schaffung solcher Räume selbst Anteil, als wichtiges Instrument der Raumkonstruktion in der Hand der miteinander in Konkurrenz stehenden Landesherrn im Inneren des Reichs. Der Beitrag zeichnet zunächst den für die frühmoderne politische Ordnung zentralen Zusammenhang von Strafjustiz und Herrschaft nach. Danach schildert er das konkrete Verhältnis von Verweisungsstrafe und Territorialpolitik. Schließlich stellt er die Fragen nach den Schwierigkeiten dieses Prozesses.

Summary: Punishment makes space. Expulsion and territorial policy in the early modern Old Kingdom

In pre-modern Europe, banishment was one of the most common punishments imposed by courts and other authorities. In the Holy Roman Empire, two forms dominated in succession: in the late Middle Ages, the *Stadtverweis*, i.e. exclusion from a specific communal association of persons, and in the early modern period, the *Landesverweis*, i.e. expulsion from a specific territory. However, the sanction itself played a part in the performative creation of such spaces, as an important instrument of spatial construction in the hands of the competing sovereigns within the empire. The article first traces the connection between criminal justice and rule that was central to the early modern political order. It then describes the concrete relationship between banishment and territorial policy. Finally, he raises questions about the difficulties of this process.

Literatur

Arlinghaus, F.-J. (2018): Inklusion–Exklusion. Funktion und Formen des Rechts in der spätmittelalterlichen Stadt. Das Beispiel Köln. – Köln u. a.

Härter, K. (2020): Galgenlandschaften. Die Visualisierung und Repräsentation von Stätten und Räumen der Strafjustiz in bildhaften Medien der Frühen Neuzeit. – In: *Baumann, A.; Schmolinsky, S. u. Timpener, E. [Hrsg.]*: Raum und Recht. Visualisierung von Rechtsansprüchen in der Vormoderne. – Berlin und Boston, S. 109–137.

Hoegel, H. (1904–1905): Geschichte des österreichischen Strafrechts in Verbindung mit einer Erläuterung seiner grundsätzlichen Bestimmungen. 2 Bde. – Wien.

Marchal, G. P. (1996): „Von der Stadt“ und bis ins „Pfefferland“. Städtische Raum- und Grenzvorstellungen in Urfehden und Verbannungsurteilen oberrheinischer und schweizerischer Städte. – In: *ders. [Hrsg.]*: Grenzen und Raumvorstellungen (11.–20. Jahrhundert)/Frontières et conceptions de l'espace (11e–20e siècles). – Zürich, S. 225–263.

Rutz, A. (2015): Doing territory. Politische Räume als Herausforderung für die Landesgeschichte nach dem ‚spatial turn'. – In: *Hirbodian, S.; Jörg, C. u. Klapp, S. [Hrsg.]*: Methoden und Wege der Landesgeschichte. – Ostfildern, S. 95–110.

Schwerhoff, G. (2006): Vertreibung als Strafe. Der Stadt- und Landesverweis im Ancien Regime. – In: *Hahn, S.; Komlosy, A. u.Reiter, I. [Hrsg.]*: Ausweisung – Abschiebung – Vertreibung in Europa. 16.–20. Jahrhundert. – Innsbruck u. a., S. 48–72.

Steiner, St. (2014): Rückkehr unerwünscht. Deportationen in der Habsburgermonarchie der Frühen Neuzeit und ihr europäischer Kontext. – Wien u. a.

Stolleis, M. (2002): Johann Jacob Moser (1701–1785), Oder: Der Erzpublizist des Alten Reichs. – In: *Gestrich, A. u. Lächele, R. [Hrsg.]*: Johann Jacob Moser. Politiker, Pietist, Publizist. – Berlin u. Heidelberg, S. 57–70.

Voltmer, R. (2002): Hexenprozesse und Hochgerichte. Zur herrschaftlich-politischen Nutzung und Instrumentalisierung von Hexenverfolgungen. – In: *dies.; Eiden, H. [Hrsg.]*: Hexenprozesse und Gerichtspraxis. – Trier, S. 475–525.

Wilkes, W. [Hrsg.] (1975): Die Miniaturen des Soester Nequambuches von 1315, mit stadtgeschichtlichen Erläuterungen von *Gerhard Köhn*. – Darmstadt.

Wustmann, G. (1905): Geschichte der Stadt Leipzig. Bilder und Studien. Erster Band [nur dieser erschienen]. – Leipzig.

Siedlungsforschung. Archäologie – Geschichte – Geographie 40, 2023, S. 151–168

Bauernhöfe als Symbole des Rechts in der Landschaft?

Rechtliche Aspekte ländlicher Strukturpolitik im Reichsgau Sudetenland

Patrick Reitinger und Andreas Dix

1 Einleitung

Im Jahr 1940 wurde der Frankfurter Soziologe Ludwig Neundörfer durch die Reichsarbeitsgemeinschaft für Raumforschung und aus Mitteln des Reichsnährstands mit einem für diese Zeit ungewöhnlich großen Forschungsprojekt betraut (*Neundörfer* 1940). Er sollte eine soziologische Bestandsaufnahme ländlicher Siedlungs- und Bevölkerungsverhältnisse im gesamten Deutschen Reich vornehmen. In diesem Vorhaben wurden sogenannte *Richtgemeinden* identifiziert, in denen in Form von Bestandserhebungen exemplarisch die zeitgenössischen Lebenswelten mit ihren Wirtschafts-, Siedlungs- und Bodenstrukturen erfasst wurden. Auf dieser Grundlage entstanden Wunschbildplanungen, die bei der Gestaltung zukünftiger ländlicher Raumstrukturen als Blaupause dienen sollten.

Von diesen Bestandsaufnahmen sind zur damaligen Zeit nur wenige veröffentlicht worden. Gleichwohl handelt es sich hierbei um eine einmalige Quelle, die für das gesamte Reich zeigt, wie man sich im NS-Staat idealerweise ländliche Siedlungen vorstellte. Gedacht war an nichts anderes als an einen tiefgreifenden, radikalen Umbau der ländlichen Lebensverhältnisse aller dort lebenden Menschen. Dieser war völkisch konnotiert und eng mit der Eroberung sogenannten deutschen Lebensraums im Osten verbunden. So wird erst bei einem zweiten Blick deutlich, dass mit diesen Wunschbildplanungen und den dann folgenden tatsächlichen strukturpolitischen Maßnahmen Veränderungen in den landwirtschaftlichen Besitz- und Betriebsverhältnissen beabsichtigt waren, um Bevölkerung zur Besiedlung der bereits eroberten und noch zu erobernden Ostgebiete zu gewinnen. Diese sollte dann dort in einer neuen, unter anderem auch im *Generalplan Ost* bereits bis in viele Details geplanten, idealen deutschen Siedlungs- und Kulturlandschaft angesiedelt werden. Im Gegensatz zum *Generalplan Ost* unterschieden sich diese

Wunschbildplanungen aber insofern, als dass sie nicht nur für den sogenannten *Neuen Deutschen Osten* vorgenommen wurden, sondern vielmehr für das gesamte Deutsche Reich. Dies ermöglicht für den Osten des Reichs einen hervorragenden Vergleich von Regionen des Altreichs mit den bereits vor und nach dem Kriegsbeginn angegliederten Gebieten, wie dem 1938 gebildeten Reichsgau Sudetenland oder sogenannten *eingegliederten Ostgebieten*, zu denen die Reichsgaue Danzig-Westpreußen sowie Wartheland gehörten.

Nationalsozialistische Raumplanung im sogenannten *Neuen Deutschen Osten* wurde bereits ausführlich untersucht (u. a. *Werner* 2022, *Fehn* 2010 u. 2008, Mai 2006, *Hartenstein* 1998). Im Fokus stand dabei in erster Linie die Analyse der Neubesiedlungspläne für die eroberten Gebiete und die planvolle Erschließung, verbunden mit der Ansiedlung von kleinbäuerlichen Betrieben in den vermeintlich freiwerdenden Räumen. Bisher wenig betrachtet wurden Planungsvorhaben in den ostmitteleuropäischen Regionen, die zum Teil schon vor dem Ausbruch des Zweiten Weltkriegs in das Deutsche Reich eingegliedert wurden. Diese Spezialfälle sind insofern interessant, weil Raumplanung vor dem Hintergrund einer vollständigen Eingliederung in das Deutsche Reich betrieben wurde, also keine Protektorate oder Sonderverwaltungszonen gebildet wurden, sondern vielmehr ein Rechtsstatus, der eine Angleichung an die räumlichen und rechtlichen Rahmenbedingungen des Altreichs sicherstellen sollte. Über die vorliegenden Quellen rund um die Wunschbildplanungen in den Reichsrichtgemeinden können somit diese speziellen Regionen in Ostmitteleuropa von der Planungspraxis rund um den *Neuen Deutschen Osten* unterschieden und als eigenständiges Phänomen mit besonderem Vergleichspotential untersucht werden.

Dieser Beitrag beschäftigt sich mit den rechtlichen Grundlagen der Umsetzung dieser raumpolitischen Maßnahmen im Dritten Reich. Exemplarisch wird dies am Beispiel des Reichsgaus Sudetenland untersucht, der nach dem *Münchener Abkommen* von 1938 in die staatsrechtlichen Strukturen des Deutschen Reichs eingegliedert wurde und sich auch verwaltungslogisch von dem dann später entstandenen *Protektorat Böhmen und Mähren* unterschied (*Němec* 2013). Dabei wird danach gefragt, inwiefern Bauernhöfe als Symbole des Rechts in der Landschaft begriffen werden können. Im Reichsgau Sudetenland wurden 79 Richtgemeinden ausgewiesen (vgl. Abb. 1). Bauernhöfe, die zwischen 1939 und 1945 in diesen Richtgemeinden geplant oder gar auf- bzw. umgebaut wurden, entstanden im Zusammenhang mit den rechtlichen Rahmenbedingungen, die nach der Angliederung des Sudetenlandes an das Deutsche Reich auf dieses Gebiet übertragen wurden. Somit können sie nicht nur als Symbole für Raumplanung betrachtet werden, sondern – so die Ausgangsthese dieses Beitrags – auch als Symbole des nationalsozialistischen (Un-)Rechts, da die juristischen Grundlagen für diese Bautätigkeiten im Zusammenhang mit der Neuformierung des Bauernrechts zu sehen sind, die im Dritten Reich bereits ab 1933 erfolgte und die nach 1938 durch die administrative Eingliederung des Sudetenlands in das Deutsche Reich auf dieses ausgeweitet wurde. Für den nationalsozialistischen Staat konnten diese Bauernhöfe einen Neubeginn symbolisieren, weil Wunschbildplanung in einem bisher unter dem raumpolitischen Einfluss der Tschechoslowakei gestandenen Gebiet nach den Vorstellungen des Dritten Reichs in strukturpolitische Praxis umgesetzt werden konnte. Für weite Teile der deutschsprachigen Bevölkerung im neuen Reichsgau Sudetenland, die bisher Bürger der Tschechoslowakei waren und nun *als Deutsche* „Heim ins Reich" geholt wurden, konnten die geplanten Strukturveränderungen in den ländlichen Regionen als Symbol der „Wiedergutmachung" für die in der Tschechoslowakei seit 1918/1919 erfolgten Bodenreformen verstanden werden, da diese *als Unrecht* begriffene Entwicklung nun unter dem Einfluss des nationalsozialistischen Staates *durch Recht* rückgängig und *im deutschen Sinne* als *gerecht* umgewandelt werden konnte.

2 Rechtliche Aspekte in der Historischen Kulturlandschaftsforschung zum Dritten Reich: Ein Überblick

Historisch-geographische Perspektiven auf die Raum- und Siedlungspolitik im Dritten Reich sind im Umfeld der Historischen Kulturlandschaftsforschung im Mitteleuropa vor allem mit den Studien von *Klaus Fehn* (1991, 1992, 2002, 2004, 2008, 2010 u. 2016) verbunden. *Fehn* deutete in der *Siedlungsforschung* erstmals in einem Beitrag 1988 das Potential historisch-geographischer Forschung über die Zeit des Nationalsozialismus an, auch wenn er hier stärker geographiegeschichtliche Aspekte in den Mittelpunkt seiner Argumentation stellte, indem er seine Interpretation zum Wirken von *Hans Fehn* als Geograph im Dritten Reich skizzierte (*Fehn* 1988).

Diese Ausführungen sind für die Frage nach rechtsgeographischen Aspekten im NS-Staat insofern relevant, als dass er bereits die Veränderungen andeutete, die sich aus der Sicht des deutschen Staates durch die Eingliederung des Sudetenlands ergaben. Studierte *Hans Fehn* noch die Siedlungsentwicklung in Niederbayern in den 1930er Jahren vor dem Hintergrund der Entstehung des Gaus Bayerische Ostmark als „Bollwerk gegen die Slavengefahr aus dem Osten" (Verfügung von Adolf Hitler zur Gründung des NS-Gaus Bayerische Ostmark, 19. Januar 1933), so fiel mit dem Anschluss der sudetendeutschen Gebiete an das Deutsche Reich der bisherige Grenzlandcharakter Ostbayerns weg, was prominent in der Umbenennung des Gaus ab 1942 in *Gau Bayreuth* sichtbar wurde (*Schaller* 2001 u. 2006; *Bald* 2014). Die neuen Gebiete, die bisher an die deutsche Ostgrenze anschlossen und – im Falle des Sudetenlandes – ab 1938/1939 Teil des Deutschen Reichs wurden, waren aus der Perspektive des NS-Staates vollumfänglich in die Logiken des Deutschen Reichs zu integrieren. Während sich, zumindest bei den politischen Eliten, die Wahrnehmungen von Grenzcharakter und Grenzregionen weiter in Richtung Osten verschoben, galt die Ausweitung von Rechts- und Verwaltungsstrukturen auf die angegliederten sudetendeutschen Gebiete als sichtbarstes Zeichen für diese Verschmelzung. Die Notwendigkeit einer symbolischen Sichtbarmachung dieser neuen Einheit, auch und gerade für die lokale Bevölkerung vor Ort, offenbarte die

Fülle an Propagandamaterial, die die Angliederung als Erfolg präsentierte (*Zimmermann* 2013, S. 271). Das Zeigen dieser Veränderung *in der Landschaft* war dagegen umso schwieriger, zumal – und das zeigt *Klaus Fehns* Beschreibung der Forschungsaktivitäten von *Hans Fehn* im Osten Bayerns – die 1930er Jahre nach der nationalsozialistischen Machtübernahme ja gerade im Zeichen der Verdeutlichung des Trennenden standen und *in der Landschaft* Argumente gefunden werden mussten, die den „Bollwerk"-Charakter der Grenzregion und die angebliche Gefahr aus der benachbarten Tschechoslowakei materiell sichtbar machten. Dass „im Böhmerwald die Schlagbäume" fielen, „die bisher Deutsche von Deutschen trennten", war eine der wenigen Möglichkeiten, um die Veränderungen durch die Angliederung des Sudetenlands an das Deutsche Reich bildhaft zu symbolisieren (*Generalkommando VII. A. K. München* 1939, Zum Geleit). Das Wegtragen von Schlagbäumen, das Abnehmen von tschechoslowakischen Rechtsvorschriften im öffentlichen Raum und das Anbringen von Anordnungen des Führers auf dem Gebiet des Sudetenlands waren der Versuch, auch den rechtlichen Charakter der Einverleibung in das Deutsche Reich *in der Landschaft* und damit in der Lebenswirklichkeit der *neuen deutschen Staatsbürger* zu verdeutlichen (*Generalkommando VII. A. K. München* 1939, S. 16, 20 und 23).

Klaus Fehn thematisierte als einer der ersten diese Auswirkungen der Veränderung der Ostgrenze des Deutschen Reichs auf das Raumordnungskonzept des NS-Regimes (*Fehn* 1991 u. 1992), auch wenn sich seine Perspektive vor allem auf den *Neuen Deutschen Osten* und die Planungsideen für die deutschen Ostgebiete nach dem Ende des Polenfeldzugs konzentrierten. Der Unterschied zum Reichsgau Sudetenland zeigte sich im Verwaltungs- und Rechtscharakter dieses Gebiets im Vergleich zu den eroberten Ostgebieten, die schon in der Bezeichnung *als Sonderverwaltungszone* einen speziellen Rechtsstatus erhielten. Ideologisch waren die Planungsvorhaben für diese Gebiete von denen im Reichsgau Sudetenland dagegen kaum zu unterscheiden. Daher lassen sich aus *Fehns* Studien auch Verbindungen zum sudetendeutschen Fall herstellen, auch wenn er diesen nicht explizit in den Blick nahm. *Fehn* zeigte mit einem Zitat zu den Aufgaben der Raumordnung im *Neuen Deutschen Osten*, das von *Ernst Jarmer* 1941 in *Raumforschung und Raumordnung* publiziert wurde, die ideologischen Perspektiven auf, die hinter den raumpolitischen Planungen des Dritten Reichs standen: „Nachdem durch die Taten der Wehrmacht die Raumenge des Reiches überwunden ist und nunmehr dem deutsche Volke ein größerer Lebensraum zur Verfügung steht, sollen nicht planlos deutsche Menschen in den neuen Ostgebieten angesiedelt werden; vielmehr soll der Aufbau des Ostens zu einer Gesundung solcher Verhältnisse des Altreiches führen, die sich durch die Raumenge nachteilig entwickelt haben. In seiner Raumnot war das deutsche Volk gezwungen, selbst schlechtesten Boden landwirtschaftlich zu nutzen und häufig gewerbliche Verhältnisse zu dulden, die an sich nicht als wünschenswert bezeichnet werden konnten. Wollen wir jetzt, wie es selbstverständlich ist, das deutsche Reichsgebiet in seinem ganzen Umfang mit deutschen Menschen füllen, müssen wir überall rationalisieren, d. h. ungesunde landwirtschaftliche und gewerbliche Verhältnisse bessern, um auf diese Weise die Menschen frei zu bekommen, die wir für den Osten brauchen" (*Jarmer* 1941, S. 1 f., zitiert nach *Fehn* 1991, S. 199).

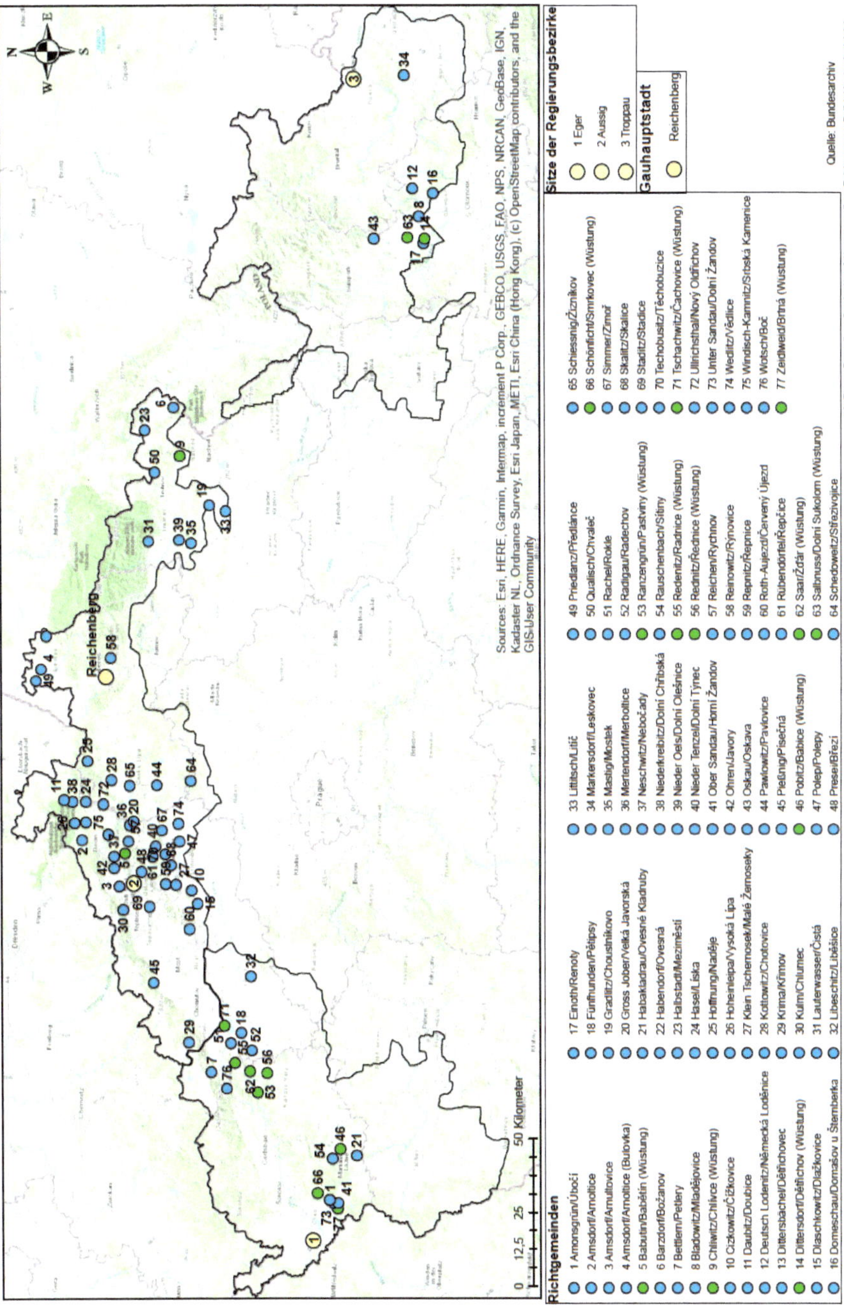

Abb. 1: Richtgemeinden im Reichsgau Sudetenland, Stand 1940.
Entwurf: Sandra Kropf

Fehn arbeitete heraus, dass es von Beginn an nicht nur um bevölkerungspolitische, sondern auch um siedlungspolitische Ziele ging (*Fehn* 1991, S. 206 ff.). Entscheidend war dabei, dass Planungspolitik in diesem Kontext keinesfalls als *phantasievolles Sammeln von Ideen* zur künftigen Gestaltung von Räumen verstanden werden konnte. Die nationalsozialistische Planung zeichnete sich durch ihre Detailtreue und das minutiöse Definieren konkreter Schritte aus, die zur Umsetzung der Planung in raumpolitische Praxis berücksichtigt werden mussten (*Fehn* 1991, S. 210 ff.). Auch *Fehn* (1991, S. 217 ff.) griff die Arbeiten von Neundörfer zu den Reichsrichtgemeinden auf und deutete die rechtlichen Dimensionen dieser Planung zumindest an, indem er den Unterschied der Bestandsaufnahmen im Altreich mit den raumpolitischen Planungen im *Neuen Deutschen Osten* heraushob: „Im Gegensatz zum sog. Neuen Deutschen Osten, wo die zukünftige Neugestaltung weitgehend auf der grünen Wiese geplant wurde, da die Interessen der polnischen Bevölkerung überhaupt nicht und diejenigen der volksdeutschen nur sehr eingeschränkt berücksichtigt wurden, mußten im Altreich zumindest Bestandsaufnahmen durchgeführt werden. Inwieweit zu gegebener Zeit noch eine Entscheidungsfreiheit für den einzelnen Siedler bestanden hätte, ist fraglich. Vermutlich hätte man Mittel und Wege gefunden, um das vorgesehene Gesamtkonzept lückenlos zu verwirklichen" (*Fehn* 1991, S. 218 f.). Dass diese „*Mittel und Wege*" keineswegs jenseits der gültigen Rechtsordnung zu suchen waren, zeigte schon das grundlegende Verständnis für nationalsozialistisches Recht im Dritten Reich, das – nach modernem rechtsstaatlichem Maßstab – offensichtliches Unrecht rechtfertigen konnte. Entscheidend war die Rückbindung von Rechtsgrundsätzen an „die völkische Gemeinschaftsbindung" als „Ideal von Rechtstheorie und -praxis" (*Christians* 2021, S. 87). Raumpolitik im Nationalsozialismus war nie ohne die ideologischen Grundsätze einer „völkischen Gemeinschaftsbindung" zu denken, so dass diese Rückbindung von Planungsgrundsätzen an nationalsozialistisches Recht stets gegeben war.

Weder Planung noch raumpolitische Umsetzungspraxis waren unter diesen Gesichtspunkten ohne entsprechende rechtliche Verortung zu denken. Dass *Fehn* das Recht in seinen Untersuchungen nie explizit in den Mittelpunkt stellte, mag auch daran liegen, dass dieser Zusammenhang von Recht und Planung in der Forschung zum Dritten Reich von Beginn an offensichtlich war. *Michael Hartenstein* verdeutlichte dies, indem er die wissenschaftlichen Interessengebiete der Historischen Geographie zu Fragen der Siedlungsplanung und -politik in ländlichen Gebieten in der NS-Zeit skizzierte und dabei explizit auf die „konkreten *rechtlichen* und *organisatorischen* Voraussetzungen für Kulturlandschaftswandlungen" hinwies sowie das Fragen „nach Rechtsvorschriften und deren kulturlandschaftsrelevantem Inhalt sowie nach Organisationsstrukturen und Organisationsabläufen" hervorhob (*Hartenstein* 1997, S. 201, Hervorhebungen im Original). „Es ist z. B. nur schwer vorstellbar", so Hartenstein, „daß etwa eine nationalsozialistische Mustersiedlung dargestellt wird, ohne das politisch-ideologische Umfeld anzusprechen oder darzustellen, wer die Planung und den Bau einer solchen Siedlung durchgeführt hat. Umgekehrt verdeutlicht es z. B. eine Darstellung, die in erster Linie ideologische oder rechtliche Grundlagen einer Siedlungspolitik aufzeigen möchte, wenn einer solchen Darstellung konkrete Beispiele geplanter oder verwirklichter Maßnahmen beigegeben werden" (*Hartenstein* 1997, S. 202).

Auch wenn für *Hartenstein* „am bedeutungsvollsten für die Historische Geographie (...) zweifellos die Untersuchung dessen (ist), was in der Kulturlandschaft tatsächlich verändert worden ist" (*ebd.*), ist in den bisherigen Untersuchungen nicht danach gefragt worden, wie sowohl Planung als auch die tatsächliche landschaftsverändernde Umsetzung von Planung in konkrete raumpolitische Praxis die Funktion des Rechts sichtbar machten. Die Bemühungen der nationalsozialistischen Akteure, nach der Eingliederung des Sudetenlandes durch das Anschlagen von Anordnungen und Verordnungen im öffentlichen Raum den rechtsverbindlichen Charakter dieser Maßnahme gegenüber der Bevölkerung zu verdeutlichen, lässt zumindest vermuten, dass der NS-Staat ein Interesse daran hatte, die rechtlichen Dimensionen seines Handelns, gewiss auch zur Unterstreichung der Legitimität, wenn auch im Kontext der eigenen Ideologie, materiell zu manifestieren. Unklar ist dabei, welche Funktionen derartige materialisierte Symbole des Rechts in der Landschaft für die Veränderung von Räumen im Nationalsozialismus hatten.

3 Symbole des Rechts in der Landschaft aus der Perspektive einer sozialkonstruktivistischen Landschaftsgeographie

Thorsten Benkel und *Christoph Nienhaus* (2020) warfen in einem Aufsatz zu „Rechtsgenese und Zivilisationsprozess" einen sozialtheoretischen Blick auf die prozesssoziologische Funktion des Rechts in Gesellschaften. Dieser Ansatz ist deshalb für die Frage nach den Symbolen des Rechts in der Landschaft relevant, da er durch Rückgriff auf die Figurationssoziologie Nobert Elias' und dessen analytischen Blick auf Soziogenese und Psychogenese ein Begriffsverständnis liefert, wie die Trennung von Mikro- und Makroperspektive überwunden werden kann. Wenn nach der Funktion des Rechts in der Landschaft gefragt wird, kann diese Funktion analytisch betrachtet – folgt man *Benkel u. Nienhaus* in Anknüpfung an Elias – niemals nur gesamtgesellschaftlich oder nur individuell identifiziert werden. Die Funktion kann lediglich in der Verschränkung von gesellschaftlichen und individuellen Dimensionen verstanden werden. *Benkel u. Nienhaus* (2020, S. 407) argumentieren, dass eine solche „prozesssoziologische Verankerung des Rechts als Synthese aus einer überbrückenden und vereinenden Betrachtung der Mikro- und Makrosphäre bewerkstelligt werden" kann. Recht interpretieren sie dabei als „institutionell verankerten Bestandteil einer klassisch modernen, die soziale Ordnung über arbeitsteilig ausdifferenzierte Aktionsfelder erhaltenden Gesellschaft, in der das Recht bürokratisch organisiert und positiv fixiert ist. In dieser Position ist das Recht, hierin Institution par excellence, historisch entstanden und geformt worden (und befindet sich in diesem gesellschaftlichen Gestaltungsprozess immerzu)" (*ebd.*). Durch dieses Verständnis von *Recht als Institution* betten sie ihre Perspektive in den Sozialkonstruktivismus nach *Peter L. Berger* und *Thomas Luckmann* (2013) ein, so dass die Brücke hinein in die sozialkonstruktivistische Landschaftsgeographie geschlagen werden kann (*Kühne* 2019). Indem nach der Funktion von Institutionen bei der *Gesellschaftlichen Konstruktion der Wirklichkeit* gefragt wird, kann auch die Funktion des Rechts bei der gesellschaftlichen Konstituierung von Landschaft nachvollzogen werden, wobei berücksichtigt werden muss, dass die besonderen politisch-geographischen Aspekte der Konstruktionsprozesse im Dritten Reich und dadurch das spezifische Verhältnis von Macht und Raum im Nationalsozialismus und die funktionale Qualität des Rechts im NS-Kontext auch analytisch zu beachten sind.[1]

Wird Recht als Institution begriffen, kann die Frage nach der Rechtsgenese gestellt werden. *Benkel u. Nienhaus* (2020, S. 424 f.) arbeiten in Anlehnung an den *Prozess der Zivilisation* bei Norbert Elias heraus, dass Recht und die damit verbundene Bürokratisierung von Gesellschaft eine Ausprägung in Gesellschaften ist, deren integrierendes Solidaritätsbewusstsein immer geringer wird, so dass das Zusammenhalten als Gesellschaft institutionell abgesichert werden muss. Entscheidend ist hier vor allem, dass der nationalsozialistische Staat auf Menschen trifft, die bereits in eine Welt hineingeboren wurden, der eine lange Phase unterschiedlicher Entwicklungsprozesse der Rechtsgenese voranging. Auch wenn der NS-Staat durch eine Neuformung eigener Rechtsvorschriften mit *altem Recht* brechen wollte, konnten die vorherrschenden Rechtsverständnisse in der Gesellschaft nicht einfach ausgelöscht werden. *Neues Recht* durch den NS-Staat stand immer im Widerspruch zu *altem Recht*, und auch wenn beides Recht als Institution einen gewissen Grad der Stabilität erreicht hatte, waren sie immer auch Legitimationskämpfen ausgesetzt. Entscheidend ist hier also, ob das nationalsozialistische Verständnis von Raumpolitik und der rechtlichen Grundlagen derselben auf Vorstellungen aufbauen konnten, die im individuellen und gesellschaftlichen Wissensvorrat des Dritten Reichs vorhanden waren. Sind Bauernhöfe, vereinfacht gesagt, also vor dem NS-Staat schon als Symbole des Rechts in der Landschaft begriffen worden und konnten sie damit im NS-Staat als Symbole weiter genutzt werden, oder mussten sie vielmehr als Materialisierungen in der Landschaft erst neu mit symbolischem Gehalt aufgeladen und auf dem Wege der Sozialisationsprozesse in der Gesellschaft vermittelt werden?

Im ersten Moment mag zudem – folgt man der Annahme *Benkels* und *Nienhaus*', eine Funktion des Rechts sei die Festigung gesellschaftlicher Solidarität in Gesellschaften der Vereinzelung – bei einer Betrachtung der deutschen Gesellschaft des Dritten Reichs eingewandt werden, dass in der nationalsozialistischen Ideologie ein besonders hohes Maß

---

[1] Zu Macht und Landschaft vgl. *Leibenath* 2015, zu Politische Geographie und Landschaft *Ellmers* 2019.

an Vergemeinschaftung und eine besonders hohe Form der Bekämpfung von Individualität und Freiheit vorherrschten, in dieser Logik also gerade kein besonderer Grund für eine hohe institutionelle Absicherung des Zusammenlebens *durch Recht als Institution* durch den NS-Staat nötig war. Nicht zu unterschätzen sind jedoch die (gesellschaftlich betrachtet) vorangegangenen analytischen Phasen, die im Sinne der *Gesellschaftlichen Konstruktion der Wirklichkeit* nach *Peter L. Berger* und *Thomas Luckmann* durchlaufen werden müssen. Institutionen, die noch dazu Legitimationskämpfen standhalten müssen, sind dann erfolgreich, wenn sie auf Typisierungs- und Habitualisierungsprozessen aufbauen. Diese sind nicht ohne weiteres nur gesamtgesellschaftlich zu verordnen, sondern müssen auch auf der Ebene der Individuen insbesondere im Prozess der Primärsozialisation verinnerlicht werden. Der NS-Staat legte gewiss früh Wert darauf, seine Ideologie schon an Kinder zu vermitteln, damit diese bei der Stabilisierung des nationalsozialistischen Systems in Zukunft eine wichtige Stütze waren. Zu berücksichtigen ist dabei jedoch der zeitliche Aspekt, den derartige Sozialisationsprozesse, sowohl auf der individuellen als auch auf der dann gesellschaftlichen Ebene, benötigen. Dieser Aspekt der Zeitlichkeit ist es dann nämlich, der danach fragten lässt, ob Bauernhöfe überhaupt als Symbole des Rechts in der Landschaft durch die Menschen wahrgenommen werden konnten, ob also bereits genug Zeit im Sozialisationsprozess zur Verfügung stand, dass dieser Typisierungsprozess bei der Bewertung von Bauernhöfen *als* Symbole des Rechts in ständiger Routinisierung erfolgen konnte.

Von dieser Stelle aus lässt sich die Brücke zwischen Recht und Landschaft sowie deren jeweilige Genese schlagen. *Olaf Kühne* (2019, S. 72) fasst die sozialkonstruktivistische Perspektive auf Landschaft so zusammen, dass sie sich „einerseits mit Fragen (beschäftigt), wie physische Objekte mit symbolischer Bedeutung aufgeladen werden. […] Andererseits ist sozialkonstruktivistische Landschaftsforschung auf die Verhältnisse gesellschaftlich geteilter Vorstellungen von Landschaft und individueller Konstrukte von Landschaft ausgerichtet, denn wie alle anderen Zeichensysteme auch müssen gesellschaftliche Deutungs- und Zuschreibungsmuster von Landschaft durch das sich sozialisierende Individuum erlernt werden“. Ein solcher Blick auf Landschaft lässt die Entstehung von Landschaft als ebenso prozessanalytisch betrachten wie die Entstehung von Recht als. Kühne leitet vier Dimensionen von Landschaft ab, von denen vor allem die gesellschaftliche Landschaft und die individuell aktualisierte gesellschaftliche Landschaft für die Frage nach der Funktion des Rechts in der Landschaft relevant sind. Die erste Dimension lässt als Analysedimension eine Rekonstruktion gesellschaftlicher Verständnisse davon zu, „was unter Landschaft zu verstehen ist und was mit ihr konnotiert werden kann“ (*ebd.*), während die zweite Dimension „die individuelle Konstruktion von einer Landschaft durch eine Person“ fassbar macht (*ebd.*).

Für die Frage danach, ob Bauernhöfe als Symbole des Rechts in der Landschaft im Kontext der ländlichen Strukturpolitik des Reichsgaus Sudetenland betrachtet werden können, sind somit drei Aspekte entscheidend: Sowohl Recht als Institution als auch die gesellschaftliche Landschaft und die individuell aktualisierte gesellschaftliche Landschaft müssen empirisch greifbar werden, indem Prozesse der Gesellschaftlichen Konstruktion der Wirklichkeit rekonstruiert werden können, die zeigen, dass Bauernhöfe als Symbole des Rechts in der Landschaft sowohl im individuellen als auch im gesellschaftlichen Wissensvorrat etabliert sind. Es reicht theoretisch betrachtet nicht aus, dass einzelne Akteure des nationalsozialistischen Staates Bauernhöfe als Symbole des Rechts in der Landschaft betrachteten, sondern dass diese Einschätzung vielmehr gesellschaftlich so geteilt wurde. Durch die prozesshafte Perspektive auf diese Konstruktionsprozesse wird der Aspekt der Zeitlichkeit betont, sodass zu fragen ist, inwiefern der Anspruch nationalsozialistischer Raumplanung und praktischer Raumpolitik im Reichsgau Sudetenland zwischen 1938/1939 und 1945 überhaupt in den individuellen und gesellschaftlichen Wissensvorrat übergehen konnte.

4 Ländliche Strukturpolitik im Reichsgau Sudetenland: Kontinuität oder Bruch?

Entscheidend für die Beantwortung dieser Frage ist, ob die raumpolitischen Planungen und Praktiken der Nationalsozialisten im Reichsgau Sudetenland ab 1938 als gänzlich neues Phänomen betrachtet werden müssen, oder ob sie sich auf eine längere Tradition stützten – konnte also davon ausgegangen werden, dass Bauernhöfe schon vor dem Anschluss des Sudetenlands an das Deutsche Reich als Symbole des Rechts in der Landschaft betrachtet wurden und diese Interpretation Teil des gesellschaftlichen Wissensvorrats war? Für Kontinuität spricht die Rolle des Bauerntums für die völkische Propaganda seit dem Ende des Ersten Weltkriegs, die der Bauernschaft eine zentrale Rolle bei der Verteidigung des Deutschtums zusprach. Denn schon in der Phase seit den 1920er Jahren, in der die Ostgrenze Bayerns und die Südgrenze Sachsens als gefährdetes Grenzland definiert wurden, das als „Bollwerk gegen die Slavengefahr aus dem Osten" funktionieren sollte, wurde der sudetendeutschen Bauernschaft die Aufgabe zugeschrieben, dieses Bollwerk auf dem Territorium der Tschechoslowakei zu repräsentieren und zu festigen (*Jaworski* 1977 u. 1978). Für den sudetendeutschen NS-Politiker und späteren Gauleiter *Konrad Henlein* (1898–1945) war auch nach dem Anschluss an das Deutsche Reich weiterhin klar: „Wir müssen an unseren Volkstumsgrenzen den Wall unserer Bauernhöfe und unserer bäuerlichen Menschen verdichten und verstärken" (Leitmeritzer Zeitung vom 10. Juli 1939, zitiert nach *Zimmermann* 1999, S. 317). Dies deutet an, dass Bauernhöfe durchaus schon vor 1938/39 im Sudetenland als Symbole des Rechts in der Landschaft betrachtet wurden: *Recht* wurde in diesem Fall aber nicht im Sinne einer kodifizierten Rechtsordnung verstanden, sondern als *völkische Gerechtigkeit* im Sinne einer natürlichen Notwendigkeit zur Stärkung des Deutschtums, wobei das „Bauerntum als

Blut- und Lebensquell des Volkes" betrachtet wurde (Leitmeritzer Zeitung vom 19. Juni 1939, zitiert nach *ebd.*).

Dass gerade ländliche Räume für diese Propaganda dienten, hatte eine lange Tradition in der generellen Bedeutung ländlicher Strukturpolitik seit dem 19. Jahrhundert, die in ihrem weitgespannten Anspruch für die Territorialisierungspolitik, das *Nation-Building* der Nationalstaaten des 19. und 20. Jahrhunderts eine häufig unterschätzte, aber zentrale Bedeutung hatte. Diesem Politikfeld lagen über die unterschiedlichen Transformationsereignisse hinweg spezifische Denkfiguren des Ländlichen und Vorstellungen über ländliche Räume zugrunde, die bis zum heutigen Tag wirkmächtig sind. Weite Bereiche ländlicher Räume wurden fast durchgängig als *Problemräume, Defiziträume, Peripherieräume, Ergänzungs-* oder *Verlagerungs-* und *Erweiterungsräume* verstanden (*Maschke* et al. 2020). Die Genese dieser Denkfigur lässt sich mindestens für die vergangenen 250 Jahre rekonstruieren.

Gleichzeitig entwickelten sich ländliche Räume zu Projektionsflächen für gesellschaftliche Ordnungsvorstellungen, die über diese spezifischen Räume hinauswiesen. Städtische Eliten und eine zunehmende Zahl akademischer Expertinnen und Experten aus unterschiedlichen disziplinären Zusammenhängen entwarfen Strategien, wie *auf dem Land* wirtschaftliche und soziale Problemlagen in ihrer gesamtgesellschaftlichen Dimension gelöst werden könnten. In den verschiedenen territorialen und politisch-ideologischen Kontexten wurden die immer gleichen Handlungsfelder benannt: Ländliche Strukturpolitik sollte über infrastrukturelle Großbauten (Kanalbau, Straßenbau, Eisenbahnbau), über Urbarmachung, Be- und Entwässerung und Melioration, über Siedlungspolitik, ländliche Neusiedlung sowie das An- und Absiedeln von Menschen, über Bodenreformen, Flurbereinigungen, landwirtschaftliche Modernisierungen, Umgestaltung und Ausstattung von Siedlungslagen, Veränderung der agrarischen Betriebs- und Sozialstrukturen oder der ländlichen Wirtschaftsstrukturen, beispielsweise durch Gewerbeansiedlungen, *zu etwas Besserem* geformt werden. Die damit verbundenen ideellen Ziele waren zumeist die Bekämpfung ländlicher Armut oder die vermeintliche Unterentwicklung ländlicher Siedlungsbereiche, sichtbar in einer höheren Analphabetenrate oder einer Häufung sozialer Notlagen. Gleichzeitig unterlagen diese Planungen immer auch einer politischen Agenda, wie der Veränderung der vorhandenen Bevölkerungsstrukturen, der Sicherung von Grenzräumen, der Bekämpfung von Landflucht oder der gezielten Förderung der bäuerlichen Bevölkerung, die als idealer Hort und Quelle der jeweiligen Nationalkultur stilisiert wurde.

Für den historisch spezifischen Fall der nationalsozialistischen Planung für ländliche Räume kann festgestellt werden, dass diese Planung häufig in ihrer klaren Einbindung in die expansionistische Politik und den Vernichtungskrieg im Osten betrachtet wurde. Diese eindeutige Identifikation als etwas historisch Einmaliges, das durch spezifische Querverbindungen zu tatsächlich einmaligen und als solches rekonstruierbaren Ereignissen entsteht, verstellt aber den Blick auf diese transnationalen und diachronen Zusammenhänge. Ländliche Strukturpolitik im Nationalsozialismus ist nicht etwas völlig Einzigartiges. Eine gestiegene Bedeutung des Politikfeldes ist in nahezu allen anderen europäischen Ländern der Zwischenkriegszeit festzustellen, wobei das faschistische Italien ein besonders prominentes Beispiel ist (*Stegemann u. Schmidt* 1939; *Nützenadel* 1997). Fraglich wird diese Perspektive, sobald ländliche Strukturpolitik in anderen politisch-ideologischen, nicht faschistischen Kontexten untersucht wird. Für die Forschung zur ländlichen Strukturpolitik in staatssozialistischen Kontexten nach dem Zweiten Weltkrieg wird dann oft von etwas *ganz Verschiedenem* gesprochen (*Dix* 2002).

Durch den Fokus auf die territorialen Zusammenhänge des Reichsgaus Sudetenland und die Verbindung mit dem *Vorspiel* in der Ersten Tschechoslowakischen Republik, aber auch mit dem *Nachspiel* in der Tschechoslowakei nach dem Zweiten Weltkrieg unter eindeutig verschiedenen nationalen und politisch-ideologischen Rahmungen werden bei all den Unterschieden die Kontinuitäten sichtbar, die über die verschiedenen Transformationsereignisse hinweg fortwirken. Analytisch können diese Kontinuitäten durch eine Übertragung des Konzepts des Hysteresis-Effekts von *Pierre Bourdieu* gefasst werden (*Gros* 2018). Die Annahme, dass sich Veränderungen im Habitus eines Menschen nur sehr langsam vollziehen, kann auf historisch-geographische Konstellationen übertragen werden. Unterstrichen wird dies durch das Herausarbeiten auch personeller Kontinuitäten; das Fortwirken von Ludwig Neundörfer nach 1945 in der jungen Bundesrepublik Deutschland ist dabei nur ein prominentes Beispiel, das diese Annahme unterstreicht (*Mai* 2006a; *Stein* 2009).

Ländliche Strukturpolitik wird dann gleichermaßen ein *Phänomen von oben* und ein *Phänomen von unten*. Die strukturpolitischen Maßnahmen sind in erster Linie hegemoniale Eingriffe des Staates, die lokale Besonderheiten nicht unbedingt von vornherein berücksichtigen. Diese Eingriffe können zu Beginn durchaus auf Akzeptanz stoßen: Vor allem unmittelbar nach dem Münchener Abkommen sahen viele Menschen im Reichsgau Sudetenland die Zielvorgabe *Heim ins Reich* als erfüllt an (*Zimmermann* 1999). Hier ist aber nicht zu unterschätzen, dass sich der *sudetendeutsche Volkstumskampf* in der Tschechoslowakei vor 1938 in erster Linie ein als Kampf für mehr Eigenständigkeit und Anerkennung einer spezifischen eigenen Identität begriff. War dieser Konflikt in der Tschechoslowakei vor allem an der Sprachenfrage ausgerichtet, schien mit der Eingliederung in das Deutsche Reich das Deutschsein gesichert. Auch wenn die Propaganda den Eindruck erweckte, die Bevölkerung im Sudetenland hätte den Anschluss an das Deutsche Reich mit Jubel und großer Zustimmung begrüßt, zeigte sich früh, dass selbst unter den größten Befürwortern und in den Reihen der Sudetendeutschen Partei (SdP) unterschiedliche Vorstellungen über die Konsequenzen der „Wiedervereinigung" vorlagen. *Freia Anders-Baudisch* unterschied zwei Perspektiven, die in den Jahren 1938/1939 aufeinanderstießen: „Neben der Perspektive der reichsdeutschen Besatzer müssen die unterschiedlichen Erfahrungen der partizipierenden sudetendeutschen Eliten, der beherrschten sudetendeutschen, tschechischen und jüdischen Bevölkerung und des Widerstands berücksichtigt werden. Zu beachten ist insbesondere das Zusammenspiel von wirtschaftlicher, verwaltungspolitischer und sozialer Eingliederung des Sudetenlands in das Deutsche Reich, die Kollaboration sudetendeutscher Wirtschaftskräfte und der regionalen faschistischen Bewegung – verkörpert durch Anhänger der aufgelösten Sudetendeutschen Partei (SdP) – einerseits, und der (Nicht-)Akzeptanz der Bevölkerung, beispielhaft verkörpert im Widerstand der antifaschistischen Kräfte, andererseits." (*Anders* 2008, S. 71) Die erhoffte Eigenständigkeit blieb aus, da nun statt der Vorgaben aus Prag die Vorgaben aus Berlin geschickt wurden und somit die *Bewahrung des Eigenen* auf einer anderen Ebene gefährdet war. Über die strukturpolitischen Maßnahmen im Reichsgau Sudetenland, über den Rückgriff auf die Planungen zu den Richtgemeinden und die damit verbundenen Konflikte zwischen lokaler Bevölkerung und dem Staat kann das Spannungsverhältnis zwischen *oben* und *unten*, zwischen dem reichsweiten Einheitsanspruch und dem lokalen Identitätsbedürfnis sichtbar gemacht werden.

Da Raumplanung nie im rechtsfreien Raum stattfindet, unterliegt die Entstehung von Raumplanung und die Umsetzung raumpolitischer Maßnahmen einer Begrenzung durch juristische Kodifikationen und normative Leitplangen in Form von Gesetzen, Verordnungen und Verträgen. Gleichzeitig wirken die Realitäten und Notwendigkeiten der Planungspraxis auf die juristische Rahmung der Raumplanung zurück. Recht wirkt an der Konstruktion von Räumen mit, Räume wiederum haben Einfluss auf die Entwicklung des Rechts. Seit den Arbeiten zu den nationalsozialistischen Sondergerichten im Reichsgau Sudetenland von *Freia Anders-Baudisch* ist bekannt, dass der Reichsgau Sudetenland von Beginn an in rechtlicher Hinsicht vollumfänglich in das Deutsche Reich eingegliedert werden sollte. Im Fall des Sudetenlands konnte die Justizverwaltung des Reiches bereits auf Erfahrungen zurückgreifen, die zuvor bei der Eingliederung Österreichs gemacht wurden (*Anders-Baudisch* 1999, S. 336). Hatte man dort das bestehende österreichische Recht lediglich an den Stellen korrigiert und ergänzt, an denen man die nationalsozialistische Ideologie nicht angemessen implementiert sah, kam im Reichsgau Sudetenland eine Übernahme der bestehenden Rechtsordnung der Tschechoslowakei nicht in Frage. Im „Gesetz über die Wiedervereinigung der sudetendeutschen Gebiete mit dem Deutschen Reich" vom 21. November 1938 (*Reichsgesetzblatt* 1938, 1641) wurde festgelegt, dass die „alteingesessenen Bewohner der sudetendeutschen Gebiete" fortan deutsche Staatsangehörige waren. Zugleich wurde damit die Grundlage der Angleichung des Rechts im Reichsgau Sudetenland an das Reichsrecht geschaffen, auch wenn dies nicht so zu verstehen war, dass sofort alle Gesetze des Reichs für das Sudetenland Gültigkeit hatten.

Gewiss verbanden weite Teile der sudetendeutschen Bevölkerung den Anschluss an das Deutsche Reich mit der Hoffnung auf eine bessere Zukunft als reichsdeutsche Staatsbürger. Volker Zimmermann gab einen differenzierten Blick auf diese „neue Welt" nach „München" (*Zimmermann* 2013). Er arbeitete heraus, dass es der Bevölkerung im Sudetenland vor allem um die Lösung eigener sozialer Problemlagen ging. Verbunden mit dem Anschluss war die Hoffnung, dass das Deutsche Reich eine Verbesserung der Lebenssituation, insbesondere in den ländlich-peripheren Grenzregionen, bewirken konnte, was der Politik in der Tschechoslowakischen Republik aus ihrer Sicht in der Vergangenheit nicht gelungen war. „Die Gründe für Loyalität, Legitimität und Stabilität", so *Zimmermann* (2013, S. 288) „und umgekehrt auch für Widerspruch sind demnach vor allem im sozialen und wirtschaftlichen Bereich zu suchen." Eine Untersuchung konkreter Rechtsstreitigkeiten rund um Maßnahmen der ländlichen Strukturpolitik wird wohl zeigen, dass für die betroffene Bevölkerung immer auch entscheidend war, ob die Veränderungen in den Besitzstrukturen und die Eingriffe in die Landschaft zu einer Verbesserung des eigenen Lebens führten oder nicht. Der Rechtskonflikt ist dabei ein Brennglas, unter dem die Bedeutung raumpolitischer Veränderungen für die durch sie betroffenen Menschen sichtbar gemacht werden kann. Diese Rechtsstreitigkeiten, die durch strukturpolitische Maßnahmen ausgelöst wurden, haben immer einen konkreten Raumbezug. Durch die Rekonstruktion dieser Raumbezüge mit Hilfe der Analyse von Gerichtsprozessen entsteht eine Historische Geographie des Planungsrechts in einem politischen System, in dem nicht von Rechtsstaatlichkeit gesprochen werden dann. Dieses besondere Setting ermöglicht durch die Verknüpfung mit der konkreten Planungspraxis eine räumliche Verortung und eine gesellschaftliche Einordnung der ländlichen Strukturpolitik im Reichsgau Sudetenland. Auch wenn eine solche Untersuchung der konkreten Rechtsstreitigkeiten noch ein Desiderat ist, ist die bloße Überlieferung dieser Streitigkeiten ein Hinweis darauf, dass Bauernhöfe durchaus auch als Symbole des Rechts im Dritten Reich betrachtet werden konnten, auch wenn wahrscheinlich für die betroffene Bevölkerung die symbolische Verbindung zu einem spezifischen Gerechtigkeitsempfinden die größere Bedeutung gehabt haben mag.

5 Schlussfolgerungen

All dies zeigt, dass der Anschluss des Sudetenlandes an das Deutsche Reich 1938/1939 nicht als *Stunde Null* verstanden werden konnten. Für die Frage nach den Bauernhöfen als Symbole des Rechts in der Landschaft ist dieser Befund entscheidend. Folgt man der Perspektive der sozialkonstruktivistischen Landschaftsgeographie und wendet man das Verständnis von der *Gesellschaftlichen Konstruktion der Wirklichkeit* auf die Funktion des Rechts im Nationalsozialismus an, so kann trotz der Bemühungen der NS-Eliten, eine gänzlich neue Ordnung zu schaffen, nicht außer acht gelassen werden, dass sowohl die betroffenen Menschen als auch die thematisierten Diskurse nicht allein unter spezifisch nationalsozialistischen Gesichtspunkten betrachtet werden konnten. Bauernhöfe hatten im völkischen Diskurs eine wichtige Funktion, da ein nach damaligen Maßstäben funktionierender landwirtschaftlicher Betrieb als Stütze des deutschen Volkstums betrachtet wurde. Diese Sicht war aber keinesfalls neu für die Zeit des Dritten Reichs und auch im Reichsgau

Sudetenland schon lange vor dem Anschluss präsent. Und doch ermöglicht die qualitative Dimension der Grausamkeit der nationalsozialistischen Verbrechen, die Bauernhöfe im Zusammenhang mit den Planungen und Praktiken ländlicher Strukturpolitik als besondere Symbole des (Un-)Rechts im NS-Staat zu betrachten. In der Forschung ist hinlänglich bekannt, dass die Phase der nationalsozialistischen Schreckensherrschaft nicht losgelöst von den Entwicklungen vor 1933 verstanden werden können und insbesondere die ideologischen Voraussetzungen zum Teil weit ins 19. Jahrhundert zurückgingen. Diese Gleichzeitigkeit von Kontinuität und Bruch, von Einmaligkeit und Vielfältigkeit ist Herausforderung beim Verständnis für die Prozesse rund um die ländliche Strukturpolitik im Dritten Reich. Für die Frage nach den Bauernhöfen als Symbole des Rechts in der Landschaft ist aber wohl vor allem entscheidend, dass die Akteure, die die Zeit zwischen 1938 und 1945 im Reichsgau Sudetenland prägten, wie auch die Menschen, die mit den Konsequenzen dieser Politik konfrontiert waren, unabhängig davon, ob sie die Maßnahmen unterstützten oder nicht, auf eine längere individuelle Sozialisationsgeschichte zurückgreifen konnten und für sie damit viele Diskurse und Praktiken also keinesfalls gänzlich neu waren.

Die Gesellschaft konnte als Ganzes an die lange Tradition des Diskurses über ländliche Regionen anschließen und sah in der Bedeutung landwirtschaftlicher Betriebe für die Nationalismen in Europa eine Schablone, mit der die Bestrebungen der nationalsozialistischen Akteure, auch im Reichsgau Sudetenland, bewertet werden konnten. Damit knüpft diese Perspektive an die mittlerweile hinlänglich belegte und beschriebene Erkenntnis an, dass auch in Bezug auf ländliche Strukturpolitik weder die Jahre 1933, noch – im Falle des Reichsgaus Sudetenland – die Jahre 1938 und dann auch 1945 nicht als Bruch mit allem Vorausgegangenen betrachtet werden können. Dies gilt insbesondere für eine ländliche Strukturpolitik, die nach dem Zweiten Weltkrieg unter völlig anderen politischen Voraussetzungen mit ähnlichen Maßnahmen wie Neusiedlung oder Bevölkerungsverschiebungen weitergeführt wurde. Die bruchlose Karriere von *Ludwig Neundörfer* als Berater der deutschen Bundesregierung oder die Strukturdebatten der EU-Agrar- und Regionalpolitik weisen in die Richtung, dass die Diskussion um eine Politik für ländliche Räume nichts von ihrer Aktualität und Brisanz eingebüßt haben. Folgt man der Logik des *Prozesses der Zivilisation*, die *Norbert Elias* entwickelte und die *Thorsten Benkel* und *Christoph Nienhaus* auf die Funktion des Rechts übertrugen, so ist es vor allem das Kennzeichen der bürokratischen Herrschaft, die das Recht über diese Transformationsereignisse hinweg und in unterschiedlichen historischen und politischen Kontexten in seiner Wirkmächtigkeit bestätigt. Sowohl in den Demokratien als auch in den Diktaturen des kurzen 20. Jahrhunderts fand ländliche Strukturpolitik immer im Kontext einer ganz konkreten juristischen Rückbindung statt. Bauernhöfe sind damit mehr als nur die Symbole des Rechts einer spezifischen Landschaft, und sie sind wohl keinesfalls ausschließlich als Symbole einer Landschaft des Nationalsozialismus zu verstehen. Dafür ist ihre kontinuierliche Bedeutung für die Politik gänzlich unterschiedlicher Systeme bis heute ungebrochen.

Zusammenfassung

Dieser Beitrag beschäftigt sich mit den rechtlichen Grundlagen der Umsetzung raumpolitischer Maßnahmen im Dritten Reich. Exemplarisch wird dies am Beispiel des Reichsgaus Sudetenland untersucht, der nach dem *Münchener Abkommen* von 1938 in die staatsrechtlichen Strukturen des Deutschen Reichs eingegliedert wurde. Dabei wird danach gefragt, inwiefern Bauernhöfe als Symbole des Rechts in der Landschaft begriffen werden können. Bauernhöfe, die zwischen 1939 und 1945 geplant, auf- oder umgebaut wurden, standen im Zusammenhang mit den rechtlichen Rahmenbedingungen, die nach der Angliederung des Sudetenlandes an das Deutsche Reich auf dieses Gebiet übertragen wurden. Es wird argumentiert, dass sie somit nicht nur als Symbole für Raumplanung betrachtet werden können, sondern auch als Symbole des nationalsozialistischen (Un-) Rechts, da die juristischen Grundlagen für diese Bautätigkeiten im Zusammenhang mit der Neuformierung des Bauernrechts zu sehen sind, die im Dritten Reich bereits ab 1933 erfolgte und die nach 1938 durch die administrative Eingliederung des Sudetenlands in das Deutsche Reich auf dieses ausgeweitet wurde.

Summary: Farms as Symbols of Law in the Landscape? Legal Aspects of Rural Structural Policy in the Reichsgau Sudetenland

This article deals with the legal foundations of the implementation of spatial policy measures in the Third Reich. It examines the example of the Sudetenland, which was incorporated into the constitutional structures of the German Reich after the Munich Agreement of 1938. The question is asked to what extent farms can be understood as symbols of law in the landscape. Farms that were planned, built or rebuilt between 1939 and 1945 were related to the legal framework that was transferred to the Sudetenland after its annexation to the German Reich. It is argued that they can thus be seen not only as symbols of spatial planning, but also as symbols of National Socialist (un)law, since the legal foundations for these building activities are to be seen in the context of the reformation of peasant law, which took place in the Third Reich as early as 1933 and which was extended to the Sudetenland after 1938 through its administrative incorporation into the German Reich.

Literatur

Anders, F. (2008): Strafjustiz im Sudetengau 1938–1945. – München.

Anders-Baudisch, F. (1999): Aus der „Rechts"-Praxis nationalsozialistischer Sondergerichte im „Reichsgau Sudetenland" 1940–1945. – In: Bohemia 40 (2), S. 331–366.

Bald, A. (2014): „Braun schimmert die Grenze und treu steht die Mark!" Der NS-Gau Bayerische Ostmark, Bayreuth 1933–1945. Grenzgau, Grenzlandideologie und wirtschaftliche Problemregion. – Bayreuth.

Benkel, Th. u. Nienhaus, Ch. (2020): Rechtsgenese und Zivilisationsprozess. Eine sozialtheoretische Betrachtung. – In: Archiv für Rechts- und Sozialphilosophie 106 (3), S. 406–426.

Berger, P. L. u. Luckmann, Th. (2013): Die gesellschaftliche Konstruktion der Wirklichkeit. Eine Theorie der Wissenssoziologie. 2. Aufl. – Frankfurt am Main.

Christians, A. (2021): Justiz im Nationalsozialismus – In: *Collin, P. [Hrsg.]*: Konfliktlösung im 19. und 20. Jahrhundert. – Berlin, S. 87–96.

Dix, A. (2002): „Freies Land". Siedlungsplanung im ländlichen Raum der SBZ und frühen DDR 1945 bis 1955. – Köln, Weimar u. Wien.

Ellmers, L. (2019): Politische Geographie und Landschaft. – In: *Kühne, O.; Weber, F.; Berr, K. u. a. [Hrsg.]*: Handbuch Landschaft. –Wiesbaden, S. 397–406.

Fehn, K. (1991): Die Auswirkungen der Veränderungen der Ostgrenze des Deutschen Reiches auf das Raumordnungskonzept des NS-Regimes (1938–1942). – In: Siedlungsforschung. Archäologie – Geschichte – Geographie 9, S. 199–227.

Fehn, K. (1992): Die Siedlungspolitik im „Dritten Reich" – In: *Preuschoft, H.; Kattmann, U. [Hrsg.]*: Anthropologie im Spannungsfeld zwischen Wissenschaft und Politik. – Oldenburg, S. 33–56.

Fehn, K. (2002): „Artgemäße deutsche Kulturlandschaft". Das nationalsozialistische Projekt einer Neugestaltung Mitteleuropas. – In: Die Erde, S. 559–575.

Fehn, K. (2004): „Ballungsräume" und „Notstandsgebiete". Kernräume und Peripherien in der nationalsozialistischen Raumordnung. – In: Siedlungsforschung. Archäologie – Geschichte – Geographie 22, S. 119–143.

Fehn, K. (2008): Walter Christaller und die Raumplanung der NS-Zeit. – In: Siedlungsforschung. Archäologie – Geschichte – Geographie, 26, S. 215–234.

Fehn, K. (2010): Konsumorientierte regionale Raumordnungspläne im Deutschen Reich während der NS-Zeit. – In: Siedlungsforschung. Archäologie – Geschichte – Geographie, 28, S. 199–214.

Fehn, K. (2016): Erinnerungsorte und Erinnerungslandschaften im nationalsozialistischen Deutschen Reich 1933–1945. – In: Siedlungsforschung. Archäologie – Geschichte – Geographie, 33, S. 295–318.

Generalkommando VII. A.K. [Hrsg.] (1939): Mit dem VII. Korps ins Sudetenland. Erinnerungsblätter aus großer Zeit. – München.

Gros, L. (2018): Praxeologie der Politik. Die politische Theorie Pierre Bourdieus. – Wiesbaden.

Hartenstein, M. (1997): Forschungen zur Siedlungsplanung und -politik in ländlichen Gebieten zwischen 1918 und 1945 – In: *Kleefeld, K.-D. u. Burggraaff, P. [Hrsg.]*: Perspektiven der Historischen Geographie. Siedlung – Kulturlandschaft – Umwelt in Mitteleuropa. – Bonn, S. 201–208.

Hartenstein, M. (1998): „Ein zweites Ruhrgebiet im Osten". Die nationalsozialistischen Pläne für das oberschlesische Bergbau- und Industrierevier nach dem Ende des Polenfeldzuges 1939 vor dem historischen Hintergrund der einzelnen Teilgebiete. – In: Siedlungsforschung. Archäologie – Geschichte – Geographie, 16, S. 207–232.

Jaworski, R. (1977): Vorposten oder Minderheit? Der sudetendeutsche Volkstumskampf in den Beziehungen zwischen der Weimarer Republik und der ČSR. – Stuttgart.

Jaworski, R. (1978): Grenzlage, Rückständigkeit und nationale Agitation: Die „Bayerische Ostmark" in der Weimarer Republik. – In: Zeitschrift für Bayerische Landesgeschichte 41, S. 241–270.

Kühne, O. (2019): Sozialkonstruktivistische Landschaftstheorie – In: *Kühne, O.; Weber, F.; Berr, K. u. a. [Hrsg.]*: Handbuch Landschaft. – Wiesbaden, S. 69–79.

Leibenath, M. (2015): Landschaft und Macht – In: *Kost, S. u. Schönwald, A. [Hrsg.]*: Landschaftswandel – Wandel von Machtstrukturen. – Wiesbaden, S. 17–26.

Mai, U. (2006): Gesteuerte Tradition. Recht als Lenkungsmittel in der Agrar- und Siedlungspolitik während des Nationalsozialismus – In: *Bähr, J. u. Banken, R. [Hrsg.]*: Wirtschaftssteuerung durch Recht im Nationalsozialismus. Studien zur Entwicklung des Wirtschaftsrechts im Interventionsstaat des „Dritten Reichs". – Frankfurt am Main, S. 423–444.

Mai, U. (2006a): „Neustrukturierung des deutschen Volkes". Wissenschaft und soziale Neuordnung im nationalsozialistischen Deutschland, 1933–1945 – In: *Heinemann, I. u. Wagner, P. [Hrsg.]*: Wissenschaft – Planung – Vertreibung. Neuordnungskonzepte und Umsiedlungspolitik im 20. Jahrhundert. – Stuttgart, S. 73–92.

Maschke, L.; Mießner, M. u. Naumann, M. (2020): Kritische Landforschung. Konzeptionelle Zugänge, empirische Problemlagen und politische Perspektiven. – Bielefeld.

Neundörfer, L. (1940): „Bestandsaufnahme" und „Wunschbild" als Hilfsmittel der West-Ost-Umsiedlung. – In: Neues Bauerntum 32, S. 61–66.

Němec, M. (2013): „Sudeten/Sudety" als deutsch-tschechisches Palimpsest – In: Bohemia 53 (1), S. 94–111.

Nützenadel, A. (1997): Landwirtschaft, Staat und Autarkie. Agrarpolitik im faschistischen Italien (1922–1943). – Tübingen.

Schaller, H. W. (2001): Der Gau Bayerische Ostmark, Bayreuth. Anspruch und Wirklichkeit 1933–1945. – In: Archiv für Geschichte von Oberfranken 81, S. 415–480.

Schaller, H. W. (2006): Die Bayerische Ostmark – Geschichte des Gaues 1933–1945. Zwölf Jahre gemeinsame Geschichte von Oberfranken, Oberpfalz und Niederbayern. – Hamburg.

Stegemann, R. u. Schmidt, F. (1939): Siedlung und Siedlungspolitik in den Ländern Europas. – Berlin.

Stein, A.-D. (2009): Die Verwissenschaftlichung des Sozialen. Wilhelm Polligkeit zwischen individueller Fürsorge und Bevölkerungspolitik im Nationalsozialismus. – Wiesbaden.

Verfügung von Adolf Hitler zur Gründung des NS-Gaus Bayerische Ostmark, 19. Januar 1933. – In: Hitler. Reden, Schriften, Anordnungen, Februar 1925 bis Januar 1933, Bd. V: Von der Reichspräsidentenwahl bis zur Machtergreifung, April 1932–Januar 1933, Teil 2: Oktober 1932–Januar 1933, hrsg. und kommentiert von *Hartmann, C. u. Lankheit, K. A.* – München 1998, S. 371–372.

Werner, O. (2022): Wissenschaft „in jedem Gewand"? Von der „Reichsarbeitsgemeinschaft für Raumforschung" zur „Akademie für Raumforschung und Landesplanung" (1935–1955). – Göttingen.

Zimmermann, V. (1999): Die Sudetendeutschen im NS-Staat. Politik und Stimmung der Bevölkerung im Reichsgau Sudetenland (1938–1945). – Essen.

Zimmermann, V. (2013): Die „neue Welt" nach „München". Erste Erfahrungen der Sudetendeutschen mit der „NS-Volksgemeinschaft" – In: *Zarusky, J. u. Zückert, M. [Hrsg.]*: Das Münchener Abkommen von 1938 in europäischer Perspektive. – Berlin u. Boston, S. 271–290.

Siedlungsforschung. Archäologie – Geschichte – Geographie 40, 2023, S. 169–184

Landschaft und Recht

Eine Reise durch die Geschichte des Mittelalterlichen Kriminalmuseums[1]

Markus Hirte

1 Einleitung

Das mittelfränkische Rothenburg ob der Tauber zieht jährlich Millionen Besucher aus aller Welt in seinen Bann. Mit seinen mächtigen Stadtmauern und verwinkelten Gassen gilt es als Paradebeispiel einer ‚mittelalterlichen Stadt'. In deren Herzen liegt das Mittelalterliche Kriminalmuseum. In zwei Gebäuden präsentiert es gut 2.000 Exponate aus über 1.000 Jahren deutscher und europäischer Rechtsgeschichte. Obgleich der Name des Museums eine Fokussierung auf die Epoche des Mittelalters indiziert, deckt der Bestand mittlerweile auch die Neuzeit bis hin zur Gegenwart ab. Der Sammlungsschwerpunkt liegt auf der Geschichte des Strafrechts. An dieser und am Gang eines Strafverfahrens orientiert sich auch der Rundgang durch das Museum. Darüber hinaus werden viele weitere Bereiche des Verfassungs-, Verwaltungs-, Polizei-, Handels-, Gesellschafts-, Familien-, Erb-, Schuld- sowie allgemeinen Zivilrechts in Themeninseln museal aufgearbeitet.

Das Mittelalterliche Kriminalmuseum versteht seit jeher das Strafrecht als Phänomen der Geistesgeschichte und wählt einen ikonographischen Ansatz. Unter den Privatmuseen an touristischen Orten gilt es als das bedeutendste Museum dieser Art in Deutschland (*Scheffler* 2002). *Hildegard Vieregg* (2006, S. 215) führt es in ihrem Grundlagenwerk zu den Museumswissenschaften als (seltenen) Prototyp eines kulturgeschichtlichen Museums an. „Es geht […] im eigentlichen Sinne und in seiner Bedeutung weit über den regionalen Bereich, ja sogar über den Bereich von Landesmuseen hinaus" (*Vieregg* 1999, S. 16). Die Mittel für Förderung von Wissenschaft und Lehre sowie Betrieb, Ausbau und Erhalt des Museums erwirtschaftet die (gemeinnützige) „Stiftung Mittelalterliches Kriminalmuseum" durch den Museumsbetrieb, also durch Eintrittsgelder und Muse-

[1] Deutlich gekürzte aber in weiten Teilen wörtlich beibehaltene Fassung der Beiträge *Hirte* 2020d, S. 157–168 sowie *Hirte* 2020a, S. 19–54.

umsshop. Ein sich seit über 100 Jahren selbst tragendes Museum ist in der deutschen Museumslandschaft sicherlich eine Seltenheit. Das Kostendeckungsprinzip der Stiftung erfordert eine betriebswirtschaftlich orientierte Museumsausrichtung mit dem Fokus auf jährlich mindestens 100.000 Gäste. Die jährlichen Besucherzahlen der letzten Jahrzehnte rangieren insoweit auch – die Pandemiejahre 2020 und 2021 exkludiert – immer zwischen besagten 100.000 und bis zu 300.000 Gästen.

Abb. 1: Außenansicht des Mittelalterlichen Kriminalmuseums in Rothenburg ob der Tauber, 2015. Foto: Markus Hirte

Da sich bei nahezu allen Themengebieten des Museums auch Anknüpfungspunkte zur (historischen) Geographie und Kulturlandschaftsforschung finden, war es dem Mittelalterlichen Kriminalmuseum eine besondere Ehre und Freude, als Veranstaltungsort die ARKUM Jahrestagung 2022 beherbergen zu dürfen. Der folgende Beitrag soll dann auch in einer Art Streifzug durch die bewegte Geschichte des Museums führen (2.), einen Blick in Rundgang und Konzept des Hauses (3.) sowie in die Sonderschauen und Kulturvermittlungsformate gewähren (4.) und mit einer Standortbestimmung im Gefüge der deutschen und europäischen Kulturdestinationen (5.) schließen.

2 Die Geschichte des Kriminalmuseums

Die Wurzeln des Mittelalterlichen Kriminalmuseums reichen zurück in die vorletzte Jahrhundertwende.[2] 1899 erwarb *Rudolf Hermann Albrecht* (1864–1924) das Anwesen Klostergasse Nr. 1 in Rothenburg ob der Tauber, in dem er neben einer Kunstanstalt eine kleine Altertumssammlung mit Folterkammer installierte. Diese dürfte sich an der weitbekannten Nürnberger Folterkammerausstellung mit Eiserner Jungfrau von *Georg Friedrich Geuder* (1818–1897) orientiert haben. Entsprechende Ausstellungen in schaurigem Ambiente avancierten im 19. Jahrhundert zu beliebten Touristenattraktionen. Mit dem Ersten Weltkrieg scheint es um den Ausstellungsbetrieb schlechter bestellt gewesen zu sein, denn im Frühjahr 1917 vermeldete die Regionalzeitung eine polizeiliche Haus(durch)suchung in einem ‚betreffenden' Geschäft wegen Verdachts auf Geldfälschung. Im Herbst 1917 wurde das Verfahren zwar eingestellt, doch verließ Albrecht noch in diesem Jahr fluchtartig Rothenburg.

Anfang 1920 erwarb die frisch verheiratete Bildhauerin *Marta Hinckeldey-Wittke* (1890–1978) die Immobilie nebst Altertumssammlung (*Hinckeldey* 2011, S. 76 ff.). Sie und ihr damaliger Mann, der Bildhauer *Ernst Paul Hinckeldey*, kamen also mehr durch Zufall denn geplant an den Grundstock des späteren Kriminalmuseums und beide führten – quasi als Nebenbeschäftigung – in den 1920er und 1930er Jahren das kleine Museum. Die Nachkriegsjahre waren wirtschaftlich hart für das Künstlerehepaar. Als mit der Machtergreifung der Nazis der Bedarf an monumentalen Plastiken und Architekturen wuchs, schienen sich für *Ernst Paul Hinckeldey* in Berlin neue berufliche Möglichkeiten aufzutun. Er übersiedelte nach Berlin und trennte sich Ende der 1930er Jahre von Frau und Kindern. So musste *Marta Hinckeldey-Wittke* die Familie nebst Immobilie und Altertumssammlung allein durch die Kriegszeit bringen. Ihr und ihren Kindern gelang die Transformation der Folterkammer in ein Rechtskundemuseum. Sie erweiterten den bestehenden Grundstock der Sammlung durch regelmäßige Zukäufe aus dem Antiquitätenhandel. Nach dem Ende des Zweiten Weltkriegs übernahm der ältere Sohn und Jurist *Christoph Hinckeldey* (1922–1994) die Leitung des Museums.

2 Vgl. dazu und zum ganzen Kapitel 2 mit weiteren Nachweisen *Hirte* 2020a, S. 23–31.

Bereits 1953 bestätigte das bayerische Landesamt für Denkmalpflege, dass die Sammlung „beachtliches Material aus der Geschichte des deutschen Gerichtswesens" enthält und regte an, die Sammlung zu erweitern, um ihr den „Beigeschmack des rein Folterkammermäßigen" zu nehmen. Auch das Institut für bayerische und deutsche Rechtsgeschichte der Universität München attestierte der Sammlung bereits 1954 eine besondere Rolle in Deutschland mit ausgezeichnetem Anschauungsmaterial. Unter den vielen Zuerwerbungen der Nachkriegsjahrzehnte besonders zu erwähnen sind Teile der ehemaligen Nürnberger *Geuder*-Sammlung, insbesondere die „Eiserne Jungfrau von Nürnberg". Der kontinuierliche Ausbau der Sammlung führte bald zu räumlichen Engpässen im Anwesen der Klostergasse. So war es nur sachlogisch, Mitte der 1970er Jahre das durch die Auflösung des Landratsamts in Rothenburg nunmehr freiwerdende Gebäude in der Burggasse (Nr. 3) zu erwerben und museal herzurichten. Seit 1977 beherbergt es nun das Mittelalterliche Kriminalmuseum.

Folgte die strategische Sammlungsausrichtung bis in die 1970er Jahre noch dem tradierten Pfad der Sammlungserweiterung unter Ausstellungsgesichtspunkten, gesellte sich dem in den 1970er Jahren ein weiterer Aspekt hinzu. Den Verlockungen des schnellen Geldes erlagen seinerzeit immer wieder private und kommerzielle Sonder- und Wanderausstellungen zum Thema „Folter, Inquisition und Mittelalter". Sie glichen eher Gruselkabinetten, firmierten jedoch als „sachkundige Ausstellungen". Um solchen Instrumentalisierungen der Strafrechtsgeschichte entgegenzuwirken, entschied sich *Christoph Hinckeldey*, derartige Sammlungen aufzukaufen, also sie schlicht ‚vom Markt' zu nehmen. Von diesen Zuerwerbungen verdienen zwei besondere Beachtung:

Zum einen ist die sogenannte *Coward Collection* aus Honolulu im Jahr 1981 zu nennen. Es handelte sich um eine Privatsammlung mit 567 Rechtsaltertümern aus dem süddeutschen Raum, die der Sammler *Arne Coward* in Honolulu in seinem – diesem Namen alle Ehre machenden – *Museum Macabre* präsentierte. Im Stile eines Jahrmarkt-Gruselkabinetts wurden Originale und Nachbildungen von Rechtsaltertümern bar jeglichen rechtshistorischen Kontexts dargestellt. *Christoph Hinckeldey* erwarb gut ein Drittel der Sammlung, wobei sich herausstellte, dass einige der Exponate aus der ehemaligen *Geuder*-Sammlung stammten.

Als zweiter namhafter ‚Marktbereinigungs-Erwerb' ist die Wanderschau „Torture Instruments through the Ages" aus dem Jahr 1985 hervorzuheben. Um diese Zeit tourte eine Reihe von gruselorientierten und weitgehend aus Nachbildungen bestehenden Folterausstellungen durch die Metropolen Europas. Die mangelnde wissenschaftliche Fundierung zeigt überdeutlich der zu einigen dieser Ausstellungen vertriebene Katalog mit dem Titel „Inquisition. A bilingual Guide to the exhibition" (*Held* 1985). Ein besonders unrühmliches Beispiel dieses Typus von Folterschau bildete die Wanderausstellung „Das Gruselkabinett der Justiz des Mittelalters", die in Hamburg, Nürnberg und Travemünde gezeigt wurde. Auf Betreiben *Hinckeldeys* beschäftigte sich sogar der Unterausschuss für Museen und Denkmalpflege der bundesdeutschen Kultusministerkonferenz Ende Februar 1986 mit diesem Phänomen und stimmte der Stellungnahme *Hinckeldeys* sowie der Empfehlung des Deutschen Museumsbundes vom 4. November 1985 voll zu, den Museen im deutschsprachigen Raum zu empfehlen, von einer Annahme derartiger Ausstellungen Abstand zu nehmen. Am 26. September 1987 ersteigerte der Stifter die Sammlung auf einer Auktion in Hamburg, um sie zu zerlegen und damit zu verhindern, dass diese Ausstellung weiter ihre Kreise zieht.

Kurz vor dem Tod von *Christoph Hinckeldey* wurde die bis dahin als Privatmuseum betriebene Unternehmung zum Jahreswechsel 1993/94 in eine Stiftung öffentlichen Rechts umgewandelt. Der auf Betrieb, Unterhalt und Ausbau eines Museums zum historischen deutschen Rechtswesen nebst Wissenschaftsförderung ausgerichtete Stiftungszweck ermöglichte die Anerkennung der Stiftung als gemeinnützig. Im Zuge der Umwandlung ging die Geschäftsführung auf den Rothenburger Juristen und Kunsthistoriker *Karl-Heinz Schneider* über, der das Haus bis zu seinem Ruhestand im Jahre 2013 leitete. In den Folgejahren erweiterte Schneider das Haus um das Gebäude Burggasse Nr. 5. Die denkmalgerecht wiederhergestellte „Johanniterscheune" wird seither für Sonderausstellungen und Tagungen genutzt. Unter dem neuen Geschäftsführer wurde der Sammlungsbestand konsequent ausgebaut. Ein besonderer Schwerpunkt lag auf dem Bereich des Hexenwesens und der juristischen Schriften. Um den Jahrtausendwechsel begann die systematische Neukonzeptionierung, die nun – unter dem seit 2013 die Geschäfte der Stiftung führenden Verfasser dieses Beitrags – finalisiert werden konnte.

Abb. 2: Außenansicht der Johanniterscheune des Mittelalterlichen Kriminalmuseums, 2015. Foto: Markus Hirte

3 Der Rundgang durch die neu konzipierte Präsenzausstellung

Die Neukonzeption der Präsenzausstellung war gezeichnet vom Spannungsverhältnis zwischen Museums-Firmierung und Fokussierung auf die (mittelalterliche) Kriminalgeschichte einerseits und dem weitergehenden Stiftungszweck, der das gesamte historische deutsche Rechtswesen einschließt, andererseits. Zudem galt es der Besuchervielfalt von jährlich weit über 100.000 Gästen aus über 100 Ländern Rechnung zu tragen. Aufgrund der traditionell starken Gästeklientel aus dem englischsprachigen Ausland und Japan wurde die bereits 1977 eingeführte dreisprachige Konzeption beibehalten. Die heterogene Altersstruktur der Gäste und das starke Gruppengeschäft erforderten weiterhin unterschiedliche Vermittlungsformate und vielfältige Themenbereiche. All dies stand schließlich unter der Prämisse, dass sich das Museum durch seine Besucher tragen und insoweit schon deshalb breit aufgestellt bleiben muss. Daraus resultierte ein hybrides Rundgangkonzept mit einem gut einstündigen Hauptrundgang sowie einem vertieften Rundgang für den länger verweilenden Gast. Weitere konzeptionelle Rahmenbedingungen lagen in den Räumlichkeiten des historischen Gebäudes ebenso begründet wie in dem Exponatebestand der Stiftung. Im Zusammenspiel all dieser Faktoren kristallisierte sich über die Jahre der nunmehr finalisierte Rundgang heraus.

3.1 Verfahrensbeginn und Erkenntnisverfahren (Kellergewölbe)

Der Rundgang durch die Dauerausstellung folgt in seinen Grundzügen dem Gang eines spätmittelalterlichen/frühneuzeitlichen Strafverfahrens. Er orientiert sich inhaltlich am gesicherten Stand der strafrechtsgeschichtlichen Forschung, unter anderem an den Darstellungen von *Wolfgang Schild* (2010), *Günter Jerouschek* u. *Hinrich Rüping* (2011) sowie jüngst auch *Peter Oestmann* (2015). Der Rundgang eröffnet im Kellerbereich mit dem Beginn des Verfahrens sowie der gütlichen und peinlichen Befragung. Ein Fokus liegt auf der historischen Entwicklung der Folter und ihrer prozessualen Bedeutung als ‚Beweisgewinnungsverfahren'. Als Hauptexponate figurieren zeitgenössische Folterinstrumente, wobei aus ethischen Gesichtspunkten auf eine Inszenierung und Emotionalisierung dieses Bereichs im Stile diverser Foltermuseen selbstredend verzichtet wurde.

Die prominente Eröffnung des Rundgangs mit der – verfahrensrechtlich eher am Ende des Erkenntnisverfahrens stehenden – Tortur war zum einen den baulichen Gegebenheiten des gut 700 Jahre alten Gebäudes geschuldet. Didaktisch war eine Behandlung der Folter im Anfangsstadium eines Rundgangs geboten, da der größte Teil des Publikums diese am engsten mit dem Recht des Mittelalters assoziiert, zugleich hier aber auch die meisten Fehlvorstellungen auszumachen sind.

Abb. 3: Streckbank mit Stachelrolle und Schnürung, Elsass, 17. Jahrhundert. Quelle: MKM 11447

3.2 Gesellschaftliche Einbettung des Strafrechts (Erstes Obergeschoss)

Nach dem ersten Grobüberblick über das Strafverfahren im Kellerbereich dient der nächste Ausstellungsbereich im ersten Obergeschoss der Weitung des Horizonts. Dem engen Fokus der landläufigen Vorstellung des Rechts in alter Zeit auf Folter und Hinrichtung wird die Vielfalt rechtlicher Zusammenhänge am Beispiel des Lebens in einer frühneuzeitlichen Stadt gegenübergestellt. „Eine Frage der Ehre – von der Wiege bis zum Grabe" lautet der Leitspruch dieses Ausstellungsbereichs. Einen Schwerpunkt nehmen deshalb die Policeyordnungen sowie der Bereich der Ehrenstrafen ein. Der Besucher erfährt, dass das peinliche Strafrecht im Leben unserer Vorfahren keine alltägliche – wenn es zum Einsatz kam, dann jedoch eine äußerst wirkmächtige – Erscheinung war.

Den Bereich der Ehrenstrafen runden die Rechtsfantasien des 19. und 20. Jahrhunderts ab. Als Hauptexponat imponiert die „Eiserne Jungfrau von Nürnberg", welche nach wie vor in der Breitenwahrnehmung als grauenvolles Folter- oder Hinrichtungsinstrument fasziniert. Der Gast erfährt deren tatsächlichen Verwendungszweck (Ehrenstrafgerät) und die Hintergründe ihrer Verfälschung in ein Martergerät (*Schild* 1999). Die literarische Bearbeitung dieses Exponats durch Bram Stoker und weitere Abwandlungen im musikalischen Bereich (Iron Maiden), in der Filmindustrie („Sleepy Hollow", „Californication") sowie dem Computerspielgenre („Dungeon Keeper 2") laden die Besucher zu einem kritischeren Reflektieren vermeintlich sichergeglaubter ‚historischer Tatsachen' ein.

Abb. 4: Eiserne Jungfrau von Nürnberg, Holzmantel, 16./17. Jahrhundert. Quelle: MKM 10021

Besuchern mit längerer Verweildauer bietet das erste Obergeschoss einen zusätzlichen chronologischen Sonderrundgang durch 2 000 Jahre Strafrechtsgeschichte. Dieser eröffnet mit dem Recht in germanisch-fränkischer Zeit, dem Kirchenrecht, Sachsenspiegel und den Stadtrechten des Hochmittelalters (*Hirte u. Hübsch* 2009, S. 606ff.). Er mündet in die *Carolina* und Territorialrechte bis hin zum Reichsstrafgesetzbuch von 1871 (*Hirte* 2013). Der Exkurs endet schließlich mit den Mauerschützenprozessen. Die museale Vermittlung erfolgt hier primär mit handschriftlichen Urkunden, gedruckten Flugblättern, Rechtstexten und Gegenständen. Dieser Bereich ist auch der einzige, der stärker auf Faksimile rekurriert, da früh- und hochmittelalterliche Rechtstexte aufgrund ihrer Seltenheit nicht im Bestand des Museums sind.

3.3 Die Konfliktlösung (Zweites Obergeschoss)

Das zweite Obergeschoss widmet sich im Kernbereich den Wegen zum Urteil. Nach einer Darstellung der außergerichtlichen Konfliktlösungsmechanismen werden Entwicklung und Prozessstufen des Anklageprozesses und des Inquisitionsverfahrens aufgezeigt. Diese werden arrondiert durch Vertiefungen zur Entwicklung der Gerichtsorte, Spruchkörper und deren Besetzungen, zu Anwaltschaft und Instanzenzügen. Ein weiterer zentraler Bereich deckt die strafrechtsgeschichtliche Rolle der Kirche und des christlichen Glaubens ab. Die umfassende Darstellung der Verfahrensarten ermöglicht es dem Gast, in diesem Ausstellungsbereich auch tiefer in die Rechtsarchäologie und Rechtsikonographie einzutauchen, etwa in Rechtssprichworte und Rechtssymbole wie Schwerter und Reichsinsignien. Hauptexponate des zweiten Obergeschosses sind die originalgetreuen Nachbildungen der oktogonalen Kaiserkrone, des Reichsapfels, des Zepters und der Heiligen Lanze (vgl. zu den Reichsinsignien *Hirte* 2015, S. 127 ff.).

Die Insignien bilden zudem das Scharnier zum vertieften Rundgang auf dieser Etage, der auch die Verfassungsgeschichte des Heiligen Römischen Reiches bis zu seinem Untergang visualisiert. Mit Blick auf den umfassenden Ansatz des Hauses als Museum für das gesamte historische Rechtswesen führen in diesem Geschoss zusätzliche Exkurse in weitere besondere Konfliktfelder ein, etwa Schule oder Militär sowie eine jüngere Verfassungsgeschichte bis hin zur Deutschen Wiedervereinigung.

3.4 Das Strafen (Erdgeschoss)

Der Rundgang schließt mit dem endlichen Rechtstag im letzten Ausstellungsraum des Hauptgebäudes. Er zeigt die rechtshistorischen Hintergründe der seinerzeitigen Inszenierung des „Theaters des Schreckens“ (*Dülmen* 2014) auf. Das breite Spektrum der Leibes-, Lebens- und Freiheitsstrafen wird durch entsprechende Exponate und lebensgroße Reproduktionen von Figuren aus den Holzschnitten der Tengler'schen Laienspiegel visualisiert. Bewusst wurde hier bei der Vermittlung der letzten Stufe des Verfahrens wieder ein personaler Ansatz gewählt mit dem Fokus auf den *dramatis personae* „Delinquent“ und „Nachrichter“.

Als neuer Vermittlungsansatz besticht eine kurze Strafrechtsgeschichte des (Un-)Täters. Bislang fokussierte sich die Vermittlung der Geschichte des Strafrechts auf eine Darstellung der jeweiligen Verfahrensarten oder Spruchkörper in der jeweiligen Epoche. Visualisierungen wie die Wandtafel zum „Übeltäter im Wandel der Zeit“ sollen den Gästen kurzweilig und sehr bildlich vermitteln, was ganz grundsätzlich der ‚Vorwurf‘ einer Gesellschaft an ‚ihre‘ Übeltäter war. Auch wenn derartige Reduktionen immer angreifbar sind, wurden sie mit dem Ziel einer möglichst breiten außeruniversitären Wissensvermittlung an Nichtjuristen bewusst gewagt. Weitere Exkurse in diesem Bereich der Ausstellung decken Randgruppen ab, die besonders häufig und häufig besonders schwer bestraft wurden, etwa landschädliche Leute und Räuber. Auch die Themeninseln zu Hexen und zum Hexenglauben sowie zu den Tieren in der Rechtsgeschichte sind hier verortet. Neben den Delinquenten beleuchtet dieser Ausstellungsbereich die zweite Zentralgestalt des endlichen Rechtstags, den Nachrichter. Auch dieser wird nicht auf seine reine Tätigkeit als Strafvollstreckungsorgan reduziert. Vielmehr zeigt die Ausstellung ihn in seinen vielen Gestalten als öffentlicher Angestellter, Familienvater, Heilpraktiker und Abdecker.

Mit dem Scharfrichter und der Hinrichtung endet der Rundgang durch die Präsenzausstellung des Mittelalterlichen Kriminalmuseums.

Abb. 5: Rostbrauner Scharfrichterumhang mit Kapuze, Leinen/Wolle, 17. Jahrhundert. Quelle: MKM 11185

4 Rechtshistorische Sonderausstellungen und Kulturvermittlungsformate

In regelmäßigen Sonderausstellungen im zweiten Museumskomplex, der Johanniterscheune, beleuchtet das Mittelalterliche Kriminalmuseum besondere Bereiche der deutschen und europäischen Rechtsgeschichte.

So widmete sich das Haus im Zuge der Reformationsdekade auf zwei Etagen anhand von mehr als 100 Exponaten dem Thema „Luther und die Hexen". Die unter anderem von *Günter Jerouschek* und *Wolfgang Schild* wissenschaftlich begleitete Ausstellung begrüßte knapp 500.000 Gäste, stieß auf große mediale und wissenschaftliche Resonanz und wurde von einem umfassenden Ausstellungskatalog begleitet (*Hirte* 2017). Die Ausstellung verfolgte die Geschichte des Hexenglaubens und Hexereidelikts – von den frühen Anfängen bis zum Ende der großen Hexenverfolgungen im 17. Jahrhundert. Ein besonderes Augenmerk lag auf der Person Martin Luther (1483–1546) und seinen Stellungnahmen für und wider den Hexenglauben.

Zu seinem 100-jährigen Jubiläum nahm sich das Kriminalmuseum in den Jahren 2020–2021 mit „Hund und Katz – Wolf und Spatz. Tiere in der Rechtsgeschichte" – soweit ersichtlich erstmals in Europa – der bewegten Geschichte der rechtlichen Verhältnisse zwischen Mensch und Tier an. Die in Zusammenarbeit mit Andreas Deutsch und Wolfgang Schild entstandene Sonderschau folgte einem hybriden Exponatekonzept aus Tierpräparaten und Rechtsquellen und fokussierte sich auf geistliche und weltliche Tierprozesse sowie das breite Panoptikum abschreckender Tierstrafen. Weitere Schwerpunkte der Ausstellung bildeten der rechtliche Umgang mit von Tieren ausgehenden Gefahren, der Tierschutz sowie die Rechtsgeschichte von Jagd, Fischerei und Tierhaltung. Auch zu dieser Ausstellung erschien ein Begleitband (*Hirte u. Deutsch* 2020c).

In den Jahren 2023–2025 schließlich fokussiert sich eine große Sonderschau auf „Schatz und Schatzsuche in Recht und Geschichte". Die in Zusammenarbeit mit Johannes Dillinger und Birgit Kata entstandene Ausstellung nebst Begleitband (*Hirte u. Dillinger* 2023) widmet sich der Kultur- und Rechtsgeschichte der Suche nach Schätzen – von der hadrianischen Teilung des Schatzfundes bis hin zum modernen Denkmalschutzrecht und den revitalisierten ‚mittelalterlichen' Schatzregalien in den jeweiligen Landesdenkmalschutzgesetzen. Mit Blick auf das Gesetzgebungsverfahren in Bayern zur Einführung eines Schatzregals erlangt die Ausstellung höchste Aktualität. Gleichwohl liegt der Schwerpunkt der Sonderschau auf der magischen Schatzsuche in der Frühen Neuzeit.

Dem Museum als Hort des Wissens kommt im postfaktischen Zeitalter eine ganz besondere Rolle zu. Die ihm inhärente niedrigere Hemmschwelle beim nichtakademischen Publikum eröffnet eine immense Breitenwirkung. Die Vermittlung muss jedoch innovativer angegangen werden, um im Wettbewerb der Freizeit- und Breitenbildungsangebote bestehen zu können. Hier beschreitet das Mittelalterliche Kriminalmuseum seit 2018 mit der Symposiumsreihe „Musik, Recht und Geschichte“ neue Wege in Kooperation mit dem international renommierten Taubertal-Festival (Rock und Pop Open-Air). Dieser Schulterschluss ermöglicht es, während des Festivals interessierten Musikbegeisterten in kurzweiliger Form rechtliche Spannungsverhältnisse im Kontext von Musik, Recht und Geschichte nahezubringen.

Das erste Symposium am 11. August 2018 zu „Rock, Rap, Recht“ nahm sich polarisierender Populärmusik an und besonders den Genres Gangsta-Rap, Punk und Heavy-Metal im Spannungsverhältnis zu Verbot, Zensur und Strafanzeige (*Hirte* 2019). Aktueller Anknüpfungspunkt war die Abschaffung des Musikpreises „Echo“ im Nachgang der Preisverleihung an die Gangsta-Rapper Farid Bang und Kollegah im April 2018. So beleuchteten Beiträge das Gewaltmotiv in der Musik des 16. bis 21. Jahrhunderts, vom Schinderhannes zu Rammstein und Nick Cave, den musikalischen Hexensabbat, Völkerstrafrecht und Musik sowie Gangsta-Rap als strafbare Kunst.

Als ein Thema für die Folgeveranstaltung am 10. August 2019 kristallisierte sich bereits 2018 im Zuge des Harvey-Weinstein-Skandals und dem nahenden 100-jährigen Jubiläum des Frauenwahlrechts rasch #MeToo und die Rolle der Frau in Musik und Musikbusiness heraus. Unter dem Titel „Gender, Macht und Recht“ diskutierten Experten, Aktivistinnen und Festivalpublikum über #MeToo, „Gender und Recht“, mediale Geschlechterkonstruktionen, provozierende weibliche Künstlerinnen wie Pussy Riot, Kebekus oder Madonna sowie über das seinerzeit aktuelle Gesetzgebungsverfahren zur Strafbarkeit des Upskirting (*Hirte* 2020b).

5 Das Mittelalterliche Kriminalmuseum in der Museumslandschaft des 21. Jahrhunderts

Die kurze Reise durch die Geschichte des Museums soll mit einer Standortanalyse und einem Ausblick schließen. In einer Umfrage der Deutschen Zentrale für Tourismus zu den 100 beliebtesten Sehenswürdigkeiten in Deutschland rangiert das Museum 2022 auf Rang 8 aller Sehenswürdigkeiten und erneut als beliebtestes Museum Deutschlands (*DZT* 2022). Diese und andere Umfragen und Votings zeigen, dass die Gäste des Kriminalmuseums dieses auch als touristische Destination wahrnehmen. Als Tourismusziel deckt das Mittelalterliche Kriminalmuseum zwei Tourismusfelder ab, die sich bereits im Museumsnamen verdichten.

Als ‚mittelalterliches‘ Kriminalmuseum ist es eine Destination des Geschichtstourismus. Hier kommt ihm seine Lokalisierung im mittelfränkischen Rothenburg ob der Tauber zu Gute, das seit dem frühen 19. Jahrhundert im Fremdenverkehr einen zunehmend guten Ruf als „Kleinod der deutschen Vergangenheit“ erlangte (*Hagen* 2016, S. 563). Als eine wesentliche Säule des Geschichtstourismus in Rothenburg imponieren seit jeher die örtlichen Museen. Das Mittelalterliche Kriminalmuseum widmet sich dabei der Information über die rechtlichen Rahmenbedingungen des Lebens in alter Zeit. Es kann ob seiner Ausrichtung und seines Bestandes als ein ausgewiesenes historisches Museum der besonderen Art eingeordnet werden (*Vieregg* 1999, S. 16).

Das zweite Tourismusfeld, von dem sich eine signifikante Anzahl von Gästen angezogen fühlt, findet sich im ersten Teil des Kompositums Kriminalmuseum. Ausweislich mehrerer repräsentativer Umfragen unter Museumsgästen locken die unterschiedlichen Assoziationen mit und um das Wort ‚Kriminal' eine beträchtliche Anzahl von Besuchern an. Hier sind neben ‚Neugier' auch ‚Schauer' und ‚Grusel' verbreitete Assoziationen. Damit fällt das Mittelalterliche Kriminalmuseum in eine Sparte, die in der Tourismuswissenschaft als *Dark Tourism* umschrieben wird (eine Form des postmodernen Tourismus zu Schauplätzen des Todes, *Lennon u. Foley* 2000, S. 3 ff.). Angesichts der terminologischen Verengung des *Dark Tourism* auf die Postmoderne scheint mir indes die Klassifizierung dieser Tourismusform als Thanatourismus geeigneter, da diese auch dessen historische Wurzeln stärker berücksichtigt (*Seaton* 1996, S. 240). Motive dieser im 19. Jahrhundert aufkommenden Tourismusform waren und sind neben Neugierbefriedigung, Sensationsbedürfnis, Nervenkitzel und wohligem Schauder vor allem die Abgrenzung der eigenen aufgeklärten Gegenwart von einer als rückständig empfundenen Vergangenheit (*Schwarz u. Mysliwietz-Fleiß* 2019, S. 23). Im 19. Jahrhundert waren es die allenthalben aus dem Boden sprießenden Folterkeller und Burgverliese, die dieses Thema bespielten und in denen das Mittelalterliche Kriminalmuseum auch seine Wurzeln hat. Im 20. Jahrhundert erweiterte sich der Tourismus zu Schauplätzen des Schauderns noch einmal signifikant und skaliert nach dem Maß der „Dunkelheit" in sieben Sparten von Geisterbahnen (Unterhaltung – „hellst") bis zu Völkermordstätten (Reale Schauplätze – „dunkelst"; *Stone* 2006, S. 152 ff.). In der Mitte dieser Kategorisierung finden sich „Dunkle Ausstellungen", die je nach Fokussierung auf „Spaß und Grusel" oder konkretem lokalen Bezug zu Hinrichtungen eher Richtung „hell" oder „dunkel" tendieren (*Stone* 2006, S. 151). Lässt man die letzten einhundert Jahre des Mittelalterlichen Kriminalmuseums Revue passieren, können wir eine konsequente Verschiebung aus dem Bereich „hellst" (Folterkammer in der Klostergasse) in „hell/dunkel" (Mittelalterliches Kriminalmuseum im Jahre 2023) konstatieren. Ausschlaggebend dafür waren die zunehmende Ausrichtung auf Bildung, historische Genauigkeit und authentische Exponate. Die ausgezeichnete touristische Infrastruktur Rothenburgs, der enorme historische Betrachtungszeitraum in der Präsenzausstellung von mittlerweile 2.000 Jahren und die Ausgewogenheit zwischen Unterhaltung und Bildung positionieren das Kriminalmuseum indes weitgehend in der Mitte zwischen hell und dunkel. In diesem Bereich wird sich das Museum auch die nächsten Jahrzehnte weiter fest verankern mit dem Ziel, das historische deutsche und europäische Rechtswesen dem deutschen, europäischen und weltweiten Publikum sachlich korrekt, anschaulich und informativ näher zu bringen.

Zusammenfassung

Der Beitrag zeichnet die 100-jährige Geschichte des Mittelalterlichen Kriminalmuseums in Rothenburg ob der Tauber, Deutschland, nach. Er eröffnet mit den Ursprüngen des Museums in einer kleinen privaten Altertumssammlung und den frühen Jahren des Museums unter der Familie *Hinckeldey*. Es wird aufgezeigt, unter welchen Prämissen sich die Sammlung erweiterte und in ein umfassendes Rechtskundemuseum transformiert wurde, etwa durch den Aufkauf von bedeutenden Rechtsaltertümersammlungen und Highlight-Exponaten wie der Eisernen Jungfrau von Nürnberg. Sodann vertieft der Beitrag die Umwandlung des privaten Museums in eine gemeinnützige Stiftung öffentlichen Rechts mit Sitz in Rothenburg ob der Tauber und die Entwicklung des Hauses zu Europas bedeutendstem Rechtskundemuseum und zu einem der beliebtesten Museen Deutschlands (*DZT* 2022).

Der Hauptteil des Beitrags skizziert die neu konzipierte Präsenzausstellung des Kriminalmuseums in den vier Etagen des Haupthaus, vom Verfahrensbeginn und Erkenntnisverfahren, über die gesellschaftliche Einbettung des Strafrechts, die gerichtliche und außergerichtliche Konfliktlösung durch 2.000 Jahre bis hin zum Strafen und dem Umgang mit Randgruppen. Folgend umreißt der Beitrag die letzten rechtshistorischen Sonderausstellungen, etwa „Luther und die Hexen“ sowie „Tiere in der Rechtsgeschichte“ und die neuen Kulturvermittlungsformate am Museum, etwa die Symposien zu Musik, Recht und Geschichte.

Der Beitrag zur Geschichte des Mittelalterlichen Kriminalmuseums schließt mit einer Standortanalyse des Museums in der deutschen und europäischen Museumslandschaft im Spannungsfeld zwischen Geschichts- und Thanatourismus und positioniert das Haus für die nächsten Jahrzehnte als umfassendes und zeitlich sowie inhaltlich nicht mehr auf die enge Museumsfirmierung beschränktes Rechtskundemuseum.

Summary: Landscape and Law. A journey through the history of the Medieval Crime and Justice Museum, Rothenburg o. d. T.

The following article highlights various facets of the Medieval Crime and Justice Museum, which is located in the heart of the middle franconian town of Rothenburg ob der Tauber. In addition to a deep insight into the museum's history, which goes back to the end of the 19th century, the reader is given additional insights into the structure and functioning (operation) of the museum. So it is explained, how the permanent exhibition was redesigned after the turn of the century and also the important role of constantly changing special exhibitions for cost coverage. Furthermore, various new cultural mediation formats are shown, that enable the museum to compete in the leisure and wide-education offering. Finally, the article shows, which areas of tourism are covered by the

Medieval Crime and Justice Museum and how these are reconciled in order to meet the wide-ranging clientele of visitors. As a tourist destination, the museum covers two fields of tourism: history tourism on the one hand and thanatourism on the other, whereby the focus is not on the "horror factor" but rather a balance between entertainment and education.

Literatur

Dülmen, R. van (2014): Theater des Schreckens. Gerichtspraxis und Strafrituale in der Frühen Neuzeit. 6. Auflage. – München.

DZT (2022): DZT präsentiert die 100 beliebtesten Reiseziele ausländischer Gäste in Deutschland. Presse-Information der Deutschen Zentrale für Tourismus e. V. (DZT) vom 18. August 2022. – Frankfurt am Main, https://www.germany.travel/media/redaktion/newsroom/press_release_folder/press_media_folder_de/PM_DZT_Top100_2022.pdf (Zugriff: 26. Juli 2024).

Hagen, J. (2016): Wie Rothenburg zum Kleinod der deutschen Vergangenheit wurde. – In: *Rupp, H. F. und Borchardt, K. [Hrsg.]*: Rothenburg ob der Tauber. Geschichte der Stadt und ihres Umlandes. – Darmstadt, S. 559–576.

Held, R. (1985): Inquisition. A bilingual Guide to the exhibition of Torture Instruments from the Middle Ages to the Industrial Era. Presented in various European cities in 1983–87. – Florenz.

Hinckeldey, Th. (2011): Menschlichkeit statt Knechtschaft durch den Zeitgeist. Die Bildhauerin Marta Hinckeldey-Wittke (1890–1978). – Lindenberg im Allgäu.

Hirte, M. und Hübsch, R. (2009): Einführung in die ältere Strafrechtsgeschichte. – In: Juristische Arbeitsblätter 41/8–9, S. 606–611.

Hirte, M. (2013): Die Todesstrafe in der Entstehung des Reichsstrafgesetzbuches. – Berlin (Rechtsgeschichte und Rechtsgeschehen – Kleine Schriften, 39).

Hirte, M. (2015): The significance of the imperial crown. – In: *Callebaut, D. und Cuyck, H. van [Hrsg.]*: The Legacy of Charlemagne (814–2014). Gent, S. 127–133

Hirte, M. [Hrsg.] (2017): „Mit dem Schwert oder festem Glauben": Luther und die Hexen. – Darmstadt.

Hirte, M. [Hrsg.] (2019): Rock, Rap, Recht. Beiträge zu Musik, Recht und Geschichte. – Darmstadt.

Hirte, M. (2020 a): Eine kurze Geschichte des Mittelalterlichen Kriminalmuseums. – In: *Ders. [Hrsg.]*: 100 Jahre Mittelalterliches Kriminalmuseum. Festschrift zum Museumsjubiläum, Darmstadt, S. 19–54.

Hirte, M. [Hrsg.] (2020b): Gender, Macht und Recht. Beiträge zu Musik, Recht und Geschichte. – Darmstadt.

Hirte, M. und Deutsch, A. [Hrsg.] (2020c): Hund und Katz – Wolf und Spatz: Tiere in der Rechtsgeschichte. – St. Ottilien.

Hirte, M. (2020 d): Von der Folterkammer zum Rechtskundemuseum. Die Geschichte des Mittelalterlichen Kriminalmuseums in Rothenburg. – In: Journal on European History of Law 2/2020, S. 157–168.

Hirte, M. und Dillinger, J. [Hrsg.] (2023): Schatz und Schatzsuche in Recht und Geschichte. – St. Ottilien.

Lennon, J. J. und Foley, M. (2000): Dark Tourism. The Attraction of Death and Disaster. – London u. New York.

Oestmann, P. (2015): Wege zur Rechtsgeschichte: Gerichtsbarkeit und Verfahren. – Köln, Weimar u. Wien (UTB, 4295).

Rüping, H. und Jerouschek, G. (2011): Grundriss der Strafrechtsgeschichte. 6. Auflage. – München.

Scheffler, J. (2002): Der Folterstuhl – Metamorphosen eines Museumsobjektes. – In: zeitenblicke 1/1, 2002, hhttp://www.zeitenblicke.historicum.net/2002/01/scheffler/scheffler.html (Zugriff: 29. Mai 2020).

Schild, W. (1999): Die Eiserne Jungfrau. Dichtung und Wahrheit. – Rothenburg ob der Tauber.

Schild, W. (2010): Folter, Pranger, Scheiterhaufen. Rechtsprechung im Mittelalter. – München.

Schwarz, A. und Mysliwietz-Fleiß, D. (2019): Geschichte als touristisches Reiseziel. – In: *Dies. [Hrsg.]*: Reisen in die Vergangenheit. Geschichtstourismus im 19. und 20. Jahrhundert. – Köln, Weimar u. Wien.

Seaton, A. (1996): Guided by the Dark. From thanatopsis to thanatourism. – In: International Journal of Heritage Studies 2/4, 1996, S. 234–244.

Stone, P. (2006): A Dark Tourism Spectrum. Towards a Typology of Death and Macabre Related Tourist Sites, Attractions and Exhibitions. – In: Tourism 54/2, 2006, S. 145–160.

Vieregg, H. (1999): Der Museumslehrgang: Ausgangspunkte für den Unterricht in mittelfränkischen Museen. – In: *Vieregg, H.; Auer, M. u. Münchenbach, S. [Hrsg.]*: Museen lebendig erleben in der Museumslandschaft Mittelfranken. – München. S. 15–18.

Vieregg, H. (2006): Museumswissenschaften. Eine Einführung. – Paderborn.

Siedlungsforschung. Archäologie – Geschichte – Geographie 40, 2022, S. 185–203

Rechtsräume in den römischen Grenzprovinzen und der UNESCO Welterbe-Cluster „Grenzen des Römischen Reiches"

Werner Eck und Suzana Matešić

Das Römische Reich umspannte zum Zeitpunkt seiner größten Ausdehnung unter Kaiser Trajan und vor allem seit Septimius Severus die gesamte Mittelmeerwelt und erstreckte sich über drei Kontinente. Trotz dieser Größe und Untergliederung in kleinere politisch-administrative Verwaltungseinheiten war es ein einheitlicher Raum, in dem derselbe politische Wille galt, überwölbt vom römischen Recht. Die Grenzprovinzen, in denen vor allem das römische Heer dauerhaft stationiert war, unterschieden sich von den übrigen Provinzen dadurch, dass sie direkt dem Kaiser unterstanden, der die konkrete Leitung aber senatorischen *legati Augusti pro praetore* wie beispielsweise in Germania superior oder ritterlichen Präsidialprokuratoren wie etwa in Raetien oder Mauretanien übertrug. Dennoch ergab sich daraus kein eigenständiger Rechtsraum entlang der Limites – der verschiedenen ehemaligen Grenzabschnitte des Römischen Reiches. Faktisch wusste Rom, wo seine „Grenzen" lagen, wo seine direkte Macht endete. An manchen Stellen markierte man diese Grenzen auch konkret, aber meist waren es natürliche Gegebenheiten wie Flüsse oder Gebirge, die als Grenzen akzeptiert wurden. Aber eine einheitliche reguläre Kennzeichnung der Grenzen, wie es unseren modernen Vorstellungen entspricht, gab es nicht. Letztlich definierten die politisch-militärischen Möglichkeiten und Notwendigkeiten, wo für Rom jeweils das Imperium konkret endete.

Ein Reich ohne Grenzen? Vergil feierte in seiner Aeneis die niemals endende Herrschaft der Römer und ließ Jupiter verkünden, dass er den Römern weder in Raum noch in Zeit Grenzen gesetzt, ihnen vielmehr ein *imperium*, eine Herrschaft und einen Herrschaftsraum ohne Ende gegeben habe. Damit bezog sich Vergil als Zeitgenosse des Augustus auf den von diesem geschaffenen Prinzipat und die enorme Ausdehnung des Römischen Reiches, die unter ihm erreicht worden war. Sicher ist jedoch, dass kein irdischer Raum unendlich ist, dass jeder an seine Grenzen stößt, wenn er sie nicht sogar selbst setzt. Auch das Imperium Romanum war trotz der Aussage Jupiters in Vergils Aeneis ein Reich, das sich nicht ins Endlose erstreckte, es hatte seine Grenzen.

Abb. 1: Die Ausdehnung des Römischen Reiches Mitte des 2. Jahrhunderts n. Chr. Quelle: Frontiers of the Roman Empire Culture 2000 project (2005–2008)

Dies war auch Augustus und den meisten seiner Nachfolger klar. Einer Überdehnung waren von innen und von außen her Grenzen gesteckt. Und auch der gewaltige Raum, den das Reich einschloss, war in sich gegliedert und durch innere Grenzen beherrschbar gemacht.

1 Naturräumliche Grenzen

Augustus beschreibt den Raum im Westen des Imperiums mit sehr klaren Worten: „Die gallischen und hispanischen Provinzen, ebenso Germanien, soweit sie der Ozean von Gades bis zur Mündung der Elbe einschließt, habe ich befriedet“ (*RGDA* 26). Die von Atlantik und Nordsee bespülten Küsten (*litora*) zeigen, wo die römische Macht endete. Statt der Elbe, wie Augustus es bis zu seinem Lebensende – trotz der Niederlage im *saltus Teutoburgiensis* – wollte, markierte seit Tiberius im Westen der Rhein das unmittelbar beherrschte Gebiet, nicht anders als die Donau sowie der Euphrat, welchen Teil der Welt Rom unter seiner Herrschaft hatte. Bis zum Jahr 106 n. Chr. war im Osten auch der Jordan Grenzfluss. An diesen fließenden Gewässern musste nicht durch besondere monumentale Marker gezeigt werden, wo für die römische Machtausübung eine natürliche Grenze gegeben war. Dass man diese Grenzen akzeptierte, lag auch daran, dass sie umgekehrt für Rom selbst einen ersten von der Natur geschaffenen Schutz boten.

Eine eigene Bezeichnung kannte Rom für diese Flussgrenzen nicht. Für kürzere Abschnitte an den einzelnen Flüssen wurde manchmal das Wort *ripa* = Ufer verwendet, an denen dann auch für bestimmte Aufgaben spezielle Befehlshaber eingesetzt werden konnten. So wird z. B. von der Funktion des Arruntius Claudianus in traianischer Zeit an der Donau gesagt, er sei Präfekt der mösischen Flotte und eines Teilstücks des Donauufers (*L'Année* épigraphique *[AE]* 1969/70, 595a = *I. Ephesos* 620). Konkret hieß das wohl, er sei für die militärische Sicherung auf dem Strom in dem Abschnitt verantwortlich, an den die beiden mösischen Provinzen, Moesia superior und inferior, grenzten. Der Begriff *ripa* wurde aber nicht auf den gesamten Verlauf des Stromes übertragen, um damit etwa grundsätzlich dessen Grenzfunktion zu bezeichnen, auch nicht an Rhein oder Euphrat. Der Name des Flusses genügte, um eine Grenzlinie zu bezeichnen.

Dass es dennoch an vielen Stellen weit über den Fluss hinaus eine Interessensphäre Roms gegeben hat, ist unstrittig. Man denke nur an die Weideflächen, die *prata Aureliana*, die die *legio I Minervia* östlich des Rheins zwischen Troisdorf und St. Augustin für ihre Tiere besaß und bei einer Erweiterung sogar durch Grenzsteine markierte. Die *tegularia transrhenana*, die rechtsrheinischen Ziegeleien, zeigen dieses Ausgreifen bereits in ihrem Namen (*Hanel* 2002); ferner sind Kalkbrennöfen im Lerbacher Wald (*KuLaDig* 2022) nachgewiesen und den Trachytabbau am Drachenfels (*Ruppienė* 2015, 160–166) darf man mit Sicherheit aus einer Inschrift ableiten, die über den Steintransport nach Xanten durch Schiffe der römischen Rheinflotte berichtet. All dies sind unzweifelhafte Beweise dafür, dass der römische Machtbereich sich über als Grenzen definierte Landmarken hinaus erstreckte, wenn es den römischen Interessen diente.

Rhein oder Donau, aber ebenso der Euphrat waren Grenzen, an denen auch eine politische Macht Halt machen konnte, wenn sie nicht beschloss, das natürliche Hindernis zu überschreiten. Flüsse zwangen in gewisser Hinsicht zum Halt. Das galt partiell auch für Gebirge wie etwa die Alpen; es ist kein Zufall, dass sie erst unter Augustus Teil des Imperiums wurden. Doch wo lag bei ihnen die Grenze, am Fuß auf einer der beiden Seiten des Gebirges? In den meisten anderen Regionen zeigte die Topographie noch weit weniger, dass an einem Punkt oder einer Linie ein Raum natürlicherweise zu Ende gehe.

2 Künstliche Barrieren

In Britannien war bis zum Jahr 122 n. Chr. die Grenze dort, wo die römische Macht durch ihre Truppen und ihre Kastelle präsent war; dem Vormarsch nach Norden stellte sich kein zwingendes natürliches Hindernis in den Weg. Dann aber wurde Hadrian's Wall erbaut, der von Wallsend am Fluss Tyne im Osten bis nach Bowness-on-Solway im Westen reichte. Damit war für Rom und die Außenwelt ein Zeichen gesetzt.

Zwei Jahrzehnte später ließ Antoninus Pius weiter im Norden der Insel den Antoninuswall errichten, der die Landenge zwischen dem Firth of Forth und dem Firth of Clyde abschloss; noch unter Pius wurde der Wall allerdings im Wesentlichen wieder aufgegeben und die Truppen zum *vallum Hadriani* zurückgezogen. Beide Wälle markierten deutlich die Grenze des Imperiums, waren aber, wie auch bei den Flussgrenzen, kein Hindernis, wenn es nötig schien, römische Macht und Interessen auch im nördlichen Vorland zu zeigen und durchzusetzen. Noch im späteren 2. oder zu Anfang des 3. Jahrhunderts konnte der Senator Iunius Victorinus, Legat der *legio VI Victrix*, nördlich des Walls eingreifen, um dort die von Rom gewollte Ordnung herzustellen.

Was in Britannien auf militärischen Inschriften *vallum* genannt wurde, also eine von Menschenhand gestaltete, sichtbare Grenze, findet sich auch in anderen Teilen des Reiches, zumal in Obergermanien und in Raetien.

Dafür bürgerte sich der Begriff des Limes ein, der dann in der Moderne auch auf andere lange Grenzabschnitte übertragen wurde, auch auf die, an denen keine durchgehenden künstlichen Anlagen errichtet wurden. Für Obergermanien und Raetien ist die Bezeichnung *limes* als befestigte Grenze quellenmäßig im 2. und 3. Jahrhundert, also zu der Zeit, in der der Limes errichtet wurde und seine Funktion erfüllte, aber nicht belegt.

Lediglich in der Hadriansvita der Historia Augusta (*HA*) erscheint das Wort, wenn der Autor vom Kaiser berichtet, er habe die Barbaren durch ein System von großen Pfählen abgetrennt (*HA, vita Hadriani* 12, 6). Zeitlich wird das, wenn auch nicht ganz präzise, mit der ersten großen Reise Hadrians verbunden, die ihn von Sommer 121 bis Mitte 124 durch die nordwestlichen Provinzen einschließlich Britannien und die hispanische Halbinsel führte. Dabei müssen dem Autor der Historia Augusta genaue Nachrichten über den Bau der Grenzanlagen, die Hadrian veranlasste, vorgelegen haben. Aber, ob der Ignotus, wie der Oxforder Althistoriker Sir Ronald Syme den für uns namenlosen Autor nannte, in seinen Quellen auch den Begriff *limes* oder *limites* vorgefunden hat, kann man bezweifeln; denn er schrieb erst am Ende des 4. Jahrhunderts, in einer Zeit, in der *limes* tatsächlich für die Organisation vieler einzelner Teile von Grenzanlagen militärischer Natur verwendet wurde.

Das Wort *limes* erscheint allerdings in der frühesten Quelle, die über die Eroberung eines Teils des Chattenlandes berichtet, also gerade der Region, in der später der nördliche Teil des obergermanischen Limes errichtet wurde. Denn Sextus Iulius Frontinus, der heute eher noch durch sein kleines Werk *De aquis urbis Romae* bekannt ist, hat als

Legat des niedergermanischen Heeres im Jahr 83 am Feldzug Domitians teilgenommen, bei dem die Grenze von Germania superior östlich des Rheins nach Norden und Osten vorgeschoben wurde, dort wo bald der obergermanische Limes entstand. Frontin spricht in seiner Sammlung von Kriegslisten (*Strategemata* 1, 3, 10) davon, Domitian habe bei seinem Vormarsch gegen die Germanen breite Schneisen, *limites*, auf einer Länge von 120 Meilen in den Wald vortreiben lassen, so dass es den Germanen nicht mehr möglich war, sich in die Wälder zurückzuziehen, weil er auf diese Weise Zugänge zu ihren Rückzugsräumen geschaffen hatte. Mit *limites* werden hier Straßen oder breite Wege für den militärischen Vormarsch der Truppen bezeichnet, genau in der Art, wie auch die römischen Feldmesser die Wege unterschiedlicher Breite nennen, mit denen ein Territorium erschlossen, in definierte Flächen eingeteilt und an Neusiedler vergeben werden konnte. Domitian errichtete also nicht eine durchgehende Linie, die das römische Territorium gegenüber der nichtrömischen Welt definierte, sondern erschloss durch die *limites* das Gebiet, das er erobern und der Provinz angliedern wollte.

Spätestens bis zum 4. Jahrhundert muss das Wort *limes* durch die konkreten Beispiele der linearen, vom Militär kontrollierten Anlagen wie in Obergermanien oder Raetien die neue Bedeutung militärisch befestigter Grenzabschnitt angenommen haben, eine Bezeichnung, wie sie vor allem in Nordafrika durch das spätantike Verzeichnis der Notitia dignitatum in großer Zahl bezeugt ist. Aber schon in der Zeit von Kaiser Philippus Arabs (244–249) und Gallienus (253–268) ist ein *limes Tripolitanus* bezeugt, an dem ein eigener Offizier die Verantwortung hatte.

Dort an der südlichen Grenze des Imperiums war aber keine durch eine durchgehende Mauer markierte und sichtbare Grenze wie am Obergermanisch-Raetischen Limes errichtet worden, vielmehr war offensichtlich eine Reihe von Kastellen vorhanden, die durch neue *centenaria*, Kleinkastelle, verstärkt wurde, um die Einfälle von Barbaren zu unterbinden. Und alle diese militärischen Einrichtungen waren durch eine Verbindungsstraße, einen *limes*, miteinander verbunden.

3 Das Imperium Romanum und seine Gliederung

Im Imperium Romanum gab es drei politisch-administrative Hierarchieebenen. Die erste repräsentiert das Kaisertum, das in seiner Kompetenz allumfassend ist; die zweite betrifft die einzelnen Provinzen mit ihren Statthaltern und den Funktionsträgern, die für die staatlichen Finanzen einer Provinz zuständig waren; die dritte und unterste Ebene bilden schließlich die Gemeinden (*civitates*) und vergleichbare lokale Einheiten wie Güter des kaiserlichen Patrimoniums (des kaiserlichen Kronguts), Bergwerke, Tempelherrschaften oder die Territorien, die dem Militär für seine Zwecke zur Verfügung standen. Provinzen umfassten ein definiertes Territorium, das wiederum in die Subterritorien der genannten lokalen Einheiten gegliedert war. Mit jedem dieser Territorien waren bestimmte Aufgaben verbunden, was dann notwendigerweise zur Voraussetzung hatte, dass alle, die für die einzelnen Einheiten verantwortlich waren, wissen mussten, wieweit sich der Bereich erstreckte, für den sie zuständig waren, wo somit sehr konkret auch ihre Zuständigkeit endete.

3.1 Provinzen und ihre Grenzen

Dass *provincia* ein klar umrissenes Territorium umfasste, war nicht von Anfang an die eigentliche Bedeutung des Wortes, das vielmehr zunächst die spezifischen Aufgaben bezeichnete, die einem Magistrat anvertraut waren. Allerdings war beim Erwerb von Territorien außerhalb Italiens sogleich das Faktum gegeben, dass Provinzen ein klar definiertes Territorium besäßen, da Sizilien und Sardinien als die beiden ersten Amtsbereiche dieser Art Inseln waren. Da konnte kein Zweifel aufkommen, dass die gesamte Insel, von einer Küste zur anderen, die jeweilige Provinz bildete.

Das war auf der iberischen Halbinsel anders, als dort 197 v. Chr. zwei neue Provinzen eingerichtet wurden. Damals musste der Senat den beiden Prätoren auftragen, sie sollten festlegen, wo für beide die Grenze zur Ausübung des eigenen Kommandos lag; der spezifische Ausdruck, mit dem sie den Auftrag umsetzen sollten, lautete: *terminare* – Grenzen festlegen (*Livius* 32, 28, 10). Aus ihren Festlegungen entwickelten sich die Provinzen Hispania citerior und ulterior, die eine gemeinsame, sie trennende Grenze hatten, deren definitives Territorium damals allerdings noch offen war; schließlich drang man von dem erworbenen Territorium aus weiter nach Norden und Westen in bisher nicht römisch beherrschtes Gebiet vor.

In augusteischer Zeit aber hatten die meisten Provinzen längst einen festgelegten Umfang, Wie aber war dieser beschrieben, damit etwa ein Statthalter, der in eine für ihn bisher unbekannte Provinz kam, wusste, was zu seinem Amtsbereich gehörte? Im Einzelnen lässt sich das heute nicht mehr rekonstruieren, Verzeichnisse von Städten oder Stämmen, die in einer Provinz lagen, gab es. Agrippa muss solche Informationen für seine Weltkarte in Rom besessen haben, nicht anders als Plinius d. Ä. für seine geographische Beschreibung der Welt mit den zahllosen Namen von Städten und sonstigen territorialen Einheiten. Jedenfalls musste jeder Statthalter Kenntnis davon haben, wo seine Provinz und damit sein Amtsbereich endeten. Denn deren Grenzen zu überschreiten, hätte leicht zu einer Anklage in Rom oder zumindest zum Streit mit seinem Amtskollegen in der angrenzenden Provinz führen können. Jeder Gouverneur sollte also entsprechend informiert sein. Eine Zusammenstellung aller Selbstverwaltungseinheiten seiner Provinz, also insbesondere der Städte, konnte Basis für sein Handeln sein.

Aber waren die Grenzen der Provinzen oder die der Städte und der anderen Selbstverwaltungseinheiten einer Provinz sichtbar? Heute müssen in einem großen Teil Europas zwar keine Schlagbäume mehr geöffnet werden, aber Schilder, die darauf verweisen, welches Land beginnt, informieren noch immer den Reisenden beim Überfahren der Grenze. Gab es Ähnliches an den Grenzen zwischen römischen Provinzen? War an einer Straße markiert, dass ein Reisender sich von hier an in den Jurisdiktionsbereich eines anderen Provinzstatthalters begab? Nach allem, was wir erkennen können, existierten solche dauerhaften Hinweise nicht, obwohl das Ende der einen Provinz und der Beginn der anschließenden bekannt waren.

Der Name des Vinxtbachs südlich von Remagen bewahrt noch heute das Wissen der römischen Zeit, dass hier Germania inferior und superior sich berührten. Der Name leitet sich ab von der Bezeichnung *fines* = Grenzen. Von den Statthaltern beauftragte Legionssoldaten, sogenannte *beneficiarii*, waren dort stationiert und haben den Fines, den Gottheiten, die über die Grenze wachten, Weihealtäre errichtet.

Abb. 2: Vinxtbach. Weihung an die Grenzgottheiten, den Genius loci und Iupiter Optimus Maximus; 171–230 n. Chr. (CIL XIII 7732).
Quelle: EDCS-11001860. Foto: Peter Probst
Finibus et Genio loci et I(ovi) O(ptimo) M(aximo) milit(es) leg(ionis) XXX U(lpiae) V(ictricis) M(arcus) Massianius Secundus et T(itus) Aurelius Dosso v(otum) s(olverunt) l(ibentes) m(erito)

So ist das heute noch für uns erkennbar. Dass die Soldaten am Vinxtbach speziell stationiert waren, weil dort die Süd- bzw. Nordgrenze der beiden Provinzen aufeinandertraf, ist freilich wenig wahrscheinlich; schließlich haben an unzähligen Stellen Straßen von einer Provinz in die andere geführt, ohne dass dort Soldaten den Übergang bewachen mussten. Weit wahrscheinlicher ist es, dass sie dort stationiert waren, weil auf der gegenüberliegenden Seite des Rheins der obergermanische Limes endete. Als man diesen anlegte, ließ man ihn nicht per Zufall an dieser Stelle am Rhein enden, sondern deswegen, weil auf der anderen Seite des Stroms eben dort die Grenze der Germania superior am Rhein endete. Damit war auch klar, bis zu welchem Punkt des Rheins welcher der beiden germanischen Statthalter zuständig gewesen ist. Dort am Vinxtbach war jedenfalls die Grenze zwischen zwei Provinzen nicht durch irgendwelche Zeichen eigens markiert; dass dort eine Grenze existierte, ergibt sich nur indirekt aus den Weihungen an die Fines.

Natürlich wussten die Gouverneure oder ihr Personal, wo die Grenze des statthalterlichen Zuständigkeitsbereichs war, wenn sie in ihrer Provinz unterwegs waren. Auf Straßenbauinschriften wurde manchmal angegeben, wie weit es bis zum Ende einer *via publica* war. Das kennen wir z. B. auch aus Oberitalien durch zwei Bauinschriften von Kaiser Claudius, auf denen es heißt, er habe eine Straße ausgebaut von *Altinum* (nahe Venedig) bzw. vom Po bis zur Donau. Die Provinz Raetia endete an der Donau (*Corpus Inscriptionum Latinarum* [*CIL*] V 8002. 8003 = XVII 4, 1). Ähnliche Texte kennt man aus anderen Provinzen.

Man muss aber die Tatsache betonen, dass weder die Kaiser noch die Statthalter kaum je eine Notwendigkeit sahen, die weitläufigen Grenzen zwischen zwei Provinzen mit Grenzsteinen zu versehen oder anderweitig kenntlich zu machen. Nur in wenigen Fällen ist dies wohl geschehen. Dazu gehört offenbar auch eine Maßnahme, die im Jahr 195 der Statthalter der neugeschaffenen Provinz Osrhoene durchführte. Denn er markierte die Grenze zwischen seiner Provinz und dem Reich des Königs Abgarus durch Grenzsteine (*AE* 1984, 919). Das könnte man zwar als eine Markierung der Außengrenze des Imperiums ansehen. Doch das Königreich von Abgar VIII. lag innerhalb des römischen Territoriums, war aber kein unmittelbarer Teil der Provinz, weshalb es auch eine Grenze gegenüber dieser gab. Als Klientelkönig übte Abgar seine Herrschaft nur als Teil des römischen Imperiums aus. Diese Maßnahme muss man deshalb nur als direkte Markierung zweier Gebiete unterschiedlicher Rechtsstellung innerhalb des Reiches ansehen, wie zwischen zwei Provinzen.

Vermutlich im Jahr 73/74, dem Jahr seiner Censur, hat Vespasian in Africa durch zwei eigens beauftragte Legaten die Grenzen der neuen und alten Provinz neu ausrichten lassen, dort, wo diese offensichtlich vorher durch einen Graben, den ein König angelegt hatte, markiert waren. Mindestens zwölf Grenzsteine sind von dieser Aktion erhalten (z. B. *AE* 1912, 151). Vielleicht hatte es zu viele Unklarheiten im Gelände gegeben, weshalb sich Vespasian zu dieser ungewöhnlichen Aktion genötigt sah.

3.2 Grenzen zwischen Städten und anderen administrativen Einheiten

Das gilt letztlich auch für die Grenzen auf der untersten administrativen Ebene der Provinzen, also Grenzen zwischen Städten oder anderen administrativen Einheiten, obwohl dort Grenzmarkierungen insgesamt etwas häufiger sind als zwischen Provinzen. Doch im Normalfall wussten deren Amtsträger, für welche Gebiete sie verantwortlich waren. Sie mussten das allein schon deswegen wissen, weil die Selbstverwaltungseinheiten auch für den Steuereingang verantwortlich waren. Keine Gemeinde wollte für ein Gebiet haftbar gemacht werden, das nicht zu ihr gehörte.

Für manche Territorien hat es schriftliche Unterlagen gegeben, Kataster, römisch *forma* oder *instrumentum* genannt, in denen neben den Eigentümern von Grundstücken auch die Grenzen der Gemeinde erkennbar waren. Solche hat es wohl vor allem für Gemeinden römischen Rechts gegeben, auf deren Territorium römischen Bürgern Land angewiesen worden war. Im südfranzösischen *Arausio* (Orange) wurden mehrere umfangreiche Kataster auf Stein übertragen, auf denen vor allem auch verzeichnet war, wieviel die Pächter für gepachtetes Gemeindeland zu zahlen hatten.

Waren solche Unterlagen nicht vorhanden, kam es leichter zu Streit über die Besitzverhältnisse von Gemeinden. Dann hatten die Kaiser durch ihre Statthalter oder andere Beauftragte einzugreifen, um die Grenzen wieder festzulegen. Dokumente darüber, fast ausschließlich Inschriften, sind relativ zahlreich erhalten, manchmal auch in detaillierter Länge. So hat Avidius Nigrinus als Legat Traians um das Jahr 110 n. Chr. nach einer aufwendigen Untersuchung des Streits zwischen *Delphi* und dem lokrischen *Amphissa* und weiteren Gemeinden die Grenzen festgelegt, wobei genau beschrieben wird, wie der Grenzverlauf fixiert wird. In der Provinz Dalmatien sind Grenzregelungen besonders häufig bezeugt; dort bestimmte z. B. der Legat Pompeius Silvanus fünf Personen, die als Richter einen Streit zwischen der Gemeinde der *Asseriates* und der Gemeinde der *Alperitae* vor Ort entscheiden und fixieren sollten (*CIL* III 9938). Solche Eingriffe der römischen Ordnungsmacht sind zahlreich, vor allem dort, wo die Gemeindestrukturen noch wenig verfestigt waren oder weil z. B. die nomadische Lebensweise mancher Stämme in Nordafrika zu nicht wenigen Konflikten führte. Es musste Klarheit über die Zuständigkeit hergestellt werden, welche autonome Gemeinschaft für welches Gebiet zuständig war oder wie weit ein Nomadenstamm seine Tiere treiben durfte.

Ähnlich häufig wie zwischen zwei Gemeinden sind sodann Grenzregelungen innerhalb des Territoriums einer einzigen Gemeinde. In der Cyrenaica (heute Libyen) hat Kaiser Nero durch einen Sondergesandten öffentliches Land, das von Privatleuten okkupiert worden war, wieder in den Besitz des römischen Volkes überführt; vermutlich durften die Okkupanten bleiben, mussten aber nun Pacht bezahlen; mehrere Steine, die die Maßnahmen vor Ort dokumentierten, sind davon bekannt (z. B. *AE* 1934, 260). An anderen Orten hat man die Grenzen durch Holzpfähle oder markante Bäume gekennzeichnet, wie es ein Helvidius Priscus, der als Schiedsrichter in einem Grenzkonflikt bestimmt worden war, in seiner Entscheidung im italischen *Larinum* festlegte (*CIL* IX 2827). Solche Marker waren freilich anfälliger als Grenzsteine oder vielleicht auch Grenzlinien, die manchmal auf Felsen angebracht wurden. Beim heutigen Trento wurde an einer Felswand ein Text eingemeißelt, der schlicht sagte, dass hier die Grenze zwischen den Bewohnern von *Tridentum* (heute Trient) und denen von *Feltria* (heute Feltre) verlaufe; der *limes*, also der Weg, der beide Territorien trenne, sei vier Fuß breit (*AE* 1992, 753). Dabei wurde offensichtlich die Richtung, in die der Grenzweg an dieser Stelle verlief, durch eine deutliche Linie unter der Inschrift angezeigt. Wer die Inschrift und den gezeichneten *limes* sah, war dadurch über den Grenzweg zwischen den beiden Gemeinden informiert.

Grenzen wurden, falls unsere Überlieferung ein zutreffendes Bild vermittelt, nur dann eigens kenntlich gemacht, wenn sich dies aus speziellen Gründen als notwendig erwies. Vor allem Unklarheiten über die Zugehörigkeit einer Grenzregion führten dazu, dass entsprechende Hinweise in mehr oder weniger monumentaler und lesbarer Form Grenzen markierten. Gegenüber der nichtrömischen Welt genügten meist die Grenzen, die durch die Natur gegeben waren: Flüsse, Gebirgszüge oder auch Wüsten. Durch Menschen errichtete durchgehende Grenzmarkierungen wie in Britannien, Obergermanien oder Raetien blieben eine Ausnahme. Sie prägen aber bis heute vielfach unsere Vorstellungen, wie römische Außengrenzen gestaltet waren.

4 Grenzregionen als eigene Rechtsräume?

Grenzräume in den Provinzen unterschieden sich rechtlich und politisch grundsätzlich nicht von den übrigen Provinzterritorien. Der einzige Unterschied war die Stationierung der Truppen, die zu einem nicht geringen Teil in den Grenzregionen lagen, was freilich nicht ausschloss, dass etwa in Ägypten oder Judäa die Legionen zur Sicherung des Landes ihre Lager im Innern der Provinzen hatten. Aber am Rhein und an der Donau, zum Teil auch am Euphrat waren die *castra* der Legionen sowie der Auxiliartruppen direkt an den Flussgrenzen positioniert. Doch sieht man von ihnen und den Truppen direkt unterstehendem Gelände ab, dann waren die Grenzregionen ebenso unterteilt wie die anderen Provinzterritorien. Die entscheidende Gliederungsform war die Gemeinde, die für alle innerhalb ihrer Grenzen lebenden Menschen den umfassenden Lebensraum bildete.

Man kann dies an den Grenzregionen der beiden germanischen Provinzen sehr klar erkennen. In Niedergermanien lagen die beiden römischen *coloniae* Köln (*colonia Claudia Ara Agrippinensium*) und Xanten (*colonia Ulpia Traiana*), in Obergermanien hatte *Augusta Raurica* bereits seit augusteischer Zeit diesen Rang. Diese *coloniae* waren Gemeinden römischen Rechts, in denen auch nur die Bewohner, die römische Bürger waren, über die Geschicke der Gemeinde mitbestimmen konnten. Vor allem aber hatten nur *cives Romani* Zugang zu den Ämtern und dem Rat der Stadt, dem *ordo decurionum*.

Zwar waren in diesen *coloniae* bei der Gründung vor allem römische Veteranen bestimmend, doch schon bei der Gründung der *colonia* erhielten manche früheren Bewohner der Orte, in Köln etwa dort lebende Ubier, zumal wenn sie deren Führungsschicht angehörten, römisches Bürgerrecht, manche auch erst im Laufe der Zeit. Innerhalb des Territoriums dieser Gemeinden lebten lange Zeit auch Menschen, die nur einen peregrinen Rechtsstatus hatten. Viele Ubier behielten z. B. diesen Status, als 50 n. Chr. dort die *colonia* eingerichtet wurde. Das zeigt etwa ein Militärdiplom aus dem Jahr 99, das bezeugt, dass erst damals ein Ubier nach 25 Jahren Militärdienst das römische Bürgerrecht erhielt; als er rekrutiert wurde, etwa um das Jahr 70, also zwanzig Jahre nach Gründung der *colonia*, war er noch peregriner Ubier gewesen. Doch die Anwesenheit von Menschen unterschiedlicher Rechtsstellung heißt nicht, dass die verschiedenen Gruppen abgeschieden voneinander lebten. Vielmehr lebten beide Rechtsgruppen nebeneinander, aber eben auch miteinander, sie konnten Geschäfte miteinander abschließen und Verträge eingehen. Das überwölbende Recht war zwar das römische, aber die Verantwortlichen in den Gemeinden oder auf der Ebene der Provinz wussten, dass Recht pragmatisch anzuwenden war. Gerade auf diesem Weg gelang die Integration der Peregrinen in das römische Provinzialsystem. Und was in den römischen *coloniae* üblich war, das wurde auch in den Gemeinden, die nicht nach römischen Recht organisiert waren, wie etwa in der *civitas Mattiacorum* (Wiesbaden), der *civitas Sueborum Nicrensium* (*Lopodunum* = Ladenburg), der Vangionen um Worms (*Borbetomagus*) oder der Nemeter um Speyer (*Noviomagus*) entsprechend praktiziert. In solchen Gemeinden galt zunächst das Recht der peregrinen Gemeinschaft, nach dem schon immer das Leben organisiert war, bis sich mit der immer größer werdenden Zahl römischer Bürger, die sich in den Gemeinden ansiedelten, auch hier römische Rechtsformen mehr und mehr durchsetzten. Was sich aber dabei zeigte, war nichts anderes als in den weit im Innern der Provinzen liegenden Siedlungen unterschiedlichen Rechts. Die Grenzregionen waren politisch-rechtlich ein ganz normaler Teil jeder Provinz.

5 Das UNESCO-Welterbe „Grenzen des Römischen Reiches“

Nachdem wir uns ausgiebig mit den ehemaligen Grenzen des Römischen Reiches und den Grenzen im Inneren desselben beschäftigt haben darf man fragen, was davon eigentlich noch zu sehen ist. Die Antwort auf diese Frage lautet, dass obertägig meistens nicht mehr viel erhalten ist. Hätte man z. B. in Ruffenhofen (Bayern) das Kastell nicht aus der landwirtschaftlichen Nutzung genommen und mit Bepflanzung visualisiert, würde man hier nur einen Acker sehen. Andernorts erkennt man vielleicht noch einen Wall im Wald, eine geradlinig verlaufende Hecke in der Landschaft, die den Verlauf der raetischen Mauer kennzeichnet oder eine Mulde im Wald, die eine ehemalige Wachtturmstelle darstellt. Bei etwas besserer Denkmalerhaltung kann man noch mit kniehohen Mauern rechnen, oder mit Nachbauten von ehemaligen Gebäuden. Manches wird erst durch den Einsatz moderner Methoden sichtbar, wie mit Hilfe von Luftbildern, geophysikalischen Prospektionen oder Airborne Laserscans. In jedem Fall muss die Ausgrabung der letzte Ausweg sein, führt sie doch meist zumindest zur partiellen Zerstörung des Denkmals. Durch die modernen Methoden stehen uns heutzutage aber auch einige Mittel zur Verfügung, das im Boden Unsichtbare sichtbar und für die moderne Forschung auswertbar zu machen.

5.1 Die Welterbekonvention

Kulturgüter bedürfen eines besonderen Schutzes. Diese Erkenntnis war bereits in der Haager Konvention zum Schutz von Kulturgut bei bewaffneten Konflikten völkerrechtlich anerkannt worden. Aber als der Tempel von Abu Simbel durch den Bau des Assuan-Staudamms in den Fluten des Nassersees zu versinken drohte bekam die Gefahr eine neue Dimension. Die UNESCO erkannte das Risiko für Kulturgüter und Naturstätten durch die Ausbreitung der Zivilisation und reagierte darauf, indem sie 1972 das „Übereinkommen zum Schutz des Kultur- und Naturerbes der Welt“ – die sogenannte Welterbekonvention verabschiedete. Darin wurde festgehalten, dass „jeder Vertragsstaat anerkennt, dass es in erster Linie seine eigene Aufgabe ist, Erfassung, Schutz und Erhaltung des in seinem Hoheitsgebiet befindlichen Kultur- und Naturerbes sicherzustellen“. Als Leitidee gilt die Erwägung, dass Teile des Kultur- und Naturerbes von außergewöhnlicher Bedeutung sind und daher als Bestandteil des Welterbes der ganzen Menschheit erhalten werden müssen.

2024 sind 1.223 Kulturgüter und Naturstätten auf der Liste der UNESCO eingetragen. Bei insgesamt 49 handelt es sich um transnationale Welterbestätten, wovon drei wiederum auf die Grenzen des Römischen Reiches entfallen, ergänzt durch eine vierte nationale Welterbestätte.

Als erster Grenzabschnitt wurde 1987 der Hadrian’s Wall als nationale Welterbestätte des Vereinigten Königreichs Großbritannien und Nordirland eingetragen. 2005 erfolgte die Eintragung des Obergermanisch-Raetischen Limes als Erweiterung des Hadrian’s Wall zu einer seriellen, transnationalen Welterbestätte. 2008 kam schließlich noch der Antonine Wall in Schottland dazu, so dass die Welterbestätte „Grenzen des Römischen Reiches“ bzw. „Frontiers of the Roman Empire“ bis 2021 aus drei Abschnitten in zwei Staaten mit insgesamt ca. 730 km Länge bestand. Wichtig zu betonen ist, dass es sich bei diesen drei Grenz-Abschnitten um nur eine einzige Welterbestätte handelt, was bezüglich des Managements eine sehr gute internationale Kooperation als unabdingbare Grundlage voraussetzt.

5.2 Nationales und internationales Management

Etwas einfacher ist die Koordination auf nationaler Ebene. Im Falle des Obergermanisch-Raetischen Limes (ORL) ist zu beachten, dass die 550 km lange Strecke durch vier Bundesländer verläuft, und das Denkmal somit vier verschiedenen Denkmalschutzgesetzen unterliegt. Bedingt durch die in unserem föderativen System vorherrschende Kulturhoheit der Länder obliegt der Schutz von Kulturgütern diesen bzw. ihren zuständigen diesbezüglichen Fachbehörden. Um dennoch die Koordinierung der Welterbestätte auf nationaler Ebene gewährleisten und das Management und die Vermittlung einheitlich gestalten zu können, wurde 2003 die Deutsche Limeskommission gegründet, der Vertreter der zuständigen Ministerien und Landesdenkmalämter der limesführenden Länder sowie Vertreter weiterer Organisationen bzw. Gruppierungen angehören.

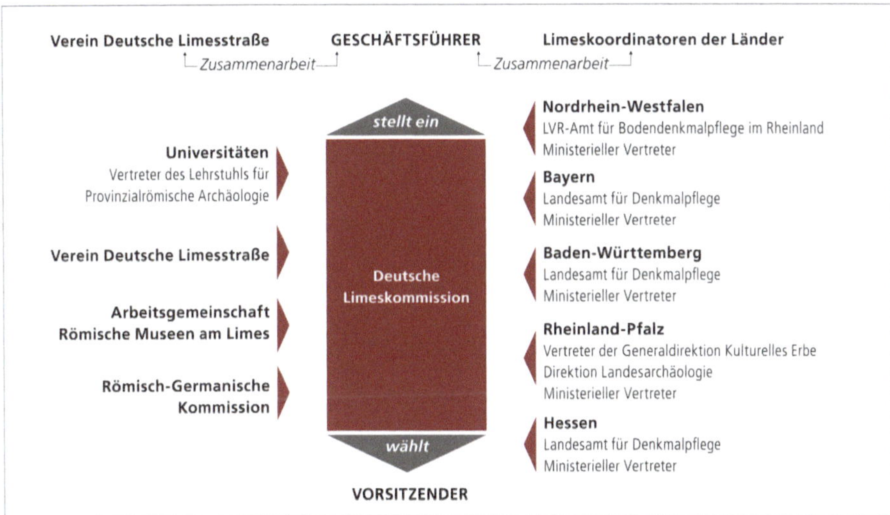

Abb. 3: Organigramm der Deutschen Limeskommission.
Quelle: HUNDB communication, München, P. Henrich

Auf internationaler Ebene regelt eine gemeinsame Deklaration „Running and Expanding the World Heritage Site Frontiers of the Roman Empire" der beiden am Welterbe beteiligten Staaten gegenüber der UNESCO alles Notwendige für eine reibungslose internationale Kooperation im Rahmen eines Intergovernmental Committee.

Für das Management der Welterbestätte selbst gibt es von Seiten der UNESCO eindeutige Vorgaben, allen voran die verbindlichen sogenannten Operational Guidelines, aber auch zahlreiche Handreichungen zur Hilfestellung. In den Operational Guidelines wiederum ist festgelegt, dass komplexe Welterbestätten wie die Grenzen des Römischen Reiches ein Management System etablieren können, das abhängt vom Typ, den Charakteristika und dem kulturellen wie legislativen Kontext. In unserem

Fall hat es dazu geführt, dass es für alle drei Welterbe-Abschnitte separate Management Pläne gibt. Der Management Plan für den ORL trägt dem Umstand Rechnung, dass das Bodendenkmal vier verschiedenen Denkmalschutzgesetzen unterliegt und formuliert daher allgemein einzuhaltende Vorgaben. Außerdem enthält er verbindliche Richtlinien zur Konservierung, Restaurierung, Rekonstruktion und zu Nachbauten ebenso wie in der letzten Version die Grundparameter eines gemeinsamen strategischen Vermittlungsplans. Richtlinien für ein gemeinsames Corporate Design sorgen dafür, dass die Beschilderungen entlang der 550 km langen Strecke einheitlich ausfallen und somit die Zugehörigkeit zum gemeinsamen Welterbe nachvollziehbar ist. Im Bereich Vermittlung tragen wissenschaftliche Kolloquien und ein halbjährlich erscheinendes Nachrichtenblatt dazu bei, dass der Austausch zwischen Forschenden aber auch die regelmäßige und gut verständliche Information der interessierten Öffentlichkeit gewährleistet sind.

Die Vermittlung eines so weitläufigen Denkmals kann nur auf Basis eines Netzwerkes erfolgen, das viele verschiedene Interessen berücksichtigt und in das Management mit einbindet. Für die direkte Vermittlung vor Ort werden Gästeführerinnen und Gästeführer ausgebildet, die in den vier Bundesländern die Faszination für den Limes vor Ort weitergeben. Sehr wichtige Partner sind natürlich die jeweiligen Museen, die sich zur „Arbeitsgemeinschaft der Römischen Museen am Limes in Deutschland“ zusammengeschlossen haben. Hier werden die Funde präsentiert, die zwar selbst nicht Bestandteil des Welterbes, aber für die Vermittlung desselben von unverzichtbarem Wert sind. Als weiterer Partner ist der Verein Deutsche Limes-Straße e. V. zu nennen, in dem sich die meisten Gemeinden entlang des Limes in Deutschland zusammengeschlossen haben. Sie haben sich die touristische Vermittlung zum Ziel gemacht und vermarkten nicht nur die Limes-Straße, sondern auch einen Limes-Rad- und Wanderweg.

Durch die gute Kooperation kann die Deutsche Limeskommission nicht nur ein einheitliches Management und eine ebensolche Vermittlung des Obergermanisch-Raetischen Limes sicherstellen. Eine wichtige Beraterfunktion kam ihr auch hinsichtlich der Nominierungen weiterer Grenzabschnitte für das UNESCO-Welterbe zu, ein Jahre währendes Prozedere, das von einigen Schwierigkeiten und Hürden begleitet wurde.

5.3 Die Nominierungsstrategie

Im Hinblick auf die Erweiterungen der Welterbstätte war eine konkrete Strategie erforderlich. Diese wurde 2004 als sogenannte „Koblenz-Declaration“ festgelegt und von der UNESCO 2005 anerkannt:

„The Frontiers of the Roman Empire World Heritage Site (FRE WHS) should consist of the line(s) of the frontier of the height of the empire from Trajan to Septimius Severus (about 100–200 AD), and military installations of different periods which are on that line. The installations include fortresses, forts, towers, the limes road, artificial barriers and immediately associated civil structures." Gemäß dieser Definition soll das Welterbe aus den militärischen Einrichtungen entlang der Linie verlaufen, die während der Zeit von ca. 100–200 n. Chr. bestand. Ältere und jüngere Anlagen können nominiert werden solange sie sich auf dieser Linie befinden. Darin ist auch der ausschlaggebende Grund zu sehen, warum in Deutschland der Odenwald-Limes nicht als Welterbe nominiert wurde oder zukünftig nominiert werden soll. Auf den Schutz des Denkmals wirkt sich dies nicht aus, da sich aus dem Welterbestatus grundsätzlich kein zusätzlicher juristischer Schutz ergibt.

Die Bedenken des Welterbekomitees, die bereits zur Reduktion auf diese Linie führten, verstärkten sich in den darauffolgenden Jahren dahingehend, dass eine speziell zusammengestellte Arbeitsgruppe die mit seriellen Nominierungen einhergehenden Probleme diskutierte und als Lösung die Empfehlungen in dem sogenannten Report von Ittingen formulierte, der 2010 von dem Welterbekomitee der UNESCO beschlossen wurde.[1] Dieser besagte unter anderem, dass alle Abschnitte zum „Außergewöhnlichen Universellen Wert" der Welterbestätte (Outstanding Universal Value) beitragen sollen und dass die anzustrebende serielle transnationale Welterbestätte als Ganzes betrachtet werden sollte und insbesondere die „Managebarkeit" derselben sichergestellt werden muss. Außerdem wurde festgelegt, dass nur dann Teile einer transnationalen Welterbestätte auf die Tentativliste gesetzt werden können, wenn alle beteiligten Staaten ihre Komponenten auf die Tentativliste setzen. Im Falle der FRE WHS hätte dies bedeutet, dass der Donaulimes und der Niedergermanische Limes erst hätten nominiert werden können, wenn alle noch zukünftigen Komponenten von ihren zuständigen Staaten (rund um das Mittelmeer) auf die Tentativliste gesetzt worden wären. Im Hinblick auf Staaten mit z. B. schwelenden militärischen Konflikten ist eine Lösung dieses Problems aber nicht absehbar.

Um mit den geänderten Anforderungen an transnationale Welterbestätten umzugehen und dennoch ein weiteres Fortkommen bei dem das Mittelmeer umspannenden Welterbe FRE zu gewährleisten, wurde 2016/2017 eine thematische Studie und Nominierungsstrategie von den an den Nominierungen beteiligten europäischen Staaten erstellt (*Ployer, Polak u. Schmidt* 2017; *Ployer* 2018). Der neue Ansatz sah vor, dass einzelne Abschnitte künftig nominiert werden, die alle eigenständig zum Außergewöhnlichen Universellen Wert der FRE beitragen sollen.

1 https://whc.unesco.org/archive/2010/whc10-34Com-9Be.pdf (Zugriff: 22. Juli 2024).

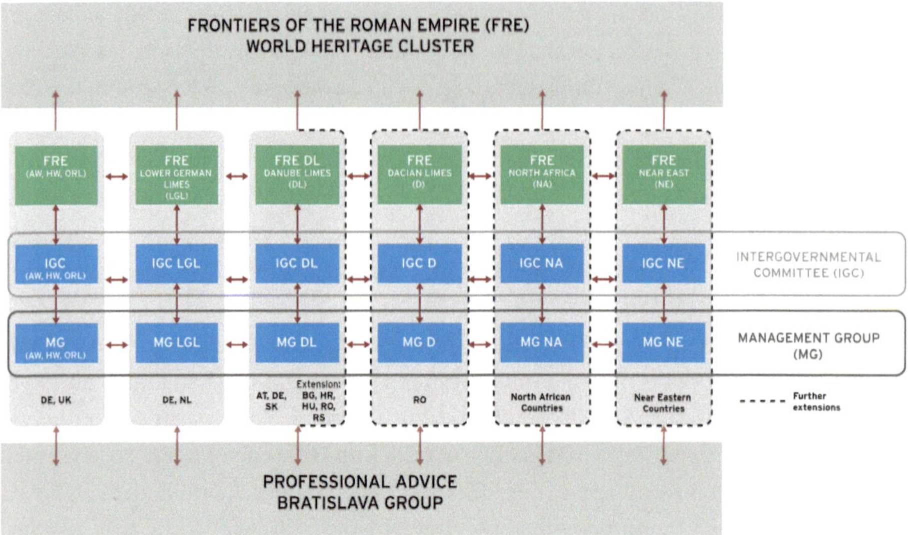

Abb. 4: Clustermodell für die Welterbestätten „Grenzen des Römischen Reiches". AW – Antonine Wall, HW – Hadrian's Wall, ORL – Obergermanisch-Raetischer Limes. Quelle: C. S. Sommer, nach Nominierungsdossier Donaulimes

Alle Abschnitte zusammen würden den Welterbe-Cluster „Frontiers of the Roman Empire" bilden, aber mit dem Vorteil, dass nur die jeweiligen Komponenten des Abschnitts auf der Tentativliste stehen müssen, um eine Nominierung zu ermöglichen. Zudem würde der Abschnitt als künftig eigenständige Welterbestätte ein eigenes Management System erhalten, das aber gemeinschaftlich am Management des gesamten Clusters beteiligt wäre.

5.4 Der Welterbe-Cluster

Am 31. Juli 2021 kam es zu einer lange vorbereiteten Erweiterung der internationalen Frontiers of the Roman Empire als das Welterbekomitee die Aufnahme von „Grenzen des Römischen Reiches – Donaulimes (westlicher Abschnitt)" und „Grenzen des Römischen Reiches – Niedergermanischer Limes" in die Liste des UNESCO-Welterbes beschloss. Damit wurden die jahrelangen Bemühungen der Kolleginnen und Kollegen aus der Republik Österreich, der Slowakischen Republik und der Bundesrepublik Deutschland, vertreten durch den Freistaat Bayern, sowie derjenigen aus dem Königreich der Niederlande und der Bundesrepublik Deutschland, vertreten durch die Bundesländer Nordrhein-Westfalen und Rheinland-Pfalz, zu einem erfolgreichen Abschluss gebracht. Ergänzend dazu wurde am 27. Juli 2024 auch der dakische Limes in Rumänien als „Grenzen des Römischen Reiches – Dacia" in die Welterbe-Liste aufgenommen.

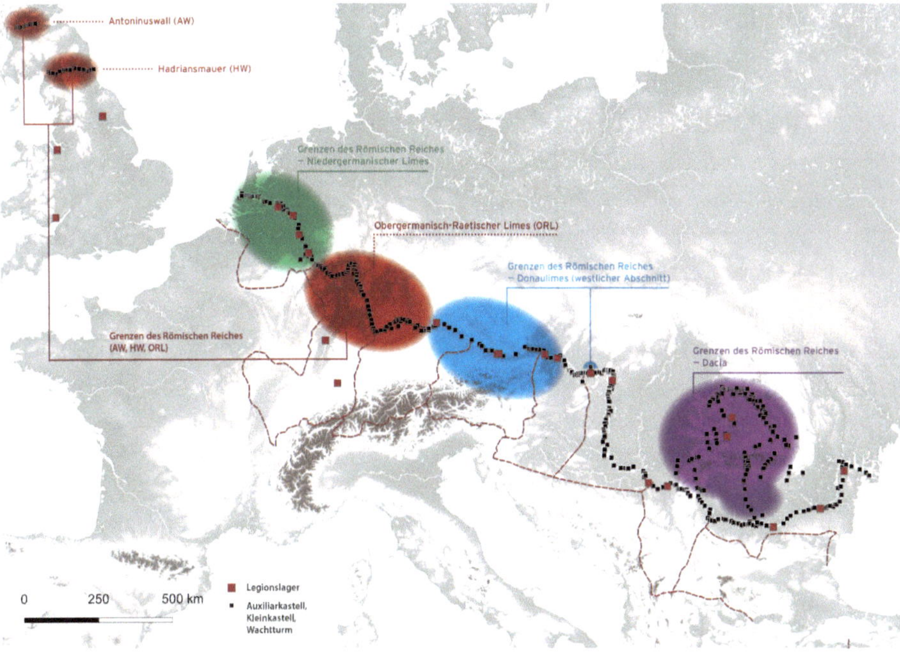

Abb. 5: Verlauf der Grenzen des Römischen Reiches in Europa mit den eingeschriebenen UNESCO-Welterbestätten, den wichtigsten Militäranlagen und den Grenzprovinzen. Quelle: Deutsche Limeskommission. Grundlage: M. Polak mit Ergänzungen von C. S. Sommer.

Bemerkenswert ist allerdings, dass es sich bei den neuen Abschnitten nicht mehr um Erweiterungen der ersten Welterbestätte handelt, sondern um eigenständige und zumeist transnationale Welterbestätten. Das ist im Hinblick auf die Verwaltung und das Management sicherlich eine „einfachere" Lösung als der ursprüngliche Plan einer einzigen, das Mittelmeer umspannenden Welterbestätte. Stattdessen haben wir nun einen einzigartigen Cluster von Welterbestätten, der uns im Hinblick auf die internationale Kooperation sicherlich noch vor einige Herausforderungen stellen wird. Andererseits ist dieses so viele moderne Staaten umfassende Bodendenkmal wie kein zweites in der Lage den Welterbegedanken zu versinnbildlichen:

Im Sinne von Artikel 6 der UNESCO Welterbekonvention sollen „Unter voller Achtung der Souveränität der Staaten, […] die Vertragsstaaten an(erkennen), dass dieses Erbe ein Welterbe darstellt, zu dessen Schutz die internationale Staatengemeinschaft als Gesamtheit zusammenarbeiten muss". Die einstmals trennende Grenze könnte somit zum neuen Völker verbindenden Element werden (*Sommer* 2021).

Zusammenfassung

Das Römische Reich umspannte zum Zeitpunkt seiner größten Ausdehnung unter Kaiser Trajan (nur für wenige Jahre) und später seit Septimius Severus die gesamte Mittelmeerwelt und erstreckte sich über drei Kontinente. Trotz dieser Größe und Untergliederung in kleinere politisch-administrative Verwaltungseinheiten bildeten diese einen einheitlichen Rechtsraum. Wichtiger für den einzelnen Einwohner des Imperium Romanum – gleich in welcher Provinz – war der persönliche durch Geburt gegebene oder durch Verleihung erworbene Rechtsstatus.

Obwohl die Römer selber Grenzen festlegten und damit die Ausdehnung ihres Reiches definierten, waren diese für sie nicht immer verbindlich und schon gar nicht wie in unseren modernen Vorstellungen regulär gekennzeichnet. Dennoch waren die Grenzen des Römischen Reiches auch dadurch erkennbar, dass vor allem dort die Lager und übrigen Bauten des römischen Militärs errichtet und in einer Weise befestigt und ausgebaut wurden, dass die archäologischen Hinterlassenschaften einen außergewöhnlichen universellen Wert aufweisen und seit 1987 sukzessive als UNESCO-Welterbe eingetragen wurden. Seit 2021 bzw. 2024 bilden vier zumeist transnationale Welterbestätten den einzigartigen Welterbe-Cluster "Grenzen des Römischen Reiches".

Summary: Judicial areas in the Roman Frontier Provinces and the UNESCO World Heritage Cluster "Frontiers of the Roman Empire"

At the time of its greatest expansion under Emperor Trajan and then again later from the time of Septimius Severus onwards, the Roman Empire spanned the entire Mediterranean World and extended over three continents. Despite this size and subdivision into smaller political-administrative units, they formed a single legal area. More important for the individual inhabitant of the Imperium Romanum – regardless in which province – was the personal legal status conferred by birth or acquired by bestowal.

Although the Romans themselves established borders and thus defined the extent of their empire, its borders were not necessarily binding for them and certainly not regularly marked as in our modern conception. Nevertheless, the borders of the Roman Empire were especially recognizable by the fact that the camps and other buildings of the Roman military were built, fortified and developed in such a way that the archaeological remains have an outstanding universal value and have been successively inscribed as UNESCO World Heritage Sites since 1987. Since 2021, and respectively 2024 with the latest addition, four mostly transboundary World Heritage sites now form the unique World Heritage cluster "Frontiers of the Roman Empire".

Literatur

Hanel, N. (2002): Ein Ziegelstempel der cohors XV voluntariorum c. R. aus der tegularia transrhenana im Flottenlager Köln-Marienburg (Alteburg). – In: Zeitschrift für Papyrologie und Epigraphik, 139, S. 293–296.

KuLaDig (2022): Kalköfen der römischen Kaiserzeit im Lerbacher Wald. – In: KuLaDig, Kultur.Landschaft.Digital. URL: https://www.kuladig.de/Objektansicht/KLD-272348 (Zugriff: 17. Dezember 2022).

Ployer, R.; Polak, M. u. Schmidt, R. (2017): The Frontiers of the Roman Empire: A Thematic Study and Proposed World Heritage Nomination Strategy. Advised by Icomos-International and commissioned by the Intergovernmental Committee of the 'Frontiers of the Roman Empire' World Heritage Site (UK, DE) and the Bratislava Group. Wien, Nijmegen, München 2017. Online: www.univie.ac.at/limes/FRE_DOWNLOADS/FRE-TS_FinalVersion.pdf (Zugriff: 17. Dezember 2022).

Ployer, R. (2018): Frontiers of the Roman Empire (FRE) – Grenzen des Römischen Reiches. Zum Stand der UNESCO Welterbe-Einreichung Donaulimes. – In: Fines Transire, 27, S. 35–41.

Ruppienė, V. (2015): Natursteinverkleidungen in den Bauten der Colonia Ulpia Traiana. – Darmstadt (Xantener Berichte, 28), S. 160–166.

Sommer, C. S. (2021): Quo vadis, Welterbe „Grenzen des Römischen Reiches"? – In: Der Limes 15, 2, S. 38–41.

Siedlungsforschung. Archäologie – Geschichte – Geographie 40, 2023, S. 205–229

Privateigentum oder Aktiengesellschaft

Zur unterschiedlichen Ausprägung der Landnutzung und des Tourismus im Alpenraum

Rolf Peter Tanner

1 Verschiedene historische Landnutzungssysteme in den Alpen

„The 'pauer', sole heir to authority, remains alone with his family upon the holding: all siblings who do not accept the stipulated conditions of dependence must leave the homestead. In Tret, authority is not vested exclusively in the male head of household; wife and husband complement each other in [carrying out their duties], and each participates in a distinct subset of relations with the daughters and sons of the household. The Tret family may be compared to a severalty, a shareholder company, while the Felixers [cling] rigidly to the concept of each man being a lord on his domain" (*Cole u. Wolf* 1974, S. 243).

Mit dieser prägnanten Formel charakterisieren die beiden amerikanischen Anthropologen *John W. Cole* und *Eric R. Wolf* den Unterschied zwischen den zwei dominierenden sozialen Organisationsprinzipien im Alpenraum am Beispiel der direkt benachbarten Orte Tret (Trentino) und St. Felix (Provinz Bozen) beidseits der Provinzgrenze. Diese Differenz schlug und schlägt sich zum Teil heute noch auch im Landnutzungssystem und in der alpinen Kulturlandschaft nieder, indem das System von Sankt Felix eine Hufenflur mit *Einerben- oder Anerbenrecht* und Streusiedlung begünstigt, während das System von Tret den Gesetzmäßigkeiten der *Realteilung* mit kleinflächigen Blockfluren und kompakten Haufendörfern folgt (zur Illustration s. Abb. 1 und 2). Hier wird deutlich, dass offenbar die rechtliche Verfasstheit einen entscheidenden Einfluss auf die Ausgestaltung der Kulturlandschaft erhält. Natürlich haben auch andere Autoren das Phänomen aus verschiedenen Perspektiven beleuchtet, so z. B. *Emmanuel de Martonne* (1926) schon rund fünfzig Jahre vor *Cole u. Wolf* oder *Oliver Bender u. Andreas Haller* (2017) aus geographischer Sicht, *Jon Mathieu* (1992 u. 1998) aus historischem und *Weiss* (1959) aus volkskundlichem Blickwinkel. Aber insbesondere *Werner Bätzing* (zuletzt 2015) ist ausführlich auf das Phänomen eingegangen und hat es als Erklärungshintergrund für unterschiedliche Entwicklungspfade in den Alpen beleuchtet.

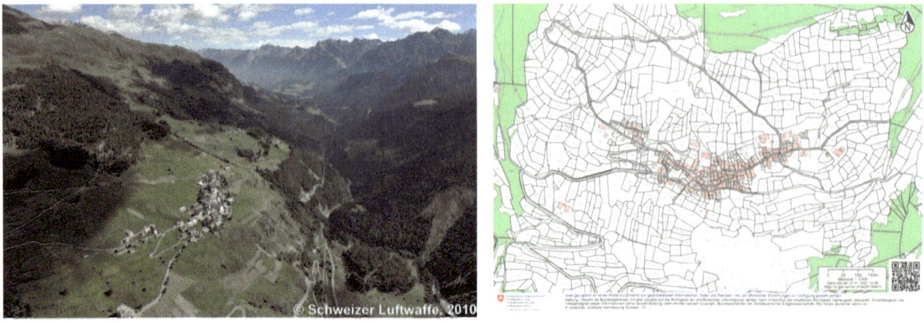

Abb. 1: Das Dorf Guarda im schweizerischen Unterengadin mit Katasterplan als Beispiel der Dorfsiedlung mit Realteilungsflur.
Quelle: Schweizer Luftwaffe und Bundesamt für Landestopografie

Abb. 2: Die Streusiedlung von Lauenen im Berner Oberland als Beispiel für eine Hufenflur mit Einerbenrecht, ebenfalls mit Katasterplan im selben Maßstab.
Quelle: eigene Aufnahme und Bundesamt für Landestopografie

Der Unterschied in den Systemen ist natürlich auch schon früheren Autoren aufgefallen. Der Engadiner Chronist und Reformator *Ulrich Campell* nimmt den Unterschied einfach zur Kenntnis. Er schreibt, dass in der Landschaft nördlich des Flüelapasses, der das inneralpine Engadin vom nordalpinen Prättigau trennt, die Häuser und Ställe auf den jeweiligen Gütern stünden, so dass sie leichter zu bewirtschaften seien (*Mathieu* 1992, S. 128, „*... ut suum quisque utique fundum habet pansis habitatur, ob commoditatem nempe colendi operandique agri, ubi et pecora armentave sua ad foenilia tota hieme alunt pascuntque*“[1], *Campell* 1573/1884, S. 327). Der Chronist *Nicolin Sererhard* analysiert dann knapp zweihundert Jahre später den Unterschied schon mit mehr Gewicht auf den Vor- und Nachteilen der beiden Systeme, mit denen er bestens vertraut

1 „... da jeder Mann seinen eigenen Grund hat, lebt er auf einem Hof, nämlich um das Feld zu kultivieren und zu bearbeiten, wo sie [die Landleute] auch ihr Vieh und ihre Herden den ganzen Winter über in den Scheunen füttern und weiden lassen.“ Wobei nicht klar wird, wie man Vieh in den Scheunen weiden lassen kann.

war. Selbst ist er zwar im nördlichen Prättigau geboren, jedoch als Sohn eines Pfarrers aus Zernez im Unterengadin. Er begründet die dezentrale Siedelweise im Prättigau und in Davos mit dem guten Graswuchs und den zahlreichen Quellen (*Mathieu* 1992, S. 128), *„daher man ihre Viech-Ställe im ganzen Thal aller Orten (...) zerstreuet sehen wird"*, wobei sie *„nichts von Wägen wissen, sondern alle ihre Frücht an Heu und Korn (sic!) zu Berg und Thal auf ihrem Bukel in sudore facei under Tach bringen, hingegen auch diesen Vortheil,(...) vor jenen [den Engadinern] haben, dz sie den salvo honore Bau [Mist] in loco lassen, wo er soll angewendet werden, (...) daher komts auch, dz bald in keinem Land der Welt dem Bezirk nach mehr Tächer zu sehen seyn werden"* (*Sererhard* 1742, S. 168). Hier zeigt sich zudem auch, dass das Einerbensystem im nordalpinen Bereich sehr wohl auch Ackerbau aufwies, und zwar bis in erhebliche Höhen, wenn man bedenkt, dass Davos über 1.500 m über Meer liegt. Sowohl *Campell* erwähnt den „ager" wie auch *Sererhard* von „Korn" spricht.

Auch später wird der Gegensatz zwischen zentralisierter und dezentraler Nutzungs- und Siedelweise diskutiert. Einen guten Überblick bietet *Mathieu* (1992, S. 118–132). Etliche Arbeiten handeln das Thema noch mehrheitlich aus einer ethnozentrischen Perspektive ab. So betiteln *Cole u. Wolf* ihre Untersuchung mit „ecology and *ethnicity*", *Martonne* (1926, S. 145) spricht von „type latin ou méridional" bzw. *„germanique ou septentrional"*. *Weiss* (1959, S. 282) hingegen nimmt im Gegensatz dazu eine ausgesprochen geodeterministische Position ein. Dass die ethnische Begründung nicht haltbar ist, habe ich in der vorliegenden Reihe am Beispiel der Dolomitenladiner aufzuzeigen versucht, indem dort gezeigt werden konnte, dass innerhalb der Ladinia die beiden Systeme nebeneinander existieren (*Tanner* 2020, S. 209–216). Andererseits mag auch eine rein naturräumlich begründete Erklärung nicht befriedigen, denn häufig finden sich in physisch ähnlichen Räumen unterschiedliche Nutzungssysteme. Sehr ausgeprägt ist dies in Tirol, wo zu Beispiel im unteren Bereich des Ötztales beide Systeme auf derselben Talflanke auf derselben Höhe existieren, was vor allem im franziszeischen Kataster sehr deutlich sichtbar ist (s. Abb. 3).

Seinem Überblickswerk zu den Alpen hat *Martonne* auch eine Karte mitgegeben, die mutatis mutantur immer noch einen brauchbaren Überblick über die Verteilung der Typen ermöglicht (s. Abb. 4).

Abb. 3: Der franziszeische Kataster von 1856 zeigt im Raum Ötz das Nebeneinander der beiden Systeme. Im Westen finden wir die kleinflächige Blockflur mit Gruppensiedlungen und Realteilung, im Osten die Einödflur mit Einerbenrecht und Streusiedlung. Die physischen Bedingungen (Höhenlage, Hangneigung, Exposition) sind identisch. Quelle: BEV 2023, Bundesamt für Eich- und Vermessungswesen, Wien, N2023/0004471

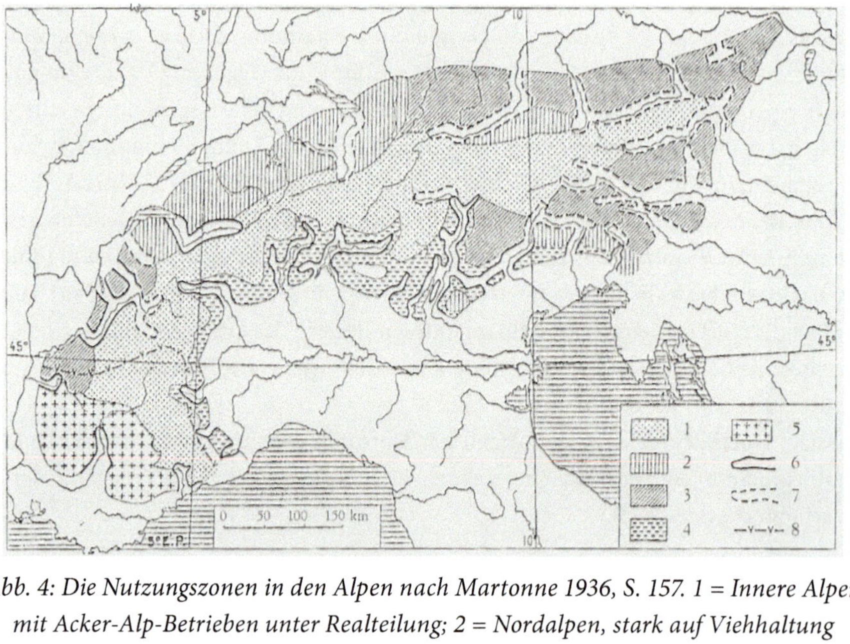

Abb. 4: Die Nutzungszonen in den Alpen nach Martonne 1936, S. 157. 1 = Innere Alpen mit Acker-Alp-Betrieben unter Realteilung; 2 = Nordalpen, stark auf Viehhaltung ausgerichtete Betriebe unter Einerbenrecht; 3 = Wie 2 mit starker Bedeutung der Forstwirtschaft; 4 = Insubrischer Typ (mit Kastanien und Wein); 5 = vorherrschend Schafwirtschaft; 6 = tiefliegende große Alpentäler mit Weinbau; 7 = wie 6, ohne Weinbau[2]; 8 = südlich dieser Linie überwiegen die Schafe anzahlmäßig über die Rinder

2 Wobei das Alpenrheintal oder der Vinschgau sehr wohl Weinbau kennen.

Grob kann man nun die Gebiete 2 und 3 dem Streusiedlungsgebiet mit Einerbenrecht zuordnen, während die Gebiete 1 und 4 von Dorfsiedlungen und kleinflächiger Blockflur mit Realteilung geprägt sind. Insbesondere in den Ostalpen jenseits der Schweizer Grenze vermischen sich die Nutzungssysteme kleinräumig, wie oben gezeigt wurde (s. Abb. 3). Oft ist die Trennung hypsometrisch angelegt; oben die Einzelhöfe, unten die Dorfsiedlungen (vertikale Differenzierung) oder auch nach Exposition; am Sonnenhang Dorfsiedlungen, an der Schattenseite Einzelhöfe (horizontale Differenzierung). Die beiden historischen Luftbilder von 1946 aus dem Obervinschgau zeigen dies paradigmatisch (s. Abb. 5):

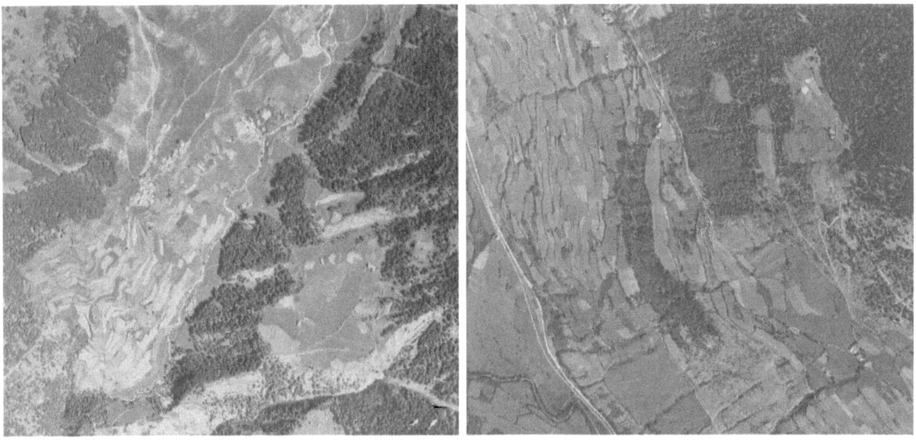

Abb. 5: Im linken Bild das Dorf Matsch mit seiner kleinflächigen Terrassenflur, östlich davon am Schattenhang die Einödhöfe mit kleinen Ackerflächen (horizontale Differenzierung). Im rechten Bild der Hang östlich von Schlanders mit der Terrassenflur unten und den Einödhöfen darüber (vertikale Differenzierung).
Quelle: Bundesamt für Landestopografie

Wie aber kommt nun also diese Dichotomie zustande? *Werner Bätzing* (2015, S. 59–75) verfolgt einen plausiblen historisch-geographischen Erklärungsansatz, nach dem sich kulturräumliche und naturräumliche Einflussfaktoren durchdringen und gegenseitig bedingen. Ungefähr ab dem Jahr 1000 hätten sich im Rahmen des hochmittelalterlichen Landesausbau die zwei völlig verschiedene Nutzungssysteme herauszubilden begonnen. In denjenigen Gebieten, die schon während der Römerzeit dicht besiedelt waren, also im Süden und Südwesten der Alpen, konnte sich das Feudalsystem – aus dem nachrömischen fränkischen Königreich importiert und dadurch gekennzeichnet, dass die Bauern Untertanen eines Grundherrn waren – nicht dauerhaft gegen die recht große und alteingesessene Bauernbevölkerung und ihre traditionellen Privilegien behaupten. Die Alpenbauern waren daher in der Regel viel unabhängiger als die in anderen Teilen des Deutschen Reiches, zu dem damals noch der gesamte Alpenraum gehörte. Die lokale Gemeinschaft besaß oft den Rechtsanspruch auf einen großen Teil des Gemeindegebietes, das als kommunales Land von den Dorfbewohnern auch kollektiv genutzt wurde. Die Verfügungsfreiheit über den Familienbesitz wurde durch die gemeinsame Gestaltung vieler Arbeitsprozesse und durch kommunale Nutzungsbedingungen eingeschränkt. Darüber hinaus schwächte das traditionelle Realteilungssrecht, bei dem das Vermögen bzw. das Land zwischen den Erben aufgeteilt wird, das Familiengefüge. Typische Merkmale waren Haufendörfer und kleine Streifen- oder Blockparzellen. In den erst später besiedelten Gebieten (Jungsiedelland), überwiegend im nördlichen und östlichen Teil der Alpen, gewährten die Grundherren den Bauern Steuerprivilegien sowie mehr Rechte und Freiheiten für die dort schwierige Bewirtschaftung wegen der ungünstigen klimatischen Verhältnisse. In diesen zunächst dünn besiedelten neuen Siedlungsgebieten, vor allem in den Nord- und Ostalpen, blieben die Bauernhöfe kirchlichen oder weltlichen Grundherren untergeordnet. In diesen Bereichen entwickelte sich eine andere Sozialstruktur, wobei der einzelne Betrieb und die Familie als Einheit eine viel wichtigere Rolle spielten und die Gemeinde eine untergeordnete. Typischerweise wurden Siedlungen verstreut angelegt und die Bauernhöfe waren isoliert. So entwickelten sich wirtschaftliche Unterschiede zwischen den alten Siedlungen und den neu besiedelten Berglandwirtschaften. Im ersten Fall waren Ackerbau und Viehzucht (Acker-Alp[3]-System) gleichbedeutend. Vor allem die nach Süden ausgerichteten Hänge wurden bis zur oberen Höhengrenze des Getreideanbaus auf Terrassen bestellt. Infolge der faktischen Erbteilung der Betriebe nahm die Zahl der Bauernfamilien im Laufe der Zeit zu. Aus diesem Grund wurden die Wälder deutlich reduziert. Die Alpweiden wurden in der Regel von der gesamten Gemeinde bewirtschaftet. In den nördlichen Regionen war die Viehzucht weitaus wichtiger. Der Ackerbau war eher spärlich und erfolgte in Form von Feldgraswirtschaft, das heißt es wurde jeweils immer ein anderes Stück aus dem Wiesland herausgenommen und angesät (s. Abb. 6). Grundsätzlich war nicht die Temperatur, sondern die Niederschlagsmenge der limitierende Faktor für den Getreidebau. Diese Form der Landnutzung wird als Wiesen-Weidesystem (Wiesen-Alp-System) bezeichnet. Die Alpweiden gehörten nicht (und gehören mehrheitlich auch heute noch nicht) der Gemeinde, sondern so genannten Alpkorporationen oder „Bergschaften", in denen sich mehrere Bauern zu einer Genossenschaft zusammengeschlossen hatten oder sind Privatalpen (s. Kapitel 2.3).

In den Westalpen mit den sehr hohen trennenden Bergmassiven finden wir vor allem eine horizontale Trennung der beiden Systeme: Altsiedelland in den inneren Alpen und im Süden, Jungsiedelland in den Nordwestalpen. In den Ostalpen vom Gebiet Graubündens an mit den weniger trennenden Gebirgszügen, gesellt sich auch eine vertikale

[3] Im alemannischen Sprachgebiet bis in die westlichen bajuwarischen Dialektregionen hinein bezeichnet der Begriff „Alp(e)" das, was im übrigen Alpenraum und auch im gesamtdeutschen Bereich als „Alm" bezeichnet wird, also ein Sömmerungsgebiet. Trotz der Gefahr der Verwechslung mit der Bezeichnung des gesamten Gebirges, erlaube ich mir als Schweizer, den Ausdruck „Alp" zu verwenden.

Trennung dazu, indem oberhalb der autochthonen alten Dörfer oder an Schattenhängen und in Seitentälern Einzelhöfe angelegt wurden (s. Abb. 5). In randlichen Gunstlagen des Jungsiedellandes hat sich aber ebenso eine intensivere Ackerbaukultur herausgebildet, so im Südtirol, wo Senioren am Ritten oberhalb Bozens noch zeigen können, wie der Roggen geerntet wurde oder im Gebiet der Gemeinde Sigriswil am Thuner See, wo noch bis in die Sechzigerjahre des zwanzigsten Jahrhunderts Getreideäcker standen (s. Abb. 6). Oben wurde bereits auf den „ager“ bzw. das „Korn“ in Davos und im Prättigau hingewiesen.

Abb. 6: Roggenernte am Ritten (Provinz Bozen, eigene Aufnahme) und Getreideäcker in Schwanden (Gem. Sigriswil, Berner Oberland), vor 1960. Diese steigen bis zum „Allmendhag“ auf ca. 1.160 m. ü. M. hoch. Quelle: Privatsammlung

Auf Abb. 7 wird die Argumentation von *Bätzing* zusammengefasst:

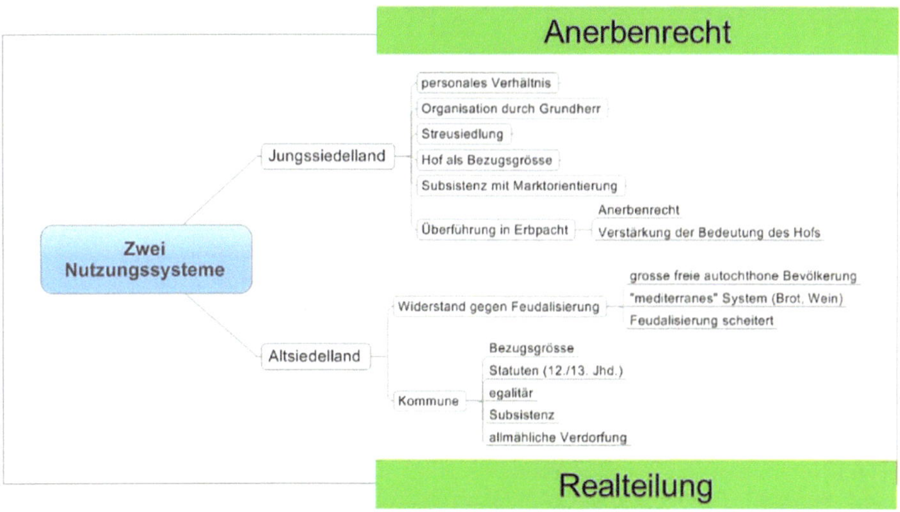

Abb. 7: Die beiden Nutzungssysteme im Vergleich. Quelle: eigener Entwurf nach Bätzing 2015

Wichtig ist in diesem Zusammenhang, dass die ethnische Komponente nur indirekt von Belang ist, indem im Altsiedelland logischerweise im ursprünglich rein romanischen Alpenraum eben die Derivate aus dem Latein weiterbestehen und nur im kaum vorbesiedelten Nordalpenraum und in den Höhenlagen (Jungsiedelland) sich das Idiom der Zuwanderer bzw. der Angesiedelten aus dem Norden durchsetzen konnte (s. dazu auch *Tanner* 2020, S. 213). Ebenso ist zu beachten, dass durch die naturräumlichen Gegebenheiten vielerorts im Jungsiedelland kein autarkes Wirtschaftssystem entstehen konnte, da die Versorgung mit Getreide wegen der eingeschränkten Möglichkeiten durch das Klima nicht gegeben war. Demnach mussten Getreide und allenfalls weitere Produkte importiert werden, was aber wiederum Handelsnetze und Märkte voraussetzte. Dies ist aber eben erst seit ca. dem Jahr 1000 gegeben. Die starke Ausrichtung auf die Viehzucht andererseits benötigte diese Einrichtungen ebenso, um den Überschuss an Produkten der Viehwirtschaft abzusetzen. Sie könnte aber ebenso die Möglichkeit eröffnet habe, neben den klimatisch für den Ackerbau weniger geeignete Flächen auch pedologisch und geologisch schwierige Areale zu urbarisieren, wie die Porphyrhochfläche des Ritten in der Provinz Bozen (1027 „foreste jacente in monte Ritena“ in der Vergabungsurkunde der Grafschaften Vinschgau und Bozen an den Trienter Bischof; *Riedmann* 2000, S. 81). Wer die Gegend kennt, weiß wie mager und karg sich die föhrenbestandenen Waldböden präsentieren und mit den wohl jahrhundertelang mit dem genannten „salvo honore Bau“ gedüngten Wiesen kontrastieren.

2 Die beiden Nutzungssysteme heute

2.1 Altsiedelland

Im Altsiedelland ist die ursprüngliche Siedelweise in kompakten Dörfern vielerorts noch sichtbar (s. Abb. 8), auch wenn sich die Hausformen lokal stark unterscheiden können. Im Wallis bis nach Graubünden hinein, aber auch gegen Westen bis in die Alpes de Haute Provence sind es Häuser aus Holz oder in Mischbauweise, in Graubünden und Tirol inklusive die Provinz Bozen und in den Südalpen herrscht die Steinbauweise vor, außer in höher gelegenen Bereichen, die dem Jungsiedelland zugerechnet werden müssen (vertikale Differenzierung, s. oben).

Das Nutzungssystem, traditionell ausgeprägt als Agropastoralsystem, wurde in den letzten rund fünfzig Jahren extensiviert zu reinem Grasland und richtete sich auf Viehwirtschaft aus, oder wurde sich selbst überlassen und brach zusammen, da es nicht mehr konkurrenzfähig war mit der landwirtschaftlichen Produktion im Flachland (s. Abb. 9).

Abb. 8: Dichtgepackte Dorfkerne, einmal in Holz, einmal in Stein, links Ernen (Wallis), rechts Samedan (Oberengadin). Quelle: eigene Aufnahmen

Abb. 9: Ehemalige Ackerterrassen im Engadin, als Grasland genutzt und im Wallis, nur noch stellenweise als Weide eingezäunt. Quelle: eigene Aufnahmen

Abb. 10: Alpweiden, die langsam mit Heidelbeeren und ähnlichen Zwergsträuchern einwachsen (an der roten Herbstfärbung erkennbar) und Wiesland, das allmählich verbuscht (Belalp und Lötschental, Wallis). Quelle: eigene Aufnahmen

Nur an ganz wenigen Orten wird noch oder wieder, zum Teil unter speziellen Labels wie „Gran Alpin“, der Anbau von Gerste oder Roggen praktiziert. Die Folgen des Rückzuges sind unübersehbar, indem sich im Süden und Westen der Alpen ganze Täler allmählich entvölkern und sukzessive verwildern (s. Abb. 10), wobei dieser Prozess nicht überall gleich schnell erfolgt. Gerade in der Schweiz wird er durch verschiedene regionalpolitische Maßnahmen noch gebremst.

2.2 Jungsiedelland

Auf der Nordabdachung der Alpen hingegen wird der Raum weiterhin landwirtschaftlich genutzt, dies auch immer noch auf der alpinen Stufe, wobei im Ausbau- und Modernisierungsgrad der Alpen große Unterschiede herrschen. Vom traditionellen holzbeheizten Käsekessel in der rauchigen Hütte und den „glücklichen“ Alpschweinen, die sich an der Käsemilch mästen (s. Abb. 11), bis zur modernen Alpkäserei kann man alles vorfinden. Bislang garantierte diese traditionelle Bewirtschaftung eine hohe Biodiversität in den Pflanzengesellschaften, nicht zuletzt auch wegen der Praxis des „Wildheuens“, bei der steile Hochlagen gemäht werden, was einerseits der Erosion entgegenwirkt und andererseits den Pflanzenwuchs stabilisiert (s. Abb. 12 und 13).

Übernutzungen der Alpweiden wurden durch lang etablierte Praktiken der Kontrolle meist verhindert. So wird der Besatz der Weiden durch althergebrachte Statuten geregelt. In der Schweiz ist vor allem der so genannte Taleinungsbrief aus dem Jahr 1538 von Grindelwald zu einiger Bekanntheit gelangt (*Tiefenbach* 2013). Aber diese Beschränkungen geraten zunehmend unter Druck (s. Abb. 14 und 15). In Südtirol sind in mittlerer Höhe im Gebiet der Einödhöfe die Blumenwiesen durch die intensive Düngung längst verschwunden und haben einem gleichmäßigen Grasteppich Platz gemacht, einem Golfrasen nicht unähnlich (s. Abb. 16).

Abb. 11: Traditionelle Alphütte mit Holzvorrat und zum Trocknen aufgehängte Käsetücher sowie freilaufende Alpschweine (Alp Tschingelfeld, Gemeinde Brienz, Berner Oberland). Quelle: eigene Aufnahmen

Abb. 12: Blumenreichtum auf einer traditionellen Alpwiese (Schynige Platte, Berner Oberland) und gemähte Wildheuwiesen oberhalb der Waldgrenze, als geometrische hellere Flecken erkennbar (Lauenen, Berner Oberland). Quelle: eigene Aufnahmen

Abb. 13: Wildheuernte am hausdachsteilen Südhang des Stanserhorns, Kanton Nidwalden. Quelle: eigene Aufnahme

In den letzten Jahrzehnten wird die Viehwirtschaft in diesen Gebieten jedoch weiter intensiviert. Überbesatz mit Vieh, hoher Gülleeinsatz bis auf die Alpstufe hinauf und Planierungen von Grashängen lassen Kleinstrukturen verschwinden, belasten das Grundwasser und führen zur Verarmung der Artenvielfalt in den Wiesen (s. Abb. 14).

Abb. 14: Gülleausbringung auf der Alpstufe (links) und Mistdeponie auf der Bergwiese (Ritten, Provinz Bozen).
Quelle: eigene Aufnahme und Vogelwarte Sempach

Abb. 15: Trittschaden durch Überbesatz der Alpweide (Alp Hornberg, Berner Oberland) und planierte Wiesen in Südtirol auf rund 1.700 m über Meer am Durnholzer See. Links im Bild die naturbelassenen Wiesen, rechts jenseits des Baches die planierten.
Quelle: eigene Aufnahmen

Hinzu kommt, dass die dezentrale Bewirtschaftung im Jungsiedelland, bei der das Heu in verschiedenen Weideställen eingelagert wurde, zunehmend durch Zentralisierung abgelöst wird. Der mühsame „Umzug" des Viehs alle paar Wochen im Winter von einem Stall zum anderen wird ersetzt durch Einstallung in einer großen Stallscheune neben dem traditionellen Bauernhaus (s. Abb. 17).

Abb. 16: Kontrast zwischen Wiese und Weide auf dem Gemeindegebiet von Jenesien, Provinz Bozen auf ca. 1.600 m über Meer. Man beachte die sattgrüne Fläche der Wiese. Quelle: eigene Aufnahme

Abb. 17: Moderne Stallscheune für die zentrale Bewirtschaftung des Hofes (Hasliberg, Berner Oberland). Quelle: eigene Aufnahme

Somit werden viele dezentrale Gebäude funktionslos, die das Gebiet charakterisieren und drohen zu verfallen. Zumindest bleibt in diesen Regionen, im Gegensatz zum Altsiedelland, die Landwirtschaft bestehen, die sich in vielen Bereichen sogar noch intensiviert.

2.3 Besitzverhältnisse auf der Alpstufe

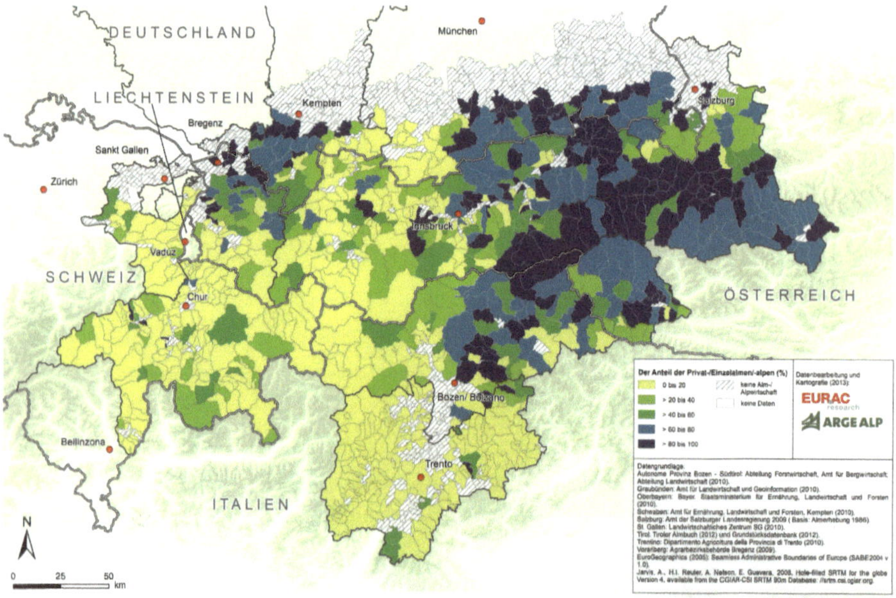

Abb. 18: Alpen im Privatbesitz. Quelle: Tasser et al. 2013, S. 66

Bleibt die Frage, wem eigentlich die Alpweiden gehören. Gemäß der Theorie von *Bätzing* (2015, S. 67–69) sind die Alpen im Einerbengebiet Privat- oder Genossenschaftsbesitz, während die Alpen des Realteilungsgebietes meist den Kommunen gehören. Bei den Privatalpen ist die Bindung an den Hof offensichtlich, aber auch Genossenschaften bzw. Korporationen sind lediglich Zusammenschlüsse von Einzelbauern, die sich vertraglich auf eine kollektive Nutzung einigen, wobei die Mitgliedschaft meist an den Hof gebunden ist. Zudem muss die Alp mitnichten in der Talgemeinde des Hofes liegen (eigene Beobachtung). Vor zehn Jahren hat die Arbeitsgemeinschaft Alpenländer (ARGE ALP) den Almatlas herausgegeben (*Tasser* et al. 2013), in dem auch die Besitzverhältnisse untersucht worden sind. Der abgedeckte Raum umfasste die Schweizer Kantone Sankt Gallen und Graubünden, die österreichischen Länder Vorarlberg, Tirol und Salzburg, die italienischen Provinzen Bozen und Trento sowie das deutsche Bundesland Bayern. Für die Alpen in Privatbesitz ergab sich eine gute Übereinstimmung mit dem Gebiet, wo das Einerbenrecht vorherrschte; die Ergebnisse wurden auch entsprechend interpretiert (*Tasser* et al. 2013,

S. 66 f.). Dasselbe gilt auch für die Alpen in öffentlichem Besitz (*ebd.*), die in der Untersuchung dem Realteilungsgebiet zugeschlagen werden, wobei hier die Abgrenzung zu Korporationen und Genossenschaften aus rechtlichen Unschärfen nicht klar gezogen werden konnte, so dass z. B. in der Schweiz Gebiete mit ursprünglichem Einerbenrecht ebenfalls subsummiert wurden (z. B. Nordbünden oder das sankt-gallische Toggenburg). Als dritte Kategorie wurden die Alpen in Gemeinschaftsbesitz separat ausgeschieden (*Tasser* et al. 2013, S. 68 f.), so dass die Ergebnisse nicht eindeutig ausfallen. Immerhin lässt sich doch eine Tendenz ablesen, die die Annahmen von *Bätzing* stützen (s. Abb. 18–20).

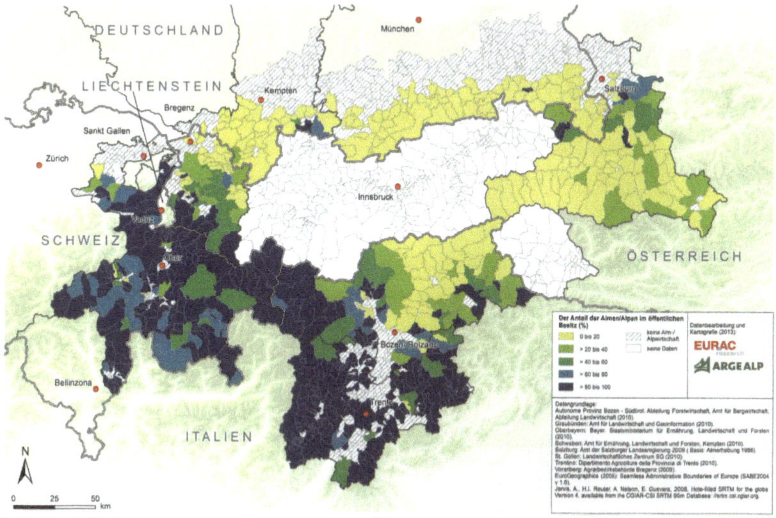

Abb. 19: Alpen im öffentlichen Besitz. Quelle: Tasser et al. 2013, S. 72

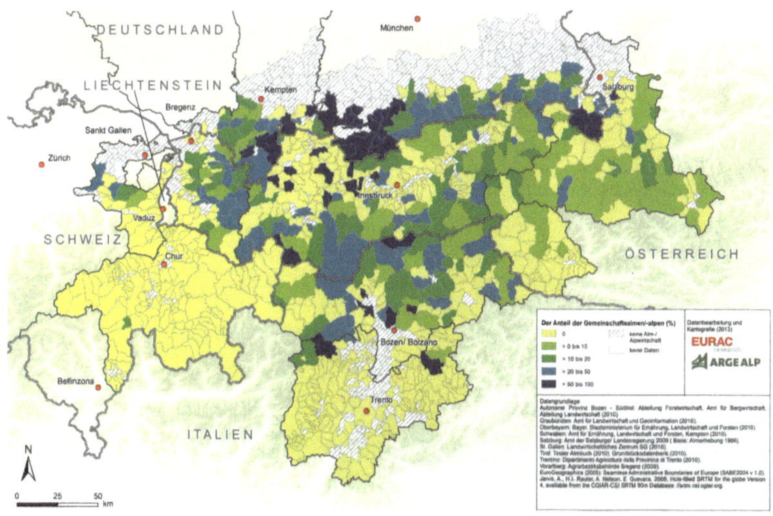

Abb. 20: Alpen im Gemeinschaftsbesitz. Quelle: Tasser et al. 2013, S. 68

3 Traditionelles Landnutzungssystem und Tourismus

Um die Verknüpfung von Tourismus mit der Landnutzung im Alpenraum zu verstehen, ist es geboten, in die Epoche des Anfangs des Fremdenverkehrs blicken, also zum Anfang des 19. Jahrhunderts. Der Alpenraum hat in den letzten zwei Jahrhunderten eine gewaltige kulturelle, ökonomische und politische „Peripherisierung" erlebt (*Egli* 2004, S. 109–110). Heute dominieren externe Nutzungen wie der Tourismus oder die Energiegewinnung viele Regionen, während das endogene Potenzial vielerorts verkümmert bis zur vollständigen Verödung ganzer Talschaften, die Verkehrserschließung konzentriert sich auf wenige Achsen, während andere Gebiete abgehängt werden mit entsprechenden Einwirkungen auf das Landschaftsbild. Historisch gesehen bildeten die Alpen jedoch einen kulturell vielgestaltigen Austauschraum mit zahlreichen angepassten Nutzungsformen und Produktionsweisen, die vielerorts die Entstehung politisch autonomer prosperierender protostaatlicher Körperschaften förderten (*Egli* 2004, S. 107–109). Der Alpenraum war zwar immer ökonomisch mit dem Umland verflochten, aber erst die Nationalstaatenbildung mit den entsprechenden Grenzziehungen und der damit verbundenen politischen Anbindung an die außeralpinen Zentren führten zu der eingangs erwähnter Marginalisierung. In der Folge verlagerten sich neben den ökonomischen auch die politischen Gravitationszentren ins Umland der Alpen. Diese wurden nun externen Interessen unterworfen und lediglich als Ergänzungsraum wahrgenommen, sei es als Erholungsraum, als Ressourcenreservoir, als Verkehrshindernis oder auch als Projektionsfläche von Sehnsüchten (*Bätzing* 2018, S. 130 u. 173–209).

3.1 Korrelation zwischen touristischen Einrichtungen und Nutzungssystem

Für das Verständnis der Entwicklung bzw. Verödung von alpinen Räumen ist die Erkenntnis der Pfadabhängigkeit, die von den weit in die Geschichten zurückreichenden ursprünglichen Nutzungssystemen gelegt wird, zentral. So stand und steht für die Herausbildung von Tourismusgebieten die Verkehrsanbindung an die wenigen transalpinen Verkehrsachsen aber auch die Zugehörigkeit zu verschiedenen Nationalstaaten mit den je unterschiedlichen sozioökonomischen Rahmenbedingungen im Mittelpunkt. Interessant ist vor allem die Verteilung der touristischen Größenklassen: „Großbetriebe" mit konzentrierten kapitalgestützten Freizeitanlagen und Wohneinrichtungen befinden sich eher in den Realteilungsgebieten mit ursprünglich gemischt ackerbaulich-viehwirtschaftlichen Nutzungsformen mit Haufendörfern und kleinparzellierten Nutzflächen in den Zentral-, West- und Südalpen, während die eher kleinstrukturierten, familienbetriebsgestützten Fremdenverkehrsgebiete mehrheitlich in den Regionen mit Streusiedlung und Milchwirtschaft im nord- und ostalpinen Anerbengebiet anzutreffen sind (s.

Abb. 21). Man beachte, dass auch „Großbetriebs-Orte“ wie St. Anton und Sölden in die Kategorie der kleinflächigen Blockfluren mit Realteilung gehören, obwohl bereits weit im Norden liegend. Der Vergleich jedoch mit einem Ort wie Alpbach östlich von Innsbruck belegt die Andersartigkeit von Nutzungs- wie Siedlungssystem (s. Abb. 22).

Abb. 21: Verteilung der touristischen Einrichtungen im Alpenraum. Quelle: Michael 2008, S. 102 f.

Abb. 22: Katastervergleich St. Anton am Arlberg/Nasserein und Alpbach, beide in Tirol (Franziszeischer Kataster 1857/1855). Quelle: BEV 2023, Bundesamt für Eich- und Vermessungswesen, Wien, N2023/0004471

Die Größenunterschiede sind zwar nicht sehr ausgeprägt, aber dennoch erkennbar (s. Abb. 21). Gerade in den französischen Alpen fallen zudem die Skiresorts auf, die erst nach 1970 erstellt worden sind, während in den Ostalpen eine starke Ausrichtung auch auf den Sommertourismus erkennbar ist, der viel weniger Masseneinrichtungen benötigt und sich dezentraler verteilt. In der Schweiz dominiert zwar auch in den Nordalpen der Wintertourismus, aber diese Gebiete sind meist traditionsreiche „alte" Fremdenverkehrsorte. In diesen nördlichen und östlichen Regionen hat, wie erwähnt, die Landwirtschaft zwar keine große ökonomische, aber nach wie vor eine mentale und identitätsstiftende Bedeutung (s. oben), während sie im West- und Südalpenraum teilweise bis fast vollständig zusammengebrochen ist. Dieser Unterschied lässt sich sehr schön an einem Beispiel illustrieren: In Grindelwald (Berner Oberland) war vor zehn Jahren eine wüste Kontroverse um eine neue Bergbahn entbrannt, bei der sich eine Alpkorporation gegen das Überfahrtsrecht gewehrt hatte (*Gasser* 2014; *Buchs* 2014; Details des Projekts *Petroni* 2018). In Grindelwald herrscht die nordalpine Milchwirtschaft vor und immer schon das Ein- oder Anerbenrecht. Somit ist der Bezugspunkt der bäuerlichen Gesellschaft, wie schon von Cole und Wolf dargelegt, das einzelne Heimwesen, mit dem man sich verbunden fühlt. Eine Alpkorporation ist zwar eine Genossenschaft, aber von einzelnen unabhängig wirtschaftenden Bauern, wie bereits erwähnt. Im Wallis z. B. hingegen, wo beim Erbgang die Realteilung unter den Kindern herrschte, hatte in der Folge jede Generation andere Nutzflächen, die mentale Bezugsgröße war und ist heute noch die Dorfgemeinschaft und nicht das Heimwesen. Das Nutzungssystem funktionierte wie eine Aktiengesellschaft (s. das einleitende Zitat). Und als diese Aktiengesellschaften im Bereich Landwirtschaft allmählich nicht mehr genug abwarfen, begann man Alternativen zu suchen und investierte in den Tourismus, zum Teil exzessiv und wenig nachhaltig. So ist es nicht verwunderlich, wenn in Zermatt die Burgergemeinde (Gemeinschaft von Personen, die unabhängig vom aktuellen Wohnort den Status des Bürgers und damit das Heimatrecht der (Bürger-)Gemeinde besitzen) ein zentraler Akteur im Fremdenverkehrsgeschäft wurde. Eine Diskussion wie in Grindelwald wäre in Zermatt wohl völlig undenkbar. „Mit den vollständig oder mehrheitlich durch die Burgergemeinde kontrollierten Gesellschaften, in welchen sich ein Großteil der Geschäftstätigkeit abwickelt, kommt der Burgergemeinde Zermatt heute vorwiegend die Funktion einer Holding zu. Daneben hält die Burgergemeinde Minderheitsbeteiligungen an verschieden Aktiengesellschaften des privaten Rechts" (*Burgergemeinde Zermatt* o. J.), heißt es auf der Website. Neben der Führung und dem Betrieb von Hotels und Gaststätten werden auch Dienstleistungen im Bereich Finanzen und Rechnungswesen angeboten und als Filetstück gehört die Beteiligung an den Matterhorn Bergbahnen AG zum Tafelsilber der Burgergemeinde.

3.2 Eingriffe des Tourismus in die Landschaft

Nicht nur bei der Größe der Einrichtungen, sondern auch bei den Eingriffen in die Landschaft sind Unterschiede feststellbar. Durch den Zusammenbruch der Berglandwirtschaft mit Realteilungsrecht war der Widerstand wie erwähnt schwächer und damit auch die Eingriffe massiver, wie die folgenden Aufnahmen illustrieren (s. Abb. 23 und 24):

Abb. 23: Zersiedelung und „Konfektionierung von Pisten“ durch Eingriffe in den Naturraum (Planierungen, Schneisen) in Saas Fee im periglazialen Raum. Quelle: eigene Aufnahme und Bundesamt für Landestopografie

Abb. 24: „Restlandwirtschaft“ zwischen Apartmenthäusern und „überständige“ Wiesen am Siedlungsrand (Saas Fee). Quelle: eigene Aufnahmen

Im vorliegenden Beispiel von Saas Fee werden im Baustil zumindest die lokalen Bauformen paraphrasiert, wer hingegen in die französischen „stations integrées“ fährt (und sei es leidglich mit Google Street View) wird sich in einer randstädtischen Banlieue wiederfinden, bloß dass diese sich auf über 2.000 m über Meer befindet. Interessanterweise finden sich dort neuerdings plötzlich zwischen den Wohnblocks pseudoländliche Chalets. In Zermatt wiederum prallen Tradition und Neuzeit ausgesprochen hart zusammen (s. Abb. 25 und 26).

Abb. 25: Lac de Tignes bei Val d'Isère in Savoyen. Man beachte das Nebeneinander von Appartement-Wohnblocks und pseudoländlichen Bauten der neueren Generation. Die Alp„wiese“ im Vordergrund ist offensichtlich mit einem Golf-Rasenmäher gemäht, während die zunächstliegende Ruderalflora auf Verbrachung hinweist. Quelle: iStock.com/Sissoupitch Massy France

Abb. 26: Appartements unmittelbar neben traditionellem Kornspeicher in Zermatt. Quelle: eigene Aufnahme

Im Jungsiedelland ist der Tourismus in den „Hot Spots“ zwar ebenfalls intensiv, fällt aber visuell viel weniger ins Gewicht. Dies mag einerseits daran liegen, dass durch die intensive Landwirtschaft mehr Offenflächen vorhanden sind, was Pistenrodungen obsolet macht, aber wohl auch darin, dass in der einheimischen Bevölkerung die Landwirtschaft und der Wert einer Kulturlandschaft tiefer verankert ist. Dies müsste durch weitergehende Forschung belegt werden, hier kann lediglich beschreibend auf die Differenzen hingewiesen werden. So bleibt z. B. in Saanen-Gstaad, in Adelboden oder auf dem Hasliberg als wichtigen Tourismuszentren des Berner Oberlandes der Aspekt der nordalpinen Kulturlandschaft erhalten, mit der ortstypischen Streusiedlung und den entsprechenden Hausformen, obwohl vieles bewusst geschönt ist (s. Abb. 27 und 28). Aber auch die Einrichtungen für den Wintertourismus halten sich einigermaßen diskret. Dies ist auch deswegen möglich, weil die Skigebiete auf geringerer Meereshöhe liegen als im Wallis – mittlerweile angesichts des Klimawandels zunehmend ein Problem.

Abb. 27: Blick aus dem Umland des Skiortes Adelboden (Berner Oberland) ins Weltcup-Skigebiet am Kuenisbergli und Detailaufnahme der Weltcup-Piste.
Quelle: eigene Aufnahmen

Abb. 28: Links der Ortskern von Gstaad und rechts Blick über den Skiort Hasliberg (beide Berner Oberland). Das Dorf Gstaad bewahrt zu einem guten Teil den Aspekt eines „Kurorts“ der Belle Époque, wenn schon vieles geschönt ist. In Hasliberg weist nur der sichtbare Seilbahnmast auf die touristischen Einrichtungen hin.
Quelle: eigene Aufnahmen

Selbst im nordalpinen Savoyen, im Gegensatz zu den inneralpinen Regionen um Courchevel oder Val d'Isère/Lac de Tignes, sind die Eingriffe in die Kulturlandschaft nicht ganz so offensichtlich. In Grand Bornand werden Chalets offenbar nur noch im lokal angepassten Stil gebaut und außerhalb der Hauptsiedlung erkennt man die typische Streusiedlung, die sehr stark ans Berner Oberland erinnert (s. Abb. 29). Wobei auch hier gesagt sein muss, dass vieles wohl nur Staffage ist und auch in Savoyen touristische Großiedlungen wie Avoriaz oder Flaine gebaut worden sind oder dass in den benachbarten Orten zu Le Grand-Bornand wie La Clusaz oder Megève die Zersiedelung völlig ausufert.

Abb. 29: Links Blick auf das Tal von Le Grand-Bornand, rechts die Siedlung mit Ferienhaus-Chalets in Le Grand Bornand (Savoyen, Frankreich). Man beachte die Paraphrasierung des lokalen Baustils und die traditionelle Streusiedlung auf der Abbildung links. Quelle: iStock.com/daboost

Ganz klar ist hingegen, dass dieser Unterschied, bedingt durch unterschiedliche Nutzungssysteme und diese wiederum durch unterschiedliche Erbrechtssetzungen nichts über die Intensität des Tourismus aussagt, wie Abb. 30 zeigt. Der Tourism Function Index (TFI) entsteht durch die Formel $\frac{N\times100}{P}$, wobei N die Anzahl der Übernachtungen darstellt und P die Fläche der Gemeinde in km^2. Dabei wird offensichtlich, dass in Bezug auf den TFI kein Unterschied feststellbar ist, sondern lediglich ein Tourismus-Hotspot im zentralen Alpenraum sowohl im Jung- wie im Altsiedelraum.

In diesen Regionen scheint der Fremdenverkehr ein mehr oder weniger flächendeckendes Phänomen zu sein, während im übrigen Alpenraum, vor allem im Westen, der Tourismus sich sehr intensiv auf einzelne Regionen stützt, während andere kaum berührt sind. Dies trifft sich mit der Erkenntnis von *Werner Bätzing*, dass der Tourismus keine Schlüsselbranche im Alpenraum ist (*Bätzing* 2015, S. 201–203) und dass 5 % der Alpengemeinden 46 % der Betten bieten und 40 % der alpinen Gemeinden keinen nennenswerten Fremdenverkehr aufweisen (*Bätzing* 2015, S. 188). Man muss jedoch beachten, dass die zugrundeliegenden Zahlen aus den späten Neunzigerjahren stammen.

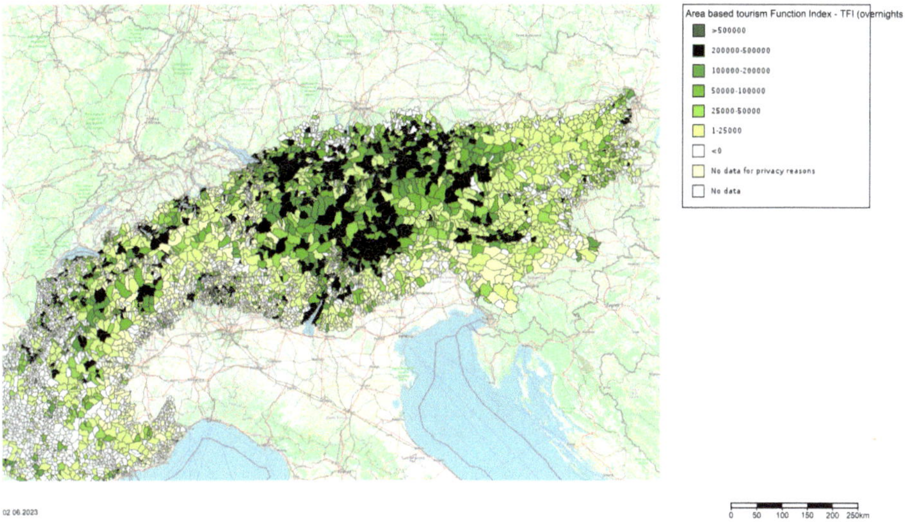

Abb. 30: Betten pro Gemeindefläche 2010. Quelle: Alpenkonvention, CC BY 4.0, Elisa Ravazzoli, EURAC Institute for Regional Development

4 Fazit

Am Beispiel der Ausprägung von Tourismusgebieten im Alpenraum kann gezeigt werden, wie Rechtstraditionen, die Jahrhunderte zurückreichen, über ihre gesellschaftliche Gestaltungskraft auf Mentalitäten und die damit verbundenen Nutzungspraktiken einwirken und so die Kulturlandschaft prägen. Durch den Unterschied zwischen Anerbenrecht und Realteilungsrecht stehen unterschiedliche räumliche Entitäten im Fokus der Menschen; hier der einzelne Hof mit den zugehörigen Nutzflächen bis hinauf auf die Alpweiden, dessen ungeschmälerter Fortbestand gesichert werden muss, dort die Gemeinde als Nutzungsgemeinschaft, die in der Suche nach dem Gemeinwohl in einer kargen Umwelt eine maximale Rendite zu erzielen trachtet, um den Fortbestand der Gemeinschaft zu sichern.

Zusammenfassung

Der Beitrag befasst sich mit den erbrechtlich unterschiedlich gesteuerten Entwicklungspfaden der Landnutzung im Alpenraum und deren Einfluss auf die Verteilung der touristischen Größenklassen. „Großbetriebe“ mit konzentrierten kapitalgestützten Freizeitanlagen und Wohneinrichtungen befinden sich eher in Gebieten mit ursprünglich gemischt ackerbaulich-viehwirtschaftlichen Nutzungsformen mit Haufendörfern und kleinparzellierten Realteilungsflächen in den West- und Südalpen, während die mehr kleinstrukturierten, familienbetriebsgestützten Fremdenverkehrsgebiete tendenziell häufiger in ehemaligen Streusiedlungsgebieten mit Milchwirtschaft im nord- und ostalpinen Raum anzutreffen sind. In letzteren Gebieten hat die Landwirtschaft zwar keine große ökonomische, aber nach wie vor eine mentale und identitätsstiftende Bedeutung, während im West- und Südalpenraum die Landwirtschaft fast völlig zusammengebrochen ist. Dadurch sind im Wettstreit um die Flächen auch die Entwicklungsmöglichkeiten des Tourismus unterschiedlich geworden.

Summary: Private ownership or shareholder company – on the different forms of land use and tourism in the Alpine region

The article deals with the development paths of land use in the Alpine region, which are differently directed by inheritance law, and their influence on the distribution of tourism size classes: "Large enterprises" with concentrated capital-based leisure and residential facilities tend to be located in areas with originally mixed arable-livestock land use patterns with cluster villages and small-parceled areas with divides inheritance in the Western and Southern Alps, while the more small-structured, family business-based tourist areas tend to be more common in areas with former entailed inheritance, scattered settlements and dairy farming in the Northern and Eastern Alpine regions. In the latter areas, agriculture does not have great economic importance, but it still has a mental and identity-forming significance, whereas in the Western and Southern Alpine areas agriculture has almost completely collapsed. As a result, in the competition for surfaces, the development opportunities of tourism have also become different.

Literatur

Bätzing, W. (2015): Die Alpen. Geschichte und Zukunft einer europäischen Kulturlandschaft. München.

Bätzing, W. (2018): Die Alpen. Das Verschwinden einer Kulturlandschaft. – Darmstadt.

Bender, O. u. Haller, A. (2017): The cultural embeddedness of population mobility in the Alps: Consequences for sustainable development. – In: Norsk Geografisk Tidsskrift – Norwegian Journal of Geography, 71:3, S. 132–145.

Buchs, C. (2014): Itramen bereitet sich vor. – In: Jungfrau Zeitung, Version vom 13.08.2014, URL: https://www.jungfrauzeitung.ch/artikel/132341/ (Zugriff: 8. Februar 2023).

Burgergemeinde Zermatt (o. J.): Beteiligungen. URL: https://www.burgergemeindezermatt.ch/tatigkeitsfelder/beteiligungen/ (Zugriff: 8. Februar 2023).

Campell, U. (1573/1884): Ulrici Campelli Raetiae alpestris topographica descriptio. – In: *Kind, I. [Hrsg.]*: Quellen zur Schweizer Geschichte 7. – Basel.

Cole, J. W. u. Wolf, E. R. (1974): The hidden frontier. Ecology and ethnicity in an Alpine valley. – New York.

Martonne, E. de (1926): Les Alpes. Géographie générale. – Paris.

Egli, H.-R. (2004): Die Entwicklung von Kernräumen und Peripherien im schweizerischen Alpenraum seit dem Mittelalter. – In: Siedlungsforschung. Archäologie-Geschichte-Geographie, 22, S. 105–118.

Gasser, P. (2014): „Dann haben wir russische Verhältnisse". – In: Jungfrau Zeitung, Version vom 31.07.2014, URL: https://www.jungfrauzeitung.ch/artikel/132053/ (Zugriff: 8. Februar 2023).

Mathieu, J. (1992): Eine Agrargeschichte der inneren Alpen. Graubünden, Tessin, Wallis 1500–1800. – Zürich.

Mathieu, J. (1998): Geschichte der Alpen 1500–1900. Umwelt, Entwicklung, Gesellschaft. – Wien.

Michael, Th. (2008): Diercke Weltatlas. – Braunschweig.

Petroni, B. (2018): V-Bahn: Das Ziel ist zum Greifen nahe. – In: Berner Zeitung, Version vom 02.06.2018, URL: https://www.bernerzeitung.ch/region/oberland/VBahn-Das-Ziel-ist-zum-Greifen-nahe/story/30260098 (Zugriff: 8. Februar 2023).

Riedmann, J. (2000): Die Dokumentenlage um 1000: „Ad gredine forestum". – In: Institut Ladin Micurà de Rü [Hrsg.]: ad Gredine forestum 999. L nridlament de na valeda – Das Werden einer Talschaft – Il costituirsi di una vallata. Bulsan/Bozen/Bolzano.

Sererhard, N. (1742/1994): Einfalte Delineation aller Gemeinden gemeiner dreyen Bünden. – Schiers.

Tanner, R. P. (2020): Transkulturalität im romanisch-deutsch-italienischen Durchdringungsraum zwischen Gotthard und Dolomiten vom Frühmittelalter bis heute. – In: Siedlungsforschung. Archäologie-Geschichte-Geographie, 37, S. 201–224.

Tasser, E.; Aigner, S.; Egger, G. u. Tappeiner U. (2013): Almatlas-Alpatlas-Atlante delle Malghe. – Bozen.

Tiefenbach, M. (2013): Alpkorporationen – traditionelle Institutionen nachhaltiger Landschaftsentwicklung. Das Beispiel der Bergschaften Grindelwalds im Kontext aktueller gesellschaftlicher Herausforderungen. – Grindelwald.

Weiss, R. (1959): Häuser und Landschaften der Schweiz. – Erlenbach.

Siedlungsforschung. Archäologie – Geschichte – Geographie 40, 2023, S. 231–247

Zwischen Stockholm und Wien, Lübeck und Speyer

Norddeutsche Parteien auf der Suche nach ihrem Recht in Mittelalter und Früher Neuzeit[1]

Nils Jörn

Es ist jetzt gut ein Vierteljahrhundert her, dass wir uns von Greifswald aus aufmachten um nachzuweisen, dass der Norden des Alten Reiches, in unserem Projekt als südlicher Ostseeraum bezeichnet, durchaus Beziehungen zu den Zentren des Alten Reiches unterhielt, dass man miteinander in vielfältiger Beziehung stand und in vielerlei Hinsicht zusammenwirkte.[2] Wir arbeiteten uns seinerzeit unter der Leitung von Michael North an der Aussage von Peter Moraw ab, der den Norden als reichsfern bezeichnet hatte (*Moraw* 1998, S. 27; *Schmidt* 1999, S. 348.). Das durfte natürlich so nicht stehenbleiben, sondern verlangte danach widerlegt zu werden. Nachdem der Osten Deutschlands gerade dabei war, sich unter allerlei Schmerzen mit dem Westen zu vereinigen, musste der Norden beweisen, dass er nie vom Süden getrennt war, wenigstens in Mittelalter und Früher Neuzeit nicht.

Mit uns im Boot waren Olaf Mörke aus Kiel, Wolfgang Weber aus Augsburg und Martin Krieger, seinerzeit in Greifswald, heute wieder in Kiel. Gemeinsam untersuchten wir die Kategorien Reichstagsbesuch (*Krieger* 2000), Steuerzahlung (*Jörn* 2000 u. 2000a), politische Identitäten in Grenzregionen (*Mörke* 2000), die Reichspublizistik (*Weber* 2000) und in einem großen Schwerpunkt auch die Reichsgerichtsbarkeit (*Diestelkamp* 2000; *Freitag u. Jörn* 2000) und die oberste Rechtsprechung insgesamt. Im fruchtbaren Austausch mit Bernd Diestelkamp und Wolfgang Sellert, den Altmeistern der Geschichte der Reichsgerichtsbarkeit, besuchte ich gut 30 Archive verschiedenster Couleur in Nord-

---

1 Die Vortragsfassung wurde weitgehend beibehalten und nur um die nötigsten Anmerkungen ergänzt.

2 Das Projekt „Die Integration des südlichen Ostseeraumes in das Alte Reich“ wurde zwischen 1996 und 1999 als Kooperation der Frühneuzeitlehrstühle Greifswald, Kiel und Augsburg von der VW-Stiftung gefördert und mündete in dem von *Michel North* und *Nils Jörn* herausgegebenen gleichnamigen Band, dessen Ergebnisse hier einleitend präsentiert werden.

und Mitteleuropa. Es war ein Fest, an das ich mich bis heute gern erinnere. An jedem Tag machte ich mindestens einen schönen Fund und sehr häufig lebe ich für Vorträge bis heute von diesen Funden. Überall sprangen mich Rechtsbeziehungen zwischen dem Norden und dem Süden des Alten Reiches förmlich an, aber die Frage einer Gerichtslandschaft stand damals noch nicht im Raum – die damals gefundenen Quellen müssen also noch einmal neu befragt werden.

Sie ahnen schon beim Hören des Vortragstitels, dass Stockholm als Sitz des Svea Hofgerichts, Wien für den Reichshofrat, Lübeck für den dortigen Oberhof und Speyer als Sitz des Reichskammergerichts nur stellvertretend für die vielen Orte stehen, an denen man als Norddeutscher sein Recht suchen und zumeist auch finden konnte. Zu nennen wären auch das Lübecker Pendant Magdeburg für die zahlreichen Städte besonders Pommerns, die nach Magdeburger Recht gegründet waren oder im Verlauf ihrer Geschichte darauf umschwenkten (*Köster, Link u. Lück* 2018; Köster u. Link 2019), die Sitze der Hofgerichte und Konsistorien in Holstein, Mecklenburg und Pommern (*Jörn* 2007), um uns nur einmal auf die drei großen territorialen Einheiten zu beschränken und natürlich die zahllosen Sitze der Untergerichte vor allem auf dem platten Land, das den Norden ja maßgeblich prägt.

Wenn man diese Vielfalt an Möglichkeiten einmal auf einer Karte darzustellen versuchen würde, würde man ganz sicherlich scheitern. Und das liegt natürlich daran, dass überall, wo Menschen miteinander leben und vielfältige Kontakte in den unterschiedlichsten Bereichen miteinander pflegen, auch rechtliche Beziehungen zwischen ihnen bestehen. Daher bemühen sie sich im hier betrachteten Raum nachweislich mindestens seit dem Mittelalter, Institutionen zu schaffen, an denen diese Beziehungen verrechtlicht und vor denen mögliche Konflikte ausgetragen werden konnten.

Diese Institutionen mussten seit ihrer Gründung miteinander interagieren, um über die Grenzen ihrer Wirksamkeit hinaus Recht zu sichern, ihre Bewohner und deren Handel zu schützen. Angesichts der Zersplitterung des Reiches im Mittelalter war es essentiell, Bündnisse einzugehen, mit denen man seine Mitbürger oder Untertanen gegen Übergriffe schützen, die Reichweite und Umsetzung geschlossener Verträge garantieren oder Zuwiderhandlungen oder Gesetzesbrüche über die Grenzen des eigenen Territoriums hinaus verfolgen und bestrafen konnte. Je schwächer der Arm des Kaisers dabei war, umso mehr musste man in den Regionen ein wirksames Gegengewicht schaffen, Instrumente finden, mit denen man diese herrschaftlichen Aufgaben umsetzen konnte.

Versuchen wir einmal, dies am Beispiel der norddeutschen Hansestadt Wismar zu verfolgen. 1266 wurde der Stadt der Gebrauch des Lübischen Rechts bestätigt (MUB II, Nr. 1078). Da seit 1209 ein Hafen urkundlich belegt ist, der mehrere Koggen aufnehmen konnte,[3] müssen die Menschen in der Stadt auch zu dieser Zeit bereits nach einem Stadtrecht gelebt haben – gehen wir der Einfachheit halber davon aus, dass es das Lübische

3 MUB I, Nr. 202, Anm. auf S. 193.

war. Wir wissen nämlich tatsächlich nicht, wann in Wismar die Erstbewidmung mit einem Stadtrecht stattfand. Lübeck wird allgemein als Mutterstadt bezeichnet, von der die Gründungsinitiative für Wismar ausgegangen sein soll (*Techen* 1929). Seit 1241 jedenfalls ist ein gemeinsamer Rat für die Siedlungen um die entstehenden Hauptkirchen St. Nikolai am Hafen, St. Marien am Markt und St. Georgen in der Neustadt urkundlich belegt (*Techen* 1929, S. 5), ein Rathaus wird im Bau gewesen sein. Der älteste Teil des heutigen Rathauses jedenfalls beherbergt noch die Gerichtslaube aus dem 13. Jahrhundert und einen Keller mit einem faszinierenden Wandbild, dem größten Europas aus dieser Zeit, wie Jörgen Bracker, ehemaliger Direktor des Hamburg-Museums, jüngst festgestellt hat (*Bracker* 2021).

Zunächst einmal waren für die junge Stadt die Beziehungen ins Umland, also das entstehende Fürstentum Mecklenburg und nach Dänemark, den großen Nachbarn im Norden, wichtig. Die Fürsten von Mecklenburg erkannten den Nutzen und die gute Lage der neuen Siedlung schnell und unterstützten sie entsprechend bei der Ausstattung mit Privilegien und der Aufnahme von Handelskontakten. 1209 wurden die Schweriner mit einem Privileg für den Unterhalt von zwei Koggen im Wismarer Hafen bewidmet, 1246 erhielten die Bürger Rigas dieselben Rechte wie die Lübecker in Wismar (*MUB* I, Nr. 580), 1258 die Bürger Stendals und benachbarter Städte freies Geleit auf dem Weg von und nach Wismar (*MUB* II, Nr. 825). 1260 wurde den Lübeckern Zollfreiheit in Wismar versprochen (*MUB* II, Nr. 872), seit 1266 allen, die des Handels wegen nach Wismar kämen (*MUB* II, Nr. 1078). Seit 1251 genoss Wismar in Dänemark dieselben Rechte wie die Bürger Lübecks (*MUB* II, Nr. 679), vor allem das wichtige Strandrecht, also das Recht, sein Schiff und dessen Güter nach einem Schiffbruch bergen zu dürfen, sobald nur ein einziges Mitglied der Mannschaft lebendig das Ufer erreichte

Die Auflistung der Wismarer Privilegien ließe sich fast endlos fortsetzen, gemeinsam mit dem Rostocker Latinisten Eric Witt bin ich gerade dabei, das Wismarer Privilegienbuch aus dem Jahr 1351 zu edieren, das alle Privilegien der Stadt bis zu diesem Zeitpunkt umfasst und 1229 mit einer Gebietsbestätigung für die Stadt durch den Fürsten von Mecklenburg einsetzt (*Witt* 2022). An dieser Sammlung von Privilegien sieht man auf jeden Fall, wie vielfältig die Rechtsbeziehungen einer gerade gegründeten Stadt sein konnten (Handel, Zoll, Strandrecht, Geleit) und wie weit sie reichten (Dänemark, Norwegen, Schweden, Schottland, England, Novgorod, Riga, Stendal). An den verschiedenen Themen und den verschiedenen Himmelsrichtungen, in denen sie wirksam wurden, ahnt man aber zumindest auch das Konfliktpotential, das sich daraus ergeben konnte.

Dieses Konfliktpotential wird voll ausgeschöpft im Verfestungsbuch, einer zwischen 1350 und 1430 laufenden Quelle, die zeigt, auf wie vielen Gebieten und wie häufig die Privilegien gebrochen wurden (*Birli u. Jörn* 2016). Was ist eine Verfestung? Die einer Straftat überführten Personen wurden vor das Ratsgericht geladen. Kamen sie der dreimaligen Aufforderung zu erscheinen nicht nach, konnten sie auf Antrag des Geschädigten verfestet werden (*Sellert u. Bauer* 1998). Damit wurden die Festnahme und zwangsweise Zuführung vor ein beliebiges Gericht des Lübischen Rechts für zulässig erklärt. Bereits im ältesten Stadtbuch Wismars und des Ostseeraums, gibt es seit der Mitte des 13. Jahrhunderts, also 100 Jahre vor Einsetzen des Verfestungsbuches, solche Verfestungen, Urfehden und Stadtverweisungen (*Techen* 1912). Sie lassen sich aber nicht so gut auswerten wie das Verfestungsbuch, aus dem sich meiner Ansicht nach tatsächlich erstmals eine Rechtslandschaft nachweisen lässt, deren integraler Bestandteil die Hansestadt Wismar mit ihren Gerichten und ihrem innerstädtischen Rechtszug war, die mit anderen Städten und Landesherren sowie deren Gerichten interagierten.

Das Verfestungsbuch zeigt die enge Zusammenarbeit der Städte Lübischen Rechts, um die vielfältigsten Rechtsbrüche zu bestrafen, denen ihre Bürger ausgesetzt waren bzw. die sie selbst begingen. Es geht u. a. um Seeräuberei, teilweise von höchster Stelle, wenn der Drost des dänischen Reiches, Henning von Putbus im Jahre 1362 mit mehreren Adligen Mecklenburgs u. a. aus den Geschlechtern der Preen, Vinke und von Bremen verfestet wurde, weil sie die Bürger Wismars auf See beraubt hatten (*Birli u. Jörn* 2016, Nr. 158). 1415 wird dann ein Clawes Syzyk als Seeräuber verfestet, der mit zwei Komplizen Waren aus einem Schiff aus Assens geraubt und sich auf die Flucht begeben hatte (*Birli u. Jörn* 2016, Nr.891). Im selben Jahr wird der Magdeburger Bürger Peter Smedeke festgenommen, weil er in Wismar einen silbernen Löffel und Bargeld gestohlen hatte. Gegen den Schwur einer Urfehde wurde er wieder freigelassen (*Birli u. Jörn* 2016, Nr. 890). 1425 wird Hans Wartbergh verfestet, der Laken, also Tuche, aus der Wismarer Walkmühle gestohlen hatte, die Marken davon abzog und seine eigene Marke anbrachte. „Dar umme is he vorvested vor enen velscher und enen def hir unde in alleme Lubeschen rechte" (*Birli u. Jörn* 2016, Nr. 903).[4] Ein Hinweis auf dieses Lübische Rechtsgebiet taucht 1369 erstmals in unserer Quelle auf. Da verfestet man Hinricus Tribus, den ehemaligen Vogt von Wismar, und droht ihm die Verfolgung der Ratsherren im ganzen Lübischen Rechtsgebiet, *in omni jure Lubecensi* an, weil er an ihnen ein Unrecht begangen und sich auf die Flucht begeben hatte. Das Unrecht bestand darin, dass er einen großen Teil der städtischen Wasserleitung gestohlen und ins Umland verschoben hatte (*Birli u. Jörn* 2016, Nr. 81, 88). Mehr als 120 der insgesamt 1.002 Einträge kennen jedenfalls den hier vorgestellten Passus, ob nun in Latein oder in Mittelniederdeutsch und entsprechen damit ziemlich genau dem Anteil der Fälle mit auswärtiger Beteiligung oder denen, in denen man des Täters nicht in der Stadt habhaft werden konnte.[5]

---

4 Derselbe Wartbergh war bereits 1418 von Hinrik Manenschin wegen Diebstahls verfestet worden (*Birli u. Jörn* 2016, Nr. 739).

5 *Birli u. Jörn* 2016, Nr. 81, 215 f., 128–130, 132–139, 141, 164 f., 169, 184, 235–237, 253, 256, 264, 271, 276, 351, 355–361, 363 f., 366 f., 369, 378 f., 384 f., 389, 393, 396, 402, 404–407, 410, 416 f., 419, 421, 424 f., 427–430, 433 f., 437, 527, 529, 531, 562, 565, 590, 592, 601, 603, 605 f., 609, 612–616, 623 f., 630, 635, 645 f., 653, 662, 671, 681, 724 f., 746, 762, 779, 783, 789, 793–795, 832, 852, 868, 873, 889, 892, 903, 905, 922, 959 f., 962–964, 967 f., 978, 981, 986, 989, 993, 995, 1001.

Hier tritt es uns also entgegen, das Lübische Rechtsgebiet, auf Latein wie auf mittelniederdeutsch. Wir haben bei uns im Haus auch zahlreiche Briefe Wismars an Rostock, Stralsund, Greifswald, Stettin, Hamburg oder Lübeck, in denen konkret jemand gesucht und die Hilfe der Partnerstadt bei seiner Ergreifung erbeten wird. Vom 6. September 1259 kennen wir ein erstes Bündnis zwischen Lübeck, Wismar und Rostock zum Schutz und Unterhalt der Wege und Stege und zur Ergreifung von Räubern (*MUB* II, Nr. 847). In den edierten Stadtbüchen und im Verfestungsbuch sehen wir, wie dieses konkret umgesetzt wurde. Ein Beispiel für die Zusammenarbeit ist sicherlich auch der Fakt, dass mehrere Urfehden und Verfestungen aus dem Rostocker Pendant Wort für Wort in das Wismarer Buch eingefügt worden sind (*Birli u. Jörn* 2016, Nr. 25, 171–181).

Wie sieht das in Rostock und Stralsund aus? Die Edition des Stralsunder Verfestungsbuches eröffnete 1875 die Reihe der Hansischen Geschichtsquellen, gearbeitet wurde bisher fast nie mit ihr (*Francke* 1875). Gleiches trifft auf das Rostocker Urfehdebuch zu, das 1938 von Wilhelm Ebel selbst ediert worden ist (*Ebel* 1938).

Gar nichts kann man bisher dazu aus Lübeck sagen, das Material in den Niederstadtbüchern ist einfach zu umfassend und nie entsprechend systematisch ausgewertet worden (*Seggern* 2016). Deshalb lässt sich hier nur ein Forschungsdesiderat formulieren, das für unsere Frage tatsächlich sehr vielversprechend sein sollte: Was lässt sich aus den städtischen Gerichtsbüchern über die Zusammenarbeit innerhalb des Lübischen und anderer Rechtskreise sagen? Inwieweit ging sie über den Wirkungskreis des Lübischen Rechts hinaus? Ein Magdeburger Missetäter, der seine Spuren in Wismar hinterlassen hat, war bereits angesprochen worden, Tydke Eyke musste 1425 eine Urfehde schwören, weil er eine Frau aus Stettin, also ebenfalls aus dem Magdeburger Rechtskreis, entführt hatte (*Birli u. Jörn* 2016, Nr. 926). Weitere Beispiele wären aus Stralsund, Rostock und Lübeck zu ermitteln und zu verfolgen. Nach einer ersten Durchsicht der Indices kann ich ihnen versprechen, dass es sie, nicht überraschend, gab.

Um so ein Rechtsgebiet zu etablieren, muss man natürlich seine Grundsätze erst einmal verbreiten, also Rechtshandschriften unter den Mitgliedern des Rechtsgebietes verteilen und sie möglichst aktuell halten, denn was für einen Eindruck hätte es gemacht, wenn der Lübecker Rat grundsätzlich anders als der Wismarer oder der Rostocker geurteilt hätten? Rechtssicherheit hätte man so in seiner Rechtslandschaft nicht erzielen können, sondern hätte eher für Verunsicherung gesorgt. Aber wer sagt uns denn, dass es so einen Fall nicht tatsächlich gegeben hat? Erforscht ist dieses Zusammenwirken jedenfalls nicht, was ich Ihnen hier vorstelle, sind tatsächlich erste Ideen, denen man erst nachgehen kann, wenn die Quellen in den Archiven grundlegend erschlossen sind und zur Verfügung gestellt werden. Die Ratsurteile Wilhelm Ebels sind in dieser Frage nur ein erster Anhaltspunkt (*Ebel* 1955). Er hat zahlreiche Anfragen um Rechtsbelehrung aus den Städten Lübischen Rechts seit dem 13. Jahrhundert in seiner vierbändigen Edition der Lübecker Ratsurteile ausgewertet, dies aber nicht systematisch getan, sondern nur diejenigen, die „wesentlich, inhaltsreich und vor allem aus sich verständlich erschienen“

herangezogen (*Ebel* 1955, S. XIII). Da er nicht näher erklärt, was für ihn von Interesse war, kann man mit den vier Bänden von ihm, so verdienstvoll sie auch sein mögen, nicht systematisch arbeiten.

Vorarbeiten für unsere Fragestellung datieren aus jüngster Zeit. Der sehr verdienstvollen und wirklich auch schön gemachten Edition des Bardewikschen Codex von 1294 hat Albrecht Cordes eine Tabelle beigegeben, in der er neben Lübeck 19 Handschriften des Lübischen Rechts nachgewiesen hat (*Ganina, Cordes u. Lokers* 2021).

Abb. 1: Einbandvorderseite des ersten von drei Bänden der Edition des Bardewikschen Codex. Quelle: Ganina, N.; Cordes, A. u. Lokers, J. [Hrsg.] (2021): Der Bardewiksche Codex des Lübischen Rechts von 1294, 1: Faksimile und Erläuterungen. – Oppenheim: Nünnerich-Asmus Verlag

Zum Zeitpunkt der Drucklegung 2021 konnte er solche Handschriften für Kiel aus dem Jahr 1232, Oldenburg von 1235, Tondern von 1243, Reval von 1257, Rostock vor 1267, Kolberg von 1297, Visby von 1341, Stolp von 1367, Belgard und Riga aus dem 15. Jahrhundert und Segeberg von 1532 nachweisen (*Ganina, Cordes u. Lokers* 2021, S. 29–34).

Interessant ist, dass sich auch in Elbing seit 1240, Memel seit 1254, Dirschau seit 1262, Danzig seit 1263, Thorn seit dem 15. Jahrhundert und Stettin seit dem Jahr 1538 Handschriften des Lübischen Rechts finden lassen (*ebd.*). Dazu passt, dass sich auch in den Wismarer Ratsakten Abschriften zum Rigaer Recht finden, die 1674 nach Wismar gelangten (*AHW, Ratsakten*, Nr. 0127).[6] Das beweist, dass man natürlich interessiert daran war, welches Recht beim Nachbarn galt. Bei den engen Handelsbeziehungen musste man schließlich wissen, worauf man sich einließ, wenn man die eigene Rechtslandschaft verließ und in eine fremde kam. Auch hier stehen wir leider noch ganz am Anfang der Forschung.

Im Jahr 2022 legten Anette Löffler und ich unseren Katalog der mittelalterlichen Fragmente aus dem Archiv der Hansestadt Wismar (*Löffler u. Jörn* 2021) vor und konnten den Befund von Cordes für Wismar um einen Fund aus dem zweiten Viertel des 15. Jahrhunderts ergänzen, in dem es um die Regelung der Vormundschaft geht (*Löffler u. Jörn*, S. 518 f.). Ich gehe davon aus, dass sich unter den bisher zumeist schlecht erschlossenen Fragmenten in den anderen Stadtarchiven Mecklenburg-Vorpommerns und darüber hinaus weitere Überraschungen finden werden, die zusätzliche Handschriften des Lübischen Rechts und damit weitere Argumente für die Konstituierung einer Gerichtslandschaft liefern werden. Und auch in Wismar sind wir noch lange nicht am Ende. Frau Löffler ist in einem zweiten Schritt dabei, die überlieferten in-situ-Fragmente zu bestimmen und wer sagt denn, dass sich unter den mehr als 150 Einbänden vor allem von Gerichts- und Amtsbüchern nicht auch noch etwas zum Lübischen Recht finden sollte? Denn es ist ja ganz natürlich, dass man etwas in der Hand gehabt haben muss, wenn man als Rat Recht sprechen wollte.

All diese Zusammenhänge zu über- und zu durchschauen, hätte den Rat der neugegründeten Stadt Wismar sicherlich überfordert, zumal zur Zeit der Stadtgründung noch keine gelehrten Juristen in diesem Gremium saßen. Man wusste aber eine Stadt in der Nähe, bei der man sich Rat holen konnte und zu der die Beziehungen immer am engsten waren – Lübeck. Diese Beziehung wurde fruchtbar gemacht und Lübeck wurde nicht aus seiner Verantwortung entlassen, sondern immer wieder nach neuen Nachrichten zur Entwicklung seines Rechts befragt. Ein Beispiel aus dem Jahr 1549 möchte ich Ihnen vorstellen. Der Wismarer Rat schärfte seinem Gesandten ein, darum *anthoholden mit flite, weill man na lubischen rechte erörterung der sachen alhie gebrucket, und darmith be-*

[6] In dieselbe Zeit, 1670, fällt eine vergleichende Aufstellung der Hafenabgaben in Wismar und Riga (*AHW, Ratsakten*, Nr. 2153).

wedmith is, dat derwegen ein Erb. Radt van Lubeke up unse unkostinge mucht uns lathen werden eine affschrift und gloffwirdige Kuntshupp des Lübischen Rechtens dar mitt hie bepriviligeret und by enen vorhanden syn moghe (*AHW, Corpus Juris Statuarii Wismariensis*, Bd. XII, fol. 1612; *Jörn* 2014, S. 359) Wo zu diesem Zeitpunkt das im vergangenen Jahr von uns identifizierte und immer noch vorhandene Fragment war, von dem Anette Löffler und ich glauben, es sollte einmal vollständig gewesen sein, wissen wir nicht. Offenbar fand es sich nicht im Wismarer Archiv, der Rat fühlte sich also ratlos. Er blieb es auch, denn Lübeck war über mehrere Jahre nicht in der Lage, eine beglaubigte Abschrift seines Rechtes zuzusenden.

Am 3. September 1580 finden wir einen erneuten Anlauf der Wismarer in den Quellen, wieder findet sich eine Instruktion an einen Ratssendeboten zum Hansetag in Lübeck, dem dortigen Rat eine anteilige Kostenübernahme anzubieten für die Erstellung eines entsprechenden Rechtsbuches (*AHW, Corpus Juris Statuarii Wismariensis*, Bd. XII, fol. 1613). Am 20. Oktober d. J. berichteten die Ratssendeboten Wismars, sie hätten sich mit den Kollegen aus Rostock und Stralsund zusammengesetzt und beim Lübecker Rat um die Revision des Lübecker Stadtrechts gebeten, seien jedoch wegen des anstehenden Hansetages auf später vertröstet worden (*AHW, Corpus Juris Statuarii Wismariensis*, Bd. XII, fol. 1620).

1584 erhöhte sich der Druck. Mittlerweile hatten die mecklenburgischen Herzöge 1581 einen Appellationsrezess erlassen und ihren Städten den Rechtszug nach Lübeck verboten. Stattdessen sollten sie sich an das Hofgericht in Güstrow wenden. In diesen Jahren findet im gesamten Norden etwas statt, was wir reichsweit beobachten können: Die Konstituierung des modernen Territorialstaates führt dazu, dass aus dem Mittelalter überkommene Rechtszüge vom Landesherrn ausgehebelt und aufgehoben werden sollen. Die moderne Rechtsprechung an den Hofgerichten, die ja neben vom Herzog ausgewählten Juristen auch mit Mitgliedern der Räte Rostocks und Wismars besetzt waren, sollte den Rechtszug nach Lübeck beenden. Zumindest wollte man aber am Hofgericht wissen, was das Lübische Recht beinhaltete und eine beglaubigte Abschrift in seine Bibliothek stellen, um mit dieser Entscheidungsgrundlage arbeiten zu können (für Pommern vgl. *Jörn* 2007).

Aus Rostock ist eine Verpflichtung aus dem Jahr 1584 erhalten, binnen zwei Jahren, *eine abschrift der verstendlichen* lübschen Rechten unter der Stadt Lübeck Insiegel vorzulegen oder ein besonderes Stadtrecht in Druck verfertigen zu *wollen* (*Jörn* 2014, S. 359 f.). Wegen des Drucks der Herzöge mussten die Städte also liefern. Woher kam die Initiative der Herzöge? Sie lässt sich auf die Entwicklung an Reichskammergericht und Reichshofrat zurückführen. An beiden Gerichten war der Geschäftsanfall in den 1580er Jahren stark gewachsen, die Akzeptanz der Reichsgerichte hatte aufgrund ihrer anerkannt guten Arbeitsleistung massiv zugenommen. Nun mussten man sie davor schützen, mit jeder Kleinigkeit behelligt zu werden. Erweiterte Appellationsprivilegien waren die Lösung (*Freitag u. Jörn* 2000).

Das Modell sah so aus, dass die Territorien und Reichsstädte ihre Gerichtsordnungen an den Reichsgerichten präsentierten. Wurden diese für in Einklang mit den dortigen Gerichtsordnungen befunden und konnten die Reichsstände einen bestimmten Obolus bezahlen, wurde ihnen gestattet, Prozesse bis zu einem bestimmten Streitwert bei sich abzuwickeln und die Appellation an die Reichsgerichte unterhalb dieses Streitwertes verboten. Jürgen Weitzel hat diese Entwicklung einmal untersucht und gezeigt, dass immer wieder ein Inflationsausgleich stattfinden musste, um die Reichsgerichte von Kleinigkeiten zu entlasten, die besser lokal oder regional geklärt werden sollten. Auf diese Weise entwickelten sich die obersten Reichsgerichte zu Erfolgsmodellen der Integration der Reichsglieder. Neben den vielen regionalen Gerichtslandschaften entwickelte sich tatsächlich eine für das Alte Reich, von oben gestaltet mittels sehr guter, erprobter und bei Bedarf veränderter Gerichtsordnungen, an die die territoriale Entwicklung der Gerichte mit erheblichem Gewinn für alle Seiten angepasst werden konnte (*Weitzel* 1977).

Genau am Anfang dieser Entwicklung schauen wir auf die Situation in Mecklenburg. Die Herzöge wollten, um ihren Landesausbau zu beschleunigen, möglichst viele Prozesse innerhalb ihres Territoriums entscheiden, brauchten dafür aber ein Hofgericht, das den Stresstest bestehen würde und mit den Reichsgerichten kompatibel war.[7] Damit dies machbar war, mussten in Güstrow u. a. alle Rechtsgrundlagen für die Rechtsprechung eingesammelt und nutzbar gemacht werden. Und im Zuge dieses Prozesses brauchte man Hilfe aus Lübeck, was im Lübischen Rechtskreis überhaupt als Recht galt.

Der Rat der alten Stadt an der Trave war in keiner Weise auf das Drängen aus Mecklenburg und Pommern vorbereitet. Immer wieder vertröstete man die dortigen Räte. Das eröffnete eine Lücke für einen geschäftstüchtigen Außenseiter. Im März des Jahres 1586 nutzte *Dr. jur. utr. Joachim Kollius* das offenbare Interesse am Lübischen Recht und den Bedarf an einer zitierfähigen Auflage und legte in Hamburg das lang erwartete Rechtsbuch vor *Darinne die Artikele / so man Lübisch Recht nennet / und in den manuscriptis Exemplaribus gefunden / Nicht alleine in eine bequeme und richtige Ordnung gebracht / Besondern auch das Sechsische / Keyserliche und Göttliche Recht zugleich mit eingeführet und angezogen* (*Kolle* 1586). Kolle war selbst Bürgermeister im stormarnschen Krempe und hatte praktisch zur Selbsthilfe gegriffen.

[7] So erwarben die mecklenburgischen Herzogtümer 1569 zunächst ein privilegium de non appellando, das es ihnen erlaubte, alle Fälle bis zu einem Streitwert von 300 rheinischen Gulden an den eigenen Hofgerichten entscheiden zu lassen. Damit folgten sie den Pommern, die dieses Privileg bereits seit 1544 besaßen. Erst 1621 konnten die Mecklenburger einen Inflationsausgleich auf 600 Goldgulden erreichen, bereits 1623 auf 1.000 Goldgulden. Das 1629 im Rahmen des Dreißigjährigen Krieges erzielte illimitierte Appellationsprivileg wurde nicht bestätigt, sondern 1651 auf 2.000 rheinische Gulden begrenzt und 1756 auf diesem Wert bestätigt (*Weitzel* 1977, S. 62).

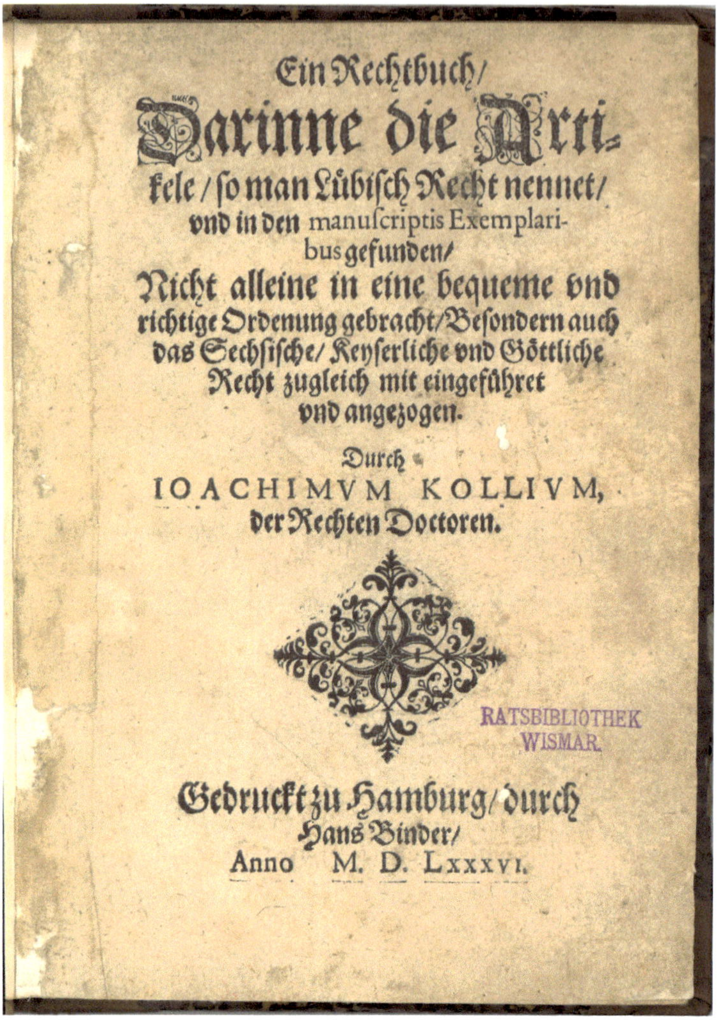

Ein Rechtbuch/
Darinne die Arti-
kele/ so man Lübisch Recht nennet/
vnd in den manuscriptis Exemplari-
bus gefunden/
Nicht alleine in eine bequeme vnd
richtige Ordenung gebracht/ Besondern auch
das Sechsische/ Keyserliche vnd Göttliche
Recht zugleich mit eingeführet
vnd angezogen.
Durch
IOACHIMVM KOLLIVM,
der Rechten Doctoren.

Gedruckt zu Hamburg/ durch
Hans Binder/
Anno M. D. Lxxxvi.

Abb. 2: Titelblatt des 1586 in Hamburg veröffentlichten Rechtsbuchs von Joachim Kolle. Quelle: Ratsbibliothek Wismar

Da es kein Exemplar des Lübischen Rechts gab, auf das man sich zuverlässig berufen und das man zur Rechtsprechung heranziehen konnte, hatte er *viele alte geschriebene Bücher / so man sagte Lübisch Recht zu sein / wor ich die uberkommen / mit fleiß durchgesehen / und nicht alleine alle und jede gebreuchliche und nötige Artikele schlechts daraus geschrieben / Besondern auch dieselbigen in eine bequeme und richtige Ordenung (wie vorhin nicht geschehen) verfasset und zusamen gebracht. Es sein auch nicht alleine obgemelte Artikele in der Zahl und Ordenunge verendert / Besondern ist auch allenthalben / an gelegenen örtern / so viele notwendig gewesen / das Sachssen und Keyser recht mit eingefüret / und zuvor wo sie miteinander nicht gleich stimmen / gantz fleißig angezeiget* (Kolle 1586).

Es wäre eine eigene Untersuchung wert herauszufinden, wie der Lübecker Rat auf dieses Buch reagierte und welche Aufnahme es in den Wendischen Städten und anderen Städten Lübischen Rechts fand. Ich kann Ihnen hier nur eines sagen: In die Sache kam endlich Bewegung! Noch im selben Jahr, 1586, wurden von Bürgermeister *Johann von Ludinghausen, Syndicus Calixtus Schein* und Ratsherr *Gottschalk von Stiten Der Kayserlichen Freyen und des Heiligen Reichs Stadt Lübeck Statuta und Stadt Recht. Auffs Newe ubersehen / corrigiret / und aus alter Sechsischer Sprach in Hochteutsch gebracht* vorgelegt (*Ludinghausen, Schein u. Stiten* 1586). Leider beim Lübecker Verleger *Johann Ballhorn*, der keine besondere Sorgfalt darauf legte, ein Buch herauszugeben, das den hohen Ansprüchen der Wartenden hätte gerecht werden können. Seine haarsträubenden Fehler bei diesem und anderen Büchern haben ihm in der Redewendung, jemand habe etwas verballhornt, unsterblichen Ruhm beschert.

Der Kayserlichen
Freyen vnd des Heiligen Reichs
Stadt Lübeck Statuta vnd
Stadt Recht.
Auffs Newe vberſehen / Corrigiret / vnd aus alter Sechſiſcher
Sprach in Hochteudſch
gebracht.
RATSBIBLIOTHEK WISMAR
Gedruckt zu Alten Stettin / bey
Andreas Kellner / 1586.

Abb. 3: Titelblatt des 1586 in Stettin veröffentlichten Rechtsbuchs von Andreas Kellner. Quelle: Ratsbibliothek Wismar

Seinerzeit richtete es ein Pommer, *Andreas Kellner* aus Alten Stettin, der noch 1586 eine revidierte Ausgabe des Lübischen Rechts vorlegte, die obwohl nicht vom Lübecker Rat autorisiert, zahlreiche Abnehmer fand und bereits wenige Jahre später ein zweites Mal aufgelegt werden musste. Mit seinem und dem Buch des unglücklichen Ballhorn konnten die Anfragen der mecklenburgischen und pommerschen Herzöge befriedigt werden, die beim Kaiser erbetenen Appellationsprivilegien wurden gewährt, die Landesherrschaften konnten dank des Rechtszuges an die Hofgerichte ausgebaut werden.

Mit diesem Rechtszug an die Hofgerichte brach jedoch der Wismarer Kontakt zum Lübecker Oberhof längst nicht ab. Bis zur Mitte des 20. Jahrhunderts ist diese Entwicklung unzulässig folgendermaßen vereinfacht worden: Im Mittelalter wandten sich die Parteien an die Oberhöfe der Städte, die Neuzeit ist durch die Inanspruchnahme der landesherrlichen Hofgerichte gekennzeichnet. Das stimmt so nicht, noch mehrere Jahrzehnte lang agierten beide Gerichte nebeneinander. Es gab genug zu erledigen und die Parteien waren gewitzt genug zu wissen, in welchen Fragen man sich an wen wenden sollte: für Lehnssachen und Streit innerhalb des Territoriums gern an das Hofgericht, für alles, was mit Handel und Gewerbe, Krediten, Konkursen, Erbrecht und anderem zu tun hatte, bevorzugt an den Oberhof. Auch wenn ich Ihnen keine statistisch belastbaren Zahlen dazu liefern kann, bitte ich Sie, mir das nach dem Erschließen zehntausender Wismarer Ratsgerichtsakten zwischen dem 15. und 19. Jahrhundert zu glauben, von denen zahlreiche Fälle nicht durch die Ratsgerichte erledigt werden konnten, sondern an das Hofgericht bzw. den Oberhof delegiert wurden (*Freitag u. Jörn* 2000).

Der Streit um ein allgemein gültiges und anerkanntes Nachschlagewerk zum Lübischen Recht setzte sich nichtsdestotrotz jahrzehntelang fort, bis *David Mevius* mit seinem Commentarius in Jus Lubecense im Jahr 1642 diese Lücke füllte (*Mevius* 1643). Als Syndikus Stralsunds spürte er den Mangel an einem qualifizierten Nachschlagewerk praktisch täglich und reagierte sehr qualifiziert darauf. Dieses in mehr als zehn Auflagen erschienene und andere Werke, vor allem seine Stralsunder Gerichtsordnung sowie die erfolgreiche Gerichtspraxis am Sund unter seiner Leitung ebneten ihm den Weg auf den Posten des Gründungsdirektors des Wismarer Tribunals.

Dieses Tribunal markiert in unseren Breiten den Übergang in eine neue Qualität der Rechtsprechung und es konstituiert tatsächlich auch eine neue Gerichtslandschaft, war es doch das oberste Gericht für die schwedischen Lehen im Alten Reich, also die Herzogtümer Verden, Bremen und Pommern, die Herrschaft Wismar und das Hamburger Domkapitel.

Abb. 4: Kupferstich mit einem Porträt von David Mevius (1609–1670) und einer lateinischen Widmung von Johannes Pommeresche (1624–1689). Quelle: AHW, Crull-Sammlung, Nr. 1246

Abb. 5: Karte der schwedischen Reichslehen, Kupferstich (10 × 12 cm) von Pierre Duval (1676): Les Acquisitions de la Svede, en Alemagne par la Paix de Munster. Die Karten zeigen die an Schweden nach dem Frieden von Münster (1648) übertragenen Gebiete. a) Vorpommern, b) Bremen-Verden, c) Wismar und d) Wildeshausen. Quelle: Archiv der Hansestadt Wismar

Territorien, die bis dahin wenig miteinander verbunden hatte, die aber seit 1653 einen neuen, gemeinsamen obersten Gerichtsherrn hatten. Wie an den Hofgerichten spielte das fortgeltende Lübische Recht auch am Tribunal weiterhin eine wichtige Rolle, durch Stettin und andere pommersche Städte kam aber auch das Magdeburger Recht hinzu, das in die Überlegungen zur Rechtsprechung einbezogen werden musste. Stade, Buxtehude und Verden brachten ihre eigenen Rechtstraditionen mit ein, die alle in der Bibliothek des Tribunals gesammelt und dort rege benutzt wurden, wie uns die Urteilsbegründungen der Richter am Tribunal zeigen. Dieser neue Rechtszug schnitt den Weg an den Lübecker Oberhof ebenso wenig ab wie die Bemühungen der mecklenburgischen Herzöge 70 Jahre zuvor. Immer noch und bis weit in das 18. Jahrhundert holte sich der Wismarer Rat gern Rechtsbelehrungen von seinen Lübecker Kollegen, die nicht in Konkurrenz, sondern als Ergänzung zum Wismarer Tribunal agierten (*AHW, Prozessakten des Tribunals*, Nr. 1650).

Und auch der Weg an die obersten Reichsgerichte, den wir hier nur sehr kursorisch behandelt haben, wurde nie völlig abgeschnitten. In Fragen der Rechtsverweigerung konnte man sich jederzeit dorthin wenden und die pommerschen Landstände beispielsweise nutzten dieses letzte Druckmittel bis ans Ende des 18. Jahrhunderts erfolgreich zur Verteidigung ihrer Privilegien (*Jörn* 1998). So konnte man aus seiner unmittelbaren Kernlandschaft heraus jahrhundertelang agieren und sich in übergeordneten Gerichtslandschaften sein Recht sichern. Auch wenn die Zusammenhänge auf diesem Weg sehr verkürzt dargestellt werden mussten, hoffe ich doch, dass dies deutlich geworden ist.

Zusammenfassung

Wo fanden die Menschen aus Norddeutschland, insbesondere aus Wismar, im Mittelalter und in der Frühen Neuzeit ihr Recht? Die Auswahl war groß: in erster Linie in der eigenen Stadt, wo der Rat verschiedene Gerichte für verschiedene Probleme bildete. Der Lübecker Oberhof oder das mecklenburgische Landgericht fungierten als Berufungsgerichte für Entscheidungen der städtischen Gerichte. Reichskammergericht und Reichshofrat waren Gerichte des Kaisers und damit die letzte und entscheidende Instanz für alle Rechtsstreitigkeiten. Das Wismarer Tribunal trat nach dem Dreißigjährigen Krieg an ihre Stelle und bildete ein modernes, effizientes Appellationsgericht für die schwedischen Lehen im Reich. Der Beitrag verfolgt die Entwicklung dieser Gerichte und erörtert die Wechselwirkungen zwischen ihnen.

Der Aufsatz verfolgt auch die Entwicklung und Diversifizierung der Möglichkeiten der Rechtsfindung von der Gründung der Stadt bis zum Ende der schwedischen Zeit zu Beginn des19. Jahrhunderts. Es wird erörtert, welche Quellen wir haben, um uns ein Bild über die Verwaltung des Lübecker Rechts in den Wismarer Gerichten zu machen und wie das Wissen über die Entwicklungen in Lübeck verbreitet wurde.

Summary: Between Stockholm and Vienna, Lübeck and Speyer – North German parties in search of their rights in the Middle Ages and early modern times

Where did people from Northern Germany, especially from Wismar, find their right in medieval and early modern times? There was a wide variety to be chosen from: first and foremost in their own town, where the Council formed divers courts for several problems. The Lübecker Oberhof or the manorial court of Mecklenburg acted as courts of appeals for decisions made at the courts in town. Reichskammergericht and Reichshofrat were courts of the Emperor and therefore the last and final instance for all legal arguments. The Wismarer Tribunal took their place after the Thirty Years War and formed a modern, efficient Court of Appeals for the Swedish fiefs in the Empire. The paper follows the development of these courts and discusses the interactions between them.

The paper as well follows the development and diversification of the possibilities how to find justice from the foundation of the town to the end of Swedish times in the beginning of the 19th century. It discusses, what sources we have to get an idea about administrating the Law of Lübeck in the courts of Wismar and how the knowledge about developments in Lübeck was spreaded.

Quellen

AHW = Archiv der Hansestadt Wismar
AHW, Corpus Juris Statuarii Wismariensis
AHW, Crull-Sammlung
AHW, Prozessakten des Tribunals
AHW, Ratsakten

MUB = Mecklenburgisches Urkundenbuch, 25 Bände. – Schwerin 1863–1977.

Literatur

Birli, S. (Bearb.) u. Jörn, N. [Hrsg.] (2016): Das Wismarer Verfestungsbuch 1353–1430. Der Liber Proscriptorum. – Wismar.

Bracker, J. (2021): Ein politisches Bild. Die große Kalkmalerei im Wismarer Ratskeller und ihre Bedeutung. – Hamburg.

Diestelkamp, B. (2000): Die Reichsgerichtsbarkeit in den Ostseeländern – In: *Jörn, N. u. North, M. [Hrsg.]*: Die Integration des südlichen Ostseeraumes in das Alte Reich. – Köln, Weimar u. Wien (Quellen und Forschungen zur höchsten Gerichtsbarkeit im Alten Reich, 35), S. 13–38.

Ebel, W. (1938): Rostocker Urfehden. – Rostock.

Ebel, W. (1955/56): Lübecker Ratsurteile. – Göttingen.

Francke, O. (1875): Das Stralsunder Verfestungsbuch. – Halle an der Saale.

Freitag, T. u. Jörn, N. (2000): Zur Inanspruchnahme der obersten Reichsgerichte im südlichen Ostseeraum 1495–1806. – In: *Jörn, N. u. North, M. [Hrsg.]*: Die Integration des südlichen Ostseeraumes in das Alte Reich. – Köln, Weimar u. Wien (Quellen und Forschungen zur höchsten Gerichtsbarkeit im Alten Reich, 35), S. 39–141.

Ganina, N.; Cordes, A. u. Lokers, J. [Hrsg.] (2021): Der Bardewiksche Codex des Lübischen Rechts von 1294, Bd. 2: Edition, Textanalyse, Entstehung und Hintergründe. – Oppenheim.

Jörn, N. (1998): Die Auseinandersetzungen zwischen den schwedisch-pommerschen Ständen und ihrem Landesherrn wegen der Veränderung der Landesmatrikel 1799–1801. – In: *Asmus, I.; Porada, H. Th. u. Schleinert, D. [Hrsg.]*: Geographische und Historische Beiträge zur Landeskunde Pommerns. Eginhard Wegner zum 80. Geburtstag. – Schwerin (Greifswalder Geographischen Arbeiten – Wissenschaftliche Beiträge des Geographischen Institutes der Ernst-Moritz-Arndt-Universität, Sonderband), S. 160–165.

Jörn, N. (2000): Beobachtungen zur Steuerzahlung der Territorien des südlichen Ostseeraumes in der Frühen Neuzeit. – In: *Jörn, N. u. North, M. [Hrsg.]*: Die Integration des südlichen Ostseeraumes in das Alte Reich. – Köln, Weimar u. Wien (Quellen und Forschungen zur höchsten Gerichtsbarkeit im Alten Reich, 35), S. 311–391.

Jörn, Nils (2000a): Die Versuche von Kaiser und Reich zur Einbeziehung der Hanse in die Anstrengungen zur Abwehr der Türken im 16. und 17. Jahrhundert. – In: *Jörn, N. u. North, M. [Hrsg.]*: Die Integration des südlichen Ostseeraumes in das Alte Reich. – Köln, Weimar u. Wien (Quellen und Forschungen zur höchsten Gerichtsbarkeit im Alten Reich, 35), S. 393–423.

Jörn, N. (2007): Die Pommerschen Hofgerichte. Geschichte – Personal – Probleme der Forschung. – Hamburg (Schriftenreihe der David-Mevius-Gesellschaft, 2).

Jörn, N. (2014): Hansische Tradition vs. frühmoderner Staat? Das Interesse am Lübischen Recht in Wismar. – In: *Hundt, M. u. Lokers, J. [Hrsg.]*: Hanse und Stadt. Akteure, Strukturen und Entwicklungen im regionalen und europäischen Raum. FS für Rolf Hammel-Kiesow zum 65. Geburtstag. – Lübeck, S. 355–366.

Kellner, A. (1586): Der Kayserlichen Freyen vnd des Heiligen Reichs Stadt Lübeck Statuta vnd Stadtrecht. Auffs Newe vbersehen / Corrigiret / vnd aus alter Sechsischer Sprach in Hochteudsch gebracht. – Alten Stettin.

Kollivm, J. (1586): Ein Rechtbuch / Darinne die Artikele / so Lübisch Recht nennet / vnd in den *manuskriptis Exemplaribus* gefunden / Nicht alleine in eine bequeme vnd richtige Ordenung gebracht / Besondern auch das Sechsische / Keyserliche vnd Göttliche Recht zugleich mit eingeführet vnd angezogen. – Hamburg.

Köster, G. u. Link; C. [Hrsg.] (2019): Faszination Stadt. Die Urbanisierung Europas im Mittelalter und das Magdeburger Recht. – Dresden.

Köster, G; Link, C. u. Lück, H. [Hrsg.] (2018): Kulturelle Vernetzung in Europa. Das Magdeburger Recht und seien Städte. – Dresden.

Krieger, M. (2000): Der südliche Ostseeraum und der Deutsche Reichstag (16.–18. Jahrhundert). – In: *Jörn, N. u. North, M. [Hrsg.]*: Die Integration des südlichen Ostseeraumes in das Alte Reich. – Köln, Weimar u. Wien (Quellen und Forschungen zur höchsten Gerichtsbarkeit im Alten Reich, 35), S. 275–309.

Löffler, A. (Bearb.) u. Jörn, N. [Hrsg.] (2022): Katalog der mittelalterlichen Makulatur im Archiv der Hansestadt Wismar. Teil I: Die abgelösten Fragmente. – Wismar.

Ludinghausen, J. von; Schein, C. u. Stiten, G. von (1586): Der Kayserlichen Freyen und des Heiligen Reichs Stadt Lübeck Statuta und Stadt Recht. – Lübeck.

Mevius, D. (1643): Commentarius in Jus Lubecense. – Leipzig.

Mörke, O. (2000): Holstein und Schwedisch-Pommern im Alten Reich. Integrationsmuster und politische Identitäten in Grenzregionen. – In: *Jörn, N. u. North, M. [Hrsg.]*: Die Integration des südlichen Ostseeraumes in das Alte Reich. – Köln, Weimar u. Wien (Quellen und Forschungen zur höchsten Gerichtsbarkeit im Alten Reich, 35), S. 425–471.

Moraw, P. (1998): Zur staatlich-organisatorischen Integration des Reiches im Mittelalter. – In: *Brauneder, W. [Hrsg.]*: Staatliche Vereinigung. Fördernde und hemmende Elemente in der deutschen Geschichte. – Berlin (Beiheft Der Staat, 12), S. 7–28.

North, M. (2000): Integration im Ostseeraum und im Heiligen Römischen Reich. – In: *Jörn, N. u. North, M. [Hrsg.]*: Die Integration des südlichen Ostseeraumes in das Alte Reich. – Köln, Weimar u. Wien (Quellen und Forschungen zur höchsten Gerichtsbarkeit im Alten Reich, 35), S. 1–11.

Schmidt, G. (1999): Geschichte des Alten Reiches. Staat und Nation in der Frühen Neuzeit 1495–1806. – München.

Seggern, H. von (2016): Quellenkunde als Methode. Zum Aussagewert der Lübecker Niederstadtbücher des 15. Jahrhunderts. – Köln, Weimar u. Wien (Quellen und Darstellungen zur hansischen Geschichte, 72).

Sellert, W. u. Bauer, A. (1998): Verfestung. – In: HRG, Bd. 5. – Berlin, Sp. 718 f.

Techen, F. (1929): Die Geschichte der Seestadt Wismar. –Wismar.

Techen, F. [Hrsg.] (1912): Das älteste Wismarsche Stadtbuch von etwa 1250 bis 1272. – Wismar.

Weber, W. E. J. (2000): Der südliche Ostseeraum im Spiegel der Reichspublizistik: Ein kulturhistorischer Versuch. – In: *Jörn, N. u. North, M. [Hrsg.]*: Die Integration des südlichen Ostseeraumes in das Alte Reich. – Köln, Weimar u. Wien (Quellen und Forschungen zur höchsten Gerichtsbarkeit im Alten Reich, 35), S. 473–536.

Weitzel, J. (1977): Der Kampf um die Appellation ans Reichskammergericht. Zur politischen Geschichte der Rechtsmittel in Deutschland. – Köln u. Wien.

Witt, E. (2022): Die Übersetzung des Wismarer Privilegienbuches – ein kleiner Vorgeschmack auf ein großes Projekt zur Wismarer Stadtgeschichte. – In: Wismarer Beiträge, 28, S. 52–61.

Siedlungsforschung. Archäologie – Geschichte – Geographie 40, 2023, S. 249–261

Die Akten des Reichskammergerichts als Quelle für Raumbildung und Grenzziehung in der Frühen Neuzeit

Am Beispiel der Landgebiete von Schwäbisch Gmünd, Schwäbisch Hall und Rothenburg ob der Tauber

Raimund J. Weber

Wer auf der Remsbahn von Stuttgart nach Aalen fährt, erreicht nach etwa 50 km die nordöstlichen Ausläufer der Schwäbischen Alb. Kurz nach der Staufergrablege des Klosters Lorch erblickt man im Süden einen Berg, den ein Dichter der Schwäbischen Romantik im 19. Jahrhundert mit den Zeilen besungen hat: „Mit leuchtender Kapelle / Der fromme Rechberg ruft" (*Schwab* 1823, S. 3; Abb. 1).

Abb. 1: Grenzstein der Gmünder Freien Pirsch (E) zwischen Burg Hohenrechberg (B) und Weiler Metlangen (F) 1570. Quelle: HStAS C 3 Bü 1310 Q 19

Was diese bis heute landschaftsprägende barocke Wallfahrtskirche mit der Rechtsprechung des Reichskammergerichts vor dem Dreißigjährigen Krieg zu tun hat, soll im Folgenden plausibel gemacht werden. Ganz allgemein soll es dabei um die Nutzung und Abgrenzung der freien Landschaft gehen, wie sie in den Prozessakten des Gerichts aufscheint. Als Beispiele wurden die Landgebiete dreier Reichsstädte in der Mitte Süddeutschlands gewählt, die in der frühen Neuzeit dem schwäbischen bzw. fränkischen Reichskreis angehörten – Städte mit Gebieten mittlerer Größe, nicht wie Nürnberg oder Ulm mit großen Territorien, aber auch nicht mit unbedeutendem oder gar keinem Landbesitz. Für Gmünd, Hall und Rothenburg liegt reichhaltiges und durch das DFG-Projekt der Verzeichnung von Reichskammergerichtsakten (*Battenberg u. Schildt* 2010) neu und tief erschlossenes Quellenmaterial vor.

Zunächst sollen Lage, Beschaffenheit und Größenordnungen dieser Gebiete kurz vorgestellt werden (*Blessing* 1978). Das Gmünder Landgebiet lag im oberen Remstal, im Norden begrenzt von dem Flüsschen Lein und im Süden vom Kamm der Schwäbischen Alb, im Osten und Nordosten von der Reichsstadt Aalen im Kochertal und der Fürstpropstei Ellwangen. Das Gebiet von Hall, heute noch als Haller Land bezeichnet, deckt sich im Kern geographisch mit der Haller Bucht, einer südlichen Ausstülpung der Hohenloher Ebene, die vom mittleren Kochertal durchschnitten wird. Es wird eingerahmt vom Mainhardter Wald und den Waldenburger Bergen im Westen und Nordwesten, im Süden vom Waldgebiet des Limpurger Landes um Gaildorf und im Osten von den jenseits der Bühler gelegenen Wäldern. Das Rothenburger Land wird, wie schon der Beiname der Stadt bezeugt, von der Tauber durchflossen. Es reichte im Osten in die Frankenhöhe, ging im Westen in die Hohenloher Ebene über und erfasste mit einem Zipfel (Oberstetten) noch das Vorbachtal. Eine Besonderheit stellte für Rothenburg und Hall der zeitweilige Besitz der Herrschaft Kirchberg an der Jagst dar (1398–1562), ein Kondominium, an dem auch Dinkelsbühl beteiligt war (*Schnurrer* 1981; *Wunder* 1974/1975 u. 1984) und das eine Landbrücke zwischen dem Haller und Rothenburger Gebiet bildete.

Die jeweilige Nord-Süd-Erstreckung reichte von etwa 10 km für Gmünd, 15 km für Hall und knapp 30 km für Rothenburg, die Ost-West-Ausdehnung belief sich auf etwa 20, 40 bzw. 27,5 km. Für Gmünd wird am Ende der Reichsstadtzeit ein Gebiet von 160 km^2 angegeben, genau der Umfang des Fürstentums Liechtenstein. Die Gebiete von Hall und Rothenburg scheinen mit 330 bzw. 400 km^2 zunächst deutlich größer, doch relativiert sich dieser Unterschied dadurch, dass mit Rücksicht auf die kamerale Rechtsprechung im Fall Gmünds nicht nur das engere, obrigkeitlich kontrollierte Gebiet zu betrachten ist, sondern auch die sogenannte „Gmünder Pirsch“, ein nicht eingeforstetes Gebiet, das aufgrund kaiserlicher Privilegien mit der Stadt identifiziert wurde, so dass man von der „Gmünder Freien Pirsch“ sprach. Deren Umfang reichte über den reichsstädtischen Landbesitz hinaus und wurde mit 320 km^2 angegeben, war also mit dem Gebiet von Hall und Rothenburg flächenmäßig vergleichbar. Charakteristisch für deren Herrschaft waren die auf weite Strecken in der Landschaft sichtbaren und diese durchschneidenden, größtenteils im 15. Jahrhundert errichteten Grenz- und Wehranlagen, bestehend aus Gräben, Wällen, Hecken, Landtürmen und Riegelschranken (Abb. 2–5), die sogenannten Landhegen oder Landwehren. Obwohl diese nicht das gesamte Gebiet der Städte einschlossen, waren sie doch so markant, dass sie den Namen für dieses abgaben.

Eine solche Grenzbefestigung fehlte für Schwäbisch Gmünd. An ihre Stelle trat hier mutatis mutandis die „Freie Pirsch" mit ihrem durch natürliche Grenzen oder Marksteine bezeichneten Verlauf.

Abb. 2: Riegel und Fallen der Haller Landwehr in Hütten bei Mainhardt 1615. Quelle: HStAS C 3 Bü 2663 Q 10

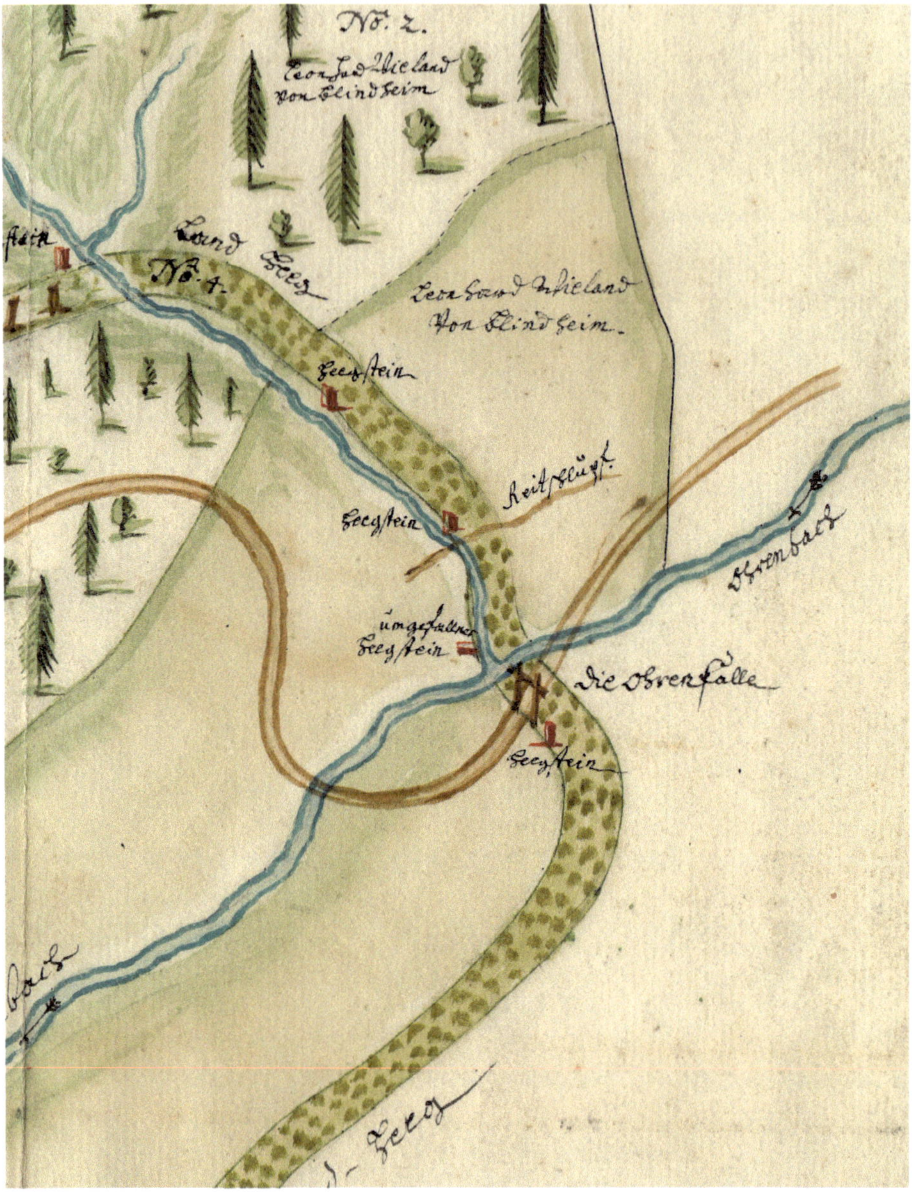

Abb. 3: Falle („Ohrenfalle“) in der Haller Landwehr an Markung Neunkirchen (Gemeinde Michelfeld), Plan des Johann Michael Roscher 1757. Quelle: HStAS C 3 Bü 2029 II Q 34 Lit. K

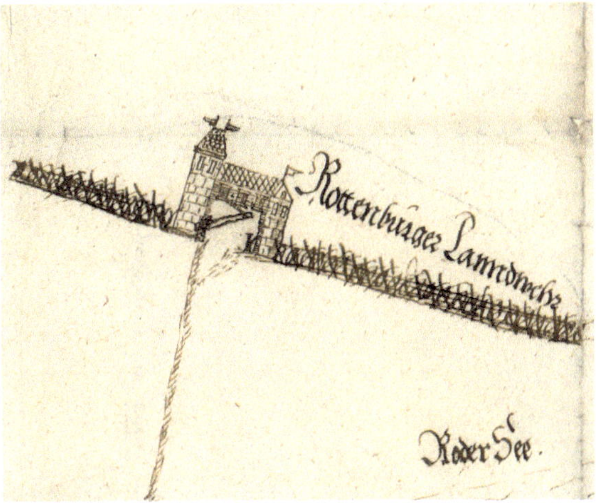

Abb. 4: Abschnitt der Rothenburger Landwehr bei Blaufelden 1559.
Quelle: HStAS C 3 Bü 3573 Q 84

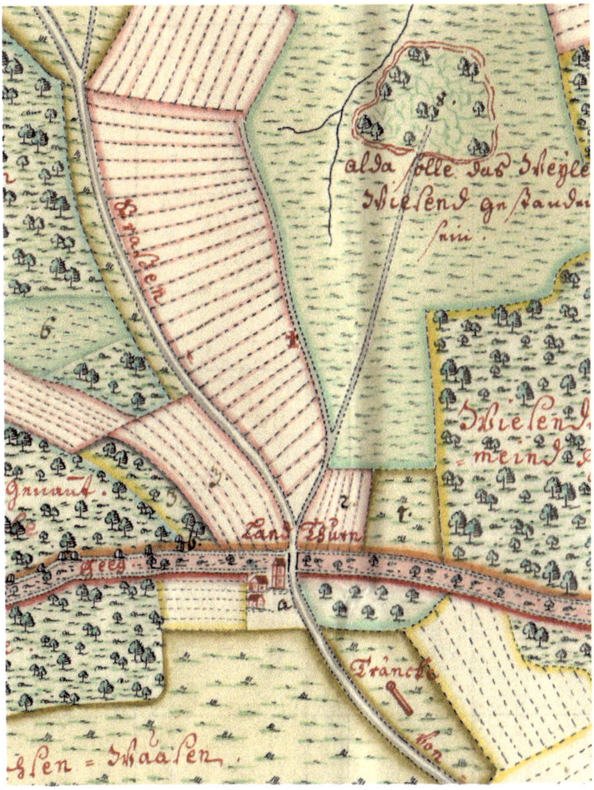

Abb. 5: Landturm der Rothenburger Landwehr bei Lichtel (Stadt Creglingen) und Platz des abgegangenen Weilers Wieset 1595, 1779.
Signatur: HStAS C 3 Bü 2041 Q 67 Bl. 443

Keines der drei Gebiete war geschlossen. Am deutlichsten wird dies für Gmünd. Innerhalb der Freien Pirsch lagen neben der Stadt Aalen württembergische und ellwangische Besitzungen sowie solche der Reichsritterschaft, namentlich rechbergische und woellwarthische. Aber auch das Gmünder Territorium im engeren Sinn, d. h. die grundherrschaftlichen sowie die mit der geistlichen und weltlichen Obrigkeit gmünderischen Orte waren durchsetzt mit fremdherrlichen Anteilen, Höfen und Gütern (*Jüngling* 1989, S. 23). Ebensowenig waren die Haller und Rothenburger Territorien geschlossen. Die Abgrenzung nach außen durch die Landheg bzw. Landwehr umfasste stets nur einen Teil der Grenzen. Im Fall Halls blieben sie nach Süden zur Grafschaft Limpurg und dem Stift Comburg (*Jooß* 1989, S. 185) hin offen, desgleichen im Osten zum Ansbachischen in Richtung Crailsheim. Sie konnten dort erst im 17. Jahrhundert durch Steinsetzungen gesichert werden. Auch die Rothenburger Landwehr vermied das östliche, nach Ansbach gerichtete Waldgebiet des Frankenwaldes. Und auch hier gab es wie in Hall im Inneren fremdherrische Inseln, namentlich das faktisch zum Bistum Würzburg gehörende Stift Comburg mit seinen Besitzungen im Haller Land sowie mit Gebsattel in der Rothenburger Landwehr.

Alle Gebiete hatten in der Frühen Neuzeit eine obrigkeitliche Ämtergliederung und -verfassung (*Nüske u. Kerkhoff* 1987; *Klein* 1988), bildeten jedoch keine verfassten Landschaften im Sinne einer Untertanenvertretung, wie wir sie bei Fürstentümern kennen. Das Gmünder Territorium war zunächst in vier, später zwei Ämter aufgeteilt, je eines nördlich (Iggingen) und südlich (Bargau) der Rems. Das Haller Land zählte am Ende des Ancien Regime sieben Ämter, darunter die alten stadtnahen wie Rosengarten oder Schlicht und die jüngeren, an der Peripherie gelegenen wie Vellberg oder Honhardt. Die Rothenburger Landwehr war in zwei Landvogteiämter eingeteilt, eine genannt „im Gau“ und eine „im Zwerchmeier“ (*Woltering* I 1965/1966, S. 83 ff.). Als Amtleute bzw. Vögte fungierten in der Regel Angehörige des städtischen Patriziats. Das Fehlen einer organisierten Untertanenvertretung in der Stadtverfassung wurde zeitweilig kompensiert durch den Zusammenschluss der Landuntertanen zwecks Führung reichsgerichtlicher Prozesse, so etwa bei den Streitigkeiten der Gmünder und Haller Landuntertanen im letzten Viertel des 18. Jahrhunderts, in denen die Untertanenvertretung einer förmlichen „Landschaft“ schon recht nahe kam (*Brunotte u. Weber* 1999, S. 38–42, 112; *Jüngling* 1989, S. 11 ff.).

Für alle drei Landgebiete liegen moderne Beschreibungen vor. Die Haller Landheg war Gegenstand einer ausführlichen geographisch-denkmalkundlichen Monographie, in der ihr Verlauf mit zahlreichen historischen und modernen Karten beschrieben sowie mit Fotographien der heute noch sichtbaren Überreste und Geländespuren illustriert wurde (*Mattern u. Wolf* 1990). Eine mehr geschichtlich orientierte kurze Zusammenfassung der Haller Landhegforschung publizierte zwischenzeitlich der derzeitige Stadtarchivar (*Maisch* 2016). Mattern hat sich auch mit der Rothenburger Landwehr beschäftigt (*Mattern* 1973), für die eine gründliche, mit Karten versehene Dissertation (*Woltering* 1971) aus der Schule des Schweizer Rechtshistorikers Rudolf Gmür vorliegt. Auf Woltering und eine populäre, gut illustrierte Beschreibung des Rothenburger Landgebietes (*Topplers Land* 2009) stützt sich weitgehend eine neuere Darstellung im Rahmen der Stadtgeschichte (*Huggenberger* 2016). Eine Monographie fehlt bislang für Gmünd, doch befassen sich stadtgeschichtliche Arbeiten auch mit Umfang und Aufbau des Landgebiets und der Freien Pirsch (*Jüngling* 1989, S. 20–23). An vergleichenden bzw. zusammenfassenden Arbeiten liegen vor eine Studie über die fränkischen Reichsstädte (*Borchardt* 2006/2016) und eine Skizze, in der neben Nürnberg und Ulm auch Hall und Rothenburg behandelt wurden (*Wunder* 1979/1984). Von den genannten Autoren wurde durchaus vermerkt, dass alle Landgebiete in der Frühen Neuzeit Anlass für reichsgerichtliche Prozesse gaben, doch fehlt bisher eine gründliche Auswertung der Prozessakten. Für das ältere Schrifttum kann dieser Mangel mit dem früher noch unzureichenden archivischen Erschließungsstand erklärt werden. Nach dem zwischenzeitlich erfolgten Abschluss der Neuverzeichnung der Reichskammergerichtsakten sollte aber für die künftige Forschung die Einbeziehung dieses Quellenmaterials selbstverständlich sein.

Der wichtigste Prozess der Stadt Gmünd vor dem Reichskammergericht war die von 1558 bis 1604, also über 40 Jahre währende Auseinandersetzung mit dem Herzogtum Württemberg und der Stadt Ulm über die Südgrenze der Freien Pirsch (*Brunotte u. Weber* 1995, S. 343–345). Deren Umfang wurde nach Gmünder Ansicht durch die kaiserlichen Privilegien bestimmt, namentlich das Privileg Friedrichs III. aus dem Jahr 1475. Diesem zufolge hätte der Trauf der Schwäbischen Alb die Grenze gebildet, wie er sich – beginnend mit dem Hohenstaufen und endend an der Weißen Steige bei Aalen – von Westen nach Osten hin an den Bergen entlang erstreckte. Dem widersprachen Württemberg und Ulm mit der Begründung, dass der von ihnen im 15. Jahrhundert erworbene Wildbann der Grafen von Helfenstein (*Kieß* 1986, S. 150 f., 162 ff.), deren Rechtsnachfolger sie waren, in einer geraden Linie von der Bargauer Mühle bis zum Hohenstaufen reichte. In tatsächlicher Hinsicht setzten sie ihren Anspruch im Gelände dadurch um, dass sie bei der Abmarkung des Helfensteiner Wildbanns 1556, in der Regierungszeit Herzog Christophs, zwei Grenzsteine an einem Albaufstieg, der sogenannten Bargauer Steige setzten, durch welche die Grenze vom oberen Rand des Albuchs an dessen Fuß verschoben wurde. Hätten sich Württemberg und Ulm mit dieser Grenzziehung durchsetzen können, wäre im Osten das württembergische Städtlein Heubach in den Heidenheimer Forst gekommen, und es hätte die Stadt Ulm ihren Forst in nördlicher Richtung über den Albuchrand und die Berge bis zum Rechberg hinaus vorschieben können. Dass es dazu nicht kam, verdankte Gmünd einem für die Stadt günstigen Urteil des Reichskammergerichts, das Ulm und Württemberg auferlegte, die streitigen Grenzsteine wieder zu entfernen. Indirekt entschied das Gericht damit über etliche Quadratkilometer eines Hoheitsrechts, allein im Falle des von Ulm beanspruchten Forsts über ein Gebiet mit einer Längsausdehnung von 13,5 km. In dem vom Reichskammergericht der Gmünder Freien Pirsch zugesprochenen Gebiet entfaltete sich nach dem Dreißigjährigen Krieg eine rege katholische Volksfrömmigkeit, namentlich durch barocke Wallfahrten wie jene zur „Schönen Maria" auf dem Hohenrechberg, die zu der eingangs erwähnten Charakterisierung dieses Berges durch Gustav Schwab führte und die so unter der Hoheit protestantischer Reichsstände wie Ulm und Württemberg wohl nicht möglich gewesen wäre.

War der Streit um die beiden Forststeine an der Bargauer Steige der wichtigste Kammergerichtsprozess der Reichsstadt Schwäbisch Gmünd, standen auch für Hall und Rothenburg Auseinandersetzugen um den Wildbann im Vordergrund der kameralen Prozesstätigkeit vor dem Dreißigjährigen Krieg, ergänzt nun um den Streit über die hohe Strafgerichtsbarkeit, den Blutbann oder die Malefiz, im Fränkischen als „Fraisch" bezeichnet. Für beide Städte war wie im Fall Gmünds ein Fürstentum der Hauptgegner, hier nun das zollerische Markgraftum Brandenburg-Ansbach. Dieses Problem stellte sich für Hall in voller Härte nach dem Erwerb der ritterschaftlichen Herrschaft Vellberg, die – zwischen Hall und dem brandenburgischen Amt Crailsheim gelegen – zunächst noch eine Art Puffer zwischen den beiden Reichsständen dargestellt hatte. Damit war es jedoch vorbei, als die Stadt nach dem Tod des letzten ritterschaftlichen Vellbergers 1592 käuflich das heute wegen seiner idyllischen Lage und der hochragenden Stadtmauer mitunter auch als „kleines Rothenburg" bezeichnete Städtlein samt den zugehörigen Dörfern, Weilern und Höfen erwarb und dort ein neues Landamt einrichtete (*Weber* 1984). Während nun die Stadt die Grenze des neuen Amtes mit dem erkauften Besitz an Gütern und Wäldern um Vellberg gleichsetzte, beanspruchte Ansbach die Hoheitsrechte von Fraisch und Wildbann bis zu dem durch Vellberg fließenden Bühlerfluss, womöglich aber auch noch darüber hinaus nach Westen in Richtung Hall.

Zur Durchsetzung ihrer Rechtsberühmung griff man von Seiten der Ansbacher Regierung zum Mittel der faktischen Ausübung des Jagdrechts in den streitigen Wäldern vor und während der Zeit, in der die Stadt Hall den Kauf der Herrschaft abwickelte. Es kam dabei zu tagelangen, großräumig angelegten Jagden unter Aufbietung zahlreicher brandenburgischer Untertanen des Amts Crailsheim und in persönlicher Anwesenheit des Markgrafen Georg Friedrich d. Ä. (*Schuhmann* 1980, S. 101–118) – raumgreifende Demonstrationen von Herrschaft, die an Gewalttätigkeit militärischen Aktionen kaum nachstanden und geradezu als „Jagdkriege" bezeichnet werden können. Es versteht sich, dass die Stadt gegen diese Provokationen das Kammergericht anrief, hätte sie doch sonst in Kauf nehmen müssen, mit dem Erwerb von Vellberg nur die Grundherrschaft, nicht aber die Obrigkeit zu bekommen, so dass die Herrschaft unter die Botmäßigkeit des brandenburgischen Crailsheimer Amts gelangt wäre. Dies hätte raumbildende Folgen nicht nur für die Stadt Hall und ihr Territorium gehabt. Da das Fürstentum Ansbach im fränkischen, Hall aber im schwäbischen Kreis lag, hätten sich hier auch die Kreisgrenzen zum Nachteil des letzteren verschoben.

Das Kammergericht erließ jedoch zahlreiche Mandate gegen Ansbach und fällte Urteile zugunsten Halls. Diese Rechtsprechung vor dem Dreißigjährigen Krieg war Grundlage dafür, dass die Stadt letztlich die Obrigkeit über Vellberg behielt und im Wege des

Vergleichs nach dem Krieg die Grenzen von Fraisch und Wildbann einvernehmlich abgemarkt und versteint werden konnten, und zwar – dies ist entscheidend – östlich der Bühler, wenn dabei auch der Verlust von Jagd und Fraisch im sogenannten „oberen Amt" in Kauf genommen werden musste (*Weber u. Leinbach* 1984). Für die Stadt wichtig waren auch die Prozesse, die Hohenlohe von 1592 bis 1610 als Inhaber des dann von Hall erworbenen Vellberger Lehenschlosses gegen Ansbach zu führen hatte. Die Stadt übernahm hier ein rechtshängiges Gut, wie umgekehrt Hohenlohe als Käufer von Kirchberg an der Jagst seit den 1560er Jahren zusätzlich zu den eigenen Ämtern für diese Herrschaft die bis dahin den drei Städten Hall, Hohenlohe und Dinkelsbühl obliegende Rechtsverteidigung gegenüber Ansbach zu führen hatte (*Weber* 2002, S. 167–177).

Auch die kammergerichtlichen Streitigkeiten der Stadt Rothenburg über die Grenzen (*Breit*, Inventarnr. 9684–9715) betrafen hauptsächlich das Fürstentum Ansbach, von dem das Rothenburger Gebiet auf drei Seiten umgeben war. Daneben war das Bistum Würzburg Prozessgegner, da beide, Würzburg wie Brandenburg als Inhaber überregionaler Gerichte, des kaiserlichen Landgerichts des Burggraftums Nürnberg bzw. des Gerichts des Bischofs von Würzburg als Herzog, die Jurisdiktion über ganz Franken beanspruchten. Diesen Ansprüchen widersprach Rothenburg für sein Landgebiet, weil die Stadt die hohe Obrigkeit über alle in der Landwehr gelegenen Dörfer geltend machte. Die Appellation an das Würzburger Landgericht wurde den Landuntertanen am Ende des 16. Jahrhunderts mit dem Argument abgesprochen, sie seien erbgehuldigte Untertanen eines Reichsstandes. Das Landgericht habe Jurisdiktion nur gehabt, solange kein Reichskammergericht bestand. 1538 setzte sich die Stadt gegen Hohenlohe und Brandenburg gerichtlich zur Wehr, als diese ihre Wildbanngrenzen innerhalb der Landwehr abmarken wollten. Gegen Ende des 16. Jahrhunderts verschärften sich, ähnlich wie zwischen Hall und Ansbach, die Auseinandersetzungen um Jagd und Malefiz unter dem bereits erwähnten Markgrafen Georg Friedrich, jenem frühabsolutistischen Herrscher über die fränkischen Markgraftümer, der seit 1578 auch Herzog von Preußen war und dessen Gewalttaten gegenüber seinen Nachbarn eine Flut an kammergerichtlichen Prozessen zur Folge hatten. 1589 errichteten die Markgräfischen bei Mittelstetten und Ulrichshausen einen Wildzaun in der Landwehr. Der Markgraf selbst schoss bei Reichardsroth auf einen reichsstädtischen Landtürmer. 1594 reagierte Ansbach auf die Gefangennahme des brandenburgischen Wildmeisters zu Reinsbürg mit der Verhaftung des Rothenburger Ratsherrn Konrad von Rinckenberg. Daneben gab es mehrere Prozesse um die Strafjustiz und die Zerstörung der Landwehr, namentlich durch Zuschütten des Grabens „in der Karch" oder „Karrach" (heute Karrachwald, östlich der Autobahnausfahrt Rothenburg), wo man den Markgrafen persönlich im Graben sehen konnte.

Während wir bisher die Funktion des Reichskammergerichts beim Schutz der Außengrenzen reichsstädtischer Gebiete behandelt haben, soll zuletzt noch auf jene Prozesse verwiesen werden, in denen es um die innerhalb dieser Gebiete gelegenen fremdherrischen Enklaven ging. Gerade diese „Binnenstreitigkeiten", wie wir sie nennen wollen, geben in besonderem Maße Einblick in die zeitgenössische Landnutzung, waren doch die Anlässe für die Anrufung des Kammergerichts häufig Differenzen über die Land- und Forstwirtschaft. Als Beispiele seien hier die Streitigkeiten der Stadt Gmünd mit dem Adel über Jagd und Forst in der wiederholt erwähnten Freien Pirsch angeführt. Mit ihren zahlreichen Beweisaufnahmen durch Zeugenverhöre geben die Akten dieser Prozesse ausführliche und authentische Aufschlüsse über Waldweide und sonstige Forstnutzungen, Rodungen sowie die bäuerliche und adelige Jagd in einem derartigen herrschaftlich gemischten und nicht eingeforsteten Gebiet.

Die Kammergerichtsprozesse von Hall und Rothenburg gegen das Stift Comburg hingegen um die in der Landwehr gelegenen Orte wie etwa Steinbach bei Hall, Großallmerspann bei Ilshofen und Gebsattel bei Rothenburg sind vor allem deshalb interessant, weil sie den Beitrag des Gerichts zur Aufrechterhaltung konfessioneller Besitzstände und damit der bis heute fortwirkenden religiösen Prägung jener Landschaften erkennen lassen. Über die Dorfherrschaften kam es schon in der zweiten Hälfte des 16. Jahrhunderts zu zahlreichen Auseinandersetzungen, die an das Kammergericht gebracht wurden. So verzeichnet das Inventar der bayerischen Akten allein für die Amtszeit des Propstes Erasmus Neustetter in der Zeit von 1572 bis 1588 15 Prozesse gegen Rothenburg, meist um die Obrigkeit in Gebsattel (*Hörner* 1995, S. 124–138). Die in Stuttgart lagernden Akten der Prozesse des Stifts im 16. Jahrhundert gegen Hall und die übrigen Beteiligten am Kirchberger Kondominium dokumentieren Übergriffe der Reichsstädte gegen die comburgische Obrigkeit in Großallmerspann sowie die Rechte des Stifts in Tüngental, Hessental und Tullau, also auch in unmittelbarer Nähe der Stadt Hall. Am umfangreichsten und interressantesten für die kichlichen Verhältnisse und damit die Religionsausübung im Haller Land sind jedoch die Kameralprozesse zwischen Stift und Stadt nach dem Dreißigjährigen Krieg über das öffentliche katholische Religionsexercitium, etwa die Wallfahrten auf den Einkorn bei Hall (*Brunotte u. Weber* 1995, S. 433–436).

Zusammenfassung

Was bleibt von den reichsstädtischen Landgebieten und der darauf bezogenen Rechtsprechung des Reichskammergerichts bis in unsere Zeit? Die archivalische Überlieferung enthält die im Rahmen dieser Prozesse entstandenen historischen Landkarten, die einen anschaulichen Einblick in die ehemaligen reichsstädtischen Gebiete und ihre Grenzen gewähren. Die kommissarischen Zeugenverhöre liefern Aufschlüsse über ihre Bevölkerung seit dem 16. Jahrhundert und über die Wirtschaftsweise, namentlich die historische Waldnutzung. Im Gelände sichtbar sind noch Spuren von Wällen und Gräben, die heute Denkmalwert haben, Steine der Forst- und Obrigkeitsgrenzen, wie sie aufgrund der reichsgerichtlichen Rechtsprechung oder der prozessbeendenden Vergleiche gesetzt wurden, auch einige Landtürme der Landhegen und -wehren, deren Zerstörung mit Hilfe der Reichsgerichte abgewehrt und verhindert werden konnte. Der Schutz der Grenzen und der damit verbundenen konfessionellen Prägung wirkt nach in der äußeren Gestalt der Landschaften, ihren Kirchenbauten, ihrem religiösen Brauchtum und der darin sich manifestierenden Mentalität der Bevölkerung. Soweit sie katholisch waren, sind diese Gebiete bis heute geprägt vom einstigen öffentlichen Religionsexercitium, von Feldkreuzen und -kapellen, Wallfahrtskirchen, Marien- und Heiligenverehrung.

Summary: The records of the Imperial Chamber Court as a source for spatial development and border demarcation in the early modern period using the example of the rural areas of Schwäbisch Gmünd, Schwäbisch Hall and Rothenburg ob der Tauber

What remains of the territories of the imperial cities and the related jurisdiction of the Imperial Chamber Court up to the present day? The archival records contain the historical maps produced in the course of these trials, which provide a vivid insight into the former imperial city territories and their borders. The commissioner's interrogations of witnesses provide information about their population from the 16th century onwards and about economic practices, in particular the historical use of the forest. Traces of ramparts and ditches are still visible in the terrain, which today have monumental value, as are stones of the forest and authority boundaries, as they were set on the basis of imperial court rulings or settlements at the end of legal proceedings, as well as some land towers of the land fortifications and defences, the destruction of which could be averted and prevented with the help of the imperial courts. The protection of the borders and the confessional character associated with this continued to have an effect on the external appearance of the landscapes, their church buildings, their religious customs and the mentality of the population that manifested itself in them. As far as they were Catholic, these areas are still characterised today by the former public religious exercises, field crosses and chapels, pilgrimage churches, veneration of the Virgin Mary and saints.

Quellen

Für sämtliche Abbildungen in diesem Beitrag ist der Lagerort das Hauptstaatsarchiv Stuttgart (*HStAS*), dem auch die Aufnahmen zu verdanken sind.

Literatur

Battenberg, F. u. Schildt, B. [Hrsg.] (2010): Das Reichskammergericht im Spiegel seiner Prozessakten. Bilanz und Perspektiven der Forschung. – Köln, Weimar u. Wien (Quellen und Forschungen zur höchsten Gerichtsbarkeit im Alten Reich, 57).

Blessing, E. [Bearb.] (1978): Territoriale Entwicklung der Freien Städte und Reichsstädte bis 1803. Karte und Beiwort. – In: Historischer Atlas von Baden-Württemberg, VI.7. – Stuttgart.

Borchardt, K.: Reichsstädtische Territorien in Franken: Ein Vergleich. – In: Mitteilungen des Vereins für Geschichte der Stadt Nürnberg 93 (2006), S. 1–24, erneut abgedr. in: *Ders.*: Kirchen, Bürger und Bauern. Ausgewählte Studien zu Rothenburg ob der Tauber und seinem Umland. – Rothenburg ob der Tauber (Jahrbuch des Vereins Alt-Rothenburg e. V. 2016), S. 412–430.

Breit, S. [Bearb.]: Bayerisches Hauptstaatsarchiv Reichskammergericht Bd. 21 u. 22. Nr. 8977–9834 (Buchstabe R). – München (Bayerische Archivinventare, 50/21 u. 22; in Vorbereitung).

Brunotte, A. u. Weber, R. J. [Bearb.] (1995): Akten des Reichskammergerichts im Hauptstaatsarchiv Stuttgart E–G. Inventar des Bestands C 3. – Stuttgart (Veröffentlichungen der staatlichen Archivverwaltung Baden-Württemberg, 46/2).

Brunotte, A. u. Weber, R. J. [Bearb.] (1999): Akten des Reichskammergerichts im Hauptstaatsarchiv Stuttgart H. Inventar des Bestands C 3. – Stuttgart (Veröffentlichungen der staatlichen Archivverwaltung Baden-Württemberg, 46/3).

Hörner, M. [Bearb.] (1995): Bayerisches Hauptstaatsarchiv Reichskammergericht Bd. 6. Nr. 1840–2129 (Buchstabe C). – München (Bayerische Archivinventare, 50/6).

Huggenberger, F. (2016): Die Rothenburger Landwehr. – In: *Rupp, H. F. u. Borchardt, K.*: Rothenburg ob der Tauber. Geschichte der Stadt und ihres Umlandes, Darmstadt, S. 202–251.

Jooß, R. (1989): Der Hausbesitz des Stifts Comburg am Ende des 18. Jahrhunderts. – In: *Schraut, E. [Hrsg.]*: Die Comburg. Vom Mittelalter bis ins 20. Jahrhundert. – Sigmaringen (Kataloge des Hällisch-Fränkischen Museums Schwäbisch Hall, 3), S. 184 f.

Jüngling, H.J. (1989): Reichsstädtische Herrschaft und bäuerlicher Protest. Der Konflikt zwischen der Reichsstadt Schwäbisch Gmünd und ihrem Landgebiet (1775–1792). – Schwäbisch Gmünd (Veröffentlichungen des Stadtarchivs, 6).

Kieß, R. (1986): Wildbänne der Herren von Weinsberg. Folgerungen für die Stauferzeit. – Stuttgart (Zeitschrift für Württembergische Landesgeschichte, 45), S. 137–165.

Klein, M. (1988): Herrschaftsgebiete und Ämtergliederung in Südwestdeutschland 1790 (Beiwort). – In: Historischer Atlas von Baden-Württemberg, Erläuterungen, VI.13. – Stuttgart.

Maisch, A. (2016): Gräben, Heg und Schläg. Geschichte der Haller Landhege. – Schwäbisch Hall (Veröffentlichungen des Stadtarchivs Schwäbisch Hall, 32).

Mattern, H. (1973): Die Rothenburger Landhege. – Rothenburg ob der Tauber (Die Linde, 55), S. 1–40, 47 f.

Mattern, H. u. Wolf, R. (1990): Die Haller Landheg. Ihr Verlauf und ihre Reste. – Sigmaringen (Forschungen aus Württembergisch Franken, 35).

Nüske, G. F. u. Kerkhoff, J. [Bearb.] (1987): Herrschaftsgebiete und Ämtergliederung in Südwestdeutschland 1790 (Karte). – In: Historischer Atlas von Baden-Württemberg, VI.13. – Stuttgart.

Schnurrer, L. (1981): Schwäbisch Hall und Rothenburg. Die Nachbarschaft zweier Reichsstädte in der Geschichte. – Schwäbisch Hall (Württembergisch Franken, 65, S. 145–176).

Schuhmann, G. (1980): Die Markgrafen von Brandenburg-Ansbach. Eine Bilddokumentation zur Geschichte der Hohenzollern in Franken. – Ansbach (Jahrbuch des historischen Vereins für Mittelfranken, 90 = Festschrift des historischen Vereins für Mittelfranken zur Feier seines 150-jährigen Bestehens 1830–1980).

Schwab, G. (1823): Die Neckarseite der Schwäbischen Alb, Neudruck der 1. Ausgabe 1823 mit einer Einführung von *H. Widmann*. – Tübingen 1960.

Topplers Land (2009): In Topplers Land. Die Landhege – Streifzüge durch das ehemalige Rothenburger Landgebiet, hg. vom Verein Alt Rothenburg e. V., mit Beiträgen von *H. Brehm*, *K. Borchardt*, *B. Mall* und *R. Schmitt*. – Rothenburg ob der Tauber.

Weber, R. J. (1984): Die Vellberger Handlungen der Reichsstadt Hall. – In: *Decker-Hauff, H. [Hrsg.]*: Vellberg in Geschichte und Gegenwart, Bd. 1: Darstellungen. – Sigmaringen (Forschungen aus Württembergisch Franken, 26), S. 225–271.

Weber, R. J. (2002): Reichskammergerichtsprozesse der Grafschaft Hohenlohe vor dem Dreißigjährigen Krieg. – Schwäbisch Hall (Jahrbuch des historischen Vereins für Württembergisch Franken, 86 = Festschrift für Gerhard Taddey), S. 157–187.

Weber, R. J. u. Leinbach, F. [Bearb.] (1984): Herrschaft und Amt Vellberg. Entstehung der Hoheitsgrenzen auf dem Hintergrund von Grundbesitz und Grundherrschaft (16.–18. Jahrhundert). – Kartenbeilage zu *Weber (1984).*

Woltering, H. (1965/1966, 1971/1972): Die Reichsstadt Rothenburg ob der Tauber und ihre Herrschaft über die Landwehr. Teil I u. II. – Rothenburg ob der Tauber (Jahrbuch 1965/1966 u. 1971/1972 des Vereins Alt-Rothenburg).

Wunder, G. (1979/1984): Reichsstädte als Landesherrn. – In: *Meynen, E. [Hrsg.] 1979*: Zentralität als Problem der mittelalterlichen Stadtgeschichtsforschung. – Köln u. Wien (Städteforschung, A 8), S. 141–167. – Erneut abgedr. in: *Ulshöfer, K. [Hrsg.] (1984)*: Bauer, Bürger, Edelmann. Ausgewählte Aufsätze zur Sozialgeschichte von Gerd Wunder. Festgabe zu seinem 75. Geburtstag. – Sigmaringen (Forschungen aus Württembergisch Franken, 25), S. 231–242.

Wunder, G. (1974/1975, 1984): Das Kondominium der drei Reichsstädte Rothenburg, Hall und Dinkelsbühl in Kirchberg an der Jagst 1398–1562. – In: Jahrburch für fränkische Landesforschung, 34/35, S. 751–758. – Erneut abgedr. in: *Ulshöfer, K. [Hrsg.] (1984)*: Bauer, Bürger, Edelmann. Ausgewählte Aufsätze zur Sozialgeschichte von Gerd Wunder. Festgabe zu seinem 75. Geburtstag. – Sigmaringen (Forschungen aus Württembergisch Franken, 25), S. 243–276.

Siedlungsforschung. Archäologie – Geschichte – Geographie 40, 2023, S. 263–284

Grenze und Recht

Augenscheinkarten zu Grenzkonflikten in der Frühen Neuzeit

Anette Baumann

Im Jahr 1612 stritten sich der Erzbischof von Mainz und Adam Julius Rüdt von Collenberg um die Jagd-und Weiderechte in den Freudenberger Feldern im Revier bei Schloss Collenberg[1]. Kurmainzische Beamte hatten versucht, Rüdt von Collenberg an seinem Mitjagdrecht zu hindern. Um weitere Streitigkeiten zu vermeiden, beantragten die Prozessparteien am Reichskammergericht – neben dem Reichshofrat das höchste Gericht im Alten Reich – eine Kommission zum ewigen Gedächtnis mit Zeugeneinvernahme und einer Ortsbegehung, die visualisiert werden sollte. Hierfür wurde der Maler Christoph Ussleber (Ussleben) aus Wertheim verpflichtet[2]. In den Quellen werden diese Visualisierungen häufig *Augenscheine*, aber auch *Charta*, *Mappa* und *Contrafactur* genannt. Mit dem Begriff „Augenschein" bezeichnen die zeitgenössischen Juristen zum einen die Handlung der Inaugenscheinnahme, aber auch die Fixierung der Begehung durch Visualisierung. In diesem Text wird der Begriff Augenscheinkarte verwendet, um eben diese Mehrfachfunktion der Visualisierung deutlich zu machen (*Baumann* 2022, S. 19 ff.; *Timpener* 2022; *Baumann, Eichler u. Xenakis* 2020; *Baumann, Schmolinsky u. Timpener* 2020; *Baumann* 2019a, 2019b u. 2020). Aber betrachten wir die Augenscheinkarte etwas genauer: Sie ist so angelegt, dass der Betrachter mit seinen Blicken gleichsam wie ein Kommissionsmitglied durch die Landschaft wandern kann.[3]

Zuerst versammeln sich der gräflich hohenlohische Geheimrat Melchior Bünicker als Kommissar mit den Zeugen aus den umliegenden Dörfern (*Hörner* 2017, S. 247) den Prozessvertretern, dem Maler und Rüdt von Collenberg auf dem Brogler Berg, der mit dem Buchstaben A gekennzeichnet ist. Die Kommission nahm dann den Weg über den Lufthof am Nollbrunnen vorbei über den Nollberg bis zum Eschicher Bach.

---

[1] *BayHStA München*: Reichskammergericht Nr. 14872.

[2] *Ebenda*: Zeugenrotulus ohne Präsentationsvermerk und Folierung. Der Eid des Malers befindet sich am Ende des Bandes.

[3] *BayHStA München*: PlSlg 10705

Abb. 1: BayHStA München Plansammlung (PlSlg) Nr. 10705, Christoph Ussleber (Ussleben), 1612, 58 × 270 cm

Nach einer üppigen Zwischenmahlzeit in Form eines Picknicks, an der nicht nur Rüdt von Collenberg als Territorialherr, sondern auch der Kommissar und der Maler sowie die Anwälte teilnahmen (*Bretschneider u. Duhamelle* 2016, S. 729), wanderte die Kommission an einem Grenzstein vorbei, der als *Schellerey, Marckung, Menchber Fechebach, Reisteheuser* bezeichnet wird. Er ist wie alle anderen Grenzsteine auch auf der dem Betrachter zugewandten Seite mit einem gleichschenkeligen Kreuz versehen. Dahinter steht quasi zur Verstärkung ein Lochbaum. Schließlich ging die Kommission an einem Brunnen vorbei und traf auf einen weiteren Markstein R bei dem vier Gemarkungen aufeinandertreffen. Ein Lochbaum fehlt. Mit Blick auf einen Haag – ein Gebilde aus engen Hecken und Steinen in regelmäßigen Abständen, die aber keine Markierungen aufweisen –, stieg die Kommission von der Höhe hinab, um an den Main zu gelangen. Dort ging es an der zum Teil mit einer Mauer umfriedeten Michelskirche, an dem Kirchhof sowie einem Steinbruch, an dessen Rand sich ebenfalls ein Markstein befindet, vorbei. Die Kommission passierte Reistenhausen und marschierte dann mit einem Galgen im Blick an Ziegelhütten und Fechenbach vorbei. Schließlich verließ sie den Main, um an einem *Bildheusle* einen Geleitriegel zu passieren und so am Ausgangspunkt der Begehung zu gelangen.

Die Augenscheinkarte zeigt deutlich das umstrittene Gebiet, das mit Grenzpunkten vom Prozeltener Berg im Osten bis zum Kirchhof im Westen beschrieben wird. Sie sind in der Augenscheinkarte zusätzlich mit den Großbuchstaben (A–Y) gekennzeichnet. Als weitere Orientierungshilfen erscheinen Orts -und Flurnamen in weißgrundigen Schildchen. Hinzu kommen vielfältige Rechtszeichen wie Marksteine, Lochbäume, Galgen, Bildsäulen und Geleitmarkierungen, die unterschiedliche Rechtsräume markieren.

Letztlich handelt es sich bei dem Umgang des Kommissars mit den Zeugen um eine visuelle Bestandsaufnahme von Rechtszeichen durch die Kommission im Auftrag der beiden Prozessparteien. Entscheidend dabei ist, dass an bestimmten Punkten die vermeintlichen Rechtsansprüche der Auftraggeber der Kommission zusammen mit Zeugen diskutiert wurden. Die Linie, die die Landschaft durchzieht und die prominent in Rot, manchmal auch in Gold ausgeführt ist, beschreibt dabei keinen Grenzverlauf, sondern zeigt viel mehr den Weg der Kommission um bestimmte relevante Orte zu besichtigen, an denen sich Herrschaft in Form von Rechtszeichen manifestierte.

Diese verschiedenen Darstellungen von Rechtszeichen in Augenscheinkarten soll das Thema dieses Aufsatzes sein. Es geht darum, Rechtszeichen und ihre Funktion im Laufe von 300 Jahren – also der Zeit der Existenz des Reichskammergerichts – zu präsentieren, um so verschiedene Möglichkeiten der Visualisierung aufzeigen zu können.

1 Marksteine und Grenzen

Im 16. und auch zu Beginn des 17. Jahrhunderts war der Begriff der Grenze als Linie kein Allgemeingut (*Stauber* 2006, Sp. 1105). Grenzen waren vielmehr Grenzräume am Rand von Territorien und wurden als eine Art Übergangszone gesehen (*Bretschneider* 2016, S. 37). Erst allmählich entstand eine Verschiebung des Bedeutungsinhaltes vom Raum zur Linie (*Bretschneider* 2016, S. 38). Damit einher geht der Umstand, dass im Zuge der Verbreitung des römisch-kanonischen Rechts im 16. Jahrhundert die Diskussionen über die Grenzräume und den damit zusammenhängenden Fragen auch unter den zeitgenössischen Gelehrten neu belebt wurden. Unterschiedliche Literaturgattungen beschäftigten sich damit. So entstanden frühneuzeitliche Ausgaben des „Corpus agrimensorum" (*Scattola* 1997, S. 50 f.), aber auch verschiedene Traktate, wie z. B. die Schrift „Tractatus de jure et controversiis limitum, ac finibus regundis. Oder Gründlicher Bericht, Von den Gräntzen und Marcksteinen" von Johann Oettinger (*Oettinger* 1642), der das Ziel verfolgte, ein gelehrtes, aber nicht akademisches Publikum über Grenzen und Marksteine zu informieren. Bezeichnenderweise ist deshalb sein Buch auch in deutscher Sprache verfasst worden. Oettingers Werk wurde erst neun Jahre nach seinem Tod 1642 gedruckt und erlebte sechs Auflagen. Das Buch fand anfangs nur wenig Beachtung (*Oehme* 1982, S. 45), deshalb erschien eine zweite Auflage erst nach 25 Jahren, nämlich 1667, wurde aber vor allem im 18. Jahrhundert sehr geschätzt und geradezu zu einem Klassiker. Nicht zuletzt diente es als eine Art Kompendium, da es ca. 500 Schriften zur Grenze und Grenzmarkierungen zitiert und auswertet (*Oehme* 1982, S. 45).

Oettinger definierte die Landesobrigkeit als eine Zusammenfassung von Rechten und Befugnissen (*Willoweit* 1975, S. 17–213; *Stolleis* 1988, S. 146–186) und verstand die Staatsgrenze nicht nur als Grenze der bloßen Souveränität in der Rechtsprechung. Vielmehr wurde für ihn ein Territorium von verschiedenen Grenzen umschlossen, wobei die Landeshoheit den Vorrang genoss (*Oettinger* 1642, S. 64; *Scattola* 1997, S. 60). Der Autor wollte seine Vorstellungen konkret untermauern, so dass er in seinem Werk, neben einer Erklärung der korrekten Vermessung von Flächen, auch Marksteine und ihre Eigenheiten detailliert beschrieb. (*Oettinger* 1642) Gerade diese Zielgerichtetheit und seine Popularität machen die Abhandlung zu einem Referenzpunkt für die Augenscheinkarten und den dort vorhandenen Darstellungen von Grenzzeichen. So ist zu fragen, ob und wie die Augenscheinkarten eine eigene Bildsprache entwickelten oder ob sie gängigen Darstellungsmustern folgten.

Oettinger führt, das wird bereits in seinem Titel klar, als Grenzmarkierung vor allem Marksteine auf, die er detailliert erläutert. So unterscheidet er zwischen zwölf verschiedenen Typen von Marksteinen, die er als öffentlich, privat und vermischt klassifiziert (*Oettinger* 1642, S. 316). Sie sind wiederum in Haupt-, Eck-, und Ortssteine unterschieden, zwischen denen sich einzelne Steine, die als Läufer bezeichnet werden, befinden (*Oettinger* 1642, S. 316). Außerdem differenziert er zwischen den Rechten, die die einzelnen Marksteine verkörpern sollten. So gibt es Bann- oder Oberhoheitssteine, Geleitsteine, Freihungssteine, aber auch Forst- und Jagdsteine (*Oettinger* 1642, S. 316). Daneben listet er Zehend-, Weide-, Güter, Weg-, Wasser- und Lauchsteine auf, die er *Privatsteine* nennt (*Oettinger* 1642, S. 316).

Laut Oettinger bestehen die Marksteine aus einem Kopf und vier Seiten sowie einem Fuß, der im Boden sitzt. Die Grube der Einlassung des Steines wird Lager genannt (*Oettinger* 1642, S. 319). In diesem Lager wurden oft Glas, Ton-, Bleitafeln oder Asche hineingelegt, um so eine eventuelle Verrückung des Steines nachvollziehen zu können (*Stauber* 2006, Sp. 1108). Eine Markierung auf der Oberseite der Marksteine – eine so genannte Schleife (*Schmitt* 203, S. 61) – diente dazu, die Richtung des Verlaufs der Steine anzuzeigen, so dass eine Unterscheidung zwischen Anfangs-, Mittel- und Endsteinen stattfand.

Gerade die Anfangs- und Endsteine waren mit einem Wappen gekennzeichnet, wenn sie einzelne Herrschaften voneinander unterschieden. Die Mittelsteine oder Läufer, die auf einer geraden Linie standen (*Schmitt* 2003, S. 61), trugen dagegen keine Wappen. Die Wappen wurden dabei so angeordnet, dass die jeweilige Seite der jeweiligen Herrschaft zugehörig war (*Oettinger* 1642, S. 321). Die Steine haben zudem an der Seite eine Nummer und eine Jahreszahl, die das Setzdatum angeben (*ebd.*). Wenn mehrere Grenzen aufeinanderstießen, konnte jede Seite eines Marksteines darauf hinweisen (*ebd.*).

Oettinger kennt zudem hölzerne Markierungen, die das kleine Waidwerk kennzeichnen sollen. Darauf wurden Wappen gemalt, um anzuzeigen, dass hier nur die Obrigkeit jagen darf (*Oettinger* 1642, S. 329). Natürliche landschaftliche Gegebenheiten wie Berge, Bäche und Flüsse als Grenzmarkierungen spielen bei ihm keine Rolle. Auch Befestigungs- und Verteidigungssysteme sowie Landwehren werden in seinem Text nicht weiter berücksichtigt (*Rutz* 2018, S. 137, 140). Sie bestanden häufig aus dichten Hecken, wie es auch auf der eingangs besprochenen Augenscheinkarte sichtbar wird. Sie wird darin als mainzisch bezeichnet. Eine solche Hecke hat auch der Würzburger Hofmaler Martin Segerer in einem Streit Fulda gegen Würzburg[4] abgebildet. Die Landwehr konnte aber auch durch eine eigens dafür gepflanzte Doppelbaumreihe z. B. in Form von Weiden dargestellt werden. Die Reichsstadt Frankfurt kennzeichnete auf diese Weise ihr Territorium. Die Karte zeigt das Gebiet nordöstlich von Frankfurt zwischen Bornheim, Fechenheim und Sachsenhausen. Sie wurde im Rahmen eines Prozesses zwischen der Reichsstadt Frankfurt und der Grafschaft Hanau-Münzenberg (1570–1600) durch den Maler Melchior Appel angefertigt (*Timpener* 2022, S. 113–119, Abb. S. 176).[5]

Aber wenden wir uns wieder den Marksteinen und ihrer unterschiedlichen Visualisierung zu. Ihre Abbildung findet sich auch in den Augenscheinkarten am häufigsten. Im Erbstreit zwischen den verschiedenen Linien der Markgrafschaft Baden war ihr Aussehen tatsächlich ein wichtiger Diskussionspunkt und diente zur Festlegung einzelner Territorien. Die Ursache für den Prozess lag in der Teilung der Markgrafschaft Baden, die 1535 unter den Söhnen des Markgrafen Christoph stattfand. Streitpunkte waren u. a. die Abgleichung der auf beide Landeshälften entfallenden Einkünfte und Lasten, die Aufteilung gemeinsamer Gefälle, Besitz des Wildbannes in den bei Ettlingen gelegenen Wäldern, aber auch der Empfang, die Ausgabe und der Heimfall von Lehen, die Abhaltung des Lehensgerichts, Weiderechte, Frondienst, Teilung militärischen Geräts etc.[6] Letztlich ging es in dem Prozess vor dem Reichskammergericht um die Vollstreckung eines von Kurfürst Ludwig von der Pfalz als Schiedsrichter gefällten Urteils. Einem Bach namens Alb kam dabei eine entscheidende Rolle zu: Er sollte die Teilungsgrenze bilden.[7]

4 *BayHStA München*: RKG 565/I–III (lfd. Nr. 3859) und PlSlg 2643.

5 *HStA Marburg*: Bestand Karten, Nr. P II 14867.

6 *GLA Karlsruhe*: RKG Nr. 3694.

7 *GLA Karlsruhe*: RKG Nr. 3694.

Abb. 2: WStA Stuttgart C3 Bü 4290, Peter Ebelin, 1578, 91 × 61 cm

HAYLPRUN
DER NORDT BERG
IM KEFER FLUS
IM VOGEL GESANG
BEY DEN 3 AICHEN
DER KNOL
HAYLPRONER MARCK
DIE WEIS HELDEN
NECKAR FLU
NECKERSULM

Die Stadt Ettlingen war jedoch von dieser Regelung ausgenommen: die Stadtgemarkung sollte ungeteilt an Baden-Baden fallen. Daraus ergaben sich zahlreiche Folgeschwierigkeiten vor allem zwischen der Stadt Ettlingen und den Herren von Rüppurr (*Schwarzmaier* 1987, S. 52–53). In der hierzu verfertigten Augenscheinkarte ging es vor allem um die Auseinandersetzung zwischen Ettlingen und den Herren von Rüppur und die Festlegung beider Territorien rund um Ettlingen. Die Augenscheinkarte zeigt die Rheinebene bis zum Schwarzwaldrand. Durch die Bildmitte zieht von oben nach unten die Alb mit Schloss und Dorf Rüppur am unteren und Ettlingen am oberen Ende. Dazwischen befindet sich das tiefgelegte Sumpf- und Seegebiet sowie Wälder und Felder, die strittig waren (*Schwarzmaier* 1987, S. 52). Am oberen Rand ist eine Straße zwischen den beiden Städten Durlach und Ettlingen sichtbar. Um die Grenze genau festlegen zu können, waren in der Augenscheinkarte die Marksteine und ihr Aussehen sowie ihre Verortung im Raum ausschlaggebend, deshalb wurde ihr Aussehen separat dokumentiert. Dies geschah, indem die durchnummerierten Steine in einer Legende gezeichnet wurden. Die Steine präsentieren sich in der Beweiskarte in sehr unterschiedlichem Zustand und Aussehen. Nur wenige Steine, wie z. B. eins bis drei und zehn bis zwölf lassen eine Quaderform erkennen. Das Wappen der Markgrafen von Baden ist dabei an den Seiten aber auch auf dem Kopf des Marksteines angebracht. Bei den Steinen zwei und zehn wurden zudem Jahreszahlen eingehauen. Mit Hilfe dieser visuellen Dokumentation des Zustandes der Steine sollte eine Entscheidungsgrundlage für die Richter geschaffen werden. Hinzu kam eine textliche Erläuterung: So heißt es beim Stein Nr. 1 *Ortstain auf der Schindtbach mit dem Winkelmaß und marggrevischen Wapen* oder zu Nr. 7 *C Stein steht an Bildstock*.[8]

Die Augenscheinkarte zeigt deutlich, dass es um die genaue Dokumentation von Marksteinen in mehrfacher Hinsicht ging: Es ging um die möglichst genaue Verortung im Raum mit Bild und Text, aber auch um die Dokumentation des genauen Zustandes der Steine. Hiermit sollte dem Betrachter, also dem Richter, die Möglichkeit gegeben werden, Grenzpunkte zwischen den beiden nun geteilten Markgrafschaften festzulegen, denn Marksteine bildeten den Schlüssel für die Teilung der beiden Territorien. Eine Linie sucht der Betrachter in dieser Augenscheinkarte vergebens. Sie war kein zwingendes Darstellungsmerkmal für den Gang der Kommission und die Vorstellung von Grenzlinie existiert in dieser Augenscheinkarte nicht.

Im Streit zwischen der Reichsstadt Heilbronn und dem Deutschen Orden wurde ebenfalls eine Kommission durch das Reichskammergericht eingesetzt. Strittig waren hier die Jagdrechte im Rydtwald. Auch hier wurden durch den Maler Peter Eberlin (ca. 1560–1623) aus Heilbronn die Marksteine genau in der Landschaft verortet. Ursache für den Streit war die Pfändung von 19 Hasengarnen gewesen. In der Visualisierung wird der umstrittene Nordberg mit den Rydtwald in ein ganzes Landschaftssystem mit Dörfern, Flüssen und Wäldern etc. eingebunden.

Sie gibt uns ein weiteres Mal die Gelegenheit, die Vorstellung von performativer Augenzeugenschaft, wie sie im 16. Jahrhundert praktiziert wurde, zu erfahren. Denn bei

8 *GLA Karlsruhe*: H/Ettlingen 4.

diesem Typus von Karte muss sich der Betrachter gedanklich in die Karte begeben und sich um seine eigene Achse drehen, um so die Umgebung vollständig erfassen zu können (*Baumann* 2022, S. 129 ff.). Meist wird diese Methode der Augenzeugenschaft benutzt, um die Höhenstaffelung eines steilen Flussufers begreifbar zu machen. Hier dient der sich drehende Blick dazu, die Höhe des Hügels und seine Verortung in einem größeren Herrschafts- und Landschaftsgefüge erfahrbar zu machen. Der Betrachter steht auf dem Hügel und dreht sich um die eigene Achse. Währenddessen kann er die Reichsstadt Heilbronn, das württembergische Weinsberg, den Schemelberg, die Dörfer Erlenbach und Binswangen sowie die Burg Scheuerberg, die Stadt Neckarsulm und den Neckar sehen.

Die malerische exakte Schilderung des Zustandes der Steine unterbleibt. Vielmehr genügt es, Vorder- und Rückseite der Steine mit den jeweils eingehauenen Wappen in der strittigen Gemarkung zu visualisieren. Dabei benutzt der Maler einen Trick, um dem Betrachter die Möglichkeit zu geben, Vorder- und Rückseite gleichzeitig sehen zu können: Das Wappen des Deutschen Ordens, das sich auf der dem Betrachter zugewandten Seite befindet, wird korrekt auf dem Markstein selbst eingezeichnet, während die Rückseite mit dem reichstädtischen Adler nach oben geklappt wird. Hinzu kommt gelegentlich eine Jahreszahl (1497), die an der Seite erscheint. Die strittigen Steine sind zudem mit einer roten Linie verbunden. Auch hier zeigt die Linie die Ortsbegehung der Kommission an.[9] Eine besondere Kennzeichnung als Jagdsteine fehlt.

Der Maler begnügt sich jedoch nicht, nur die Steine, die das strittige Gebiet markieren in die Augenscheinkarte einzuzeichnen. Er gibt vielmehr auch weitere Rechtsmarkierungen und Zugehörigkeiten im Raum wieder. So sind die Ortschaften mit Hilfe von Wappen in ihrer territorialen Zugehörigkeit gekennzeichnet. Besonders augenfällig ist die sorgfältige Einzeichnung der Galgen, die die Bezirke der Hochgerichtsbarkeit des Städtchens Weinsberg, das zu Württemberg gehörte, und der Reichsstadt Heilbronn zeigen. Deutlich wird hier, dass es den Produzenten der Augenscheinkarte ein Anliegen war, neben dem strittigen Raum, auch die Umgebung mit ihren territorialen Rechtszeichen aufzuzeigen. Gerade das Jagdrecht war im Raum schwer zu fassen, deshalb hielt es der Maler für notwendig auch weitere Rechtszeichen zu dokumentieren. Die Augenscheinkarte ähnelt damit der Karte, die in der Einleitung vorgestellt wurde, und bei der es ebenfalls um Jagdstreitigkeiten ging.

Festzuhalten ist: Alle bisher vorgestellten Augenscheinkarten sind vor dem Erscheinen des Werks von Johann Oettinger entstanden. Es zeigt sich also, dass bereits im 16. Jahrhundert Raum und seine Begrenzungen mit unterschiedlichen Rechtszeichen und Erkennungsmerkmalen visualisiert wurden. Dies geschah in enger Anlehnung an den Streitgegenstand. Lineare Vorstellungen im Sinne der Grenze als Linie waren dabei nicht selbstverständlich. Vielmehr zeigte die Linie meist nur die Bewegung der Kommission im Raum auf. Die Unterscheidung in verschiedene Typen von Marksteinen geschieht in den gezeigten Augenscheinkarten nicht.

---

9 *WHStA Stuttgart*: C3 Bü 4290.

Abb. 3: GLA Karlsruhe H-Schwarzach 15, Maler unbekannt, 73 × 37 cm, ca. 1750

TORII SCHWARZACENSIS
HANAW GLAIT 1618
BADEN GLAIT 1618
videatur adjunctum sub Litt. K.
Steinbach
BÜHL
WALD HEINIJ

Im 18. Jahrhundert differenzierte man dagegen zwischen den Marksteinen und ihrem Zweck, wie es Oettinger bereits beschrieben hat. In einer Auseinandersetzung zwischen dem Abt des Klosters Schwarzach und dem Markgraf Ludwig Georg von Baden-Baden geht es um die Grenzen des Territoriums des Klosters Schwarzach 1749.[10] Auch hier sollte eine Kommission zum ewigen Gedächtnis die Grenzen für die Zukunft klären. Streitpunkt war die Versteinerung der Grenze zwischen den klösterlichen hanau-lichtenbergischen Waldungen bei den Gemeinden Lichtenau, Schwarzach, Ulm, Greffern und Moos. Die Kommission sollte anhand der Marksteine klären, ob Baden-Baden tatsächlich die Territorialhoheit über das Kloster Schwarzach zustünde. Hintergrund war, dass 84 Grenzsteine, die 1741 von dem Abt von Schwarzach und dem Markgraf von Baden-Baden errichtet worden waren, der Markgraf kurz darauf wieder entfernt hatte. 1743 war zudem ein Vergleichstag gescheitert, weil der Abt sich geweigert hatte, anzuerkennen, dass drei Grenzsteine beidseitig mit dem badischen Wappen versehen werden müssten. Die Anbringung der Wappen hätte die Landeshoheit Badens über das klösterliche Territorium manifestiert. So war es nur selbstverständlich, dass in der um 1750 entstandenen Augenscheinkarte neben der Visualisierung des strittigen Raumes die Grenzsteine am Rand der Karte im Detail wiedergegeben wurden.

Dabei wurde jedoch nur jeweils ein Prototyp von allen Seiten gezeichnet: Der abgebildete Markstein hat auf dem Kopf ein Kreuz. Auf der Seite, die sich dem Hanauischem Eigentum zuwendet, ist der Hanauische Wappenschild mit einem aufrechtstehenden Löwen wiedergegeben, während sich auf der Seite, die zu Schwarzach gehört, ein Wappenschild mit einem Schwert, das über Kreuz mit einem Schlüssel liegt, zu sehen ist.[11]

Auf der rechten Seite ist dagegen ein Geleitstein abgebildet, der explizit als solcher gekennzeichnet ist. Er ist oben abgerundet und zeigt jeweils Wappen und Jahreszahl mit der Aufschrift Geleit.[12] Darüber heißt es: *Wahrer abriß der Hanaw und Baadischen Geleit=Steins, in dem Gottshaus Schwarzachischen Dorf Ulm sub occupatis Durlacensi. Videatur adjuctum sub Litt. K.* Zwischen einem roten D, E und F sind zudem die 84 Marksteine eingezeichnet, die entfernt worden sind.

Die Grenze selbst wird durch rote *Dupfen* gekennzeichnet, die das schwarzachische Gebiet umschließen.[13] Man könnte hier die *Dupfen* als eine Art imaginäre Marksteine interpretieren, die das Gebiet umschließen. Die Vorstellungen von Linie als Grenze und den Marksteinen als Rechtszeichen können so in der Visualisierung in Einklang gebracht werden. In dieser Karte wird explizit auf Bäche und Hügel als Grenzen hingewiesen, so dass z. B. die Tupfen an den Ufern der Bachläufe gemalt seien, aber die Grenze sich in der Mitte des Baches befinde. Eigentliches Ziel der Augenscheinkarte ist

---

[10] *GLA Karlsruhe*: 71 Nr. 1270.

[11] *GLA Karlsruhe*: H-Schwarzach 15.

[12] *Ebenda.*

[13] *Ebenda.*

es, die in einzelnen Untergängen besichtigten Grenz- und Hauptsteine auf dem Gebiet des Anckenkopfes am Rhein durch die Kommission aufzuzeigen. Die Karte spielt dabei auf eine seit Jahrhunderten übliche Praktik an, bei der in regelmäßigen Abständen Kontrollgänge zu den Marksteinen durch die Obrigkeit stattfanden. Meist geschah dies mit Zeugen, die an den jeweiligen Punkten belohnt oder bestraft wurden, um so den jeweiligen Ort im Gedächtnis behalten zu können (*Schmitt* 2003 S. 39). So wird auch in dieser Augenscheinkarte mit performativer Augenzeugenschaft, wenn auch nur in imaginärer Form, argumentiert. Die Augenscheinkarte besitzt zudem ein Maßstab, der zeigt, dass Augenzeugenschaft allein im 18. Jahrhundert nicht mehr ausreichte, sondern der Raum zusätzlich vermessen werden musste (*Baumann* 2022, S. 138 ff.).[14] Gleichzeitig weist die Verwendung des Wortes Grenze und die Einzeichnung einer Linie, wenn auch nur in Form einzelner Punkte bereits auf die Vorstellung einer Linie als Grenze hin.[15] Die Visualisierung des Raumes konzentriert sich zudem nur auf den Sachverhalt der Marksteine, andere Rechtszeichen im Raum fehlen.

Eine durchgezogene Linie, die die Marksteine miteinander verbindet und die auch explizit als Grenzlinie bezeichnet wird, findet sich dagegen in der Augenscheinkarte, die der Ingenieur Johann Friedrich Weiß aus Bayreuth erstellte. In dem Streit, der sich von 1765 bis zum Ende des Alten Reiches hinzog stritten sich der Bischof Adam Friedrich von Bamberg und Würzburg mit der brandenburgischen Regierung um die landesherrliche Obrigkeit über eine Mühle.[16] Die Augenscheinkarte selbst will die *Fraischgrenzen* also die Grenzen der Blutgerichtsbarkeit aufzeigen.

Entscheidend sind hier die gesetzten Grenz- und Marksteine. Ihr Aussehen wird jedoch nicht weiter thematisiert. Sie sind lediglich als Stereotypen in der Landschaft erkennbar, die durchnummeriert sind. Ein Maßstab macht es möglich, die genaue Entfernung zwischen den einzelnen Marksteinen messen zu können. Interessant ist in diesem Beispiel, dass in der Augenscheinkarte eine Auffassung von Herrschaft aufzeigt, die es erlaubt, ganze Territorien mit einer einheitlichen Farbe zu kennzeichnen, die sich als Grenzline in ihrer Farbigkeit verdichtet. Trotzdem wird auf die Charakterisierung der Landschaft durch Chiffren wie Bäume und Schraffuren für Wiesen nicht verzichtet.[17] Die Darstellung von Höhe wird mit Hilfe von Schraffuren gelöst. Ein Durchwandern der Landschaft mit Blicken wird nicht mehr intendiert. Vielmehr steht der Betrachter außerhalb der Landschaft und kann sie so mit einem Blick erfassen. Galgen, die als Erkennungsmerkmal von Hochgerichtsbarkeit ein wichtiges Landschaftsmerkmal waren, fehlen (*Härter* 2020, S. 109–130). Sie sind auch nicht notwendig, da uns ein geschlossenes Rechtsterritorium suggeriert wird.

---

14 *GLA Karlsruhe*: H-Schwarzach 15.

15 *GLA Karlsruhe*: H-Schwarzach 15.

16 *BayHStA München*: Reichskammergericht Nr. 3559/I–II, Augenscheinkarte PlSlg 10254.

17 *BayHStA München*: PlSlg 10254.

Abb. 4: BayHStA München PlSlg 10254, Geometer J. Friedrich Weise, ca. 1750

No. 34.
189
55
Geometrischer Plan
über einen Theil der Fraisch-Gräntze
in dem Hochfürstl: Brandenburg[l.n]
VOIGTHEY-AMT STAMBACH
Wie solcher, nach der Stifft Bambergischen
Gräntze situiret befunden worden.
Explicatio:
Diese Couleur Marquiret die Fraisch-Gräntze, Von dem Brandenburg-Bayreuthischen Voigthey-Amt Stambach.
Diese Couleur bemercket das Stifft Bambergische Territorium
Die rothe Ziffern Von Nro: 52. bis 83. beziehen sich auf die Fraisch-Gräntz-Beschreibung des Voigthey-Amts Stambach.
Zeigen die Gräntz- und Marcksteine.
Giebels-Wiesen
Joh: Bezold zu Steinbach
Die Otten-Wiese
nach Weickenreuth
Das zu den Röderhöfen gehöriges Holtz
Das zu der Absenger Mühl gehöriges Holtz
Weeg nach Försterreuth
Schorgast-Fluss
das Melckesbächlein
nach Försterreuth
Wiesen
12 Schuh
J. Fried. Weiss, Ing: Lieut:
Försterreuth

2 Galgen

Oettinger erwähnt in seinem Traktat ebenfalls keine Galgen. Ihre Darstellung ist aber gerade in vielen Augenscheinkarten des 16. Jahrhunderts ein wichtiger Bestandteil der Landschaft, um so den Rechtsraum Hochgerichtsbarkeit zu markieren. Grund hierfür war, dass Hoch- oder Strafgerichtsbarkeit eben häufig nicht mit territorialen Räumen übereinstimmte, sondern sich vielmehr vielfach überlagerte und verschränkte (*Härter* 2020, S. 112). Galgen dienten dabei als dauerhafte Symbole der Hoch- und Strafgerichtsbarkeit und markierten damit eindringlich Rechts- und Jurisdiktionsräume (*Härter* 2020, S. 115). Sie wurden immer außerhalb von Dörfern oder Städten an öffentlich sichtbaren, von allen Seiten gut zugänglichen Orten, wie z. B. auf Hügeln oder an Landstraßen, aufgestellt. Meist standen sie in der Nähe von Landes- oder Gemarkungsgrenzen (*Härter* 2020, S. 114) ohne diese selbst zu markieren. Damit war gewährleistet, dass ihre abschreckende Wirkung auch tatsächlich zur Geltung kam. Besonders anschaulich ist dies in dem Prozess zwischen der Reichsstadt Heilbronn und dem Deutschen Orden, der bereits erwähnt wurde.[18] Dort stehen zwei Galgen sich gegenüber, die als Weinsberger Hochgericht und als Heilbronner Hochgericht bezeichnet werden. Beide stehen in der Nähe einer Straße auf einem Hügel. Meist sind Galgen in den Augenscheinkarten Bestandteil des Landschaftsbildes ohne besondere prominente Bedeutung. Eine Ausnahme bildet jedoch die in der Zeit zwischen 1540 bis 1542 gezeichnete Darstellung eines Galgens in der Nähe von Biberach: Dr. Johann Schad von Biberach, kaiserlicher Rat und Inhaber der Herrschaft Warthausen, hatte an der Stadtgrenze zu Biberach einen Galgen errichten lassen.[19] Die Stadt Biberach sah darin einen Eingriff in die Jurisdiktion. Der Akte beigelegt wurde eine äußerst qualitätvolle Federzeichnung, die links die ummauerte Stadt Biberach zeigt, während rechts auf einem Hügel der Galgen erkennbar ist. Ein Vogel hat sich darauf niedergelassen, während ein anderer darauf zufliegt. Zwischen der Reichsstadt sind zudem weitere Gebäude, Zäune und Hügel sowie eine Kirche erkennbar. Im Vordergrund befindet sich ein Gehöft. Leider wurde die entsprechende Akte in Stuttgart makuliert, so dass wir weder den Namen des Malers noch die näheren Umstände und die Argumente der Prozessparteien kennen.[20] Augenscheinlich ist jedoch, dass hier Bezirke oder Territorien stärker losgelöst vom Raum gedacht werden. Marksteine zur Grenzfestlegung der Hochgerichtsbarkeit sucht man vergebens. Allein die Errichtung des Galgens erregte Anstoß und wird zum Zeichen der Verletzung von Rechten. Die frühe Entstehung der Zeichnung macht die Auffassung von überlappenden Rechtsräumen besonders deutlich. Vergleicht man nun die Darstellung der Hochgerichtsbarkeit aus den beiden Jahrhunderten so sind vielfältige Interpretationsmöglichkeiten und Fragestellun-

---

18 *WHStA Stuttgart*: C3 Bü 4290.

19 *WHStA Stuttgart*: C 3 Bü 359.

20 *Ebenda*.

gen möglich. So wäre zu überlegen, ob die Grenzen der Hochgerichtsbarkeit ein wichtiger Faktor zur Definition der Staatsgrenze in Form einer Linie gewesen sind.

3 Schlagbäume

Auffällig ist zudem, dass Oettinger nicht auf Schlagbäume oder Schläge, die gleichzeitig als Abgrenzung und Durchlass von Rechtsräumen fungierten, eingeht. Sie spielten wohl in seinem Verständnis von Grenze keine besondere Rolle. Schlagbäume bilden jedoch in den Augenscheinkarten des 16. Jahrhunderts häufig einen wichtigen Bestandteil der Landschaft und sind der Hauptstreitgegenstand in einer Auseinandersetzung zwischen Sachsen-Lauenburg und Lübeck. In der der Augenscheinkarte werden sie prominent in der Mitte der Darstellung platziert. Letztlich ging es um eine wichtige Nord-Süd Verbindung zwischen Boitzenburg und Lüneburg und Lübeck und Ratzeburg. Dort hatten die Lübecker in Einvernehmen mit dem Herzog von Sachsen-Lauenburg bereits 1350 eine Wehranlage namens Fredeburg errichtet, die auch ein Teil der Lübecker Landwehrsicherung war (*Hillmann* 1999, S. 364). Konkret bedeutete dies, dass sich ein schmaler Streifen lübischen Territoriums in sachsen-lauenburgisches Gebiet erstreckte. Anfang 1570 ließ Herzog Franz I. einen vorher in einem benachbarten Dorf angesiedelten Zoll nach Fredeburg versetzen, einen Schlagbaum aufstellen und ein Wächterhaus errichten. Das Vorgehen hatte weitreichende Folgen: Händler und Kaufleute mieden die Straße, da sie nun doppelten Zoll zahlen mussten und die Einnahmen gingen für Lübeck zurück. Als die Sachsen-Lauenburger den Fredeburgern sogar ihr Vieh pfändeten, das sie nach Gewohnheitsrecht auf dem sachsen-lauenburgischen Gebiet weiden ließen, klagten die Lübecker am Reichskammergericht. Dort wurde bald klar, dass sich der Streit nur vordergründig um die gepfändeten Kühe drehte, da diese bereits durch Sachsen-Lauenburg restituiert worden waren. Vielmehr nutzte Lübeck die Gelegenheit mit Hilfe der Pfändungskonstitution gegen die Zollschranke der Sachsen-Lauenburger vor dem Reichskammergericht zu klagen. Lübeck monierte vor allem, dass die herzogliche Schranke nachts geschlossen würde und so der Warenverkehr auf einer freien Landstraße beeinträchtigt sei (*Hillmann* 1999, S. 366). Die Reichsstadt sah deshalb in der Errichtung des Zollstocks einen Eingriff in die hoheitlichen Befugnisse der Stadt und bat um eine Kommission, die jedoch erst ca. 20 Jahre später durchgeführt wurde. Die Kommission reiste im tiefsten Winter nach Fredeburg, um die dortigen Zollschranken zu besichtigen. Die Augenscheinkarte, die 1594 von dem Artilleriemeister Hans Frese gezeichnet wurde, zeigt dies anschaulich.[21]

[21] *StA Schleswig-Holstein*: Abt. 402 B IV Nr. 105.

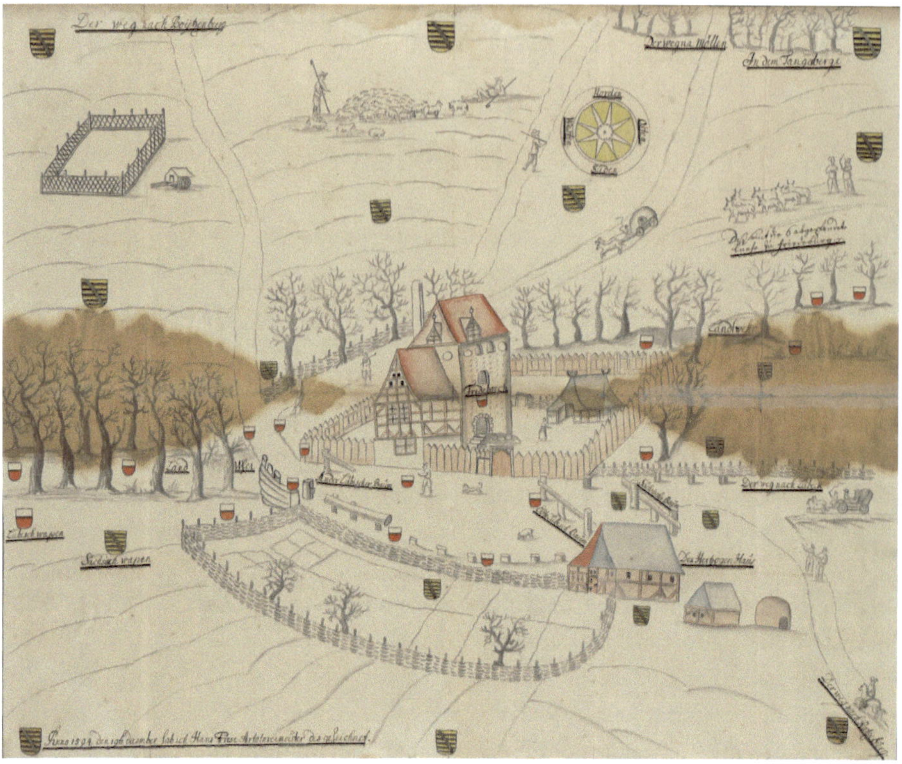

Abb. 5: StA Schleswig-Holstein, Schleswig Abt. 402 B IV Nr. 105, Hans Frese, 1594, 55,8 × 123,3 cm

In der Mitte der Augenscheinkarte ist die Befestigung Fredeburg, die aus einem in Stein und Fachwerk gebauten Hauptgebäude und einem Nebengebäude besteht, erkennbar. Ein hoher Lattenzaum umgibt die Bauten. Das lübische Wappen weist auf die Eigentumsverhältnisse hin. Unterhalb der Fredeburg erstreckt sich die umstrittene Straße, die an dieser Stelle drei Schlagbäume aufweist. Neben der Straße mit den Zollschranken kann der Betrachter das Wachhaus als *Hertzgen-Haus* identifizieren. Das sachsen-lauenburgische Wappen bestätigt dies. Daran umschließt sich ein mit einem Weidezaun umfriedeter tief verschneiter Garten. Dahinter zieht sich quer durch die Landschaft die lübische Landwehr, auch sie ist mit dem entsprechenden Wappen gekennzeichnet. Auf den Straßen, die alle auf die Zollschranken zulaufen, befinden sich, trotz des winterlichen Wetters, Reiter, Fußgänger und ein Karren. Auch Viehtrieb findet statt – es wird explizit auf die gepfändeten sechs Kühe hingewiesen – und zwei Hirten bewachen eine Schafherde. Die Karte besitzt keinen Maßstab, der in den Augen der Zeitgenossen auch nicht nötig war. Allerdings ist eine Windrose eingemalt.

Der Schlagbaum und seine Umgebung zeigen deutlich die Vielgestaltigkeit des Reiches und die damit einhergehende rechtlich-geographische Komplexität. Zollschranken bildeten dabei eine besondere Spezies, da sie Orte des Übergangs waren, die konkret mit Geldzahlungen und damit mit Gewinn und Verlust gekoppelt waren. Im 16. Jahrhundert wurden diese Übergänge mit Hilfe von Wappen deutlich gemacht. Eine farbige Darstellung eines Territoriums entsprach nicht den zeitgenössischen Vorstellungen von Raum und auch Grenze. Vielmehr wurden Grenzen und Territorium mit Personen oder Kooperationen in Verbindung gebracht, was augenscheinlich durch Wappen visualisiert wurde. So ist es nur folgerichtig, dass in der Augenscheinkarte Marksteine keine Rolle spielen, obwohl es um Staatsgrenzen ging. Einzig eine Art Landwehr wird sichtbar. Hier zeigt sich einmal mehr die geschickte Konzentration der Lübecker auf die eigentliche Zollschranke. Es ist spannend, dass die Reichsstadt Lübeck den Umweg der Klage wegen Viehpfändung nutzte und nicht direkt ein Zollvergehen in Speyer geltend machte. Hier sind jedoch noch weitere Forschungen notwendig, die über die Analyse von Augenscheinkarten hinaus auch das Phänomen der Pfändungskonstitution gegen Ende des 16. Jahrhunderts mitberücksichtigen müssten (*Dahm* 2008).

Zusammenfassung

Die Sichtung einiger Augenscheinkarten aus dem 16. bis 18. Jahrhundert hat unterschiedliche Rechtszeichen gezeigt. Neben Galgen, Landwehren und Schlagbäumen werden besonders häufig Lochbäume und Marksteine unterschiedlichen Typus abgebildet. Es wird auch klar, dass im 16. und 17. Jahrhundert die Grenze in Form einer Linie in den Augenscheinkarten nicht eindeutig war. Die Linie zeigte in den Augenscheinkarten vielmehr den Weg der Kommission durch das Territorium. Marksteine dienten jedoch als Grenzpunkte, an denen verschiedene Rechte festgemacht wurden. Erst im 18. Jahrhundert wurde es allgemein üblich, eine Linie als Bedeutung von Grenze in den Augenscheinkarten zu visualisieren. Die Bedeutung von Marksteinen hatte sich jedoch nicht gänzlich verloren. Sie dienten nun als Markierungspunkte, um Entfernungen zwischen den Steinen messen zu können. Der Vorstellung einer Grenze als Linie wird dadurch Vorschub geleistet. Das deckt sich mit Forschungen, die ergeben haben, dass die Obrigkeit sehr lange kein Bedürfnis hatte, Grenzen genau festzulegen. Erst im Rahmen von Auseinandersetzungen musste seitens der Obrigkeit geklärt werden, wo denn die Grenze genau verlief (*Timpener* 2022, S. 130). Prozesse vor dem Reichskammergericht und auch am Reichshofrat mit ihren Augenscheinkarten beschleunigten dies. Eine wichtige Rolle spielten auch Kommissionen zum ewigen Gedächtnis, die dazu dienten, durch die Feststellung von Grenzräumen Konflikte schon im Vorfeld zu vermeiden. Kommissionen zum ewigen Gedächtnis und Klagen vor dem Gericht dienten den Parteien dazu, über die Definition von Herrschafts- und Nutzungsrechten Ansprüche über den Raum geltend zu machen. Die „fortdauernde Ausübung von Rechten" (*Timpener* 2022, S. 131), die durch Zeugen belegt wurde, trug dazu maßgeblich bei. Rechte, die in früheren Zeiten nur personalisiert waren und denen eine Raumgebundenheit fehlte, erhielten nun einen neuen Bezugspunkt. Die Schrift von Johann Oettinger zeigt dies auch in theoretischer Hinsicht, indem er sein Augenmerk auf Rechtszeichen verengte, die dazu geeignet waren, eine Linie darzustellen. Die Augenscheinkarten illustrieren diesen komplexen Vorgang anschaulich und sind so ein Beweis für die zeitgebundenen unterschiedlichen Auffassungen von Herrschaft und ihrer Territorialisierung in der Frühen Neuzeit.

Summary: Border and law. Inspection maps of border conflicts in the early modern period

The paper presents a selection of so-called 'Augenscheinkarten', topographical depictions based on perception by the human eye, produced between the 16th and 18th century at the Imperial High Court, the highestcourt of the Holy Roman Empire from 1495–1806. It describes different forms of depictions of legal symbols such as boundary markers, gallows and customs barriersin the portrayed space and shows their significant role in the transformation process from rulership based on rights derived from personal dominion to one based on territorial rights in the early modern period.

Quellen

Bayerisches Hauptstaatsarchiv (BayHStA) München: PlSlg Nr. 2643 u. 10705.

BayHStA München: Reichskammergericht RKG 565/I-III u. RKG Nr. 14872.

Generallandesarchiv (GLA) Karlsruhe: RKG Nr. 3694, 71 Nr. 1270, H-Schwarzach 15.

Hauptstaatsarchiv Stuttgart – Landesarchiv Baden-Württemberg (WHStA): C3 Bü 359, C3 Bü 4290.

Landesarchiv Schleswig-Holstein Schleswig: 402 B IV, Nr. 105.

Johann Oettinger (Oetinger): Tractatus de jure et controversiis limitum, ac finibus regundis. Oder Gründlicher Bericht, Von den Gräntzen und Marcksteinen […] Ulm, 1642.

Literatur
Monographien

Baumann, A. (2022): Karten vor Gericht. Augenscheinkarten der Vormoderne als Beweismittel – Darmstadt.

Baumann, A. (2019a): Augenscheinkarten am Reichskammergericht 1495–1806. – Wetzlar (Schriftenreihe der Gesellschaft für Reichskammergerichtsforschung, 47).

Dahm, M. K. (2008): Die Pfändungskonstitution gemäß RKGO 1555, Teil 2, Tit. XXII und ihr Verhältnis zum Landfrieden. – Aachen (Bochumer Forschungen zur Rechtsgeschichte, 4).

Hillmann, J. (1999): Territorialrechtliche Auseinandersetzungen der Herzöge von Sachsen-Lauenburg vor dem Reichskammergericht im 16. Jahrhundert. – Frankfurt am Main (Rechtshistorische Reihe, 202).

Oehme, R. (1982): Johann Oettinger (1577–1633). – Stuttgart.

Rutz, A. (2018): Die Beschreibung des Raums. Territoriale Grenzziehungen im Heiligen Römischen Reich. – Köln, Weimar u. Wien (Norm und Struktur, 47).

Schmitt, R. (2003): Grenzsteine: zur Geschichte, Typologie und Bewahrung von historischen Grenzzeichen aus Stein. – Mandebachtal-Heckendalheim.

Stolleis, M. (1988): Geschichte des öffentlichen Rechts in Deutschland, Bd. 1: Reichspublizistik und Policeywissenschaft 1600–1800. – München.

Timpener, E. (2022): In Augenschein genommen. Hessische Lokal- und Regionalkartographie in Text und Bild (1500–1575). – Berlin u. Boston (bibliothek altes Reich, 38).

Willoweit, D. (1975): Rechtsgrundlagen der Territorialgewalt. Landesobrigkeit, Herrschaftsrechte und Territorium in der Rechtswissenschaft der Neuzeit. – Köln u. Wien.

Sammelwerke

Baumann, A.; Eichler, A. u. Xenakis, S. [Hrsg.] (2014): Augenscheine. Karten und Pläne vor Gericht. – Wetzlar.

Baumann, A. u. Schmolinsky, S., Timpener E. [Hrsg.] (2020): Raum und Recht. Visualisierung von Rechtsansprüchen in der Vormoderne. – Berlin u. Boston (bibliothek altes Reich, 29).

Generaldirektion der Staatlichen Archive Bayerns (2017): Original! Pracht und Vielfacht aus den Staatlichen Archiven Bayerns. – München (Ausstellungskataloge der Staatlichen Archive Bayerns, 59).

Aufsätze in Zeitschriften

Baumann, A. (2019b): Visuelle Evidenz. Beobachtungen zu Inaugenscheinnahmen und Augenscheinkarten am Reichskammergericht (1495–1806). – In: Rechtsgeschichte – Legal History, Nr. 27, S. 458–461.

Bretschneider, F. u. Duhamelle, C. (2016): Fraktilität. Raumgeschichte und soziales Handeln im Alten Reich. – In: Zeitschrift für Historische Forschung, 43, S. 703–746.

Bretschneider, F. (2011): Konflikte und Umgänge mit Territorialgrenzen im Alten Reich. – In: Jahrbuch für Regionalgeschichte, 29, S. 35–110.

Aufsätze in Sammelwerken

Baumann, A. (2020): Visualisierte Evidenz. Augenscheinkarten und Genealogien als Beweismittel des Reichskammergerichts. – In: *Marx-Jaskulski, K. u. Haubfleisch, A. [Hrsg.]*: Pragmatische Visualisierung. Herrschaft, Recht und Alltag in Verwaltungskarten. – Marburg 2020 (Schriften des hessischen Staatsarchivs Marburg, 38), S. 91–104.

Härter, K. (2020): Galgenlandschaften. Die Visualisierung und Repräsentation von Stätten und Räumen der Strafjustiz in bildhaften Medien der Frühen Neuzeit. – In: *Baumann, A.; Schmolinsky, S. u. Timpener, E. [Hrsg.]*: Raum und Recht. Visualisierung von Rechtsansprüchen in der Vormoderne. – Berlin u. Boston, S. 109–138.

Hörner, M. (2017): Ein Reichsritter will sich das Jagen nicht verbieten lassen. – In: *Generaldirektion der Staatlichen Archive Bayerns München [Hrsg.]*: Ausstellungskatalog Original! Pracht und Vielfalt aus den Staatlichen Archiven Bayerns. – München, S. 244–237.

Scattola, M. (1997): Die Grenze der Neuzeit. Ihr Begriff in der juristischen und politischen Literatur der Antike und Frühmoderne. – In: *Bauer, M. u. Rahn, Th. [Hrsg.]*: Die Grenze. Begriff und Inszenierung. – Berlin, S. 37–72.

Schwarzmaier, H. (1987): Landtafel als Beilage zu Gerichtsakten. – In: *Musall, H.; Neumann, J.; Reinhard, E.; Salaba, M. u. Schwarzmaier, H. [Bearb.]*: Landkarten aus vier Jahrhunderten. 2. verb. Auflage. – Karlsruhe, S. 61.

Stauber, Reinhard (2006): „Grenze“. – In: Enzyklopädie der Neuzeit, IV, Sp. 1105–1114.

Siedlungsforschung. Archäologie – Geschichte – Geographie 40, 2023, S. 285–330

Die Guts- und Parklandschaft nördlich des Tollensetals

Sabine Bock

1 Prolog

„Recht macht Landschaft" war das Thema der ARKUM-Tagung 2022, in dessen Tagungsband die Herausgeber freundlicherweise diesen Beitrag aufgenommen haben. Er beschäftigt sich mit der „Guts- und Parklandschaft nördlich des Tollensetals" im westlichen Vorpommern und es waren rechtliche Aspekte, die diese Landschaft geprägt haben. Hatte sich die Gutsherrschaft besonders in den Bereichen entwickeln können, in denen das Städtewesen nur schwach ausgebildet war, schuf zudem die seit dem 14. Jahrhundert ganz Europa beherrschende wirtschaftliche Krise in Ostmitteleuropa die Grundlagen für die Entstehung der Gutswirtschaft. Innerhalb der fast konkurrenzlosen Gutsherrschaft entwickelte sich in der Frühen Neuzeit durch die Vergrößerung und Dominanz der Wirtschaftsbetriebe der Gutsherren in Holstein und den „ostelbischen Gebieten – insbesondere in Brandenburg, Mecklenburg und Pommern, die Gutswirtschaft zur vollen Gutsherrschaft. [...] Sowohl der Landesherr als auch der Adel [hatten] ein starkes Interesse an der Gutswirtschaft" (*Rösener* 1993, S. 137 f., u. 1997, S. 110 f.).

Die Ausformung der Landschaften wurde in den folgenden Jahrhunderten durch diese besondere Form der Agrarverfassung bestimmt: „Recht machte Landschaft". Um die durch besonderes Recht geprägte Ausbildung einer Landschaft als kulturhistorisches Element zu bewahren, gibt es wiederum heute rechtliche Instrumentarien, wie z. B. die Unterschutzstellung von Landschaften als Landschaftsschutzgebiete. In Anlehnung an das Tagungsthema könnte man formulieren, „Recht bewahrt Landschaft".

„Die Menschen verloren unmerklich, aber nachhaltig kulturelle Werte und Güter, deren sie sich im Grunde genommen gar nicht bewußt wurden", stellte *Ralf Wendt* (1994, S. 33), der Initiator und langjährige Leiter des Freilichtmuseums Schwerin-Mueß bereits vor fast dreißig Jahren fest. Aber es kann kein erstrebenswertes Ziel sein, die letzten erhaltenen kulturellen Werte und Güter aus einer ansonsten geschichts- und gesichtslos gewordenen Landschaft in Museen zusammenzutragen und den ‚Rest' aufzugeben.

Kultur- und vor allem historische Kulturlandschaften machen die Unverwechselbarkeit der menschlichen Lebenswelten aus und ermöglichen die Identifizierung der Bewohner mit ‚ihrer' Landschaft.

Mit der Ausweisung von Landschaftsschutzgebieten wird der Versuch unternommen, „Landschaften unter naturwissenschaftlich-ökologischen als auch kulturell-sozialen Gesichtspunkten [zu] schützen. Dabei soll die Landschaft in ihrer vorgefundenen Eigentümlichkeit und Einmaligkeit erhalten werden".[1] Im Bundesnaturschutzgesetz (BNatSchG) besagt der Paragraf 26, Abs. 1, Ziff. 2, dass Landschaftsschutzgebiete „wegen der Vielfalt, Eigenart und Schönheit oder der besonderen kulturhistorischen Bedeutung der Landschaft" ausgewiesen werden. Im Folgenden soll die besondere kulturhistorische Bedeutung der „Guts- und Parklandschaft nördlich des Tollensetals" dargestellt werden.

Abb. 1: Landkarte des Herzogtums Vor- und Hinterpommern, von D. F. Sotzmann, 1794, Ausschnitt gelb die Grenze von Brandenburg, rot die von Schwedisch-Pommern und grün die von Mecklenburg, Das behandelte Gebiet im roten Oval.
Quelle: Sammlung der Autorin

2 Definitionen

Eine Landschaft ist nach aktueller lexikalischer Definition ein bestimmter Teil der Erdoberfläche, der nach seinem äußeren Erscheinungsbild und durch das Zusammenwirken der hier herrschenden Geofaktoren eine charakteristische Prägung besitzt und sich

[1] https://www.bfn.de/landschaftsschutzgebiete (Zugriff: 23. Juli 2024).

dadurch vom umgebenden Raum abhebt (*Zeit* 2005, S. 460). Unter einer Kulturlandschaft versteht man die durch menschliche Einwirkung umgewandelte (Natur-)Landschaft. Die menschlichen Einwirkungen können verschiedenster Art sein, und es kann davon ausgegangen werden, dass sich keine Landschaft, keine Kulturlandschaft über einen längeren Zeitraum in einem statischen, d. h. unveränderten Zustand befindet. Eine historische Kulturlandschaft ist ein Teilraum der aktuellen Kulturlandschaft, der stark von historischen Elementen geprägt wird – wobei man unter diesen vor allem solche versteht, die von früheren Gesellschaften geschaffen wurden. Mit dem Begriff Denkmallandschaft soll deutlich gemacht werden, dass kein Denkmal frei von vernetzenden Bezügen zu anderen Denkmalen, aber auch zur Kulturlandschaft, ist, in der sie eingebettet sind (*Bock* 2007).

Dennoch sind es bis in die Gegenwart überwiegend die Einzeldenkmale, die aufgrund ihrer zumeist baukünstlerischen und manchmal auch historischen Bedeutung Gegenstand denkmalpflegerischer Bemühungen sind. Deshalb soll im Folgenden insbesondere auch versucht werden, einige wichtige Bezüge zwischen den einzelnen Denkmalen der „Guts- und Parklandschaft nördlich des Tollensetals“ aufzuzeigen. Angrenzende Bereiche des bereits seit 1995 ausgewiesenen Landschaftsschutzgebietes (LSG) „Tollensetal“ werden in die Überlegungen einbezogen, da sich beide Gebiete sinnvoll ergänzen.

Abb. 2: „Militärisk Carta öfver en del af Preusiske Pommern. Situation emellan Anklam och Demmin, samt Landt Graben“, 1761, Ausschnitt der „Guts- und Parklandschaft nördlich des Tollensetals“.
Quelle: Reichsarchiv Stockholm, Signatur SE/KrA/0402/22/A/111

3 Übersicht zur Geschichte der „Guts- und Parklandschaft nördlich des Tollensetals“

Das zur Unterschutzstellung als LSG vorgeschlagene Gebiet liegt im westlichen Teil Pommerns, im heutigen Landesteil Vorpommern des Bundeslandes Mecklenburg-Vorpommern.

Nachdem während der Völkerwanderung fast alle Germanen zwischen dem 4. und 6. Jahrhundert nach Chr. das Land südlich der Ostsee verlassen hatten, wurde das nun überwiegend unbewohnte Gebiet von Slawen besiedelt, die aus östlicher Richtung kamen. In dem hier interessierenden Gebiet siedelte sich der Stamm der Zirzipanen an.

Ab dem 10. Jahrhundert gerieten die Slawen des späteren Pommern in den Einflussbereich ihrer Nachbarn. Um die kleinen, heidnischen Stämme herum waren starke, feudale, christliche Mächte mit expansiven Interessen entstanden: Aus dem Westen drohten ihnen die deutschen Landesfürsten des Heiligen Römischen Reichs, vom Norden her die Dänen und aus dem Südosten die polnischen Piasten.

Der polnische Herzog Bolesław III. Schiefmund unterwarf sich das Gebiet in drei Feldzügen der Jahre 1116, 1119 und 1121. Danach leistete Herzog Wartislaw I. von Pommern (um 1100 bis vor 1148) Tributzahlungen und versprach die Christianisierung. Er ist der erste bekannte Pommernherzog aus der Dynastie der Greifen, die bis zu ihrem Aussterben 1637 Pommern regierten. Bolesław III. betrieb die Christianisierung Pommerns. Auf seine Veranlassung unternahm Bischof Otto von Bamberg 1128, unterstützt vom Kaiser und deutschen Fürsten, seine zweite Missionsreise in das Siedlungsgebiet westlich der Oder. Im Beisein Wartislaws I. nahm auch der Kastellan von Demmin zu Pfingsten 1128 auf einer Versammlung in der Burg Usedom das Christentum an. Auf seiner Reise hat Otto von Bamberg auch auf der Burg Haus Demmin Quartier genommen und anschließend auf dem Weg nach Usedom vermutlich auch das hier interessierende Gebiet durchquert.

Bei einer 1295 erfolgten Teilung des Herrschaftsgebietes der Greifen fiel das Gebiet nördlich der Peene einschließlich Demmin und Anklam an das Herzogtum Pommern-Wolgast. Die Stadt Demmin war um 1236 planmäßig angelegt, mit einem Mauerring und fünf Toren umgeben worden und hatte vor 1249 Lübisches Recht erhalten.

Unter Bogislaw XIV. wurde Pommern, in dem 1534 die Reformation Einzug gehalten hatte, im Jahr 1625 nochmals vereint. Die Neutralität des Landes nutzte ihm im Dreißigjährigen Krieg nicht viel, es wurde abwechselnd von den kaiserlichen Truppen unter Wallenstein und den Schweden unter Gustav II. Adolf besetzt und geplündert, das Gebiet zwischen Demmin und Anklam gehört zu den besonders vom Kriegsgeschehen betroffenen Regionen (*Langer* 1982). Obwohl sich Pommern 1630 den Schweden angeschlossen hatte, hätte das Land nach dem Tod Bogislaws XIV. 1637, der das Ende der Greifendynastie bedeutete, nach alten Erbverträgen an Brandenburg fallen müssen, aber die Schweden hielten das Land weiter besetzt.

Pommern, das im Dreißigjährigen Krieg fast zwei Drittel der Bevölkerung verloren hatte, wurde nach den Beschlüssen des Westfälischen Friedens 1648 geteilt. Das östliche Hinterpommern fiel an Brandenburg-Preußen und das im Westen gelegene Vorpommern an die Krone Schwedens.

Das Königreich Schweden erhielt die pommerschen Besitzungen als ewiges Reichslehen, d. h. die schwedischen Könige regierten dort mit Titel und Rechten der vormaligen Herzöge aus dem Greifenhaus. Doch Brandenburg war nicht bereit, auf seine angestammten Rechte zu verzichten. So kam es 1678 zum Schwedisch-Brandenburgischen Krieg. Im Frieden von Saint-Germain fielen 1679 die meisten Gebiete östlich der Oder und dann nach dem Großen Nordischen Krieg 1720 das ganze Land südlich der Peene an Brandenburg. So wurde aus dem Gebiet östlich von Demmin ein brandenburgisches Grenzland zwischen Mecklenburg und Schwedisch-Pommern.

Auf dem Wiener Kongress ergriff Preußen die Gunst der Stunde und vereinbarte den Erwerb Schwedisch-Pommerns. So waren nun alle pommerschen Territorien Teil Preußens geworden.

Schon im 17. und vor allem im 18. Jahrhundert hatte sich in allen pommerschen Regionen die Gutswirtschaft durchgesetzt. Die preußischen Könige schritten seit der Mitte des 18. Jahrhunderts aus militärischen Erwägungen dagegen ein und verboten das weitere Einziehen der Bauernstellen, um die ständig notwendige Rekrutierung der Soldaten nicht zu gefährden. In diesem Zusammenhang sind die Stein-Hardenbergschen Reformen aus den Jahren 1807 bis 1815 zu sehen, die die Grundlage für den Wandel Preußens vom absolutistischen Stände- und Agrarstaat zum aufgeklärten National- und Industriestaat schufen. Unter dem Stichwort „Bauernbefreiung" kam es zur Aufhebung der Leibeigenschaft. Die Bauern wurden persönlich frei und erhielten das volle Eigentum am Boden ihrer Höfe. Doch aufgrund des Widerstandes des gutsbesitzenden Adels wurden die Dienste und sonstigen feudalen Verpflichtungen nicht entschädigungslos aufgehoben, sondern mussten abgelöst werden.

Da das viele Betroffene finanziell nicht leisten konnten, fiel sehr viel bäuerliches Land an die sich vergrößernden Güter. Die Bauern mussten durchschnittlich zwischen der Hälfte und einem Drittel des von ihnen genutzten Landes abtreten. Allein die 12.000 Rittergüter in Preußen vergrößerten ihren Besitz dadurch zusammen um 375.000 ha, das ist etwa die Fläche des heutige Landkreises Vorpommern-Greifswald. Hinzu kam ein Großteil der Allmende, also das bislang von allen nutzbare Land eines Dorfes. Von diesem fielen nur 14 % an die Bauern, der Rest kam an die Gutsbesitzer. In der Folge verloren viele Kleinbauern ihre Existenzgrundlage und mussten ihr überschuldetes Land ebenfalls an die Grundherren verkaufen. Aus den ehemaligen Bauern wurden Landarbeiter, es beginnt die Zeit der Auswanderung nach Übersee. Letztlich profitierten außer einem begrenzten bäuerlichen Mittelstand die Großgrundbesitzer von der Reform, die auf diese Weise ihren Landbesitz mehren konnten.

Auf den vergrößerten Gütern führte die Einführung moderner Technik und neuer Düngemittel zu beträchtlichen Ertragssteigerungen. Diese Zeit wird heute auch als landwirtschaftliche Revolution charakterisiert.

Schon vor dem Ende des Ersten Weltkrieges und dem Ende der Monarchie gehörte der Kreis Demmin zum preußischen Regierungsbezirk Stettin, daran änderte sich bis 1945 nichts. Am Ende des Zweiten Weltkrieges wurde Pommern im Frühjahr 1945 von der sowjetischen Roten Armee erobert und der Teil westlich der Oder wurde Teil der Sowjetischen Besatzungszone (SBZ). Auch der Kreis Demmin lag in der SBZ, wurde 1949 Teil der Deutschen Demokratischen Republik, fiel 1952 mit der Gebietsreform dem Bezirk Neubrandenburg zu und wurde am 3. Oktober 1990 Teil des Bundeslandes Mecklenburg-Vorpommern innerhalb der Bundesrepublik Deutschland.

Innerhalb der „Guts- und Parklandschaft nördlich des Tollensetals" haben sich aus nahezu allen diesen historischen Epochen Spuren erhalten, die zusammen ein eindrucksvolles Spektrum der Geschichte darstellen. Bei künftigen Entscheidungen über diese Region wird es Berücksichtigung finden müssen.

4 Elemente der „Guts- und Parklandschaft nördlich des Tollensetals"

4.1 Verkehrswege

4.1.1 Die Tollense

Die heute nicht mehr als schiffbar geltende Tollense war in der Vergangenheit ein wichtiger Verkehrs- und Handelsweg. Dass nahe des hier thematisierten Gebietes im Tollensetal bereits in der Bronzezeit zwischen 1300 und 1200 v. Chr. eine Schlacht stattfand, die inzwischen auch als Kampf um Handelswege gedeutet wird, bestätigt diese Aussage (*Jantzen u. Terberger* 2018). Zur Sicherung dieses Verkehrsweges und besonders seiner Kreuzungen mit Landwegen entstanden im Mittelalter an den Flussufern Burgen. Sie waren zugleich Einnahmequelle für die jeweiligen Herrscher, da hier auch Zölle erhoben wurden. Der Burgenbau war zu dieser Zeit ein landesherrliches Regal, d. h. nur die Landesherren durften sie errichten oder errichten lassen und sie belehnten damit ihre adligen Vasallen. Im bestehenden LSG „Tollensetal", unweit der südwestlichen Grenze der „Guts- und Parklandschaft nördlich des Tollensetals" liegt die zu Beginn des 13. Jahrhunderts begründete Burg Osten, von der aus es wichtige Beziehungen in dieses Gebiet gibt. Hier kreuzte sich die alte Handelsstraße Stralsund–Loitz–Treptow–Neubrandenburg mit der schiffbaren Tollense.

4.1.2 *Die Handelsstraße Stralsund–Loitz–Treptow–Neubrandenburg und weitere frühneuzeitliche Landwege*

Im Gegensatz zu den Wasserstraßen sind mittelalterliche Landwege heute nur noch selten auf den ersten Blick wahrnehmbar, aber noch auf der schwedischen Matrikelkarte aus dem Jahr 1698 ist die Wegeführung über die Tollense an der Burg Osten nach Schmarsow kartiert.[2] Da dieser Verkehrsweg in den nachfolgenden Zeiten keine wirkliche Bedeutung hatte, ist davon auszugehen, dass er noch heute im Wesentlichen der mittelalterlichen Wegeführung folgt. Die 1245 erstmals urkundlich erwähnte herzogliche Burg Kartlow wird auch der Sicherung einer Handelsstraße gedient haben, möglicherweise zweigte hier von der Haupttrasse eine Verbindung nach Anklam und Jarmen ab. In beiden Orten gab es Möglichkeiten die Peene zu queren. Anklam war schon seit dem 12. Jahrhundert ein Marktflecken, der sich schnell zum Fernhandelsplatz entwickelte und auch Jarmen war seit dem 13. Jahrhundert Stadt.

Außer den großen Handelsstraßen gab es noch eine Reihe weiterer Landwege, denen besondere Bedeutung für die Landschaft zukam. An erster Stelle sind dabei die Kirchsteige zu nennen. Außerdem entwickelten sich mit der Gutswirtschaft Wege, die von den Wohnsitzen der Untertanen zum jeweiligen Gut führten. Darüber hinaus gab es Wege zu den landwirtschaftlichen Flächen und Waldgebieten, die von den jeweiligen Gütern bewirtschaftet wurden. Ihnen in der Landschaft nachzuspüren, ist vielfach noch offen.

4.1.3 *Landstraßen des 18. und die Chaussee des 19. Jahrhunderts*

Nachdem die Güter seit der Frühen Neuzeit nicht nur für den Eigenbedarf, sondern zunehmend für den Markt produzierten, bekam das Straßennetz für den Abtransport der Produkte zu den regionalen Märkten eine größere Bedeutung. Mit der Industrialisierung der Landwirtschaft im 19. Jahrhundert wurde immer mehr und zunehmend auch für den überregionalen Markt produziert. Diese Entwicklung nahm wiederum auch Einfluss auf die Entwicklung des Straßennetzes.

Eine Karte in dem von Johann Georg Maximilian Fürstenhoff verfassten Atlas „Campements und andere Kriegsoperationes, welche durch die Königlich Polnischen und Kurfürstlich Sächsischen Truppen benebenst denen andern hohen nordischen Alliierten die Jahre 1711, 1713 und 1715 in Schwedisch Pommern gegen die Schweden unter-

2 Landesamt für Kultur und Denkmalpflege Mecklenburg-Vorpommern, Landesarchiv Greifswald (LAKD M-V, LAG), Matrikelkarte (Urkarte) Schmarsow, Signatur: CVIIb34.

nommen“[3] zeigt, wie die Militärkarte von 1761, die damals wichtigen Landstraßen. Von Westen aus Demmin kommend führte eine Straße über Plötz nach Osten. In Völschow gab es einen Abzweig nach Norden in Richtung Jarmen. Aus Süden kommend führte die Straße von Klempenow über Schmarsow in Richtung Loitz. Ende des 18. Jahrhunderts führte eine der wichtigen Landstraßen, die Demmin mit dem mecklenburgischen Friedland verband, durch das die „Guts- und Parklandschaft nördlich des Tollensetals“. Aus Vanselow kommend führte die Straße über Tellin, Siedenbüssow und Wietzow weiter nach Südosten (*Brüggemann* 1779, S. CCLXX). Die Landstraße von Demmin nach Anklam führte durch Kruckow (*Berghaus* 1865, S. 77) und Kartlow (*Berghaus* 1865, S. 64).

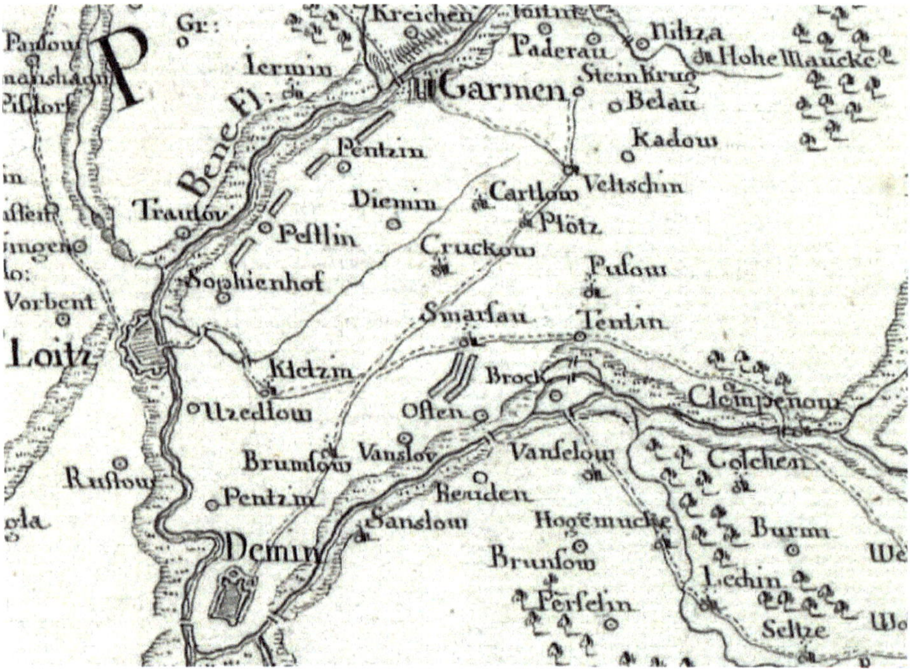

Abb. 3: Landstraßen im Bereich östlich von Demmin, nach 1715, Karte nicht genordet. Quelle: Archiv der Hansestadt Stralsund, Signatur: Po2° 28

Noch in der ersten Hälfte des 19. Jahrhunderts hatte eine Chausseestraße von Demmin über Jarmen nach Anklam geführt, doch 1850 verlegte die Königliche Oberpostdirektion den Verlauf und fortan führte die Strecke über Klempenow. Täglich fuhr nun eine

[3] „Campements und andere Kriegsoperationes, welche durch die Königlich Polnischen und Kurfürstlich Sächsischen Truppen benebenst denen andern hohen nordischen Alliierten die Jahre 1711, 1713 und 1715 in Schwedisch Pommern gegen die Schweden unternommen“, Bibliothek des Stadtarchives Stralsund (Signatur: Po2° 28) Digitalisat. www.digitale-bibliothek-mv.de/viewer/image/PPNHST_Po2_28/1/LOG_0000/.

„6sitzige 2spännige Personenpost“ diesen Weg und durchquerte die „Guts- und Parklandschaft nördlich des Tollensetals“ auf einer nördlich an Schmarsow vorbei und durch Plötz führenden Poststraße.[4] Am 30. April 1856 genehmigte der preußische König Friedrich den Bau einer „Kreis-Chaussee von Demmin nach Jarmen“, der Kreis Demmin erhielt das Recht zur Erhebung des Chausseegeldes.[5] Diese Chaussee ist der Vorläufer der späteren Reichsstraße und heutigen Bundesstraße 110. Sie durchquert das hier interessierende Gebiet im Norden von West nach Ost. Mit der Vollendung dieser Straße kam es zu einer grundlegenden Veränderung der Verkehrsflüsse aus den einzelnen Orten in die Kreisstadt Demmin. Die Wege führten nun im Allgemeinen kürzest möglich zu dieser Chaussee.

4.1.4 Bahnstrecken

Am 1. Januar 1878 eröffnete die Berliner Nordbahn ihre Strecke Berlin–Neubrandenburg–Demmin–Stralsund. Sie verlief westlich außerhalb der „Guts- und Parklandschaft nördlich des Tollensetals“. Da die Eisenbahn als zuverlässiges Transportmittel ihrer Produkte für die Großgrundbesitzer von höchstem Interesse war, versuchte man nun, auch für die abseits dieser Strecke gelegenen Ortschaften einen Bahnanschluss zu schaffen. Im Mai 1893 begann die Stettiner Firma Lenz & Co mit Vorarbeiten für ein entsprechendes Kleinbahnprojekt und am 14. März 1895 wurde die „Demminer Kleinbahnen AG“ gegründet. Schon im Januar 1897 konnte die erste, 23 km lange Strecke eröffnet werden. Sie führte vom neu errichteten Kleinbahnhof in Demmin nach Osten über Schmarsow bis nach Jarmen und tangierte die Orte Tutow, Heydenhof, Plötz und Wilhelminenthal. An der Weiche Schmarsow zweigte eine Strecke nach Altentreptow ab, die über Alt Tellin, Siedenbüssow, Daberkow und Hedwigshof führte.

Nachdem die sowjetische Besatzungsmacht Ende Mai 1945 den restlosen Abbau des gesamten Schmalspurnetzes und den Abtransport als Reparation in die Sowjetunion verfügt hatte, kam es wenige Jahre später zur Wiederbelebung des Teilstückes zwischen Jarmen-Nord und Schmarsow, das hauptsächlich durch die „Guts- und Parklandschaft nördlich des Tollensetals“ führte. Doch die Strecke wurde nur zwischen 1949 und 1958 betrieben (*Bauchspies u. Berg* 2004). Es blieben außer dem 1898 errichteten dreigeschossigen Bahnhofsgebäude in Schmarsow und der charakteristischen Wellblechbaracke beim Bahnhof Plötz viele Spuren der historischen Trassenführung und Bahndämme in der Landschaft erhalten.

---

4 Amts-Blatt [der Regierung in Stettin], Nr. 39, 27. September 1850.

5 Königlich Preußischer Staats-Anzeiger, Nr. 119, 23. Mai 1856.

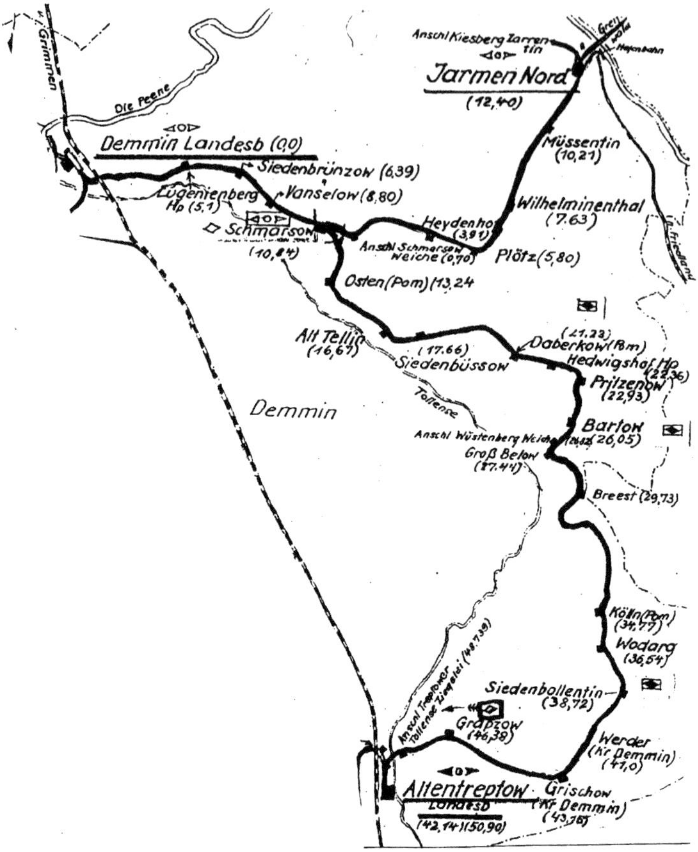

Abb. 4: Streckennetz der Demminer Kleinbahnen Ost.
Quelle: Sammlung Wolf-Dietger Machel

4.2 Bauten

4.2.1 Die Burgen zur Sicherung des Territoriums und der Verkehrswege

Die Burg Osten wurde schon erwähnt, sie liegt zwar außerhalb des hier zu betrachtenden Gebietes im angrenzenden LSG „Tollensetal", ist aber auch darüber hinaus für die „Guts- und Parklandschaft nördlich des Tollensetals" von besonderer Bedeutung. Wedige de Osten, mit dem 1319 die urkundliche Überlieferung zur Burg einsetzt, war Vogt zu Demmin. Ein Vogt regierte und richtete als Vertreter des Landesherrn in einem bestimmten Gebiet in dessen Namen. Er war der höchste Vertreter eines Landesherrn in einem mittelalterlichen und frühneuzeitlichen Teilterritorium. Wohl noch im frühen

14. Jahrhundert gelangte die Burg an die von Winterfeld. Der Landmarschall von Pommern-Stettin, Henning von Winterfeld (vor 1290–1330), vererbte seinem Schwiegersohn Ludolf von Maltzahn († 1341) unter anderem die Burg Osten (*Maltzan* 1843, S. 3 f.). Sein Grabstein ist bis heute in der Klosterkirche von Dargun erhalten (*Kratzke* 2004). Zwei Jahre war er hier Burgvogt, bevor er 1332 das Marschallamt am pommerschen Hof in Stettin übernahm. Fortan war dieses Amt erblich mit dem Lehnsbesitz der Burg Osten verbunden. Das führte zu einer weiteren Bedeutungssteigerung dieser Burg. Sie wurde zum pommerschen Stammsitz der Familie von Maltzahn. Die Burg Osten nahm im Mittelalter eine bedeutende politische und wirtschaftliche Stellung ein und gehörte zu den mächtigsten pommerschen Burgen. Bis Ende des 16. Jahrhunderts befand sich die Burg mit dem zugehörigen Wirtschaftshof im gemeinschaftlichen Besitz der Linien Osten-Kummerow und Sarow der Familie von Maltzahn. Nachdem der Erbmarschall Achim von Maltzahn auf Osten 1565 kinderlos gestorben war, erbten seine Neffen, die Brüder Heinrich und Hartwig, den Besitz und teilten ihn 1566 (*Maltzan* 1843, S. 3).

Im Dreißigjährigen Krieg (1618–1648) überfielen die zu den Kaiserlichen Truppen gehörenden Kroaten 1634 unter Graf Johann T'Serclaes von Tilly auf ihrem Weg nach Rostock die Burg Osten, 1638 wurde sie erneut überfallen, geplündert und endgültig ruiniert (*Hartmann* 2000, S. 161 f.).

Axel Albrecht von Maltzahn (1653–1692) verkaufte 1686 seinen Anteil an den Ostenschen Gütern an seinen Schwager Philipp Joachim von Parsenow, den Mann seiner Schwester Charlotta Juliane (*Schmidt* 1913, S. 309). Über die Feldmarschallin von Mardefelt gelangte auch der andere Teil der Burg an Parsenow (*Maltzan* 1843, S. 14).

Abb. 5: Burg Osten, 1698.
Quelle: LAKD M-V, LAG, Matrikelkarte (Urkarte), Signatur: CVIIb34

Mit der ebenfalls schon angesprochen Burg Kartlow lag aber auch in der „Guts- und Parklandschaft nördlich des Tollensetals“ eine wichtige mittelalterliche Befestigungsanlage. Ein Festes Haus der Herzöge von Pommern-Demmin wurde hier erstmals 1245 urkundlich erwähnt, eine letzte Urkunde stellten die Herzöge hier 1274 aus (*Berghaus* 1865, S. 66). Herzog Bogislaw IV. übertrug den Besitz vor 1292 an die Familie von Heyden, der damit auch die Gerichtsbarkeit an *Hand und Hals*, also das Hochgericht, übergeben wurde (*Rodenberg u. Dassow* 1999). Noch lange erinnerte der Flurname *Galgenberg* südlich von Kartlow[6] an dieses Gericht und den Vollzug der von diesem gefällten Urteile. Und vielleicht gibt es auch einen Zusammenhang zwischen dem im nahen Kruckow, versteckt am letzten Gehöft in Richtung Schmarsow, stehenden mittelalterlichen Sühnekreuz (*Lemcke* 1898, S. 30) und der Gerichtsstätte. Im Dreißigjährigen Krieg ist die Burg Kartlow 1630 geplündert und zerstört worden (*Rodenberg u. Dassow* 1999).

Abb. 6: Sühnekreuz am Ortsrand von Kruckow. Foto: Thomas Helms, Schwerin, 2022

6 Staatsbibliothek Berlin, TK25PUM, Blatt 2145 Daberkow, 1835.

Die erstmals 1249 urkundlich belegte *Plossekenburg* oder *Plötzenburg* war der Herrschaftssitz der damit zugleich letztmalig erwähnten *terra Plote*. Die danach hier stehende Burg Plötz sicherte die Grenze der dem Herzog Wartislaw III. von Pommern-Demmin gehörenden Grafschaft Gützkow gegenüber dem Territorium des Klosters Eldena. Im Jahr 1282 sollen hier dann die Schwertritter von Appeldoorn gesessen haben. Die 1338 erstmals genannte frühdeutsche *Bloczenburg* war eine Turmhügelburg, die noch gut zwischen der jetzigen Kirche und dem Dorfteich von Plötz nachvollziehbar ist. Sie war Sitz der Vasallen der Gützkower Grafen von Winterfeld, die von dort aus den Burgbezirk Plötz für die Grafschaft Gützkow verwalteten (*Berghaus* 1865, S. 103).

Über die mittelalterliche Geschichte der Burg Broock gibt es weniger Überlieferungen als über die Burgen Osten und Kartlow. Das angeblich bereits ursprüngliche ritterschaftliche Lehen wurde 1331 als *castra* [...] *Broke* erstmals urkundlich erwähnt. Die heute als *Schlossberg* bezeichnete und als Bodendenkmal erkennbare Burganlage lag unmittelbar an der Tollense (*Schwarz* 1987, S. 32). Hier befand sich – neben dem an der Burg Osten – zweite Flussübergang zwischen den Burgen Haus Demmin und Klempenow. Vom 15. Jahrhundert bis 1652 befand sich der Rittersitz Broock im Lehnsbesitz derer von Buggenhagen, einem der schlossgesessenen Geschlechter Pommerns (*Berghaus* 1865, S. 44–47).

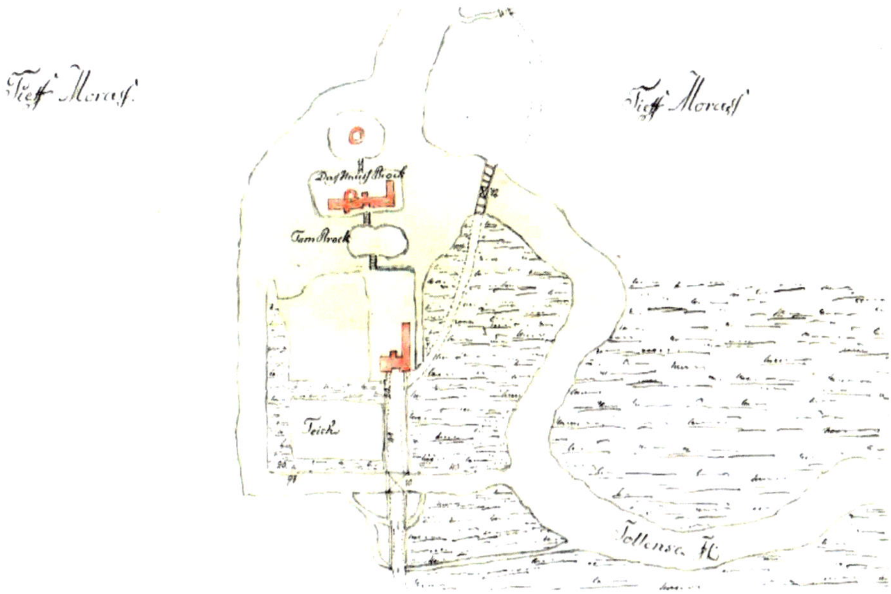

Abb. 7: „Dass Hauss Brock", undatierter Plan, vermutlich vor 1715.
Quelle: Reichsarchiv Stockholm, Signatur SE/KrA/0406/25/029/001

Im LSG „Tollensetal", unmittelbar an der Grenze zur „Guts- und Parklandschaft nördlich des Tollensetals", gab es die Burg Vanselow. Allerdings ist der niederadlige Turmhügel nur in der Landschaft nachweisbar, urkundlich erwähnt wurde 1265 die *villa Vanselow*, die angeblich nur aus einigen Bauhöfen bestand (*Schwarz* 1987, S. 35). Dass derartige Burgstellen wohl der Ausgangspunkt für die meisten neuzeitlichen Rittergüter waren, belegt auch die Burgstelle Wietzow. Urkundliche Nachrichten sind über die Befestigung, deren Reste auf der Insel im Gutspark erhalten blieben, nicht bekannt (*Schwarz* 1987, S. 36). Über die Burgstelle Daberkow ist noch weniger bekannt, sie soll zwischen 1200 und 1350 genutzt worden sein. Nachweisbar seit 1334 saß die Familie von Blücher hier, zu deren Stammgütern Daberkow bis in das 18. Jahrhundert gehörte.[7] Südlich von Wietzow wurde noch 1835 ein weiterer *Borgwall* kartiert, von dem weder Name noch Geschichte bekannt sind.

Auch in Tutow, das unmittelbar nördlich an die „Guts- und Parklandschaft nördlich des Tollensetals" angrenzt, gab es im Mittelalter einen fürstlichen Hof, über den es nahezu keine Überlieferungen gibt. Unbelegt ist die Annahme, dass Otto von Bamberg auf seiner zweiten Missionsreise auch hier übernachtet habe. Aber Herzog Barnim I. stellte hier 1256 eine Urkunde aus und noch im 19. Jahrhundert hieß es: „Man sieht hier noch immer die Rudera [Ruinen – S. B.] eines sogenannten Burgwalls. Der Graben ist überaus tief, so daß die darin gewachsenen Bäume kaum an ihren Wipfeln vom flachen Lande her wahrgenommen werden können. Der Hügel, auf dem das Schloß stand, ist sehr steil und mit Trümmern bedeckt. Es stößt ein großer See daran, an dessen Ufer auch noch Trümmer von Gebaüden sind, welche im Volksmunde Tutower Wiek heißen" (*Berghaus* 1865, S. 125).

Beeindruckend ist die Dichte der mittelalterlichen Burgen. Allein an der pommerschen Tollense sind bisher die Burgen Haus Demmin, Vanselow, Osten, Broock, Wietzow, Borgwall, Klempenow, Conerow und die befestigte Stadt Altentreptow bekannt. Hinzu kommt eine fast ebenso große Zahl an Burgstellen nördlich des Flusses. Sie lagen vor allem an den Landstraßen. Diese Dichte bekräftigt die These, dass es im Mittelalter ein Netz von Burgen gab, die selten mehr als 10 km, oft nur 5 km voneinander entfernt standen.

4.2.2 Rittergüter

Im 14. und 15. Jahrhundert kam es auch in Pommern zur Herausbildung der Gutsherrschaft, die schließlich im 16. Jahrhundert zur Gutswirtschaft führte. Verschiedene Gründe waren dafür maßgeblich: das Ausbleiben des weiteren Zustromes von Siedlern aus dem entvölkerten Altsiedelland, die relativ schwache Stellung der Städte, die wachsende politische Macht der Stände, vor allem der Ritterschaft, gegenüber den Landesherren und das aus der wirtschaftlichen Situation geborene Interesse der Grundherren, die Bauern und ihre Arbeitskraft im Dorf zu halten, aber gleichzeitig die ritterschaftliche Landwirtschaft zu vergrößern (*Bock* 2007). So entwickelten sich aus den Burgstellen mit den zu ihrer Versorgung zugehörenden Bauernstellen und -dörfern die für den Markt

[7] Seite „Daberkow"; in: Wikipedia – Die freie Enzyklopädie. Bearbeitungsstand: 29. März 2022.

produzierenden Rittergüter. Bereits in der Mitte des 18. Jahrhunderts, d. h. vor der letzten großen Phase der Umwandlung von bäuerlichem Besitz in Gutsbesitz, dominierte die Ritterschaft die Grundherrschaften.

In der „Guts- und Parklandschaft nördlich des Tollensetals" gab es bis 1945 die Güter Borgwall, Broock, Daberkow, Kartlow, Kruckow, Plötz, Schmarsow, Siedenbüssow und Wietzow. Und auch Land des außerhalb gelegenen Rittergutes Vanselow gehört zu diesem Territorium, ebenso wie solches der Domänen Groß Below und Völschow. Der Erhaltungszustand der ehemaligen Gutshöfe und Herrenhäuser sowie der zugehörigen Parkanlagen ist unterschiedlich, wohl aber deshalb besonders repräsentativ für die nach 1945 im unter sowjetischem Einfluss stehenden Teil des historischen Ostelbiens gelegenen Regionen.

Das spätere Rittergut Borgwall war in der Mitte des 18. Jahrhunderts als Vorwerk des Rittergutes Schmarsow angelegt worden und erhielt zu einem unbekannten Zeitpunkt den Status eines selbstständigen Rittergutes. Ob hier tatsächlich ein slawischer Burgwall bestand, muss zunächst hypothetisch bleiben (*Berghaus* 1865, S. 110). Nachdem Friedrich (I) von Parsenow, Besitzer von Schmarsow und Borgwall, 1830 ohne Erben starb, fiel auch Borgwall 1844 nach längerem Rechtsstreit wieder an die von Maltzahn, sie veräußerten es 1855 an Woldemar von Heyden (1809–1871). Über das weitere Schicksal des inzwischen verlorenen Gutshofes gibt es keine Überlieferungen (*Ruiken-Fabich* 2011, S. 80).

Das ehemalige Rittergut Broock gehört heute mit seinem in Restaurierung befindlichem Baubestand zu den wenigen nahezu vollständig erhaltenen Gutshöfen.

Abb. 8: Gutshof Broock. Foto: Thomas Helms, Schwerin, 2022

Zwischen der ersten Erwähnung des Berndt Buggenhagen als *slothere* [Schlossherr] *to dem Bruke* im Jahr 1422 und dem Tod des Landmarschalls Andreas Buggenhagen (1583–1652) saß diese Familie hier. Im Jahr 1653 belehnte die schwedische Krone Philipp Christoph von der Lancken (1617–1677) mit Broock, der aber nur zwei Jahre hier ansässig war.

Nach 1656 saß Philipp Gützlaff von Rotermund (1607–1667) hier, 1678 übernahm sein Schwiegersohn Friedrich Wilhelm von Horn († 1709) den Besitz. Noch zu seinen Lebzeiten wurde 1705 der Stettiner Getreidegroßhändler Christian Linden (1646–1714) in den schwedischen Adelsstand erhoben und mit Broock belehnt. In dieser Zeit bestand bereits neben der mittelalterlichen Burg unmittelbar an der Peene eine aus mehreren Gebäuden bestehende, *Schloss* genannte Anlage mit einem *Lustgarten* (vgl. Abb. 26), der in einer älteren Karte noch nicht verzeichnet wurde.[8]

Christian Bogislaw von Linden (1707–1779) ließ in den Jahren 1770 bis 1777 das heutige Herrenhaus mit dem Gutshof errichten. Durch Erbschaft und Heirat gelangte das Gut nach 1808 an Carl Wilhelm von Gentzkow (1777–1835), der zwei Jahre später das Broocker Gestüt gründete. Es entwickelt sich zu den erfolgreichsten Pferdezuchten Vorpommerns. Seine Tochter Emilie Luise (1820–1889) war seit 1837 mit ihrem Cousin Hans Carl Franz Alexander Reichsfreiherr von Seckendorff (1809–1883) verheiratet, sie bewirtschaften ab 1840 das Gut und ließen zwischen 1841 und 1843 das Herrenhaus durch Friedrich August Stüler (1800–1865) im Stil der *castle-gothic* umgestalten. Peter Joseph Lenné (1789–1866) lieferte zeitgleich den Entwurf zur Umgestaltung des Parks in einen englischen Landschaftsgarten. Hans von Seckendorff vergrößerte die Broocker Güter durch den Erwerb von Tentzerow, Sternfeld und Hohenmocker. Unter Adolf Freiherr von Seckendorff (1846–1916) umfasste der Gesamtbesitz, bestehend aus den Gütern Broock, Buchhholz, Hohenbüssow, Siedenbüssow, Tentzerow und Sternfeld, 1889 eine zusammenhängende Fläche von 2.800 ha. In den wirtschaftlich schweren Jahren nach dem Ersten Weltkrieg musste Hans von Seckendorff (1883–1934) die Nebengüter 1934 verkaufen, Broock verblieb als Restgut mit ca. 300 ha in seinem Besitz. Kurz vor Ende des Zweiten Weltkrieges wurde 1944 das Herrenhaus zur Einrichtung von Instituten der Universität Greifswald beschlagnahmt. Es sind Teile der „Prussia-Sammlung“, einer wichtigen archäologischen Sammlung zur Vor- und Frühgeschichte Ostpreußens, hier eingelagert worden. Nach der im Herbst 1945 im Zuge der Bodenreform erfolgten entschädigungslosen Enteignung wurde das Herrenhaus mit Flüchtlingen belegt und ein Kindergarten, eine Schule, die Konsum-Verkaufsstelle sowie das Gemeindebüro eingerichtet. Der VEB Kranbau Eberswalde kaufte 1974 das Herrenhaus, um hier ein Betriebsferienheim einzurichten. Doch nachdem das Haus ‚leergezogen‘ worden war, blieb die Planung offenbar stecken, es folgten Plünderungen und Verfall. Nach 1990 verkaufte die Treuhandanstalt Broock an einen ersten privaten Eigentümer. Weder er noch seine Nachfolger stoppten den Verfall. Nachdem 2016 der letzte Eigentümer in die Insolvenz geriet, erwarb 2017 die

8 „Campements und andere Kriegsoperationes, […]“, wie Anm. 3.

„Schloss Broock GmbH & Co. KG" das Herrenhaus, den Gutshof und den Park, um ein Kultur- und Veranstaltungszentrum zu entwickeln. Inzwischen ist nach Notsicherungsmaßnahmen mit der Restaurierung der Gesamtanlage begonnen worden. Die Fertigstellung war für 2024 geplant.[9]

Nicht ganz so lückenlos kann die Geschichte des Rittergutes Daberkow nachvollzogen werden.

Abb. 9: Ansichtskarte von Daberkow, 1941, mit Teilen des Gutshofes und dem Herrenhaus. Quelle: Sammlung André Kobsch, Stralsund

Wie schon erwähnt, saß hier seit 1334 die Familie von Blücher. Zwischenzeitlich besaßen zumindest 1721 der Landrat Melchior Ulrich von Koeppern und seine Frau Katharina Sophie von Arnim die Güter Daberkow und Tutow. Letzter Lehnsinhaber der Familie von Blücher war Christian Ludwig von Blücher († 1776). Er verkaufte den Besitz 1738 an die Familie von Linden, die das Gut 1739 allodifizieren ließ. Ab 1785 saß Georg Christian von Heyden (1773–1834) als Erbe der Familie von Linden hier. Erhaltene Archivalien zu den Besitzungen der Familie lassen weitere Angaben zur Geschichte des Gutes unter dieser Familie vermuten, müssen aber noch erschlossen werden.[10] Zwischen 1835 und 1847

9 https://www.schlossgut-broock.de/geschichte/ (Zugriff: 23. Juli 20224).

10 LAG, Findbuch, Rep. 38 d, Tützpatz, Guts-und Familienarchiv von Heyden-Linden. Abschrift und Zusammenstellung von David Krüger, Ansprechpartner für den Altkreis Demmin, Pommerscher Greif e. V. – Verein für pommersche Familien- und Ortsgeschichte, Oktober 2020. So gibt es ein „Haus- und Handbuch des hochadeligen Rittergutes Daberkow und Pertinenzien von Ostern 1714 bis Ostern 1735".

hatten die von Heyden-Linden das Gut Daberkow an Herrn Eduard Knust verpachtet, der es wohl noch in der Pachtzeit erwerben konnte (*Berghaus* 1865, S. 50 f. – hier als „Eduard Kunst" bezeichnet). Seine Erben verkauften das Gut 1885 für 850.000 Mark an die Klosterkammer Hannover. Wie die Klosterkammer wurde im Herbst 1945 posthum auch der letzte Pächter enteignet. Hans Kröchert war unmittelbar nach Ende des Zweiten Weltkrieges vor seinem Haus ermordet worden. Seine Familie blieb in Daberkow, wo ein Nachfahre des letzten Pächters lange als Bürgermeister tätig war. Das bescheidene Herrenhaus aus dem 18. Jahrhundert wurde im 19. Jahrhundert umgebaut. Es gelangte mit der Bodenreform in den Besitz der Gemeinde und wird seitdem als Wohnraum und Gemeindebüro genutzt.[11]

Wie die Rittergüter Broock und Daberkow entstand auch das Rittergut Kartlow in der Nachfolge einer mittelalterlichen Burg. Sie wurde während des Dreißigjährigen Krieges zerstört (*Gersonde* 1991, S. 4 f.), die Ruinen sollen aber noch 1698 erkennbar gewesen sein (*Berghaus* 1865, S. 66).

Abb. 10: Ältester Plan des Dorfes Kartlow mit Gut und Kirche, 1698. Quelle: LAKD M-V, LAG, Matrikelkarte (Reinkarte), Signatur: AIIIb50

Es waren wohl Bogislaw Adam von Heyden († 1697) und seine Frau Anna Sophia von Normann († 1714), die das neue Herrenhaus und einen Gutshof an einem weiter östlich gelegenen Standort errichten ließen (*Berghaus* 1865, S. 66). Dieses Haus bestand noch während der Vermessung 1835, die einen lang gestreckten und eingeschossigen Fach-

---

11 https://gutshaeuser.de/de/guts_herrenhaeuser/gutshaeuser_d/gutshaus_daberkow (Zugriff: 23. Juli 2024).

werkbau zeigt. Nach den erhaltenen Vogelschaubildern des Kartlower Pastors Theodor Schmidt war es ein eingeschossiges Haus mit Mansarddach und Seitenflügeln.[12]

Der Prälat des Camminer Domstiftes, Georg Christian von Heyden (1773–1834), beerbte die erloschene Familie von Linden. Seine Nachfahren trugen den Doppelnamen von Heyden-Linden und führten ein vereinigtes Wappen. Unter Wichard Wilhelm von Heyden (1782–1836) konnten die Güter Leistenow, Buschmühl, Plötz und Bredenfelde erworben werden (*Berghaus* 1865, S. 64). Im Jahr 1836 wurde der spätere pommersche General-Landschaftsrat Woldemar von Heyden (1809–1871) Herr auf Kartlow. Zwischen 1840 und 1860 gelang es ihm, den Besitz zu vervierfachen. Er erwarb unter anderem die Güter Müssentin, Kronsberg und Klein Toitin, Groß Toitin, Schmarsow mit Borgwall und Sarow. 1861 umfasste der Besitz eine Fläche von 4.500 ha, 1.446 Menschen lebten hier. Woldemar von Heyden hatte größtes Interesse an der bestmöglichen Vermarktung seiner Erzeugnisse. Er erwarb 1844 die Tollensemühle in Altentreptow und 1852 die Prenzlauer Uckermühlen. In Jarmen ließ er 1844 Lagerhäuser an der Peene errichten und betrieb ein eigenes Frachtschiff, die CARTLOW, mit dem sein Getreide nach England gebracht wurde. Ende der 1840er-Jahre gründete er zudem eine eigene Bank (*Sieber* 1959, S. 55).

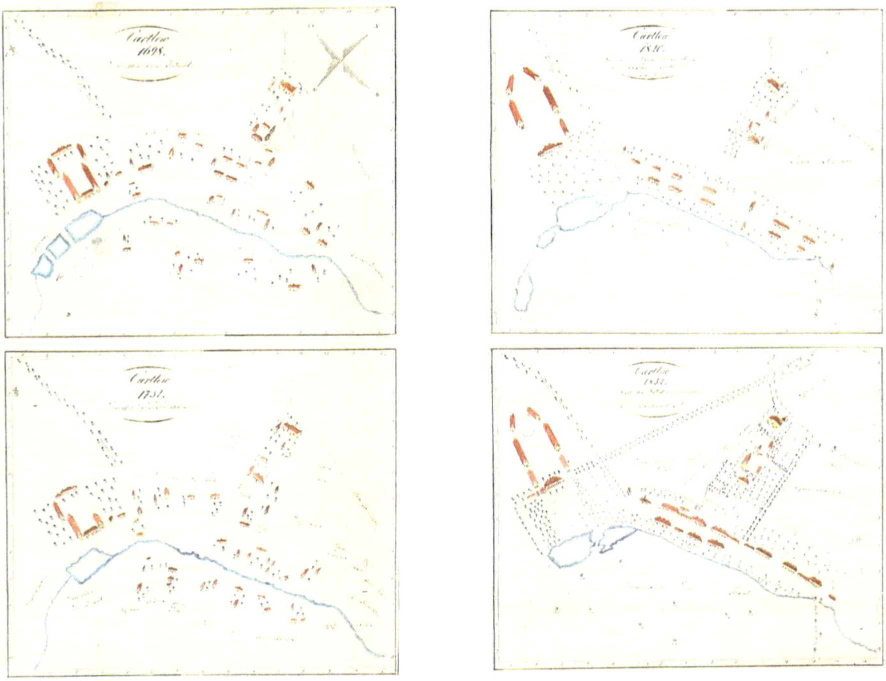

Abb. 11–12: Die Entwicklung des Gutsdorfes Kartlow, 1698, 1732, 1820 und 1852, Zeichnungen von Theodor Schmidt. Quelle Pfarrarchiv Kartlow

[12] Die Pläne befinden sich im Pfarrarchiv Kartlow.

Seine wirtschaftlichen Erfolge ermöglichten ihm zunächst die Anlage eines 12 ha großen Landschaftsparks nach einem Plan von Peter Joseph Lenné und ab 1855 den Bau eines neuen, außerordentlich stattlichen Herrenhauses, das nördlich hinter dem noch länger bestehenden alten Haus errichtet wurde (*Berghaus* 1865, S. 65). Die Pläne dafür entwarf der Berliner Architekt Friedrich Hitzig (1811–1881). Infolge einer Fehlinterpretation wird in der jüngeren Literatur immer wieder geschrieben, dass das französische Schloss Chambord als Vorbild gedient hätte (*Sieber* 1959, S. 56; *Neuschäffer* 1993, S. 92). Diese meines Erachtens irrige Annahme geht auf den Satz zurück, dass Kartlow „im edlen Renaissancestil des Schlosses Chambord erbaut sei" (*Duncker* 1857/58), tatsächlich hat man eher den Eindruck, dass verschiedene Versatzstücke spätgotischer Architektur als Vorbild dienten.

Abb. 13: Herrenhaus Kartlow, Gartenseite, um 1858. Quelle: Duncker 1857/58

Zu nennen sind dabei die Maßwerkbrüstung der Altane, die Wimperge über einigen Fenstern oder die Verwendung von krabbenbesetzten Fialen. In der Eingangshalle verweisen die Wachsmalerei-Wandbilder auf die Reformatoren und protestantische Fürsten, das zentrale Bild zeigt Martin Luther. Nach ihm wird dieser Raum auch Lutherhalle genannt. An der Gestaltung des Herrenhauses wird auch die Gutsherrin, Athalie Fränkel (1814–1873), mitgewirkt haben. Ihr Vater, ein Warschauer Bankier und Eisenbahnunternehmer, war Anfang des 19. Jahrhunderts mit der ganzen Familie vom jüdischen zum christlichen Glauben konvertiert.

Das Gut Kartlow blieb bis zur Enteignung 1945 im Besitz der Familie von Heyden. Danach lebten zunächst Flüchtlingsfamilien im Haus, dann wurden auch verschiedene öffentliche Einrichtungen, wie eine Schule, hier untergebracht. Nach 1990 führte der mehrjährige Leerstand des Hauses zum beginnenden Verfall. Nach 2000 kam es mehrfach zum Verkauf und erste Instandsetzungsarbeiten wurden durchgeführt, die seit 2009 unter dem jetzigen Eigentümer konsequent betrieben werden.

Der großzügig angelegte und nahezu vollständig erhaltene Gutshof – nur zwei rückwärtige Wirtschaftsgebäude sind nach 1945 zur Baustoffgewinnung abgerissen worden – schließt sich südöstlich U-förmig an das Herrenhaus an (*Kuhl* 2009, S. 16 f.). Er wurde nach einem Brand im Jahr 1800 neu errichtet (*Berghaus* 1865, S. 64). Die erhaltenen, architektonisch anspruchsvollen Wirtschaftsgebäude aus dem frühen 19. Jahrhundert sind inzwischen instandgesetzt und werden vom Gestüt Kartlow genutzt.

Über das Rittergut Kruckow gibt es nur wenige Informationen. *Heinrich Berghaus* vermerkte 1865 (S. 77 f.) in seinem „Landbuch“: „Der Herausgeber [...] bedauert, über den gegenwärtigen Zustand der Begüterung keine Nachrichten mittheilen zu können, allein dem in Krukow wohnenden Besitzer Wilhelm, Freiherrn von Sobeck, Mitglied des Herrenhauses, hat es nicht gefallen, die ihm 1858 vorgelegten Fragen zu berücksichtigen“. Herzog Bogislaw X. belehnte 1512 Peter Podewils unter anderem mit Kruckow (*Bagmihl* 1843, S. 76). Die von Krukow zu Kruckow hatten 1523 nach der Musterrolle zwei Pferde zu stellen. Die Brüder Jacob Otto und Martin von Krukow suchten 1560 um die Belehnung von Kruckow nach und 1601 wurden die Vettern Adam sowie Jürgen, Hans, Curt und Marten von Krukow mit dem Gut belehnt. Die Familie soll bald nach 1660 ausgestorben sein. (*Bagmihl* 1855, S. 45). Joachim Friedrich von Podewils verkaufte 1712 seinen Anteil an Franz von Glasenapp († 1737), der auch vier Landhufen von Hans Bernd von Maltzahn übernahm.

Abb. 14: Die Ortslage Kruckow, im Westen der Gutshof, 1761.
Quelle: Reichsarchiv Stockholm, Signatur SE/KrA/0402/22/A/146 59a

Ihn beerbte sein Sohn Carl Friedrich (1720–1772), der 1738 in den Militärdienst eintrat. Dessen Bruder Peter von Glasenapp (1713–1787) überließ 1774 Kruckow seinem Schwiegersohn, Generalmajor Karl Franz von Sobeck (1721–1778). Seit 1794 bewirtschaftete Glasenapp das Gut (*Straubel* 2022, S. 211, 632 u. 906).

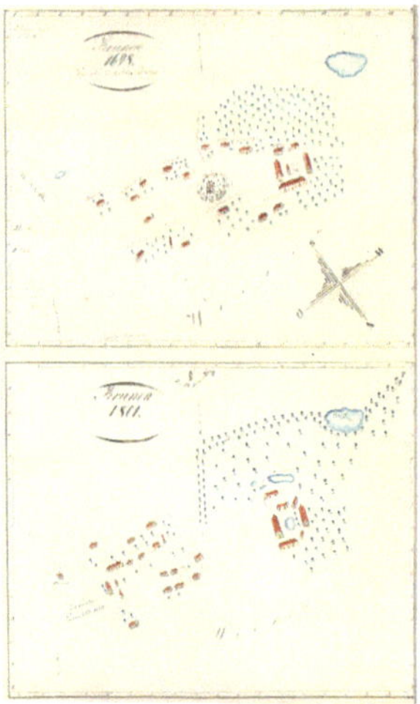

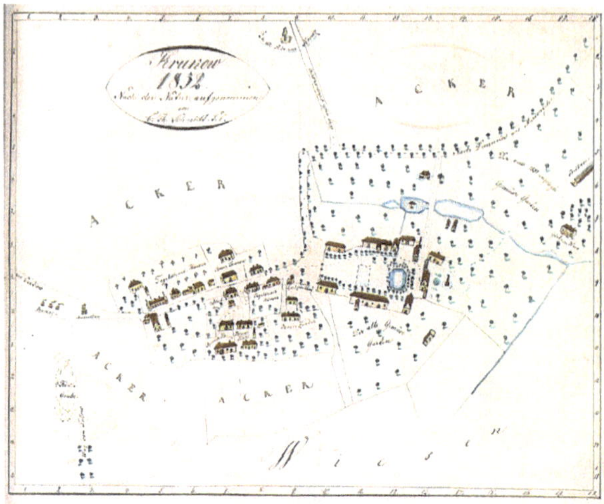

Abb. 15–16: Die Entwicklung des Gutsdorfes Kruckow, 1698, 1801 und 1852, Zeichnungen von Theodor Schmidt. Quelle: Pfarrarchiv Kartlow

Im Zuge der Bodenreform wurde das zuletzt Alexander Freiherr von Sobeck gehörende und 992 ha umfassende Gut enteignet.

Abb. 17: Das 1948 abgebrannte Herrenhaus Kruckow und der Park. Quelle: Sammlung André Kobsch, Stralsund

Das zwischen 1884 und 1886 errichtete Herrenhaus brannte 1948 nieder, noch heute sind an seinem Standort Bauteile erkennbar.[13] Von der Gutsanlage sind nur wenige überbaute Reste erhalten. Der nach einem 1840 erstellten Entwurf von Peter Joseph Lenné im Auftrag von Peter Franz Heinrich von Sobeck (1773–1847) angelegte Landschaftspark (*Günther, Harksen u. Schönemann* 1993, S. 173) ist verwildert.

Das Rittergut Plötz befand sich in seiner frühen Zeit im Lehnsbesitz verschiedener Familien, überliefert sind zunächst die von Speckin, die von Maltzahn und die von Mardefeld. Gustav von Mardefeld (1664–1729) verkaufte das Gut 1701 erblich an Hans Gotthilf von Kirchbach (1661–1727) (*Berghaus* 1865, S. 102 f.). Zu dieser Zeit wurde bereits ein stattlicher Gutshof mit zwei lang gestreckten Wirtschaftsgebäuden kartiert. An das eine schloss sich das Herrenhaus an.[14] Hans Gotthilf von Kirchbach gelang es 1710, auch die den Maltzahn gehörenden Hufe in Plötz zu erwerben. Doch 1719 veräußerte er den arrondierten Besitz an Friedrich Ehrenreich von Ramin, in dessen Familie es bis mindestens 1793 verblieb (*Berghaus* 1865, S. 102 f.).

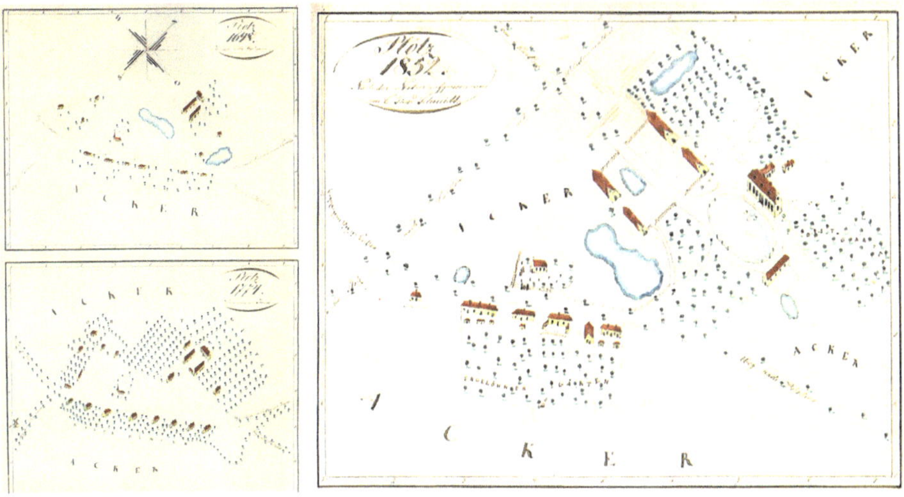

Abb. 18–19: Die Entwicklung des Gutsdorfes Plötz, 1698, 1774 und 1852, Zeichnungen von Theodor Schmidt. Quelle: Pfarrarchiv Kartlow

Unter ihnen wird das barocke Herrenhaus als massiver Bau entstanden sein. Zu einem nicht bekannten Zeitpunkt erwarb Wichard Wilhelm von Heyden (1782–1836) das Gut (*Berghaus* 1865, S. 64). Sein Sohn aus seiner zweiten Ehe mit Henriette von Arnim (1792–1860), Karl Ludwig Wilhelm Wichard von Heyden (1823–1882), ließ um 1866 das ältere Herrenhaus neugotisch überformen und erweitern. Auch der markante Turm entstand

13 https://gutshaeuser.de/de/guts_herrenhaeuser/gutshaeuser_k/gut_park_kruckow (Zugriff: 23. Juli 2024).

14 LAKD M-V, LAG, Plötz, Matrikelkarte (Reinkarte), Signatur: AIIIb42.

in jener Zeit (*Dehio* 2016, S. 445). Der barocke Teil des Hauses wurde nach 1990 wegen Baufälligkeit abgerissen.

Abb. 20: Der neugotisch überformte Barockbau von Plötz. Foto: Niendorf, 1963. Quelle: LAKD M-V, Denkmalamt, Bildersammlung, K 38074

Heyden war es wohl auch, der den Landschaftspark nach Plänen von Peter Joseph Lenné anlegen ließ (*Pulkenat* 2003, S. 78, unter Bezugnahme auf *Hinz* 1989).

Das Rittergut blieb bis zur Enteignung im Herbst 1945 im Besitz dieser Familie. Danach diente das Herrenhaus als Unterkunft für Flüchtlinge, später als Lehrlingswohnheim und stand nach 1980 leer.[15] Nach 1990 haben Nachfahren der von Heyden das Gut erworben und betreiben hier einen landwirtschaftlichen Betrieb. Das von ihnen bewohnte Herrenhaus wurde instandgesetzt, allerdings konnte der barocke Flügel nicht erhalten werden.

Das Rittergut Schmarsow entstand erst nach dem Dreißigjährigen Krieg. Das mittelalterliche Bauerndorf Schmarsow hatte sich seit dem 14. Jahrhundert im Besitz der Familie von Maltzahn befunden. Doch sie verlor diesen Besitz, und nach 1654 wurde der schwedische Feldmarschall von Mardefeld nicht nur mit dem Gut Vanselow, sondern den gesamten Ostenschen Gütern belehnt, zu denen auch ein Teil des Dorfes Schmarsow gehörte. Einen anderen Teil besaß Ilse Maria von Eickstedt, geb. von Ramin (*Ruiken-Fabich, Fabich u. Dreyer* 2020, S. 10 f.). Philipp Joachim von Parsenow († 1702) pachtete 1674 den

[15] https://gutshaeuser.de/de/guts_herrenhaeuser/gutshaeuser_p/gutshaus_ploetz (Zugriff: 23. Juli 2024).

Anteil seiner Schwiegermutter, besagter Ilse Maria von Eickstedt, der nach ihrem Tod an Axel Albrecht von Maltzahn fiel. Parsenow heiratete nach dem Tod seiner ersten Frau Ida Agnise von Eickstedt in zweiter Ehe Charlotte Juliane von Maltzahn und erhielt gegen eine Zahlung 1686 den gesamten Ostenschen Besitz. Allerdings behielten sich die von Maltzahn das Recht der Rückerwerbung vor (*Berghaus* 1865, S. 110 f.). Parsenow begann bald, in Schmarsow ein neues Gut anzulegen und ein Herrenhaus zu errichten.

Abb. 21: Schmarsow, 1698. Quelle: LAKD M-V, LAG, Matrikelkarte (Urkarte), Signatur: CVIIb34

Das Bauholz wurde 1697/1699 eingeschlagen (*Ruiken-Fabich* 2011, S. 79 f.) und für 1698 ist dokumentiert, dass die Steine aus der ruinierten Burg Osten für den Bau des Herrenhauses genutzt worden sind.[16]

Nach verschiedenen Verpfändungen gelang es den Enkeln des Philipp Joachim von Parsenow, 1777 den Besitz wieder vollends in die Hand zu bekommen (*Berghaus* 1865, S. 110 f.). Otto Bogislav Christoph von Parsenow († 1812) ließ 1796 das Herrenhaus instandsetzen, an den Giebeln der beiden Seitenflügel finden sich seine Initialen *OBvP* und die Inschrift *renv. 1796*. Nachdem Friedrich (I) von Parsenow 1830 ohne Erben starb, fiel auch Schmarsow 1844 nach längerem Rechtsstreit wieder an die von Maltzahn. Sie verkauften es 1855 an Woldemar von Heyden (1809–1871) auf Kartlow. Im Herrenhaus Schmarsow saß nun ein Verwalter (*Ruiken-Fabich* 2011, S. 80–82).

---

16 LAKD M-V, LAG, Matrikel, Ortsbeschreibung (Reinschrift), Bd. 8 S. 723.

Abb. 22: Das Herrenhaus Schmarsow, Porzellanmalerei, vermutlich vor 1855.
Quelle: Privatbesitz. Foto: Thomas Helms, Schwerin

Nach der Enteignung im Herbst 1945 bezogen zunächst Flüchtlinge das Haus, zeitweilig sollen hier mehr als 300 Menschen untergebracht gewesen sein. Danach wurden neun Wohnungen, eine Gaststätte, der Jugendklub des Dorfes und das LPG-Büro eingerichtet. Der Gutspark wurde parzelliert und bebaut, ein Teil der Wirtschaftsgebäude abgerissen. 1994 brannte der Pferdestall ab. Von den Hofgebäuden bestehen heute nur noch in umgebauter Form das Kuhhaus und der Kälberstall sowie die ehemalige Stellmacherei (*Ruiken-Fabich* 2011, S. 80–86). Seit 2000 befindet sich das Herrenhaus in privatem Besitz und wurde vorbildlich restauriert.

Zum Rittergut Siedenbüssow gehörte ein gleichnamiges Dorf. Das zunächst eigenständige Gut wurde später als Vorwerk des benachbarten Rittergutes Broock genutzt und teilte lange dessen Geschichte. Es ist aber weder bekannt, wann es entstand, noch wann es seine Selbstständigkeit verlor. Zur Zeit der Matrikelaufnahme am Ende des 17. Jahrhunderts gehörte Siedenbüssow noch Philipp Joachim von Parsenow († 1702) auf Schmarsow.[17] Die Kartierung zeigt ein stattliches Herrenhaus und einen sehr modern wirkenden, aus drei parallelen Wirtschaftsgebäuden bestehenden Gutshof.[18]

---

[17] LAKD M-V, LAG, Matrikel, Ortsbeschreibung (Reinschrift), Bd. 8 S. 724.

[18] LAKD M-V, LAG, Siedenbüssow, Matrikelkarte (Urkarte), Signatur: CVIIb32

Abb. 23: Ältester Plan des Gutes und Dorfes Siedenbüssow, 1698.
Quelle: LAKD M-V, LAG, Matrikelkarte (Urkarte), Signatur: CVIIb32

Wenige Jahre nach der schwedischen Vermessung wurde 1705 der Stettiner Getreidegroßhändler Christian Linden (1646–1714) unter anderem mit Broock und Siedenbüssow belehnt (*Zedlitz* 1837, S. 258). Ihn beerbte Carl von Linden († 1721) und danach fiel der Besitz an dessen Sohn, den Kriegsrat Detloff Gustav Friedrich von Linden (1711–1761). Unter seinem Sohn Christian Bogislav von Linden (1707–1779) wurde das Gut 1763 allodifiziert. Nach 1779 führte seine verwitwete zweite Ehefrau, Anna Katharina Tugendreich von Heyden († 1808), viele Jahrzehnte den Gutsbetrieb (*Straubel* 2022, S. 1024). Adolf Freiherr von Seckendorff (1846–1916) auf Broock erwarb das Gut Siedenbüssow vor 1889. Es blieb bis mindesten 1921 in der Familie (*Güter-Adreßbuch* 1921). Nach einer Überlieferungslücke ist erst für 1939 Karl Burgdorf als Besitzer genannt.[19] Er wurde 1945 entschädigungslos enteignet. Seit dem Ende des 19. Jahrhunderts gab es in Siedenbüssow direkt am Gut einen Haltepunkt der Kleinbahn Demmin–Altentreptow. Das Herrenhaus entstand um 1890 durch den Umbau eines älteren Gebäudes und beherbergte längere Zeit ein Biker-Hotel.[20] Die Pläne der neuen Eigentümer sind nicht bekannt.

---

[19] http://gutsanlagen.blogspot.com/2017/03/gutsbesitz-in-mecklenburg-vorpommern_76.html (Zugriff: 23. Juli 2024).

[20] https://gutshaeuser.de/de/guts_herrenhaeuser/gutshaeuser_s/gutshaus_siedenbuessow (Zugriff: 23. Juli 2024).

Durch die älteste bekannteste Nachricht ist belegt, dass die von Maltzahn im späten Mittelalter auf Wietzow saßen, denn Heinrich von Moltzahn lieh 1428 dem pommerschen Herzog Geld. Die Gebrüder Henning, Klaus und Henneke, *die Perselyne* wurden 1494 und 1496 mit dem Rittergut Wietzow belehnt. Herzog Philipp erteilte dann 1547 seinem späteren Hofmarschall Ewald von Blücher die Anwartschaft auf Dorf und Gut Wietzow, mit dem damals Jürgen, Georg und Hermann von Perselin belehnt waren. Nachdem die von Perselin 1602 noch einmal die Belehnung bestätigt bekamen, ist die Familie zu einem nicht bekannten Zeitpunkt ausgestorben. Das erledigte Lehn fiel dann vor 1690 an die von Blücher und Wietzow wurde zum Nebengut von Daberkow. Die überlieferte Beschreibung, dass das verfallene Herrenhaus *im unteren Stock nur gelehmt, oben Fachwerk* sei, wird in diese Zeit gehören. Nachdem schon 1714 das Gut als Pfandbesitz an die verwitwete Elisabeth von Linden, geb. Schütte, gefallen war, überließ Christian Ludwig von Blücher 1738 unter anderem Daberkow mit Wietzow den Brüdern Christian und Karl von Linden. Allerdings mit der Auflage, dass die Güter dann an die Blücher zurückfallen sollten, wenn die von Linden *im Mannesstamm* ausstürben. Nachdem Daberkow und Wietzow unter König Friedrich Wilhelm I. bereits 1739 zum Allodium erklärt worden waren, ist 1776 die Rückfallregelung gegen eine Abstandszahlung aufgehoben worden. In dieser Zeit wurde Karl Friedrich von Linden (1715–1785) Besitzer von Wietzow, er kann wohl als Bauherr des massiven barocken Herrenhauses gelten. Angeblich hat er nach 1750 einen englischen Landschaftspark mit vielen wertvollen Gehölzen und einem verzweigten Gewässersystem anlegen lassen (*Jordan* 2010, S. 10). Allerdings spricht gegen die frühe Entstehungszeit der Umstand, dass der Park, im Gegensatz zum Lustgarten in Broock und den Gartenanlagen von Siedenbüssow und Schmarsow, noch nicht im Urmesstischblatt von 1835,[21] dann aber auf dem Messtischblatt von 1880 kartiert ist.

Georg Christian Friedrich von Heyden (1773–1834) beerbte seinen Onkel und erhielt 1786 die Erlaubnis, den Namen von Heyden-Linden zu tragen. Nachdem 1838 das Majorat aufgehoben war, wurde Wietzow an den Landschaftsrat Ludwig von Netzow (1802–1854) auf Kagenow verkauft. Durch die Heirat seiner Tochter Maria (1844–1911) gelangte Wietzow an Adolf Graf von Blücher (1840–1893). Sie ließen das barocke Herrenhaus neugotisch überformen.

Ihr Adoptivsohn Lebrecht Graf von Blücher erbte das Gut 1899 und verkaufte es 1911 an den Marineoffizier Richard Wolff (1882–1938). Wolff betrieb in Wietzow ein Warmblutgestüt und züchtete Hannoveraner. Wegen einer Bürgschaft in finanzielle Schwierigkeiten gekommen, verkaufte Richard Wolff Wietzow 1929 an Joseph von Schoeler (1868–1945). Von ihm erwarb 1935 Wolf-Eginhard von Kruse (1887–1970) das Gut. Er wurde 1945 bei der Bodenreform enteignet.

---

21 Staatsbibliothek zu Berlin, TK25PUM, Blatt 2135, Daberkow.

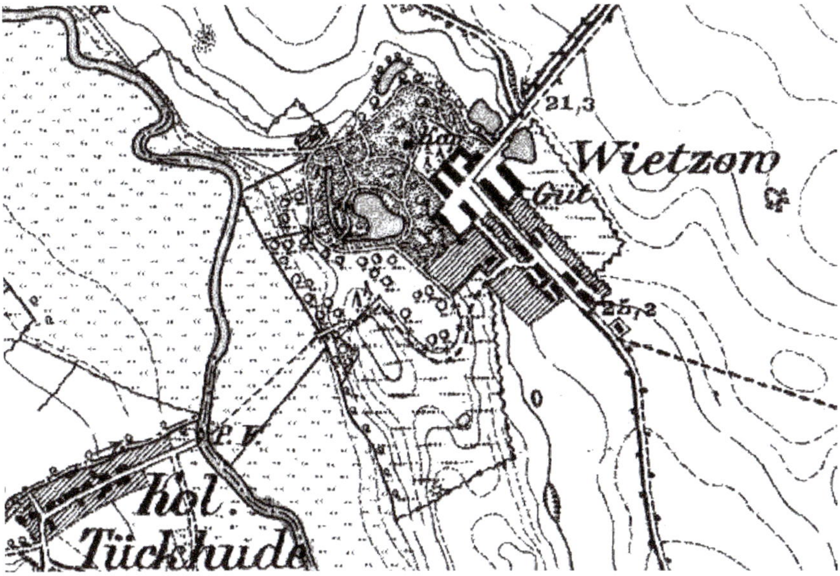

Abb. 24: Das Gut und Park Wietzow, TK25M, Blatt 1880. Quelle: GeoBasis-DE/M-V

Abb. 25: Park und Herrenhaus Wietzow, um 1900.
Quelle: Sammlung André Kobsch, Stralsund

Das zunächst an Neubauern verteilte Land wurde 1950 in das Volkseigene Gut Neu Plötz eingebracht. Nach 1990 ist das VEG abgewickelt und das Herrenhaus verkauft worden. Inzwischen haben das restaurierte Haus und der ca. 14 ha große Landschaftspark mehrfach die Besitzer gewechselt (*Berghaus* 1865, S. 38 f.; *Jordan* 2010). Die jetzigen Eigentümer wollen Wietzow „als neues Zentrum musikalischer Unterhaltung etablieren, Symbol hoher musikalischer Ansprüche und Qualität, als Plattform für exzellente junge Musiker und als kreativen Ort".[22]

4.2.3 Garten- und Parkanlagen

Auch wenn die wichtigsten Parkanlagen schon im Zusammenhang mit den Gütern erwähnt wurden, scheint es angesichts des für das vorgeschlagene Landschaftsschutzgebiet gewählten Namens sinnvoll, darüber hinaus einen kurzen Überblick über ihre Geschichte zu geben.

Der älteste nachweisbare Garten bestand in Broock. Bereits kurz nach 1715 wurde hier ein Lustgarten kartiert,[23] über den es allerdings keine weiteren Informationen gibt.

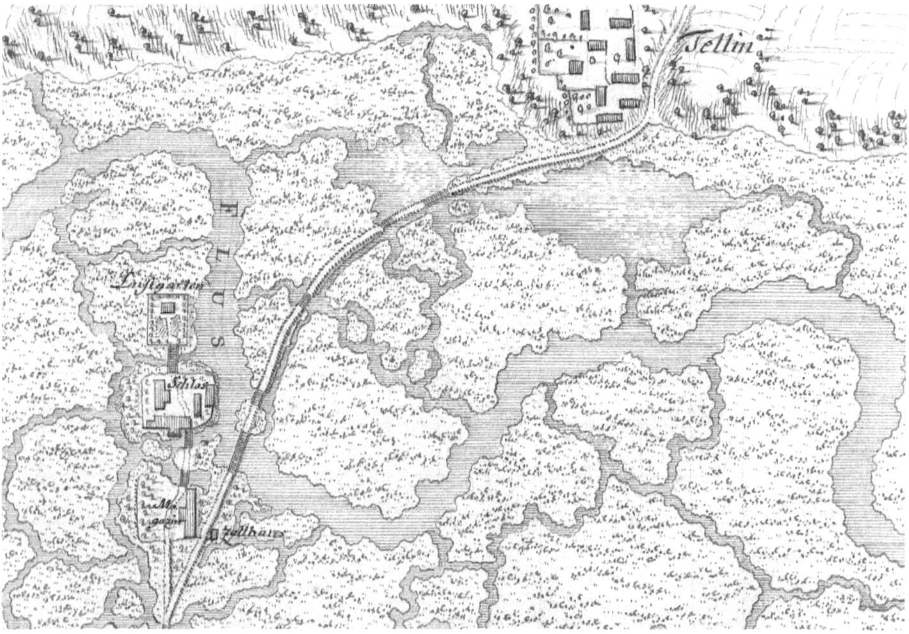

Abb. 26: Plan des Rittergutes Broock mit einem Lustgarten, nach 1715.
Quelle: Archiv der Hansestadt Stralsund, Signatur: Po2° 28

Nur dieser Garten und die an den Herrenhäusern in Schmarsow und Siedenbüssow gelegenen Gärten wurden 1835 auf dem Urmesstischblatt kartiert. Sie alle scheinen noch

[22] www.mecklenburgische-seenplatte.de/reiseziele/gutshaus-wietzow (Zugriff: 27. Juli 2024).
[23] „Campements und andere Kriegsoperationes, ...", wie Anmerkung 3.

nach barocken Grundsätzen gestaltet gewesen zu sein. Es lassen sich regelmäßige Quartiere und Wegeführungen ausmachen.[24]

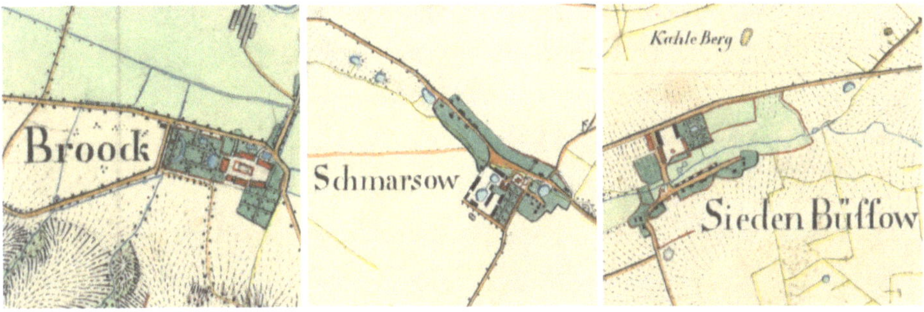

Abb. 27–29: Pläne der Gutsgärten in Broock, Schmarsow und Siedenbüssow, 1835; TK25PUM, Blatt 2135.
Quelle: Staatsbibliothek zu Berlin, Stiftung preußischer Kulturbesitz

In der „Guts- und Parklandschaft nördlich des Tollensetals" gibt es mit den Parkanlagen von Broock, Kartlow, Kruckow und Plötz eine auffallen große Zahl von Landschaftsgärten, die nach Plänen von Peter Joseph Lenné entstanden sind. Es gibt dafür keine eindeutige Erklärung. Die Annahme, dass hier ein „Auftraggeber den anderen nach sich gezogen" habe (*Günther, Harksen u. Schönemann* 1993, S. 169), ist sicher nicht von der Hand zu weisen. Hinzu kommt, dass drei der Pläne im Jahr 1840 entstanden sind und zwei der vier Auftraggeber, nämlich Woldemar von Heyden (1809–1871) auf Kartlow und Karl Ludwig Wilhelm Wichard von Heyden (1823–1882) auf Plötz, unmittelbar verwandtschaftlich miteinander verbunden waren.

Glücklicherweise haben sich Pläne der Parkanlagen in Broock, Kartlow und Kruckow erhalten. Sie wurden von Lennés Mitarbeitern Gerhard Koerber und G. Berlin gezeichnet, auf dem Blatt von Kruckow hat Lenné Einzeichnungen vorgenommen.

Hans Carl Franz Alexander Reichsfreiherr von Seckendorff (1809–1883) wird bescheinigt, zu den „großen Garten- und Landschaftsliebhabern der Zeit gehört zu haben." Er ließ in Broock nicht nur den vorgefundenen barocken Garten zeitgemäß umgestalten, er schuf auch südlich des Gutes anstelle der vorgefundenen „Carlslust", südwestlich bis zum Dorf Buchholz und nach Norden bis zur Tollense reichend, eine „ornamented farm", also einen nach englischem Vorbild geschaffenen Übergang zwischen dem Landschaftspark und den landwirtschaftlich genutzten Flächen (*Günther, Harksen u. Schönemann* 1993, S. 170). Lindenalleen komplettierten das gartenkünstlerische Ensemble.

In Kartlow beauftragte Wilhelm Woldemar von Heyden (1809–1871) ebenfalls 1840 Lenné mit der Gestaltung eines Landschaftsparkes. Es wird vermutet, dass die Verbindung über Woldemars Bruder, Hermann von Heyden auf Leistenow zustande kam. Des-

[24] Staatsbibliothek zu Berlin, TK25PUM, Blatt 2135, Daberkow.

sen Schwiegereltern hatten sich bereits 1832 von Lenné ihren Gutspark in Zützen bei Schwedt gestalten lassen (*Gersonde* 1991, S. 15).

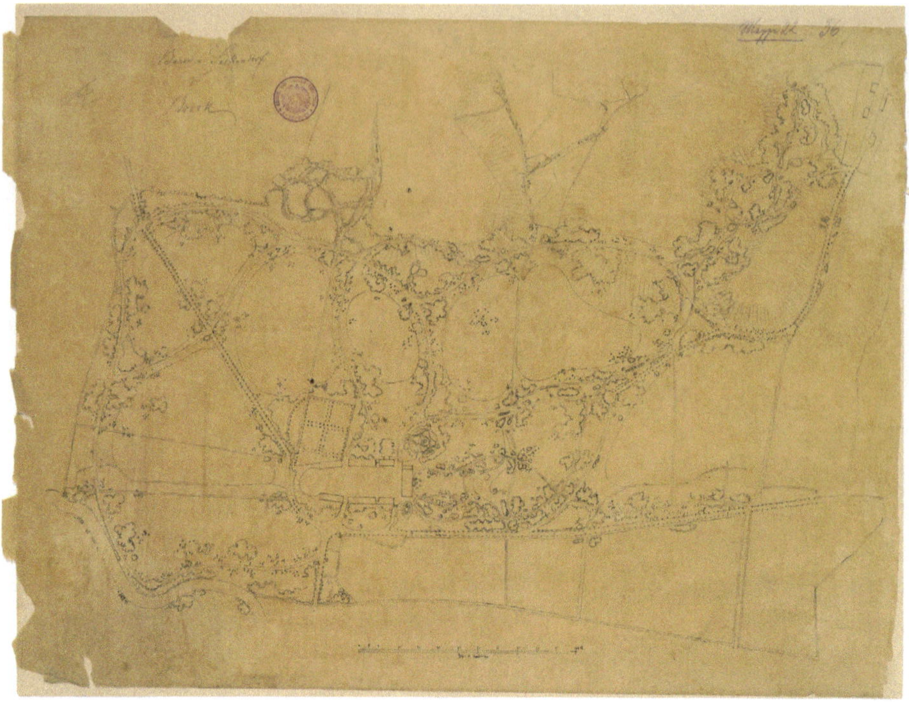

Abb. 30: Plan „Baron v. Seckendorf zu Broock", 1840.
Quelle: SPSG, GK II (1) 3463. Foto: Jochen Littkemann

Als der Park geplant wurde, stand noch das barocke Herrenhaus. Peter Joseph Lenné schlug unter anderem vor, einen vorhandenen See mit zwei Inseln in die Gestaltung einzubeziehen und daraus zwei kleinere, miteinander verbundene Seen zu schaffen. Die Arbeiten an der Umgestaltung des Teiches zogen sich bis 1852 hin (*Günther, Harksen u. Schönemann* 1993, S. 171 f.).

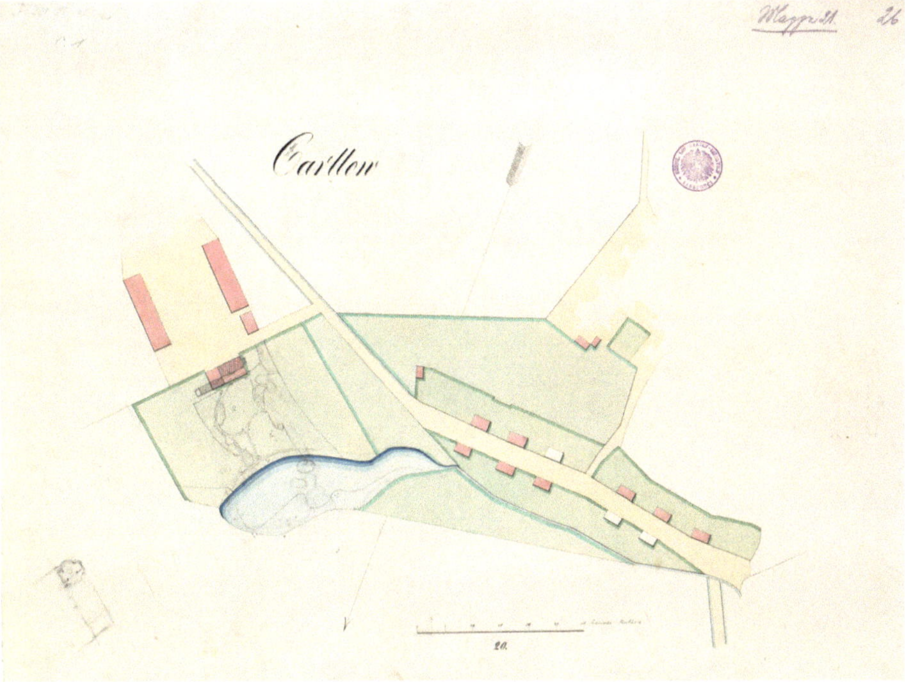

Abb. 31: Bestandsplan „Cartlow", Bestand der Dorfanlage mit den eingetragenen Parkgrenzen, 1840. Quelle: SPSG, GK II (1) 3495. Foto: Jochen Littkemann

So verwundert es nicht, dass Theodor Schmidt auf seiner Vogelschau von 1852 den Park noch nicht berücksichtigte. Es ist durchaus vorstellbar, dass die Arbeiten am Park mit seinem gartenseitig angrenzenden *pleasure ground* erst nach dem Bau des neuen Herrenhauses vollendet wurden. Entsprechende Nachrichten konnten noch nicht ermittelt werden (*Gersonde* 1991, S. 15). Dieser Ziergarten lag seitlich des Herrenhauses und war durch dichte Pflanzungen vom Landschaftspark abgetrennt.

Es gibt keine Pläne oder archivalischen Quellen, die belegen würden, dass auch der Landschaftsgarten in Plötz auf einen Entwurf von Lenné zurückgeht. Doch die Brüder des Gutsherrn, Wilhelm Woldemar auf Kartlow, Ernst Hans Heinrich von Heyden (1817–1859) auf Bredenfelde in Mecklenburg (*Pawlak* 2004) und Hermann von Heyden (1810–1851) auf Leistenow bei Demmin ließen sich von diesem Gartengestalter aus Potsdam ihre Parkanlagen gestalten. Es wäre also naheliegend, dass auch Karl Ludwig Wilhelm Wichard von Heyden diesen Gartenkünstler beauftragt hätte.

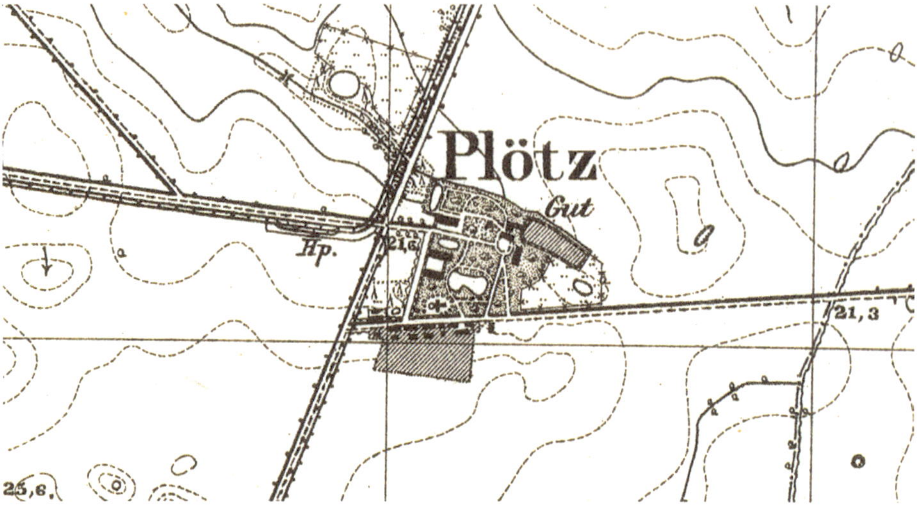

Abb. 32: Park und Gutsanlage Plötz, TK25M, Blatt 1886. Quelle: GeoBasis-DE/M-V

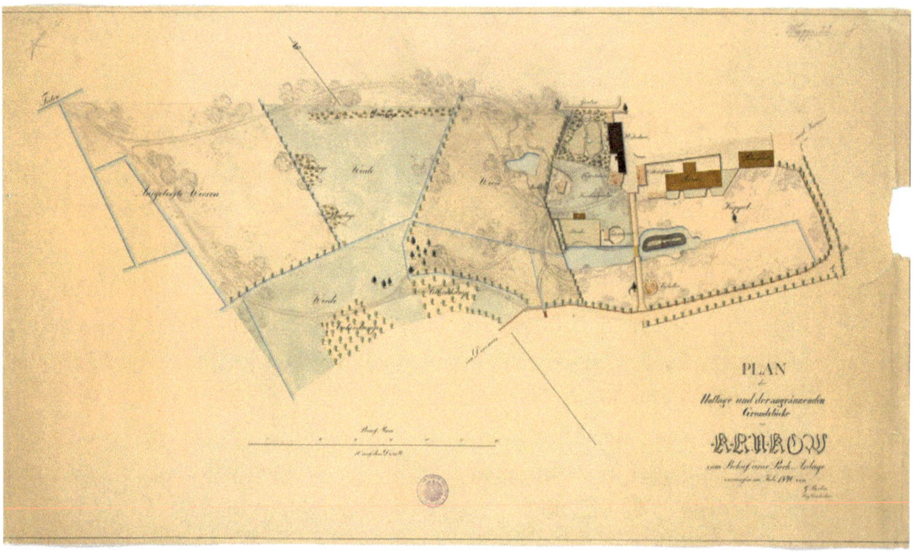

Abb. 33: „Plan der Hoflage und der angraenzenden Grundstuecke zu Krukow zum Behuf einer Park-Anlage vermessen im Juli 1840 von G. Berlin Reg Conducteur", 1840. Quelle: SPSG, GK II (1) 3515. Foto: Jochen Littkemann

In Kruckow, Teil der „Guts- und Parklandschaft nördlich des Tollensetals", beauftragte 1840 Peter Franz Heinrich von Sobeck (1773–1847) Lenné mit der Gestaltung seines Gutsparkes. Erhalten blieb der Aufmaßplan der Gutsanlage, die ein Mitarbeiter von Lenné angefertigt hat und der den Vorzustand dokumentiert. In diesen Plan skizzierte Lenné mit Bleistift seine Ideen für die neue Gestaltung. Er bezog einerseits vorhandene

Landschaftselemente, wie Gehölze, in seine Überlegungen ein, wollte aber andererseits den Bestand erheblich verändern. So sollten die geraden Entwässerungsgräben zum Teil neu angelegt und in die organische Landschaftsplanung integriert werden. Höhepunkt der Planung war die Anlage eines Hügels im südlichen Parkbereich. Von dem darauf zu errichtenden Pavillon sollte es Blickbezüge in die Landschaft geben (*Günther, Harksen u. Schönemann* 1993, S. 173).

Eine Bestandserfassung der noch verbliebenen Elemente des Lennéschen Landschaftsparkes in Kruckow steht noch aus.

Nicht unerwähnt bleiben soll, dass der Park in Wietzow, wie schon dargestellt, nicht bereits nach 1750, sondern ebenfalls erst nach 1836 entstanden sein kann. Historische Pläne sind nicht erhalten, aber eine gestalterische Nähe zu den Lennéschen Parkanlagen ist offensichtlich.

Außer den Parkanlagen gehörten zu den Herrenhäusern immer Nutzgärten, in denen vor allem Obst und Gemüse für den eigenen Bedarf produziert wurde. Gelegentlich wurde im 19. Jahrhundert sogar vermerkt, dass auch für den Markt produziert worden sei. Eher die Ausnahme war wohl das Vorhandensein eines Glashauses oder einer Orangerie, wie sie z. B. für Broock belegt ist. Sie war dort unmittelbar an die Südseite des Herrenhauses angebaut (*Pawlak* 2009, S. 235). In Kartlow gab es außerdem eine florierende Gutsgärtnerei und es haben sich die Fundamente von einem Weinhaus sowie einem Gewächshaus erhalten. Das Herrenhaus hatte gartenseitig einen Wintergarten (*Pawlak* 2009, S. 251).

4.2.4 Kolonien, Aussiedlergehöfte und Vorwerke

Vor den Stein-Hardenbergschen Reformen entstanden nur wenige Ansiedlungen, die der Verbesserung der Wohnverhältnisse der landlosen und landarmen Bewohner eines Gutes dienen sollten. Die entsprechenden Überlieferungen sind äußerst spärlich.

Der preußische König Friedrich II. schenkte dem Rittergut Kartlow nach dem Siebenjährigen Krieg als Entschädigung 7.600 Taler. Johann Carl von Heyden (1740–1800) ließ damit ab 1777 die *Colonie* Neu-Kartlow anlegen. Es entstanden hier zunächst sechs Häuser, doch schon 1862 lebten in den noch zwei verbliebenen Häusern nur noch zwölf Einwohner (*Berghaus* 1865, S. 67). Über die Gründe, warum die Kolonie 1885 aufgegeben wurde, ist nichts bekannt.

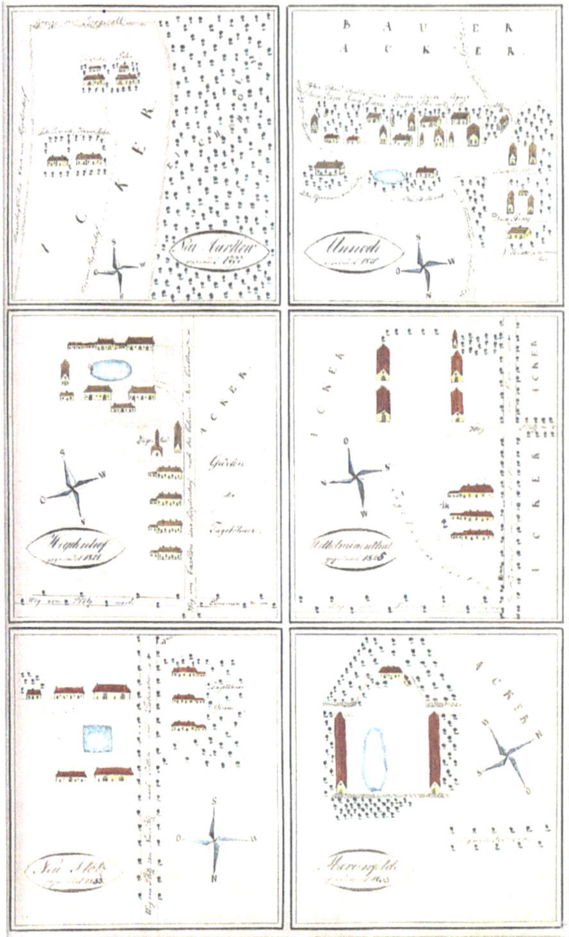

Abb. 34: Die Kartlower Kolonien und Vorwerke: Neu Kartlow, gegründet 1777, Unnode, gegründet 1820, Heydenhof, gegründet 1821, Wilhelminenthal, gegründet 1825, Neu Plötz, gegründet 1833 und Marienfelde, gegründet 1833, Zeichnungen von Theodor Schmidt. Quelle: Pfarrarchiv Kartlow

In unmittelbarer Folge der Stein-Hardenbergschen Reformen entstand 1819/1820 die Siedlung Unnode. Die hier angesiedelten sieben Bauern aus Kartlow werden wohl ihr Land infolge der Reformen verloren haben. Hatten sie noch in Kartlow über jeweils zwei Hufen verfügt, bekamen sie nun am östlichen Rand der herrschaftlichen Flur, abseits vom Weg der ehemaligen Poststraße Demmin–Anklam, in einer Senke am Kuckucksgraben gelegen, jeweils eine Hufe zugewiesen (*Jarmen* 2004). Der zwischen dem *Herrn Wichert Wilhelm von Heyden, als Besitzer des im Anklamschen Kreise in Vorpommern gelegenen Dorfes Kartlow, und den darin vorhandenen 7 Bauern*, geschlossene Vertrag bezieht sich unmittelbar auf die Reformen: [Es] *sind in Bezug auf das Edikt vom 14. Sep-*

tember 1811 die gutsherrlichen und bäuerlichen Verhältnisse in folgender Art reguliert worden. Die Bauern mussten ihre bisherigen Höfe in Kartlow verlassen: *Die Herrschaft ist im Gefolge des Edikts vom 14. September 1811 § 45 mit den Bauern darüber einig geworden, dass letztere nicht im Dorfe bleiben, sondern auf Kosten der ersteren die Gebäude auf den vorgedachten neuen Bauerngrundstücken aufgeführt werden sollen.* [...] *Bei der Übergabe einer vollendeten Hofstelle an den einzelnen Wirt, müssen die Hoflage und der Garten beide von einem Morgen und 97 Ruten groß mit einem Strauchzaun bewährt sein.*[25] Woldemar von Heyden (1809–1871) ließ später in Unnode ein Haus für die Altersversorgung von Landarbeitern errichten. Dabei sind auch das alte Kartlower Pfarrhaus und die dortige Schule hierher versetzt worden.[26] Die Aufsicht und die wirtschaftliche Kontrolle über das sogenannte „Altenstift" übertrug er 1862 der Pommerschen Provinzial-Genossenschaft des Johanniterordens. Er initiierte in dieser Zeit auch eine Art Sozialversicherung *um der Verarmung der Tagelöhner vorzubeugen.* Die *Kuhkasse*, in der der Gutsbesitzer jährlich einen Taler pro Kuh, jeder Arbeiter die Hälfte einzahlte, sicherte bei Verlust eines Tieres, was sonst für die Betroffenen eine Katastrophe bedeutete, die Neuanschaffung eines Tieres.[27]

Auch Neu Tellin wurde zwischen 1822 und 1825 auf der Grundlage der Stein-Hardenbergschen Reformen als Bauerndorf neu angelegt. Im Zuge der Separation zwischen gutsherrlichem und bäuerlichem Besitz wurden mehrere Bauernstellen von Hohenbüssow in die Alt Telliner Feldmark verlegt. 1865 hatte das ritterschaftliche Dorf neun Feuerstellen und 81 Einwohner (*Berghaus* 1865, S. 118).

Um die zugehörigen, vor allem durch die Reformen vergrößerten Gutsländereien effektiver bewirtschaften zu können, entstanden im 18. und 19. Jahrhundert zu den Rittergütern gehörende Vorwerke. Das wohl älteste von ihnen war das Vorwerk Borgwall. Es wurde schon 1750 als Pertinenz, also Nebengut, des Gutes Schmarsow angelegt und entwickelte sich zum eigenständigen Gut. Zwischen 1835 und 1880, wohl 1855 unter den von Heyden, ist es an seinen späteren Standort nach Nordosten verlegt worden. Das Vorwerk Heydenhof entstand 1820/1821 zum Gut Kartlow und wurde von Wichard Wilhelm von Heyden (1782–1836) angelegt (*Berghaus* 1865, S. 64). Auch das Vorwerk Wilhelminenthal gehörte zum Gut Kartlow und wurde erstmals 1825 schriftlich erwähnt. Wichard Wilhelm von Heyden (1782–1836) soll das Vorwerk nach seiner Frau Wilhelmine von Gloeden (1789–1820) benannt haben. Zunächst bestand es aus drei Tagelöhnerkaten. 1862 hatte Wilhelminenthal „vier Feuerstellen und 70 Einwohner" (*Berghaus* 1865, S. 64). Zum Gut Kruckow wurden 1833 das Vorwerk Marienfelde und im selben Jahr zum Gut Plötz das Vorwerk Neu Plötz angelegt. Erst kurz vor 1880 entstand zum Gut Daberkow das Vorwerk Hedwigshof.

---

[25] https://demminer-heimatgeschichte.de/digitales-museum/unnode/ (Zugriff: 23. Juli 2024).

[26] Zeichnung des Theodor Schmidt, Pfarrarchiv Kartlow.

[27] https://de.wikipedia.org/wiki/Woldemar_von_Heyden (Zugriff: 23. Juli 2024).

Im Zuge der Umsetzung der Stein-Hardenbergschen Reformen wandelte sich das Bild der Gutsdörfer. Nur selten gab es danach noch Bauernhöfe in den Orten. An ihrer Stelle entstanden die kleinen Anwesen der Tagelöhner, die nun die Ortsbilder prägten.

4.2.5 Produktionsstätten

Zunächst gehörten zu den Gütern vielfach Produktionsstätten, in denen die erzeugten Produkte weiterverarbeitet werden konnten, das waren vor allem Getreidemühlen. Windmühlen standen noch 1835 nördlich von Daberkow, südlich und östlich von Plötz und östlich des zu Broock gehörenden ritterschaftlichen Dorfes Alt Tellin. Die denkmalgeschützte Galerieholländerwindmühle in Alt Tellin ist bis heute erhalten und auch noch technisch nahezu vollständig ausgestattet.

Abb. 35: Mühlengehöft Alt Tellin, 2016. Foto: Chron-Paul

Sie ist in der weiteren Region von Demmin die einzige Windmühle mit komplett erhaltener Mahltechnik. Im angrenzenden Landschaftsschutzgebiet „Tollensetal“ liegt die derzeit in Restaurierung befindliche Wassermühle Roidin. Sie gehörte zum gleichnamigen Rittergut, ist archivalisch seit 1735 belegt und wurde spätestens seit den 1770er-Jahren nicht nur als Getreide- sondern auch als Ölmühle genutzt.[28] Nur wenige Kilometer voneinander entfernt gibt es also zwei der selten gewordenen Denkmale der frühen Produktionsgeschichte.

Ebenfalls seit dem 18. Jahrhundert hat man auf den Gütern aus örtlich anstehenden Rohstoffen unterschiedliche Produkte hergestellt. An erster Stelle sind dabei Ziegeleien und Kalköfen zu nennen, die oft über den Eigenbedarf der Güter auch für den Markt produzierten. So bestanden 1835 am westlichen Rand des Gutes Siedenbüssow eine Ziegelei und ein Kalkofen, über die es 1865 hieß: Die „Wiesenkalk und Kalkmergel-Lager [sind] an die hundert Jahre ausgebeütet und ihre Materialien in der hiesigen Ziegelei zu Mörtel gebrannt worden. Dieser Betrieb ist aber wegen des Wasserandrangs in den Gruben seit dem Jahr 1849 eingestellt worden. Die hiesige Ziegelei, welche seit länger als hundert Jahren besteht, ist ein großartiges Werk. Sie besteht aus einem großen Brennofen für geschlemmte Mauer- und Dachsteine, aus 2 Brennöfen und 1 Werkstatt für Drainröhren-Fabrikation. Die daraus hervorgehenden Waaren sind von vorzüglicher Beschaffenheit" (*Berghaus* 1865, S. 115).

Es kann davon ausgegangen werden, dass insbesondere für die verschiedenen Bauvorhaben in der „Guts- und Parklandschaft nördlich des Tollensetals" Baumaterialien zu Einsatz gekommen sind, die hier produziert wurden. Später waren die dortigen Kalkfundstätten aus geologischer Hinsicht von besonderem Interesse (*Deecke* 1907, S. 78).

4.3 Patronatskirchen, Gutskapellen und Erbbegräbnisplätze

An die Güter war seit der Reformation zumeist die Patronatschaft über eine Kirche gebunden. Das bedeutete, dass die Gutsherren einerseits für die bauliche Instandhaltung und Ausstattung der Kirchen sowie den Unterhalt der Pastoren verantwortlich waren, andererseits aber auch über besondere Vorrechte verfügten. Sie konnten sich in den Kirchen bestatten lassen, im Kirchenraum Erinnerungszeichen für ihre Verstorbenen anbringen bzw. aufstellen und sie verfügten über besondere Plätze, um an privilegierter Stelle an den Gottesdiensten teilnehmen zu können.

Mit Ausnahme der Pfarrkirche in Alt Tellin liegen alle anderen erhaltenen Kirchen und Kapellen in der „Guts- und Parklandschaft nördlich des Tollensetals" in Gutsdörfern, nämlich in Daberkow, Kartlow, Plötz und Schmarsow. Durch dort eingepfarrte Güter bestehen oder bestanden auch Beziehungen zu der außerhalb gelegenen Kirche in Hohenbüssow.

Im Mittelalter war die 1493 erstmals belegte Kirche von Alt Tellin eine selbstständige Pfarrkirche, nach Einführung der Reformation in Pommern wurde sie zur Filiale der

---

[28] Denkmal des Monats April 2022. www.kulturwerte-mv.de/Landesdenkmalpflege/Denkmal-des-Monats/Bisherige-Beiträge/2022-04-wassermuehle-roidin/ (Zugriff: 23. Juli 2024).

Daberkower Kirche. Die Patronatschaft lag seither beim Gut Broock (*Lemcke* 1898). In der Gewölbegruft unter dem Kirchenraum wurden unter anderem der ehemalige Patron, Generalmajor Christian Bogislav von Linden (1707–1779) auf Broock, und seine beiden Frauen, Henriette Sophie von Rohr († 1769) und Anna Katharina Tugendreich von Heyden († 1808), bestattet.[29] Die Wetterfahne auf dem Kirchturm, der sich in Fachwerkkonstruktion über dem Dach erhebt, finden sich die Jahreszahl 1738 und die Initialen D. C. F. v. L., die auf eine bauliche Erneuerung durch die Patronatsherren von Linden hindeuten.

Abb. 36: Kirche Alt Tellin. Foto: Thomas Helms, Schwerin, 1984

Auch die Patronatschaft über die im frühen 16. Jahrhundert errichtete Kirche Hohenbüssow lag beim Gut Broock, das hier auch eingepfarrt war. Noch im späten 19. Jahrhundert gab es am „barocken Gestühl farbige, auf Blech gemalte Wappen". (*Lemcke* 1898, S. 9 f.)

[29] www.pfarramt-hohenmocker.de/kirchen/alt-tellin/ (Zugriff: 23. Juli 2024).

Leider ist nicht überliefert, um welche Wappen es sich handelte, doch es kann davon ausgegangen werden, dass es sich um solche der Patronatsherrschaft gehandelt haben wird. Das Gestühl im Altarbereich war auf der Südseite der Gutsherrschaft vorbehalten. Es verfügte hier über einen Kamin, der von außen beheizbar war.[30] Einen silbervergoldeten Kelch haben noch 1624 die von Buggenhagen gestiftet und mit ihrem Wappen versehen (*ebd.*). Vermutlich war der letzte auf Broock ansässige Vertreter der Familie der Stifter: Landmarschall Andreas Buggenhagen (1583–1652). An der Nordseite der Kirche finden sich auf dem Kirchhof Gräber der Patronatsherrschaft von Gentzkow und an der Westseite sind mehrere Grabsteine von Angehörigen der Familie von Seckendorff erhalten.

Als die mittelalterliche Kirche Daberkow 1816 ausgebrannt ist, wird der damalige Gutsherr Georg Christian von Heyden (1773–1834) für den 1820 vollendeten Wiederaufbau gesorgt haben, denn die Patronatschaft über die Kirche war an dieses Gut gebunden. Noch 1721 hatte Daberkow drei Filial-Kapellen. Die zugehörige Kapelle Groß Below war damals bereits baufällig und zum Abriss vorgesehen. Die Kartierung des späten 19. Jahrhunderts verzeichnet hier am Rande des Gutsparkes ein *Erbbegräbnis*.[31] Der kleine, von einer Steinmauer umgebene Friedhof ist erhalten. Es gibt dort eine abgegrenzte Familiengrabstätte derer von Heyden und eine Gruft und Grabplatten der Familie von Winterfeld.[32] Über das Schicksal der Kapelle Siedenbüssow ist nichts weiter überliefert,[33] sie fand schon im 19. Jahrhundert keine Erwähnung mehr. Auch die damalige Kapelle Wietzow ist verschwunden, im Gutspark steht aber eine neugotische Grabkapelle derer von Blücher. Zwei von dort stammende Büsten werden heute im Demminer Kreismuseum aufbewahrt. Eine von ihnen zeigt wohl Adolf Graf von Blücher (1840–1893) (*Jordan* 2010, S. 9–13). In der Nähe der Grabkapelle finden sich Reste eines alten Friedhofs.

Die Johanniskirche Kartlow ist die älteste Kirche der „Guts- und Parklandschaft nördlich des Tollensetals". Sie wurde bereits 1249 durch den Bischof Wilhelm von Cammin eingeweiht. Er verlieh der Kirche den Zehnten von Vanselow, Plötz, Völschow und Jagetzow, sowie den halben Zehnten von Schmarsow, Kruckow und Kartlow (*Berghaus* 1865, S. 66). Das Gut Kruckow war auch in der Neuzeit hier eingepfarrt. Noch 1587 hatte das Kloster Verchen die ihm 1264 verliehene Patronatschaft inne, die danach an das Gut Kartlow überging (*Berghaus* 1865, S. 67). Der Patronatsherr Johann Carl von Heyden († 1800) ließ 1796 einen neuen Turm errichten, der aber bereits 1869 anlässlich einer großen Kirchenerneuerung durch einen neugotischen Turm ersetzt wurde.

---

30 www.pfarramt-hohenmocker.de/kirchen/hohenbuessow/ (Zugriff: 23. Juli 2024).

31 TK25M 2145, Daberkow, herausgegeben 1886, einzelne Nachträge 1932.

32 www.dorfkirchen-in-mv.de/content/Version_1/detail_gesamt.php?Reg_Nr=1024 (Zugriff: 23. Juli 2024).

33 www.pfarramt-hohenmocker.de/kirchen/daberkow/ (Zugriff: 23. Juli 2024).

Abb. 37: Kirche und Herrenhaus Kartlow von der Chaussee aus gesehen, 2009. Foto: Thomas Helms, Schwerin, 2009

Woldemar von Heyden (1809–1871) hatte bereits 1859 zwischen dem neuen Herrenhaus und der Kirche einen bis heute erhaltenen Kirchsteig anpflanzen lassen, bevor er ab 1869 die Patronatskirche eingreifend umgestalten ließ. Er beauftragte auch den Stettiner Maler August Ludwig Most (1807–1883) mit der Schaffung des neuen Altarbildes. Das Erbbegräbnis für die Familie von Heyden ist dann 1870 östlich der Kirche angelegt worden. Das schmiedeeiserne Tor ist mit zwei Medaillons versehen, die mit ihren Initialen *vHC* auf die Familie von Heyden-Cartlow verweist (*Kuhl* 2009, S. 16–25). Zum Abendmahlsgerät der Kirche gehört ein silbervergoldeter Kelch, den Catharina Sophia von Heyden 1712 stiftete. Die zugehörige Patene gab 1724 Eva Lucretia von Heyden dazu (*Lemcke* 1898, S. 27).

Eine in Plötz im 16. Jahrhundert erwähnte Fachwerkkapelle war 1672 baufällig und wurde 1693 saniert. Nachdem es 1833 einen großen Sturmschaden gegeben hatte, wurde die Kapelle abgerissen und an ihrer Stelle 1841 die neuromanische Kirche Plötz errichtet (*Dehio* 2016, S. 444). Sie ist eine Filia der Johanniskirche Kartlow, die Patronatschaft lag beim Gut Plötz (*Lemcke* 1898, S. 40). Inwieweit der damalige Patronatsherr Karl Ludwig Wilhelm Wichard von Heyden (1823–1882) Einfluss auf die bemerkenswerte Innengestaltung nahm, ist nicht überliefert, aber nicht auszuschließen. Dem Kirchenraum wird eine große Nähe zur Kopenhagener Frauenkirche des Christian Frederyk Hansen bescheinigt. Mit dem Bau des Westturmes nach den Plänen des Maurermeisters Brandt aus Jarmen war die Kirche 1881 vollendet (*Dehio* 2016, S. 444). Auf dem Kirchhof findet sich das Erbbegräbnis der Familie von Heyden-Plötz.

Die Kirche Schmarsow wurde zwischen 1430 und 1440 als gotischer Backsteinbau errichtet, davor war der Ort in Kartlow eingepfarrt. Vor der Anlage des Gutes Schmarsow am Ende des 17. Jahrhunderts war das Patronat vermutlich mit dem Gut Osten verbunden. Darauf verweist vor allem das in der Kirche erhaltene Epitaph, das 1625 von seiner Witwe Marie von Ramin († um 1645) für den verstorbenen Erblandmarschall Ernst Ludwig von Maltzahn (1571–1622) angebracht wurde.

Abb. 38: Kirche Schmarsow, Epitaph für Ernst Ludwig von Maltzahn, 1625. Foto: Thomas Helms, Schwerin, 2009

Er saß auf der Burg Osten. Auch einige der Abendmahlsgeräte sind Stiftungen aus der Familie von Maltzahn. Die beiden großen Altarleuchter stammen aus dem Jahr 1789, Wappen verweisen auf den Stifter aus der Familie von Parsenow. Ein Erbbegräbnis blieb auf dem Areal des Kirchhofes erhalten.

Zusammenfassung

Das Spektrum der historisch belegbaren und vor allem bis heute vorhandenen Kulturlandschaftselemente in der „Guts- und Parklandschaft nördlich des Tollensetals", das hier nur in einem ersten Überblick vorgestellt werden konnte, ist sehr groß und breit gefächert. Es reicht vom Mittelalter bis in die nahe Vergangenheit und kann bis in die Gegenwart fortgeschrieben werden. Es umfasst mittelalterliche Burgstellen, neuzeitlicher Rittergüter und Parkanlagen, Produktionsstätten, Kolonien und Vorwerke sowie Patronatskirchen, Kapellen und Erbbegräbnisse. Hinzu kommen Wegeführungen, die sich seit dem Mittelalter nachweisen lassen und sich in engem Zusammenhang mit den Gütern entwickelt haben. Zusammen mit den naturräumlichen Elementen stellt diese Landschaft in Verbindung mit dem LSG „Tollensetal" ein beispielhaftes Abbild der speziell pommerschen Geschichte der Gutsherrschaft dar.

Hier lässt sich das Recht, das Landschaft machte, bis heute ablesen. Darüber hinaus erfüllt diese Landschaft im besten Sinne die im Bundesnaturschutzgesetz (BNatSchG), Paragraf 26, Abs. 1, Ziff. 2, benannte Bedingung, dass ein Landschaftsschutzgebiet wegen „der besonderen kulturhistorischen Bedeutung der Landschaft" ausgewiesen werden solle.

Summary: Manor and park landscape north of the Tollense valley

The spectrum of historically documented and, above all, still existing cultural landscape elements in the "Manor and park landscape north of the Tollense valley", which could only be presented here in an initial overview, is very large and wide-ranging. It extends from the Middle Ages to the near past and can be continued to the present day. It includes medieval castles, modern manors and parks, production sites, colonies and outbuildings as well as patronage churches, chapels and hereditary burials. In addition, there are routes that can be traced back to the Middle Ages and developed in close connection with the estates. Together with the natural elements, this landscape in conjunction with the "Tollense valley" nature reserve is an exemplary reflection of the history of manorial rule, especially in Pomerania.

The law that made the landscape can still be seen here today. In addition, this landscape fulfils in the best sense the condition stated in the Federal Nature Conservation Act (BNatSchG), paragraph 26, section 2, that a landscape conservation area should be designated because of the special cultural and historical significance of the landscape.

Literatur

Bagmihl, J. T. (1843): Pommersches Wappenbuch, 1. Bd. – Stettin.

Bagmihl, J. T. (1855): Pommersches Wappenbuch, 5. Bd. – Stettin.

Bauchspies, W. u. Berg, T. (2004): Die Demminer Kleinbahnen – Geschichte zweier schmalspuriger Lenzbahnen. – Freiburg.

Berghaus, H. (1865): Landbuch des Herzogthums Pommern. [...] Schilderung der Zustände dieser Lande in der zweiten Hälfte des 19. Jahrhunderts, Teil II: Landbuch des Herzogthums Stettin, von Kamin und Hinterpommern; oder des Verwaltungs-Bezirks der Königl. Regierung zu Stettin, 1: Die Kreise Demmin, Anklam, Usedom-Wolin und Ukermünde. – Anklam.

Bock, S. (2007): Gutsanlagen und Herrenhäuser. Betrachtungen zu den historischen Kulturlandschaften Mecklenburg und Vorpommern, hg. von der Landeszentrale für politische Bildung Mecklenburg-Vorpommern, 3. überarbeitete Auflage. – Schwerin (Landeskundliche Hefte).

Brüggemann L.-W. (1779): Ausführliche Beschreibung des gegenwärtigen Zustandes des Königl. preußischen Herzogthums Vor- und Hinterpommern, 1. Theil. – Stettin.

Deecke, W. (1907): Geologie von Pommern. – Berlin.

Dehio, G. (2016): Handbuch der deutschen Kunstdenkmäler. Mecklenburg-Vorpommern. – München.

Duncker, A. (1857/58): Die ländlichen Wohnsitze, Schlösser und Residenzen der ritterschaftlichen Grundbesitzer in der preussischen Monarchie, 1. – Berlin.

Gersonde, P. (1991): Schloß und Park Kartlow. – Neubrandenburg.

Günther, H.; Harksen, S. u. Schönemann, H. (1993): Peter Joseph Lenné. Katalog der Zeichnungen. – Tübingen.

Güter-Adreßbuch für die Provinz Pommern (Niekammer's Güter-Adreßbücher). – Leipzig 1921.

Hartmann, M. (2000): Die Burg Osten an der Tollense im Landkreis Demmin. – In: Archäologische Berichte aus Mecklenburg-Vorpommern, 7, S. 158–171.

Hinz, Gerhard (1989): Peter Joseph Lenné: das Gesamtwerk des Gartenarchitekten und Städteplaners, zwei Teile. – Hildesheim.

Jantzen, D. u. Terberger, Th. (2018): Die Schlacht im Tollensetal und ihre Bedeutung für die Geschichte des Krieges. –In: *Wemhoff, M. u. Rind, M. M. [Hrsg.]*: Bewegte Zeiten. Archäologie in Deutschland. Ausstellungskatalog. Museum für Vor- und Frühgeschichte Berlin, S. 270–281.

Jarmen. Informationen für Bürger und Gäste. – Amt Jarmen-Tutow 2004.

Jordan, B. (2010): Wietzow. Zur Geschichte eines Gutsdorfes. – In: Pommern. Zeitschrift für Kultur und Geschichte, 48, 2, S. 9–13.

Kratzke, C. (2004): Das Zisterzienserkloster Dargun in Mecklenburg-Vorpommern. Studien zur Bau- und Kunstgeschichte. – Petersberg (Studien zur internationalen Architektur- und Kunstgeschichte, 25).

Kuhl, R. (2009): Zwischen Märchenschloss und Dorfkirche. Kartlow als Gesamtkunstwerk romantisch-protestantischer Frömmigkeit in der Mitte des 19. Jahrhunderts. – In: Pommern. Zeitschrift für Kultur und Geschichte 47, 2, S. 16–25.

Langer, H. (1982): Hortus Bellicus. Der Dreißigjährige Krieg. Eine Kulturgeschichte, 3., überarbeitete Auflage. – Leipzig.

Lemcke, H. (1898): Die Bau- und Kunstdenkmäler der Provinz Pommern. T. 2, Bd. 1, H. 1: Der Kreis Demmin. – Stettin.

Maltzan, A. (1843): Beitrag zur Geschichte der Ostenschen Güter in Vorpommern. Aus Urkunden zusammengestellt mit drei Stammtafeln. - Schwerin.

Neuschäffer, H. (1993): Vorpommerns Schlösser und Herrenhäuser. - Husum.

Pawlak, K. (2004): Schloss Bredenfelde. - Berlin (Schlösser und Gärten in Mecklenburg-Vorpommern).

Pawlak, K. [Red.] (2009): Orangerien und historische Glashäuser in Mecklenburg-Vorpommern. - Schwerin.

Pulkenat, S. (2003): Die Arbeiten Peter Joseph Lennés in Mecklenburg-Vorpommern. - In: Melanie Ehler [Hrsg.] Fürstliche Gartenträume. - Berlin, S. 77–97.

Rodenberg, E. u. Dassow, H. (1999): Cartlow - Kartlow, 1245–1995, Chronik einer vorpommerschen Gemeinde. - Kartlow.

Rösener, W. (1993): Die Bauern in der europäischen Geschichte. - München.

Rösener, W. (1997): Einführung in die Agrargeschichte. - Darmstadt.

Ruiken-Fabich, A. (2011): Schloss Schmarsow 1697–2010. - In: Grenzregion zwischen Pommern und Mecklenburg, 7: Architektur. - Schwerin, S. 75–101.

Ruiken-Fabich, A.; Fabich, F. u. Dreyer, C. [Hrsg.] (2020): Zeitzeugen. Schmarsow 1942 bis 1955. - Schwerin.

Schmidt, B. (1913): Geschichte des Geschlechts von Maltzan und von Maltzahn, Abt. 2, 2: Das 16. und 17. Jahrhundert. - Schleiz.

Schwarz, U. (1987): Die niederadligen Befestigungen des 13. bis 16. Jahrhunderts im Bezirk Neubrandenburg. - Berlin.

Sieber, H. (1959): Schlösser und Herrensitze in Pommern. - Frankfurt am Main.

Johann Siebmacher's großes und allgemeines Wappenbuch … - Nürnberg 1856.

Straubel, R. (2022): Grundbesitz und Militärdienst. Kurzbiographien pommerscher Offiziere (1715–1806), Teil 1. - Wien u. Köln.

Wendt, R. (1994): Vernichtung von Kulturgut in zwei Weltkriegen. - In: Stier und Greif, 4. Jg., S. 29–33.

Zedlitz, L. von (1837): Neues Preussisches Adels-Lexicon oder genealogische und diplomatische Nachrichten von den in der preussischen Monarchie ansässigen oder zu derselben in Beziehung stehenden fürstlichen, gräflichen, freiherrlichen und adeligen Häusern. Mit der Angabe ihrer Abstammung, ihres Besitzthums, ihres Wappens und der aus ihnen hervorgegangenen Civil- und Militärpersonen, Helden, Gelehrten und Künstler, 4. - Leipzig.

Zeit (2005): Die Zeit. Das Lexikon mit dem Besten aus der Zeit, 8. - Hamburg 2005.

Siedlungsforschung. Archäologie – Geschichte – Geographie 40, 2023, S. 331–346

Dekommunisierung per Gesetz?

Zum Einfluss der ukrainischen Erinnerungsgesetze auf städtische Erinnerungslandschaften in der Ukraine vor dem Angriff Russlands am 24. Februar 2022[1]

Jan Peter Kosok

1 Einleitung

Nachdem die ukrainische Regierung unter Ministerpräsident Mykola Azarov[2] die Unterzeichnung des Assoziierungsabkommens mit der Europäischen Union im November 2013 abgelehnt hatte, kam es landesweit zu heftigen Protesten. Diese Proteste wurden als Revolution der Würde (ukrainisch: Rewoljuzija hidnosti) bekannt. In Folge trat im Januar 2014 die amtierende Regierung zurück. Im Februar verließ der Präsident Viktor Janukovyč das Land und wurde daraufhin abgesetzt. Die landesweiten Auseinandersetzungen zwischen pro-westlichen Kräften und pro-russischen Kräften eskalierten im Osten des Landes, wo von der Russischen Föderation unterstützte Separatisten 2014 ein Krieg begonnen wurde, vor dessen Hintergrund die Halbinsel Krim von der Russischen Föderation annektiert wurde.

Der eskalierende innenpolitische Konflikt um die Annäherung an die EU und die folgende Involvierung der Russischen Föderation spiegelte sich auch im Umgang mit den Symbolen der sowjetischen Herrschaft und des Kommunismus wider. Seit 2014 kam es zu einer raschen Delegitimierung der kommunistischen Symbole, die in Folge der unvollständigen Desowjetisierung der 1990er Jahre noch immer, in Form unterschiedlicher materieller Arrangements, also beispielsweise Dinglichkeiten, die in Verbindung zu menschlichem Handeln stehen (*Schatzki* 2016, S. 33), den öffentlichen Raum in der Ukraine prägten. Sie wurden unter anderem durch den auf Viktor Janukovyč folgenden

[1] Diesem Artikel liegt ein Vortrag auf der 48. Internationalen Jahrestagung des Arbeitskreises Kulturlandschaft vom 14.–17. September 2022 zugrunde.

[2] Im vorliegenden Beitrag werden kyrillisch geschriebene Wörter nach DIN 1460 transliteriert.

Präsidenten Petro Porošenko als ein Anliegen nationaler Sicherheit in Bezug auf die Aggression Russlands gegen die Ukraine bezeichnet (*Myshlovska* 2019, S. 374).

Am 24. Mai 2015 traten vier durch das ukrainische Parlament erlassene Gesetze in Kraft, welche die Erinnerungskultur an die sowjetische Vergangenheit der Ukraine neugestalten sollten. In diesem Beitrag soll der Einfluss dieser Gesetze auf städtische Erinnerungslandschaften in der Ukraine näher beleuchtet werden.[3] Erinnerungslandschaften werden dabei als einen „in erinnernden Tätigkeiten wahrgenommener Teil der Welt“ (*Maus* 2015, S. 66), in dem ortsbezogene Praktiken mit materiellen Arrangements in Wechselwirkung treten, verstanden. Als einzelne materielle Arrangements stehen in diesem Aufsatz insbesondere Denkmäler und Gebäude im Fokus des Interesses. Der Umgang mit diesen in erinnernde Praktiken eingebundene Materialitäten kann unterschiedliche Formen annehmen – beispielsweise Erhaltung, Veränderung, Translozierung, verfallen lassen oder Zerstörung –, welche auf die Einstellung zum symbolischen Gehalt verweisen. Neben den klassischen materiellen Arrangements werden in diesem Beitrag auch die (Um-)Benennung von Straßen bzw. Stadtvierteln als eine sprechende Sonderform der ortsbezogenen Praxis betrachtet. Lokal und regional können unterschiedliche Praktiken wirksam werden.

Der vorliegende Beitrag bezieht auf die Zeit vor der großangelegten Invasion der Ukraine, die die Russländische Föderation am 24.02.2022 gestartet hat. Die seitdem aufgetretenen Änderungen der ukrainischen Erinnerungslandschaften werden beispielsweise bei *Gironi* (2023) diskutiert, zur weiteren Entwicklung dieses Themas existiert jedoch größerer Forschungsbedarf.

2 Erinnerungsgesetze in der Ukraine von 2015

Die 2015 beschlossenen Erinnerungsgesetze bilden die verrechtlichte Form des neuen Umgangs mit den Symbolen der sowjetischen Herrschaft und des Kommunismus. Verschiedene Aspekte, Themen und Folgen der Gesetze waren bereits Gegenstand des wissenschaftlichen Diskurses (u. a. *Kovalov* 2022; *Myshlovska* 2018; *Simon* 2016). Im vorliegenden Beitrag werden die Gesetze in einer dezidiert geographischen Perspektive betrachtet und es wird untersucht, inwiefern die Erinnerungslandschaften in der Ukraine von den Gesetzen bis ins Jahr 2021 geprägt wurden. Besonderes Augenmerk wird dabei auf die Folgen der Gesetze gelegt, die sich auf die Darstellung der Figur Vladimir Il‘ič Lenin (1870–1924) und des Zweiten Weltkrieges beziehen.

---

[3] Die Fotos zum vorliegenden Beitrag wurden im September und Oktober 2021 im Rahmen des vom DAAD geförderten Projekts „Dekommunisierung und Ukrainisierung öffentlicher Räume in der Ukraine“ am Lehrstuhl für Wirtschaftsgeographie der Universität Tübingen aufgenommen.

Die unter dem Begriff Erinnerungsgesetze zusammengefassten Rechtsakte werden im Folgenden kurz erläutert, mit Ausnahme des Gesetzes „Über den Zugang zu den Archiven der Repressionsorgane des kommunistischen totalitären Regimes 1917–1991“[4], welches für die Gestaltung des öffentlichen Raumes und die Gestaltung der materiellen Erinnerungslandschaften keine besondere Relevanz hat.

Das Gesetz (I) „Über Verurteilung des kommunistischen und nazistischen totalitären Regimes“[5] ist für die Gestaltung des öffentlichen Raumes das bedeutendste. Es verbietet das Zeigen sowie die Verwendung von Symbolen des kommunistischen Regimes der Sowjetunion und des deutschen Nationalsozialismus und suggeriert so eine Gleichwertigkeit der beiden Ideologien. Der Wirkungsbereich des Gesetzes erstreckt sich auch auf Denkmäler. Darüber hinaus erzwingt es eine Umbenennung von Orten oder Straßen, deren bisherige Namen entweder von den Namen führender Kommunisten oder anderen im Sozialismus ideologisierten Bezeichnungen herrühren. Eine Ausnahme hiervon bilden Symbole an Objekten, die mit dem Sieg über das Dritte Reich in Zusammenhang stehen (Artikel 1, Absatz 4 des Gesetzes). Damit wird der Sieg im Zweiten Weltkrieg von der Erinnerung an die Sowjetunion losgelöst.

Das Gesetz „Über den rechtlichen Status und das ehrende Gedenken an die Kämpfer für die Unabhängigkeit der Ukraine im 20. Jahrhundert“ (II)[6] „zählt eine große Zahl von zivilen und militärischen Organisationen und Einrichtungen, politischen Gruppierungen […] seit 1917 auf, die für die Unabhängigkeit der Ukraine kämpften“ (*Simon* 2016, S. 90). Es stellt zugleich die Verleumdung des Ansehens dieser Organisationen unter Strafe.

Das Gesetz „Über die Verewigung des Sieges über den Nazismus im Zweiten Weltkrieg 1939–1945“ (III)[7] schreibt in Absatz 1 fest, dass die ukrainischen Kämpfer des Zweiten Weltkrieges weiterhin geehrt werden müssen und die damit verbundenen Symbole nach wie vor im öffentlichen Raum gezeigt werden dürfen, was auch sowjetische Symbole umfasst. Es setzt somit einen Teil von Gesetz I außer Kraft, wenn Sie in Verbindung mit dem Sieg im Zweiten Weltkrieg betreffen. Auf rechtlicher Ebene werden in diesem Gesetz auch die Kämpfer für die ukrainische Unabhängigkeit wie beispielsweise die Ukrainischen Aufstandsarmee (UPA), einer militärischen Organisation der Organisation

4 Ukrainisch: Pro dostup do archiviv represyvnych organiv komunistyčnogo totalitarnogo režymu 1917–1991 rokiv. Volltext: https://zakon.rada.gov.ua/laws/show/316-19#Text (Zugriff: 19. Dezember 2022).

5 Ukrainisch: Pro zasudžennja komunistyčnoho ta nacional-socialističnoho (nacists'koho) totalitarnych režymiv v Ukraïni ta zaborony propahandy ïchn'oï symboliky, Volltext: https://zakon.rada.gov.ua/laws/show/317-19#Text (Zugriff: 19. Dezember 2022).

6 Ukrainisch: Pro pravovyj status ta všanuvannja pam'jati borciv za hezaležnist' Ukraïny u XX stolitti, Volltext: https://zakon.rada.gov.ua/laws/show/314-19#Text (Zugriff: 19. Dezember 2022).

7 Ukrainisch: Pro uvičnennja peremohi nad nacyzmom u Druhij svitovij vijni 1939–1945 rokiv. Volltext: https://zakon.rada.gov.ua/laws/show/315-19#Text (Zugriff: 19. Dezember 2022).

Ukrainischer Nationalisten (OUN) unter ihrem Anführer Stepan Bandera (1909–1959) mit den Veteranen des Zweiten Weltkrieges gleichgestellt (*Myshlovska* 2018, S. 398). Bandera wird heute von russischsprachigen Ukrainern häufig kritisch gesehen, da er mit der OUN ab 1941 mit dem Deutschen Reich gegen die Sowjetunion kämpfte, später jedoch im Konzentrationslager Sachsenhausen als politischer Häftling bis Kriegsende gefangen gehalten wurde.

Die Erinnerungsgesetze können als eine Vereinheitlichung der Erinnerungspolitik auf einer nationalen Ebene gewertet werden (*Kovalov* 2022). Durch den Erlass der Gesetze wurde von Simon 2016 die These aufgestellt, dass „durch den Abbau der kommunistischen Denkmäler […] der öffentliche Raum ein neues Gesicht [erhält], das sich deutlich von dem bisherigen, durch die kommunistische Vergangenheit geprägten unterscheide" (*Simon* 2016, S. 85). Die Kritik an den Erinnerungsgesetzen kann hier aus Platzgründen nicht vertiefend dargestellt werden, ist jedoch in der Literatur ausführlich dokumentiert (u. a. *Myshlovska* 2018; *Simon* 2016; *Zhurzhenko* 2022). Für die folgende Argumentation ist zu betonen, dass ein solcher Eingriff in die offizielle Erinnerung in verschiedenen Wechselwirkungen mit der Wahrnehmung von Orten steht (*Jones u. Garde-Hansen* 2012, S. 5). Gleichzeitig stellt die flächendeckende Entfernung von Monumenten auch einen Verlust an Kulturerbe und historischer Landschaftsgestaltung dar.

3 Umbenennungen im öffentlichen Raum

In Gesetz I wird verlangt, Namen von Verwaltungseinheiten, Ortschaften und Straßen, die in Verbindung mit der sowjetischen Herrschaft stehen, innerhalb von drei Monaten nach dem Inkrafttreten des Gesetzes im Jahr 2015 umzubenennen. Dabei sind nicht nur prominente Namensgeber wie Lenin oder Karl Marx (1818–1883) betroffen, sondern auch Namen wie der Oktober-Bezirk (ukrainisch Žovtnevyj rajon), der auf die russische Oktoberrevolution bezieht (*Simon* 2016, S. 89). Die Umbenennung ist dabei als Praxis der Erinnerung bzw. in diesem Fall des Vergessens zu verstehen, die einen Eingriff in die Erinnerungslandschaft darstellt und diese verändert, um eine neue Sichtweise auf die Geschichte zu konstituieren. Es wird einem geänderten Bewusstsein in (Teilen) der Gesellschaft Ausdruck verliehen und dieses durch den praktischen Akt der Umbenennung dokumentiert.

Tabelle 1 zeigt die Regionen der Ukraine und ihre Zuordnung zur ukrainischsprachigen Westukraine, die Zentralukraine oder der stärker russischsprachig geprägte Süd- und Ostukraine mit der Anzahl der im Jahr 2015 nach Inkrafttreten der Erinnerungsgesetze umbenannten Städte und Dörfer. Zu erkennen ist, dass hier ein starkes Ost-West-Gefälle besteht. Während beispielsweise in der westlichen Oblast' L'viv lediglich 2 Orte umbenannt wurden, wurden in der Oblast' Dnipropetrovsk, im Osten des Landes Zentralukraine, 84 Ortschaften umbenannt. In der Tabelle ist also ein markanter Unterschied zwischen dem eher russischsprachig geprägten Osten und dem eher ukrainischsprachig geprägten Westen des Landes, wo viele Orte bereits in den 1990er und 2000er Jahren umbenannt wurden, zu sehen.

Name der Oblast	Anzahl der umbenannten Städte und Dörfer	Geographische Zuordnung
Donec'ka	99	Süd- und Ostukraine
Charkivs'ka	97	Süd- und Ostukraine
Dnipropetrov'ska	84	Süd- und Ostukraine
Avtonoma Respublika Krym	65	Süd- und Ostukraine
Odes'ka	55	Süd- und Ostukraine
Luhan'ka	51	Süd- und Ostukraine
Chersons'ka	48	Süd- und Ostukraine
Mykolaïvs'ka	45	Süd- und Ostukraine
Poltav'ska	43	Zentralukraine
Zaporiz'ka	41	Süd- und Ostukraine
Sums'ka	41	Zentralukraine
Kirovohrad'ska	40	Zentralukraine
Černihivs'ka	40	Zentralukraine
Kyïvs'ka oblasti	36	Zentralukraine
Žytomirs'ka	23	Zentralukraine
Vinnic'ka	23	Zentralukraine
Čerkas'ka	19	Zentralukraine
Chelmic'ka	14	Zentralukraine
Rivnens'ka	3	Westukraine
L'vivs'ka	2	Westukraine
Ternopils'ka	2	Westukraine
Zakarpats'ka	2	Westukraine
Volyns'ka	2	Westukraine
Sevastopol'	1	Süd- und Ostukraine
Černivec'ka	1	Westukraine
Ivano-Frankivs'ka	0	Westukraine
Mista Kyïvs'koï	0	Zentralukraine

Tabelle 1: Anzahl der umbenannten Orte nach Oblast.
Quelle: Eigene Darstellung nach uinp.gov.ua

Städtische Rajone, die in etwa vergleichbar mit deutschen Stadtbezirken sind, wurden in der Sowjetunion häufig nach ideologischen Gesichtspunkten benannt (*Czepczynski* 2010, S. 70). Die Rajone der ukrainischen Städte wurden in mehreren Phasen umbenannt.

Während vornehmlich im Westen der Ukraine bereits im Jahr nach der Orangefarbenen Revolution 2003 Rajone wie das Leninskij Rajon im westukrainischen Černivci umbenannt wurde[8], wurden im Osten der Ukraine vergleichbare Bezirke meist erst im Zuge der Erinnerungsgesetze 2015 umbenannt (*Simon* 2016, S. 89). Auch hier ist der Unterschied zwischen Osten und Westen des Landes erkennbar.

Die auf der kleinsten betrachteten räumlichen Ebene liegenden Straßennamen wurden in der Ukraine im Zuge der Dekommunisierung ebenfalls hauptsächlich in zwei Phasen umbenannt. Die erste Welle erfolgte in den 1990er Jahren nach dem Zusammenbruch der Sowjetunion und die zweite große Welle nach den Erinnerungsgesetzen (*Gnatiuk* 2018, S. 120). Die Zahl der umbenannten Straßennamen divergiert dabei zwischen den Regionen in den verschiedenen Phasen. In der Westukraine mussten nach dem Erlass der Gesetze im Jahr 2015 nur noch wenige Straßen umbenannt werden, während insbesondere im Südosten der Ukraine massenweise Straßen umbenannt werden mussten (*Gnatiuk* 2017, S. 123). Auffällig ist, dass die Straßen, deren Namen vor der Umbenennung häufig im Zusammenhang mit dem Zweiten Weltkrieg oder historischen Ereignissen und Personen der sowjetischen Geschichte standen, jedoch meist nicht nach umstrittenen Personen wie Bandera benannt wurden, der insbesondere im Westen der Ukraine in Teilen der Gesellschaft ein hohes Ansehen genießt, sondern andere Name gewählt wurden. Für den Namen von Bandera findet *Gnatiuk* (2018) in der zweiten Welle der Umbenennungen nur 34 neue Straßennamen. Bevorzugt wurden insbesondere nationale Größen wie der Dichter Taras Ševčenko (1814–1861) oder in vielen Fällen auch regional bekannte Persönlichkeiten ohne symbolische Verbindung mit dem Kommunismus oder der sowjetischen Herrschaft (*Gnatiuk* 2018, S. 132–133).

Im Straßenbild konnten im September und Oktober 2021 keine Hinweise darauf gewonnen werden, dass die neuen Straßennamen nicht angenommen werden. Dies zeigte sich insbesondere darin, dass keine erinnernden Praktiken gefunden wurden, die mit den alten Straßennamen in Verbindung standen, wie beispielsweise Überschreibungen neuer Straßenschilder oder die Verwendung alter Straßennamen im öffentlichen Raum wie beispielsweise auf Geschäften oder Stickern. Dies deutet darauf hin, dass die alten Straßennamen von vor 2015 kein Teil einer revisionistischen Erinnerungslandschaft sind, welche sich in öffentlichen Praktiken manifestiert.

4 Beseitigung von Denkmälern

Die Dekommunisierung des öffentlichen Raumes nach dem Erlass der Erinnerungsgesetze in der Ukraine unterscheidet sich deutlich von den anderen postsozialistischen

[8] Volltext der Verordnung: https://zakon.rada.gov.ua/laws/show/1075-15 (Zugriff: 19. Dezember 2022).

Ländern Mittel- und Osteuropas. In den ostmitteleuropäischen Ländern wurden die Denkmäler des Kommunismus meistens bereits unmittelbar nach dem Ende des Warschauer Paktes beseitigt; meist in ungeordneten, von lokalen Akteuren und deren persönlichen Befindlichkeiten getriebenen Prozessen (*Czepczynski* 2008, S. 114; *Janáč u. Ira* 2017, S. 20). Sie wurden symbolisch durch nationale und regionale Narrative ersetzt (*ebd.*). In der Ukraine hingegen hat dieser Prozess teilweise bis in die jüngste Vergangenheit angedauert und wurde durch die national einheitlichen Erinnerungsgesetze von 2015 obligatorisch (*Kovalov* 2022). Die Auswirkungen der Erinnerungsgesetze sind jedoch auch hier durch das Engagement lokaler Akteure, die teilweise bereits in den 1990er Jahren kommunistische Monumente demontierten, regional heterogen, wie das nachfolgende Kapitel zeigen wird.

4.1 Entfernung von Lenin-Monumenten

Eine besondere Rolle unter den Denkmälern nahmen die Lenin-Monumente ein, die als unverzichtbares Symbol der Herrschaft der Kommunistischen Partei der Sowjetunion in nahezu jeder Gemeinde aufgestellt wurden. Die Formen der Darstellung reichten von Köpfen über Büsten bis hin zu überlebensgroßen Statuen und standen häufig an zentralen Plätzen in den Städten und Dörfern. Was für die sowjetischen und kommunistischen Denkmäler im Allgemeinen gilt, gilt für die Lenin-Denkmäler im Besonderen. In der Ukraine überdauerten viele dieser Statuen und Büsten das Ende der Sowjetunion und wurden erst mit den Erinnerungsgesetzen entfernt. Diese Entwicklung steht im Gegensatz zu den weiter westlich gelegenen postsozialistischen Ländern, in denen die Lenin-Denkmäler bereits früher gestürzt wurden (*Czepczynski* 2010, S. 72).

Abb. 1 zeigt die Daten des Sturzes des jeweils letzten Lenin-Denkmals in ukrainischen Städten mit mehr als 100.000 Einwohnern (Stand: 2020). Zu sehen ist auch hier, dass ein Unterschied zwischen dem Westen und dem Osten des Landes besteht. In den Daten zeigt sich jedoch auch, dass die meisten Lenin-Statuen in den größten Städten bereits vor dem Inkrafttreten der Gesetze abgebaut oder zerstört wurden. Die besondere Bedeutung der Entfernung der Lenin-Denkmäler aus den Städten war symbolisch so herausragend, dass sich sehr rasch ein eigenes Wort im Ukrainischen dafür herausgebildet hat: „Leninopad“, deutsch etwa „Leninfall“ (*Zhurzhenko* 2015, S. 167).

Die Plätze der Leninstatuen blieben jedoch meist nicht leer. An die Stelle Lenins traten oft neue Statuen. Bei der Auswahl zeigen sich deutliche Parallelen zur Umbenennung von Straßen und Rajonen. Ein bedeutender Bezugspunkt der Umbenennung war dabei Taras Ševčenko. Die Ersetzung von Lenin durch Ševčenko hat dabei einen doppelten symbolischen Gehalt. Einerseits geht es um den Wandel vom sowjet-kommunistischen zum nationalen Symbol zum anderen besteht eine Tradition, die bis zu den ersten „Leninstürzen“ in den frühen 1990er zurückreicht. Die Ersetzungen lassen sich so in eine

Erinnerungspolitik einordnen, die vor die Erinnerungsgesetze von 2015 zurückreicht (*Malaia* 2018). An verschiedenen Orten wurden auch lokal oder regional bedeutsame Persönlichkeiten gewählt, um die Denkmäler zu ersetzen. So wurde beispielsweise Im zentralukrainischen Poltava der Hetman Ivan Masepa (1639–1709) genutzt (*Klymenko* 2020). Auffällig ist, dass die Figur Bandera zumindest in den größeren Städten keine Verwendung bei den neuen Statuen an prominenten Plätzen fand.

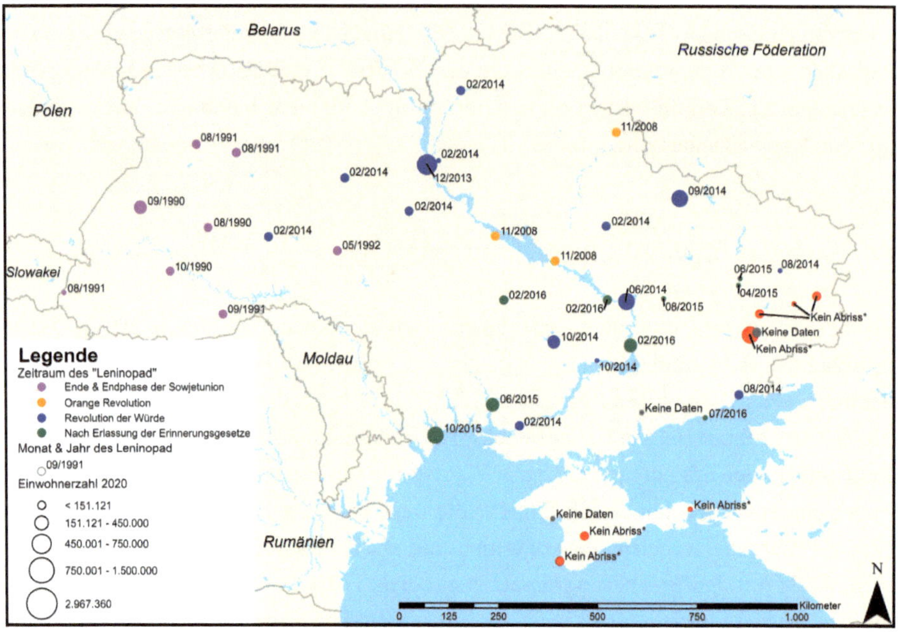

*Abb. 1: Datum des letzten „Leninopad" in Städten mit über 100.000 Einwohnern. *In den völkerrechtswidrig durch Russland besetzten Gebieten fand kein Leninopad statt. Quelle: D. Fuchs, eigene Darstellung und Recherche, Openstreetmap.org, mapbox.org (Zugriff: 19. Dezember 2022)*

Das Schicksal der abgebauten Statuen war meist die Zerstörung oder Aufbewahrung an öffentlich nicht zugänglichen Orten; jedoch kam es auch zu alternativen Umgängen mit den Monumenten. Eine Möglichkeit war dabei die symbolische Überschreibung, die „etwas von der Grundstruktur des Überschriebenen fest[hält]" (*Assmann* 2016, S. 23). Diese konnte in verschiedenen Formen auftreten. Ein Beispiel für diesen Umgang mit den Monumenten, welches International Schlagzeilen gemacht hat, ist die Leninstatue von Odesa am Schwarzen Meer. Diese wurde 2015 zunächst an ihrem ursprünglichen Standort abgebaut, in einen Vorort der Stadt gebracht und anschließend von einem Künstler zu einer Statue von Darth Vader aus dem Star Wars Franchise umgearbeitet. Darth Vader ist im politischen Diskurs der Ukraine sehr prominent und wird benutzt um zum einen die „böse" sowjetische Vergangenheit, zum anderen aber auch „maskierte" autoritäre Tendenzen in der heutigen Ukraine zu symbolisieren (*Zaporozhtseva* 2018). Diese Form des Umgangs – einer Umdeutung bzw. situativen Kommentierung des eigentlichen Denkmals am gleichen oder einem neuen Standort ist jedoch selten genutzt worden.

Eine weitere Variante der Umgestaltung der Erinnerungslandschaft ist es, den Sockel der entfernten Statue leer zu lassen und ihn den ukrainischen Nationalfarben Gelb-Blau oder den Farben der ukrainischen Aufstandsarmee UPA Rot-Schwarz zu übermalen. Damit wurde die Entfernung der Statuen noch einmal symbolisch betont und die Sockel zu einem neuen Element der Erinnerung, welches den Bruch zur sozialistischen Vergangenheit markiert und den öffentlichen Raum ukrainisiert. Inwieweit diese improvisierte Erinnerungspraktik jeweils verstetigt wird und somit überdauert, bleibt auch aufgrund ihrer sehr einfachen Machart und der rechtlichen Unsicherheit für den Moment noch fraglich.

4.2 Weiterhin vorhandene Symbole (aus der Zeit) des Kommunismus

Trotz der strengen Gesetzeslage zur Entfernung der Symbole des Kommunismus aus dem öffentlichen Raum existieren einige Ausnahmen, die bislang nicht entfernt wurden. Besonders hervorzuheben sind dabei denkmalpflegerische Erwägungen und symbolische Bedeutungen, die über die Legitimierung und Bezugnahme auf die Sowjetunion hinausgehen. Ein Beispiel für die denkmalschützerischen Erwägungen ist der Umgang mit dem roten Stern als einem einfachen, bekannten und sehr verbreiteten Symbol des Kommunismus, das auch im Staatswappen der Sowjetunion genutzt wurde. Er fand als Symbol Verwendung in zahlreichen Ornamenten und Mosaiken an Fassaden von Bauwerken. Der rote Stern ist weiterhin an vielen Orten in der Ukraine präsent. Beispiele für das Überdauern konnten im Rahmen der Datenerhebung in Kyiv und in Zaporižžja gefunden werden, wo sich viele Gebäude des Sozialistischen Klassizismus befinden. Auch im zentralukrainischen Dnipro, welches deutlich geringer durch den sozialistischen Klassizismus geprägt ist, finden sich weiterhin der rote Stern und andere sowjetische Symbole an Gebäuden.

Ein weiteres Beispiel für die Abwägung zwischen einer neuen symbolischen Gestaltung der Erinnerungslandschaft und Erwägungen, die denkmalschützerische Aspekte betreffen, ist die Erhaltung des „Monuments für die Werftarbeiter" in der südukrainischen Stadt Mykolaïv. Dieses auffällige Element der Stadtlandschaft wurde 1989 in der Endzeit der Sowjetunion errichtet und ist in russischer Sprache mit der Inschrift: „Den Werftarbeitern und Schiffskapitänen zum Gedenken an zwei Jahrhunderte Arbeit der Schiffsbauer von Nikolaev 1789–1989" (Russisch: Korabelam i flotovodzam v oznamenovanie dvuchekovogo truda Nikolaevskich cudostroitelej 1789–1989) versehen. Im Zentrum des Monuments steht ein Globus, um den herum in heroischer Pose Werftarbeiter und Seeleute aus verschiedenen historischen Epochen positioniert sind. Das Monument ist ein Beispiel für ein nicht allein durch die sozialistische Ideologie bestimmtes Monument, deren Abbau nicht zwingend vom Erinnerungsgesetz erfasst wird. Die Abwägung, die letztlich zum Erhalt des Denkmals führte, wird in diesem Beispiel durch die leichtere Umdeutbarkeit des Denkmals beeinflusst. Diese Möglichkeit besteht trotz der eindeutig sowjetischen Ikonographie. Dies macht es vergleichbar mit den für das Stadtjubiläum Kyivs im Jahr 1982 errichteten sowjetischen Ensembles, die ebenfalls trotz der deutlich erkennbaren sowjetischen Vergangenheit erhalten wurden (*Vlasenko u. Ryan* 2022).

Abb. 2: Ornamente an einem Gebäude in Dnipro. Foto: Jan Peter Kosok

Abb. 3: Denkmal für die Werftarbeiter in Mykolaiv. Foto: Jan Peter Kosok

Eine Sonderstellung unter den Monumenten der städtischen Erinnerungslandschaften nehmen die Denkmäler für die Gefallenen des sowjetischen Afghanistankrieges ein. Da der Krieg, der von 1979 bis 1989 stattfand und in der Sowjetunion geheim gehalten wurde, wurden die Monumente erst nach dem Ende der kommunistischen Herrschaft errichtet. Die Erinnerung wurde in den meisten Fällen durch Veteranen getragen (*Glew* 2021, S. 233–234) und die Erinnerungsorte wurden häufig in der Nähe von bestehenden Denkmälern für den Zweiten Weltkrieg errichtet (*Glew* 2021, S. 236). Auch bei den neuen Denkmälern wurde eine eindeutig sowjetische Ikonographie gewählt, wodurch eine symbolische Verknüpfung der Erinnerung an die beiden Kriege stattfand. Die sowjetische Symbolik der Denkmäler für den Afghanistankrieg, die sich unter anderem in roten Sternen sowie Hammer und Sichel zeigt, ist auch nach den Erinnerungsgesetzen von 2015 nicht verändert worden, obwohl die dort geehrten Veteranen nicht in der Verteidigung gegen den Nationalsozialismus oder im Kampf für die Unabhängigkeit der Ukraine gefallen sind und sie somit eigentlich dem Wirkungsbereich des Gesetzes unterfallen. Es scheint eine gesellschaftliche Akzeptanz für die Denkmäler und ihre sowjetische Ikonographie zu bestehen. Zusammenfassend ist somit zu architektonischen Elementen der Erinnerungslandschaften mit Bezug zum Kommunismus festzuhalten, dass Gebäudeelemente und Landmarken wie Monumente also nicht grundsätzlich zurückgebaut, verändert oder demoliert wurden. Es fand in Folge der Erinnerungsgesetze eine jeweils individuelle Abwägung statt und oft kam es zu einer Erhaltung.

Abb. 4: Sowjetstern am Afghanistan-Monument in Čerkasy. Foto: Jan Peter Kosok

5 Erinnerung an den Zweiten Weltkrieg

Eine Sonderstellung in der Erinnerungskultur der Ukraine nimmt der Zweite Weltkrieg ein. Er ist ungeachtet unterschiedlicher Interpretationen gesellschaftlich und in den Erinnerungslandschaften weiterhin sehr präsent. Die Denkmäler für den Zweiten Weltkrieg waren bereits in der Sowjetunion allgegenwärtig und wurden meist an herausgehobenen Plätzen in zentraler Lage errichtet und waren prägend für die Stadtlandschaften sozialistischer Städte in Europa (*Czepczynski* 2010, S. 74). Die Denkmäler aus dieser Zeit sind noch heute in der Ukraine in großer Zahl vorhanden.

Die sozialen Praktiken, die mit den Monumenten für den Zweiten Weltkrieg verbunden sind, unterscheiden sich jedoch von Stadt zu Stadt stark. Einige Monumente weisen Spuren von Vandalismus auf und sind dem Verfall preisgegeben (Abb. 5, rechte Seite). Andere Monumente werden gepflegt und erhalten und somit in einem besseren Zustand (Abb. 5, linke Seite). Speziell das Monument von Fedor Aleksandrovič Bobrov (1898–1944), der als General der Roten Armee bei der Eroberung Chernivtsis im Jahr 1944 mitwirkte, weist Spuren von kontinuierlichen erinnernden Praktiken auf, die sich hier in niedergelegten Kränzen und Blumen äußern. Diese Praktiken zeigen, dass auch im Westen der Ukraine Erinnerungsräume mit klarem Bezug auf die Sowjetunion bzw. ihre Vertreter existieren können und von der Gesellschaft durch Praktiken getragen werden können. Jedoch besteht hinsichtlich der erinnernden Praktiken im Rahmen von Gedenkveranstaltungen an einzelnen Denkmälern noch weiterer Forschungsbedarf.

Abb. 5: Erinnerung an den Zweiten Weltkrieg in Chernivtsi und Ivano-Frankivsk. Rechte Seite: Ivano-Frankivsk: Säule zur Erinnerung der Eroberung der Stadt durch die Rote Armee im Jahr 1944, Linke Seite: Denkmal für Bobrov, „Held der Sowjetunion". Foto: Jan Peter Kosok

Das Gesetz „Über den rechtlichen Status und das ehrende Gedenken an die Kämpfer für die Unabhängigkeit der Ukraine im 20. Jahrhundert" (II) hat nach den Recherchen im Jahr 2021 nicht zu einer großen Zunahme der Repräsentation in den lokalen Erinnerungslandschaften der großen Städte geführt. Die regionalen Unterschiede, insbesondere wieder zwischen der Ostukraine und der Westukraine, zeigen sich exemplarisch in den Diskussionen nach der orangefarbenen Revolution 2003 um die Aufstellung von Gedenksteinen für die UPA, als Teil einer genuin ukrainischen Erinnerung an den Zweiten Weltkrieg, in Städten der Ostukraine. Diese wurden kontrovers diskutiert, was in Charkiv sogar dazu führte, dass der Gedenkstein nach Ivano-Frankivsk in der Westukraine überführt werden musste (*Zhurzhenko* 2015, S. 160). Herauszustellen ist hier der Verzicht auf die Zerstörung des Denkmals zugunsten einer Umsetzung. Die Erinnerung an den zweiten Weltkrieg wird regional unterschiedlich gehandhabt. Während die Denkmäler in einigen Städten aktiv in erinnernde Praktiken eingebunden und gut gepflegt sind, verfallen sie in anderen Orten zusehends.

6 Fazit

Die Erinnerungslandschaften der ukrainischen Städte wurden durch die Erinnerungsgesetze von 2015 regional unterschiedlich beeinflusst und geprägt. Dies gilt einerseits räumlich, wo die Gesetze auf unterschiedliche Ausgangsbedingungen im eher russischsprachig geprägten Osten und dem eher ukrainischsprachig geprägten Westen des Landes trafen und somit einen unterschiedlichen Einfluss auf die Erinnerungslandschaften hatten. Andererseits gilt dies hinsichtlich der Elemente und den konstituierenden Praktiken der Erinnerungslandschaften Zusätzlich gibt es noch unterschiedliche Praktiken bezogen auf die unterschiedlichen Formen von Elementen der Erinnerungslandschaften.

Der Unterschied der Erinnerungslandschaften zwischen dem Osten und dem Westen des Landes bestanden bereits vor den Erinnerungsgesetzen 2015. So war die Dekommunisierung im Westen bereits weit fortgeschritten, während sie im Osten noch am Anfang stand. In der Folge kam es im Osten nach dem Beschluss der Gesetze zu zahlreichen Umbenennungen und Denkmalstürzen, während Im Westen des Landes dies oft bereits in den 1990er Jahren oder während der Orangen Revolution geschehen war. Dieser Unterschied lässt sich gut am Beispiel der Leninstatuen festmachen. Während diese Statuen im Westen des Landes bereits vor den Gesetzen weitestgehend entfernt worden waren, wurde dies im Osten erst mit den Gesetzen in vielen größeren Städten nachgeholt.

Es lassen sich unterschiedliche Praktiken für verschiedene Elementen und materiellen Arrangements der Erinnerungslandschaften identifizieren – je nach (historischem) Bezugspunkt und Kontext. Die Erhaltung von Gebäuden und ganzer Ensembles können als Teil einer differenzierteren Praxis des Erinnerns mit nuancierten Entscheidungen verstanden werden, bei der nicht alle Bezüge auf die sowjetische Vergangenheit getilgt werden, sondern auch ikonische Darstellung mit sowjetischem Bezug überdauern können. Eine Sonderrolle nimmt seit dem Ende der Sowjetunion die Erinnerung an die Afghanistankämpfer ein, die auch auf postsowjetischen Denkmälern mit einer sowjetischen Ikonographie geehrt werden. Insgesamt zeigt sich also ein weit differenzierter Umgang mit dem sowjetischen materiellen und symbolischen Erbe, als er in den Erinnerungsgesetzen von 2015 gefordert wird.

Trotz der Forderungen in den Erinnerungsgesetzen wurden die „Kämpfer für die Unabhängigkeit der Ukraine" nicht überall durch Monumente in den Fokus der Erinnerung gerückt. Im Osten des Landes eine solche Entwicklung bis heute nicht zu erkennen. Vielmehr wurden die Versuche, solche Erinnerungslandschaften zu konstituieren vielfach Gegenstand erbitterter Debatten.

Die Erinnerungslandschaften in der Ukraine sind das Ergebnis von verschiedenen Entwicklungen und gesellschaftlichen Prozesse seit dem Ende der Sowjetunion und den Folgen der Revolution der Würde 2014/15. Der Einfluss der Erinnerungsgesetze auf die materiellen Arrangements, die mit öffentlicher Erinnerung in Verbindung stehen, ist dabei unterschiedlich ausgeprägt was an den unterschiedlichen Bedingungen lag als auch an einer differenzierten und nuancierten Bewertung einzelner Elemente.

Zusammenfassung

Die 2015 erlassenen Erinnerungsgesetze zur Dekommunisierung in der Ukraine haben den öffentlichen Raum räumlich und inhaltlich unterschiedlich geprägt. Während die Erinnerungslandschaften im Westen der Ukraine bereits vor dem Inkrafttreten der Gesetze weitgehend dekommunisiert waren, wurden im Osten insbesondere Orts- und Straßennamen abgeändert. In den großen Städten im Westen der Ukraine und der Zentralukraine wurden die Denkmäler bereits (lange) vor dem Erlass der Erinnerungsgesetze gestürzt. Weitere Symbole des Kommunismus wie rote Sterne an Baudenkmälern oder ausgewählte Plastiken im öffentlichen Raum wurden unter anderem aus Gründen des Denkmalschutzes trotz der neuen Gesetzeslage nicht entfernt.

Summary: Decommunisation by law? On the influence of Ukrainian memory laws on urban memory landscapes in Ukraine before the Russian attack on 24 February 2022

The commemorative decommunization laws enacted in 2015 in Ukraine have shaped public space differently. While urban landscapes of memory in western Ukraine were already largely decommunized before the laws came into force, in the east it was mainly place and street names that were changed. The prominent Lenin monuments in the large cities have a special role, where they were often already toppled before the commemoration laws were enacted in 2015. Other symbols of communism, such as red stars on architectural monuments or selected sculptures in public spaces, were not removed for reasons of monument protection and among other reasons despite the new legislation.

Literatur

Assmann, A. (2016): Formen des Vergessens. – Göttingen (Historische Geisteswissenschaften: Frankfurter Vorlesungen, Nr. 9).

Czepczynski, M. (2008): Cultural Landscapes in Post-Socialist Cities. Representation of Powers and Needs. – Farnham, Burlington.

Czepczynski, M. (2010): Interpreting Post-Socialist Icons: From Pride and Hate Towards Disappearance and/or Assimilation. – In: Human Geographies – Journal of Studies and Research in Human Geography, 4, H. 1, S. 67–78.

Gironi C. (2023): Decolonizing Kyiv's politics of memory: current and potential implications of Russia's 2022 invasion of Ukraine on Ukrainian monuments and toponyms. – In: The Journal of International Relations, Peace Studies, and Development, 8, H. 1, Artikel 6.

Glew, A. (2021): Path dependent: positioning Ukrainian war memorials in a post-Soviet landscape. – In: Canadian Slavonic Papers/Revue Canadienne des Slavistes, 63, H. 1–2, S. 229–247.

Gnatiuk, O. (2018): The renaming of streets in post-revolutionary Ukraine: regional strategies to construct a new national identity. – In: AUC Geographica, 53, H. 2, S. 119–136.

Janáč, J. u. Ira, J. (2017): Materializing Identities in Socialist and Post-Socialist Cities. – In: *Ira, J. u. Janáč, J. [Hrsg.]*: Materializing Identities in Socialist and Post-Socialist Cities. – Prag.

Jones, O. u. Garde-Hansen, J. (2012): Introduction. – In: *Jones, O. u. Garde-Hansen, J. [Hrsg.]*: Geography and Memory. Explorations in Identity, Place and Becoming. – New York, S. 1–18.

Klymenko, L. (2020): Choosing Mazepa Over Lenin: The Transformation of Monuments and Political Order in Post-Maidan Ukraine. – In: Europe-Asia-Studies, 72, S. 815–836.

Kovalov, M. (2022): When Lenin Becomes Lennon: Decommunisation and the Politics of Memory in Ukraine. – In: Europe-Asia Studies, 74, S. 709–733.

Malaia, K. (2018): Monumental Landscapes and the Politics of Place: The First Lenin to Fall. – In: East/West: Journal of Ukrainian Studies, 5, H. 1, S. 139–156.

Maus, G. (2015): Erinnerungslandschaften. Praktiken ortsbezogenen Erinnerns am Beispiel des Kalten Krieges. – Kiel (Kieler Geographische Schriften, 127).

Myhslovska, O. (2017): Delegitimizing the Communist Past and Building a New Sense of Community: The Politics of Transitional Justice and Memory in Ukraine. – In: International Journal for History, Culture and Modernity, 7, S. 372–405.

Schatzki, T. (2016): Praxistheorie als flache Ontologie. – In: *Schäfer, H. [Hrsg.]*: Praxistheorie. Ein soziologisches Forschungsprogramm. – Bielefeld, S. 29–44.

Simon, G. (2016): Good Bye, Lenin! Die Ukraine verbietet kommunistische Symbole. – In: Osteuropa, Jg. 66, 2016, H. 3, S. 79–94.

Vlasenko, Y. u. Ryan, B. D. (2022): Decommunization by Design: Analyzing the Post-Independence Transformation of Soviet-Era Architectural Urbanism in Kyiv, Ukraine. – In: Journal of Urban History, Jg. 0, H. 0, S. 1–42.

Zaporozhtseva, L. (2018): Darth Vader in Ukraine: on the boundary of reality and mythology. In: Semiotica, 52, S. 261–277.

Zhurzhenko, T. (2015): Erinnerungskonflikte Gedenkpolitik im postsowjetischen Charkiv. In: Osteuropa, 65, H. 4, S. 153–171.

Zhurzhenko, T. (2022): Legislating Historical Memory in Post-Soviet Ukraine. – In: *Barkan, E.; Lang, A. [Hrsg.]*: Memory Laws and Historical Justice. The Politics of Criminalizing the Past. – Cham, S. 97–130.

Siedlungsforschung. Archäologie – Geschichte – Geographie 40, 2023, S. 347–363

Möglichkeiten und Grenzen der raumplanerischen Steuerung zur Landschaftsentwicklung auf regionaler Ebene

Betrachtet am Beispiel der Windenergieplanung im Landkreis Göttingen (Niedersachsen)

Ulrich Harteisen

1 Einleitung

Die Raumplanung soll überörtlich und fachübergreifend für einen Ausgleich der vielfältigen Ansprüche an den Gesamtraum sorgen. Die gesetzlich verankerte Grundidee der Raumordnung ist eine nachhaltige Raumentwicklung, so heißt es in § 1 (2) des Raumordnungsgesetzes (ROG): „Leitvorstellung [… der Raumordnung] ist eine nachhaltige Raumentwicklung, die die sozialen und wirtschaftlichen Ansprüche an den Raum mit seinen ökologischen Funktionen in Einklang bringt und zu einer dauerhaften, großräumig ausgewogenen Ordnung mit gleichwertigen Lebensverhältnissen in den Teilräumen führt". Rechtliche Grundlagen für die Raumplanung sind neben dem Raumordnungsgesetz des Bundes (ROG) die Landesraumordnungsgesetze. Das Raumordnungsrecht hat über die Raumplanung Einfluss auf die Landschaftsentwicklung oder anders ausgedrückt „Raumordnungsrecht macht Landschaft". Es lag daher nahe, im Rahmen der 48. Internationalen Tagung des Arbeitskreises für historische Kulturlandschaftsforschung in Mitteleuropa e. V. (ARKUM) mit dem Thema „Recht macht Landschaft" die Möglichkeiten und Grenzen der raumplanerischen Steuerung von Landschaftsentwicklung zu analysieren. Dieses Thema gewinnt zudem aktuell an Bedeutung, da die Raumplanung im Kontext der Energie- und Klimakrise aktuell u. a. vor der großen Herausforderung steht, den Umstieg auf erneuerbare Energien raumverträglich zu gestalten. So soll der Ausbau der Windenergie an Land erheblich beschleunigt werden, was zu Veränderungen der Landschaft führen und den Druck auf die Landschaft erhöhen wird.

In diesem Beitrag wird der Fokus daher bewusst auf die Windenergieplanung gerichtet und es werden am Beispiel des Landkreises Göttingen (Niedersachsen) Möglichkeiten und Grenzen der raumplanerischen Steuerung aufgezeigt. Diese Thematik ist aktuell von hoher Bedeutung, denn mit dem „Wind-an-Land-Gesetz" soll der Ausbau der Windenergie in Deutschland deutlich schneller vorangebracht werden. Bis Ende 2032 soll über die Länder 2 % der Fläche der Bundesrepublik Deutschland für die Windenergie ausgewiesen werden. Bundestag und Bundesrat haben das „Wind-an-Land-Gesetz" bereits im Juli 2022 verabschiedet und es ist am 1. Februar 2023 in Kraft getreten. (*Die Bundesregierung* 2023). In Niedersachsen sind die Landkreise die Träger der Regionalplanung und damit auch für die Windenergieplanung verantwortlich, weshalb in diesem Beitrag der Landkreis Göttingen beispielhaft betrachtet wird. Trotz einer fachlich anspruchsvollen und auf Ausgleich ausgerichteten Regionalplanung sind beim Bau von neuen Windenergieanlagen Konflikte an der Tagesordnung. *Gailing* (2013, S. 211) weist darauf hin, dass neue „Energielandschaften" häufig Konflikträume sind, aber gerade deshalb ist es von besonderer Bedeutung der Frage nachzugehen, wie es gelingen kann die Akzeptanz der Planung von „Energielandschaften" zu erhöhen. Der Beitrag schließt daher mit einer Betrachtung von Ansätzen zur Lösung der Akzeptanzprobleme.

2 Große Transformation und raumplanerische Steuerungsoptionen der Energiewende

Transformationen von Energiesystemen haben in der Menschheitsgeschichte immer auch zu Veränderungen von Landschaften geführt. *Schenk* (2011, S. 45 ff.) beschreibt die Transformationen von Energiesystemen und den damit zusammenhängenden Kulturlandschaftswandel (vgl. Abb. 1).

Aktuell befinden wir uns in der Übergangsphase von den fossil geprägten Energiesystemen zu den postfossilen Energiesystemen. Diese Übergangsphase wird auch als „Große Transformation zur Nachhaltigkeit" bezeichnet. *Bauriedl, Held u. Kropp* (2021, S. 29) sprechen in diesem Zusammenhang von einem singulären Übergang und einer historisch eigenen Phase, die trotz aller Beschleunigung Jahrzehnte dauern kann, da grundlegende Änderungen in politischen und wirtschaftlichen Systemen erforderlich werden. Diese „Große Transformation" ist mit komplexen Herausforderungen und Zielkonflikten verbunden und dennoch ist sie angesichts der fortschreitenden Klimakrise alternativlos. Der Sechste Sachstandsbericht des Weltklimarates, veröffentlicht im Jahr 2022 fasst den aktuellen Wissensstand zum Klimawandel zusammen und betont die herausragende Bedeutung des Ausbaus der erneuerbaren Energien. Die Deutsche Gesellschaft für die Vereinten Nationen e. V. unterstreicht in einer Meldung zum Sechsten Sachstandsbericht des Weltklimarats (IPCC) aus dem Jahr 2022 den Handlungsdruck und führt aus:

„Es wird eng, aber die Menschheit kann den Klimawandel noch entschärfen" …, weiter heißt es … „Als wirksamsten Schritt bezeichnet der IPCC-Bericht den raschen Ausbau der erneuerbaren Energie. Es sei notwendig Windkraft- und Photovoltaikanlagen sehr schnell auszubauen, weil das am stärksten zu CO2-Einsparungen betragen kann." … „Die nächsten Jahre entscheiden also darüber, ob es noch gelingt, den Klimawandel abzumildern. Wir befinden uns an einem Scheideweg" (*Deutsche Gesellschaft für die Vereinten Nationen e.V.*, 2022).

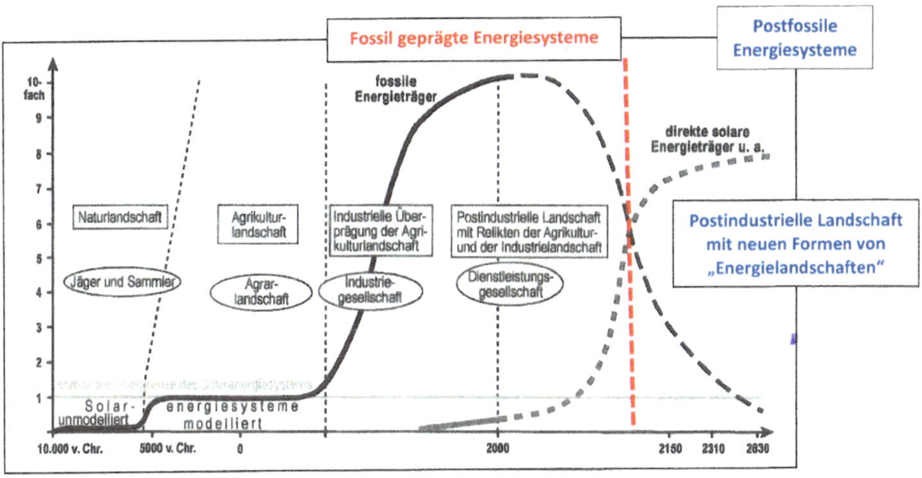

Abb. 1 Abfolge von Energiesystemen in der Menschheitsgeschichte. Quelle: Schenk 2011, S. 46, verändert Harteisen 2022

Wie das Raumordnungsrecht bzw. die Raumplanung zu einer klimagerechten Raumentwicklung für eine große Transformation beitragen kann, soll im Folgenden betrachtet werden. Im Raumordnungsgesetz heißt es in § 2 Abs. 1 Nr. 6: „Den räumlichen Erfordernissen des Klimaschutzes ist Rechnung zu tragen, sowohl durch Maßnahmen, die dem Klimawandel entgegenwirken, als auch durch solche, die der Anpassung an den Klimawandel dienen. Dabei sind die räumlichen Voraussetzungen für den Ausbau der erneuerbaren Energien, für eine sparsame Energienutzung sowie für den Erhalt und die Entwicklung natürlicher Senken für klimaschädliche Stoffe und für die Einlagerung dieser Stoffe zu schaffen." In Bezug auf die Umsetzung der Ziele der Raumordnung kommt der Regionalplanung eine zentrale Steuerungs- und Koordinationsfunktion zu. Das unterstreicht auch die Akademie für Raumentwicklung in der Leibniz-Gemeinschaft in ihrem Positionspapier 139 ‚Mit Regionalplanung die Zukunft gestalten', dort heißt es: „Die Regionalplanung ermittelt und sichert die notwendigen Flächen für erneuerbare Energien und die erforderlichen Leitungstrassen, insbesondere für die Nutzung von Wind- und Solarenergie, und sorgt für einen Ausgleich der zunehmenden Nutzungskonkurrenzen" (*ARL* 2022, S. 3). Die Regionalplanung verfolgt das Ziel Windenergieanlagen auf bestimmte Gebiete zu beschränken. Diese planerische Steuerung wird als Konzentrationszonenplanung bezeichnet. Es werden Eignungsgebiete für die Errichtung von Windenergieanlagen festgelegt, außerhalb dieser Eignungsgebiete ist die Errichtung von Windkraftanalgen bisher ausgeschlossen.

Mit dem Angriffskrieg Russlands auf die Ukraine veränderte sich nicht nur die geopolitische Lage, sondern es verschärfte sich mit der Einstellung des Öl- und insbesondere Gasimports aus Russland auch die Energiekrise in Deutschland, was wesentlich zu einem Umdenken in Bezug auf die Energieversorgung beigetragen hat. Die umfassenden gesetzlichen Veränderungen zur Beschleunigung des Ausbaus der Windenergie, die von Bund und Ländern im Jahr 2022 auf den Weg gebracht wurden, müssen auch in diesem Zusammenhang gesehen werden. Die Landkreise in Niedersachsen stehen aktuell vor der großen Herausforderung die gesetzlichen Änderungen bei der Aufstellung ihrer Regionalen Raumordnungsprogramme zu berücksichtigen. Bevor diese Veränderungen mit ihrer großen Relevanz für den Planungsprozess vorgestellt werden, sollen jedoch zunächst die grundsätzlichen regionalplanerischen Steuerungsoptionen zur Windenergieplanung am Beispiel des Landkreises Göttingen dargestellt werden.

3 Windenergieplanung auf regionaler Ebene als Beitrag zur Energiewende

In Niedersachsen sind die Landkreise und kreisfreien Städte Träger der Regionalplanung und stellen die Regionalpläne, die hier Regionale Raumordnungsprogramme (RROP) heißen, auf. Die regionalen Raumordnungsprogramme sollen die Vorgaben der Landesraumordnung konkretisieren, können aber auch zusätzliche Festlegungen treffen, sofern diese der Landesraumordnung nicht widersprechen.

3.1 Regionalplanerische Steuerung der Windenergieplanung im Landkreis Göttingen

In seiner Funktion als Untere Landesplanungsbehörde hat der Landkreis Göttingen die Aufgabe alle zehn Jahre das Regionale Raumordnungsprogramm neu aufzustellen. Da der ehemalige Landkreis Osterode am Harz und der ehemalige Landkreis Göttingen am 1. November 2016 eine Fusion eingegangen sind, umfasst der Planungsraum für das Regionale Raumordnungsprogramm 2020 nun insgesamt 175.329 ha.

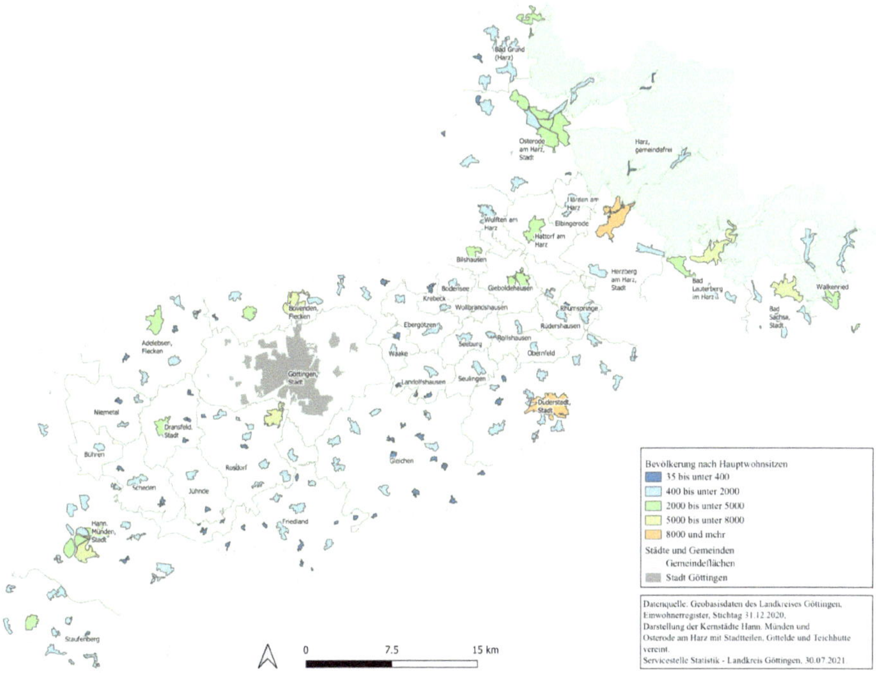

Abb. 2 Siedlungsstruktur des Planungsraums Landkreis Göttingen. Quelle: Landkreis Göttingen 2021b, S. 22

Die Siedlungsstruktur des Landkreises Göttingen ist durch einige Kleinstädte und sehr viele Dörfer unterschiedlicher Größe gekennzeichnet und weist eine Einwohnerzahl von 204.667 (ohne Stadt Göttingen) auf. Die Universitätsstadt Göttingen ist ein bedeutendes Oberzentrum in Südniedersachsen und hat aktuell 123.407 Einwohner (*Landkreis Göttingen* 2021a, S. 5). Die Stadt Göttingen, die sich zwar innerhalb des Planungsraumes RROP 2020 befindet, hat gemäß Niedersächsischen Kommunalverfassungsgesetz eine Sonderstellung, vergleichbar mit einer kreisfreien Stadt und damit das Recht, einen eigenen Regionalplan aufzustellen (*Landkreis Göttingen* 2021a, S. 5). Der Planungsraum Landkreis Göttingen ist zudem durch große Waldgebiete im Nordosten des Kreisgebietes im Harz und im Westen im Weserbergland sowie im Zentrum durch den Göttinger Wald und den Reinhäuser Wald geprägt. Siedlungen mit Abstandsvorgaben und auch zusammenhängende Waldgebiete sind bisher nicht als Standort von Windenergieanlagen vorgesehen.

Mit der Neuaufstellung des Regionalen Raumordnungsprogrammes 2020 verfolgt der Landkreis Göttingen das Ziel, die sozialen und wirtschaftlichen Ansprüche an den Raum mit seinen ökologischen Funktionen in Einklang zu bringen und zu einer dauerhaften, großräumig ausgewogenen Ordnung mit gleichwertigen Lebensverhältnissen in den Teilräumen beizutragen. Vor dem Hintergrund von Klima- und Energiekrise kommt aktuell der Windenergieplanung auf regionaler Ebene zur Umsetzung der Energiewende eine herausragende Bedeutung zu. Auf Grundlage des „Klimaschutzkonzeptes 2019–2023 – Klimaschutzpolitische Ziele und Maßnahmen für den Landkreis Göttingen" hat sich der Kreistag mit Beschluss vom 30. Oktober 2018 ambitionierte klimaschutzpolitische Ziele gesetzt. Der Landkreis Göttingen strebt an, bereits bis zum Jahr 2040 eine bilanzielle Neutralität der Treibhausgasemissionen vorzuweisen (Landkreis Göttingen 2020b, S. 6). Um dieses Ziel zu erreichen ist ein weiterer Ausbau der Windenergienutzung im Landkreis Göttingen zwingend notwendig. Im ersten Entwurf des Regionalen Raumordnungsprogramms 2020 wurden deshalb Vorranggebiete Windenergienutzung mit der Wirkung von Eignungsgebieten mit Ausschlusswirkung geplant. Um der planerischen Komplexität der Festlegung von Vorranggebieten für die Windenergienutzung gerecht zu werden, wurde eigens ein Methodenband zur Festlegung von Vorranggebieten für die Windenergienutzung mit Ausschlusswirkung im Rahmen der Aufstellung des Regionalen Raumordnungsprogramms erarbeitet. Darin heißt es: „Planerischer Leitgedanke der Steuerung der Windenergienutzung im Landkreis Göttingen mithilfe von Vorranggebieten mit Ausschlusswirkung ist der Ausgleich zwischen dem zur Erreichung der Klimaschutzziele weiter zu forcierenden Ausbau der Windenergienutzung auf der einen Seite und den Belangen des Landschafts- und Naturschutzes sowie der Bevölkerung im Landkreis Göttingen auf der anderen Seite" (*Landkreis Göttingen* 2020b, S. 23).

Die Planung von Vorranggebieten Windenergienutzung erfolgte im RROP 2020 Landkreis Göttingen in mehreren Schritten. Abb. 3 veranschaulicht die Planungsschritte.

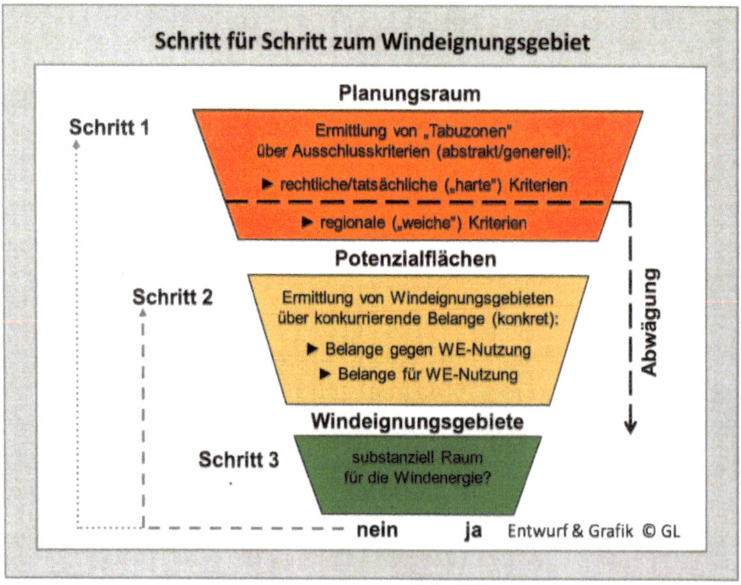

Abb. 3 Vereinfachte Darstellung des komplexen Verfahrens zur Festlegung von Windeignungsgebieten (= Vorranggebiete Windenergienutzung nach Landesraumordnungsgesetz Niedersachsen). Quelle: Gailing 2021, S. 28

Zunächst werden jene Flächen ermittelt, in denen eine Windenergienutzung aus tatsächlichen bzw. rechtlichen Gründen unmöglich ist. Zu diesen sogenannten „harten Tabuzonen“ gehören u. a. Gebiete mit überwiegender Wohnnutzung im Innenbereich nach §§ 30 und 34 BauGB mit festgelegtem Abstand zur Bebauung (Ausschlusszone), Nationalparke, Naturschutzgebiete, Natura 2000-Gebiete und Wasserschutzgebiete und auch Bundesautobahnen, Bundes-, Landes- und Kreisstraßen und Gleisanlagen mit festgelegtem Abstand (Ausschlusszone). Die aufgeführten harten Ausschlusskriterien belegen eine Fläche von 95.458 ha bzw. rd. 58 % des gesamten Landkreises Göttingen. Nach ihrem Abzug vom Planungsraum verbleiben somit noch gut 68.200 ha Flächen (= 42 % der Landkreisfläche), die möglicherweise, d. h. unter Berücksichtigung weiterer abwägungsrelevanter Belange und Raumansprüche sowie des planerischen Willens des Landkreises Göttingen, für die Festlegung von Vorranggebieten Windenergienutzung geeignet sind (*Landkreis Göttingen* 2020b, S. 45). Der Planungsträger definiert darüber hinaus sogenannte „weiche Tabuzonen“. Die Festlegung der weichen Ausschlusskriterien geschieht im Wege der planerischen Abwägung zwischen dem Anliegen, der Windenergienutzung ausreichend Raum zu geben, und dem jeweils widerstreitenden Belang und ist somit eine planerische Entscheidung des Landkreises Göttingen als Untere Landesplanungsbehörde. Der Landkreis Göttingen hat im Zuge der Neuaufstellung des RROP 2020 u. a. folgende „weiche Tabuzonen“ festgesetzt:

- Wald,
- Überschwemmungsgebiete,
- Vorranggebiete Rohstoffgewinnung,
- Gewerbe- und Industriegebiete und zudem
- Pufferzonen im Siedlungsbereich auf 1000/1200 m ausgeweitet

und damit die Flächen, die als Vorranggebiete Windenergienutzung in Frage kommen, weiter eingeschränkt.

Nach Abzug der harten und weichen Tabuzonen vom Planungsraum ergeben sich Potenzialflächen für die Windenergienutzung im Landkreis Göttingen als Rohkulisse potenzieller Vorranggebiete mit einer Gesamtfläche von 8.851 ha, entsprechend 5,41 % der Landkreisfläche auf (*Landkreis Göttingen* 2020b, S. 65). Von besonderer Bedeutung ist weiterhin die artenschutzrechtliche Risikoabschätzung in der Regionalplanung (Avifauna, Fledermäuse). Der Landkreis Göttingen liegt innerhalb eines der weltweiten Verbreitungsschwerpunkte des besonders geschützten und zugleich stark kollisionsgefährdeten Rotmilans und weist bundesweit mit die höchsten Siedlungsdichten auf. Im Ergebnis der arten- und gebietsschutzrechtlichen Betrachtungen reduziert sich die verbleibende Potenzialfläche erheblich von 8.353 ha um mehr als 60 % auf gut 3.200 ha (Landkreis Göttingen 2020b, S. 90). Die verbleibenden 31 Potenzialflächenkomplexe mit einer Gesamtfläche von gut 3.200 ha wurden abschließend der eigentlichen Einzelfallprüfung unterzogen. Am Ende des Prüf- und Steuerungsprozesses zur Ausweisung von Windeignungsgebieten im Zuge der Neuaufstellung des RROP 2020 wurden 29 Vorranggebiete für Windenergienutzung mit insgesamt 2.197 ha (= 1,34 % der Fläche des Landkreises Göttingen) festgesetzt (*Landkreis Göttingen* 2020b, S. 101).

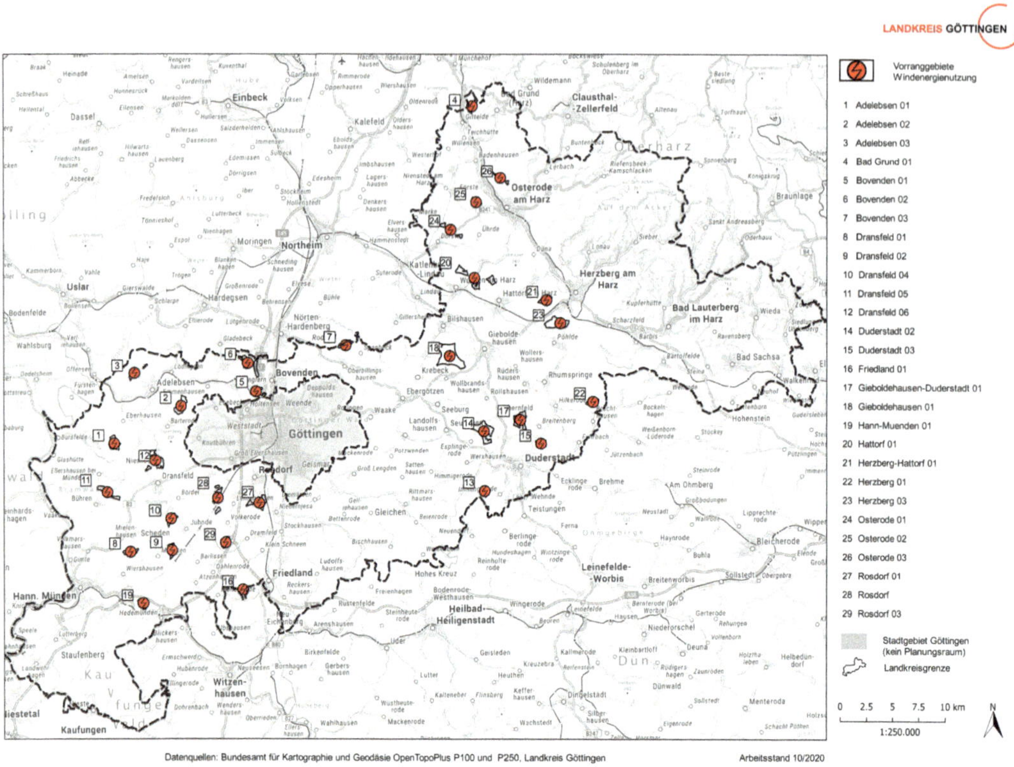

Abb. 4 Vorranggebiete für Windenergienutzung im 1. Entwurf des RROP Landkreis Göttingen. Quelle: Landkreis Göttingen 2020a, Beikarte 6

Die Betrachtung des Prozesses zur Festsetzung von Vorranggebieten für die Windenergienutzung verdeutlicht die räumlichen Steuerungsoptionen der Regionalplanung und veranschaulicht, dass das Raumordnungsrecht erheblichen Einfluss auf die Landschaftsentwicklung hat. Wie schon erwähnt folgten im Jahr 2022 als Reaktion auf die Klimakrise und die sich infolge des Angriffskriegs Russlands auf die Ukraine abrupt verschärfende Energiekrise weitgehende gesetzliche Änderungen mit erheblichen Auswirkungen auf die Regionalplanung. Die Träger der Regionalplanung, so auch der Landkreis Göttingen sind nun aufgefordert, die gesetzlichen Änderungen in der Regionalplanung umzusetzen. Aktuell wird deshalb ein 2. Entwurf des Regionalen Raumordnungsprogramms im Landkreis Göttingen erarbeitet. Im Folgenden wird dargestellt, was die gesetzlichen Veränderungen für die Regionalplanung im Landkreis Göttingen bedeuten.

3.2 Neuausrichtung der regionalplanerischen Steuerung

Die Vorgaben des neuen „Bundesgesetzes zur Erhöhung und Beschleunigung des Ausbaus von Windenergieanlagen an Land, kurz Wind-an-Land-Gesetz (WaLG)", welches am 1. Februar 2023 in Kraft getreten ist, haben unmittelbar Einfluss auf die regionalplanerischen Steuerungsoptionen für die Windenergieplanung im Landkreis Göttingen. Das Wind-an-Land-Gesetz (WaLG) ist ein Artikelgesetz, wobei Artikel 1 Windenergieflächenbedarfsgesetz und Artikel 2 Änderungen des Baugesetzbuches für die Windenergieplanung besonders relevant sind. Im WaLG ist unter Artikel 1 Windenergieflächenbedarfsgesetz (WindBG) ein Flächenbeitragswert für das Land Niedersachsen von 1,7 % bis 2027 und von 2,2 % bis 2032 festgelegt. Das Land Niedersachsen hat am 6. Februar 2023 die wissenschaftliche Flächenbedarfsberechnung zur Umsetzung des 2,2-Prozent-Ziels öffentlich vorgestellt und den Landkreisen als Träger der Regionalplanung Teilflächenziele für Windenergienutzung vorgegeben, welche nun rechtlich bindend sind. Im Landkreis Göttingen sollen 0,98 % der Fläche künftig für die Energieerzeugung mit Hilfe des Windes genutzt werden. Die Flächenpotentiale wurden nach objektiven Kriterien wie Besiedlungsdichte, Abständen zur Wohnbebauung, Belangen der Bundeswehr sowie FFH-, Naturschutz- und Vogelschutzgebieten berechnet (Niedersächsisches Ministerium für Umwelt, Energie und Klimaschutz 2023). Für den Landkreis Göttingen dürften die geforderten 0,98 % keine Überforderung darstellen, denn die im ersten Entwurf zum neuen Regionalen Raumordnungsprogramm (RROP) ausgewiesene Fläche für Windräder bewegt sich ja bereits bei 1,34 %. Der Landkreis Göttingen als Untere Landesplanungsbehörde hat die Flächenwerte für die Windenergienutzung nun allerdings nicht mehr selbst in der Hand, denn er ist verpflichtet das vorgegebene Teilflächenziel zu erreichen.

In diesem Zusammenhang ist auch eine Gesetzesänderung des Baugesetzbuches (BauGB) von Bedeutung, die regelt, dass Windenergieanlagen als „sonstige Vorhaben" nach § 35 Abs. 2 BauGB zu behandeln sind. Das bedeutet, dass es keine Privilegierung der Windenergie außerhalb von Vorranggebieten für Windenergie gibt, wenn die Teilflächenziele erreicht worden sind (*Landkreis Göttingen* 2022, S. 2). Diese Regelung unterstreicht noch einmal die außerordentliche Bedeutung der Festlegung von Vorranggebieten für Windenergie durch die Regionalplanung zur Erreichung des Teilflächenziels.

Es folgt noch ein Blick auf gesetzliche Änderungen des Landesraumordnungsgesetzes Niedersachsen und des Bundesnaturschutzgesetzes mit Bedeutung für die Windenergieplanung. Mit Kabinettsbeschluss vom 30. August 2022 wurde die Verordnung zur Änderung der Verordnung über das Landes-Raumordnungsprogramm Niedersachsen beschlossen und u. a. der Wald für die Windenergie bis auf historisch alte Waldstandorte geöffnet (*Landkreis Göttingen* 2022, S. 2). Durch die vierte Änderung des Bundesnaturschutzgesetzes, bereits am 29. Juli 2022 in Kraft getreten ist die Errichtung von

Windenergieanalagen nun zudem auch in Landschaftsschutzgebieten (LSG) nach § 26 BNatSchG Abs. 3 möglich. Beide gesetzliche Änderungen erweitern die räumlichen Optionen zur Ausweisung von Vorranggebieten für die Windenergienutzung, so auch im Landkreis Göttingen, erheblich.

Abschließend noch ein Blick auf eine sehr aktuelle gesetzliche Entwicklung in Niedersachsen. Am 17. April 2024 ist das Niedersächsische Gesetz zur Umsetzung des Windenergieflächenbedarfsgesetzes und über Berichtspflichten (Niedersächsisches Windenergieflächenbedarfsgesetz – NWindG –) in Kraft getreten und definiert nun die verbindlichen Teilflächenziele für die Ausweisung von Windenergiegebieten für die Träger der Regionalplanung in Niedersachsen. Im NWindG ist für den Landkreis Göttingen ein Teilflächenziel von 1,16 % bis 2032 festgelegt. Das bedeutet, der Landkreis Göttingen muss das Teilflächenziel von 1,16 % aus dem NWindG durch die Ausweisung von Vorranggebieten für Windenergienutzung erreichen. Der Landkreis Göttingen hat aktuell die neue Möglichkeit des Nds. Raumordnungsgesetzes (NROG), einen sachlichen Teilplan Windenergie aufzustellen, genutzt und das Thema Windenergie aus dem 1. RROP-Entwurf 2020 abgekoppelt und in einem eigenständigen Verfahren als Teilplan Windenergie 2024 umgesetzt. Die frühzeitige Auseinandersetzung mit den aktuellen Gesetzesänderungen und die Expertisen Dritter ermöglichten es, dass der Landkreis schon kurz nach der Rechtskraft des NWindG vom 17. April 2024 die neue Vorranggebietskulisse Windenergie am 7. Juni 2024 in die öffentliche Auslegung geben konnte (*Landkreis Göttingen* 2024).

Die Betrachtung der umfassenden gesetzlichen Änderungen, die im Jahr 2022, 2023 und 2024 auf den Weg gebracht wurden mit ihrer unmittelbaren Wirkung auf die raumplanerischen Steuerungsoptionen für die Windenergieplanung auf regionaler Ebene zeigt eindrucksvoll, wie sich verändernde politische Rahmenbedingungen und eine sich weiter verschärfende Klima- und Energiekrise auf das Raumordnungsrecht und damit auf die Instrumente der raumplanerischen Steuerung auswirken.

4 Energiewende durch Ausbau der Windenergie – auch eine Frage der Akzeptanz

In einer vom Bundesamt für Naturschutz (BfN) und vom Bundesinstitut für Bau-, Stadt- und Raumforschung (BBSR) in Auftrag gegebenen Studie zum Landschaftswandel wurde schon 2014 formuliert, dass „bei der Umsetzung der derzeitigen Energie- und Klimaziele … auf ca. 46 % der Fläche Deutschlands ein erheblicher Transformationsdruck zu erwarten ist“ (*BfN u. BBSR* 2014, S. 41). Durch die sich verschärfende Klima- und Energiekrise erhöht sich aktuell der Transformationsdruck erheblich. Der rechtliche Rahmen für einen beschleunigten Ausbau der Windenergie wurde mit dem Wind-an-Land-Gesetz geschaffen und die regionalplanerische Umsetzung wird erfolgen. Die Ausweitung von durch Windenergieanlagen dominierten Landschaften, sogenannten Energielandschaften wird dazu führen, dass sich gewohnte Landschaftsbilder erheblich verändern und in diesem Zusammenhang rückt die Akzeptanzfrage mehr denn je in den Vordergrund des Planungsprozesses.

Abb. 5 Windenergieanalagen verändern das Landschaftsbild, wie hier auf dem Höherberg im Landkreis Göttingen. Foto: Ulrich Harteisen

Der neue rechtliche Rahmen stellt die Regionalplanung ohne Frage vor erhebliche planungsmethodische Herausforderungen, bietet aber zugleich durch die Priorisierung der Windenergienutzung und die vorgegebenen Teilflächenziele auch einen für alle verbindlichen Zielkorridor, der den Umsetzungsdruck erhöhen wird. Aus der vorangegangenen Betrachtung der umfassenden rechtlichen Veränderungen könnte man schlussfolgern, dass in nächster Zeit vor allem hierarchische Entscheidungsmuster in der Regionalplanung an Bedeutung gewinnen werden und zur Lösung der Herausforderung beitragen sollen. Doch werden sie das Akzeptanzproblem lösen, wohl eher nicht. Trotz oder vielleicht auch gerade aufgrund des steigenden Umsetzungs- und Transformationsdrucks wird die Lösung der Akzeptanzprobleme in Zukunft die zentrale Herausforderung für die Windenergieplanung bleiben. Akzeptanzprobleme erfordern neue Planungsansätze. Die folgenden zwei Ansätze könnten in diesem Zusammenhang besonders wirksam sein:

1. Moderation ergänzt Planungsrecht. Durch eine partizipative Erarbeitung von „Regionalen Energiekonzepten" unter Beteiligung der ansässigen Bevölkerung und Wirtschaft können Konflikte früh erkannt und gemeinsam Lösungsansätze erarbeitet werden.

2. Wirtschaftliche Beteiligung schafft mehr Energiegerechtigkeit. Die Steigerung der Akzeptanz von Windenergienutzung kann durch die wirtschaftliche Beteiligung von Kommunen und Bürgerinnen und Bürgern (Bürgerwindpark als Genossenschaft) gelingen (vgl. *Harteisen, Kufeld, Kaether u. Malburg-Graf* 2021, S. 100 ff).

Die Energiewende wird nur dann gelingen, wenn Kommunen und Bürgerinnen und Bürger, die sich bisher häufig nur als Betroffene sahen immer mehr zu echten Beteiligten und Mitgestaltern der Energiewende werden. So könnten am Ende die umfassenden rechtlichen Veränderungen möglicherweise den partizipativen Verfahren in der Windenergieplanung Rückenwind geben. *Olbrich u. Fünfgeld* (2022, S. 13) zeigen, dass neben Möglichkeiten der Planungsbeteiligung insbesondere auch finanzielle Teilhabemöglichkeiten ein wichtiger Baustein sein können, um die lokale Akzeptanz von geplanten Windenergieanlagen zu erhöhen. Sie betonen, dass die finanzielle Teilhabemöglichkeit vor allem auch dazu beitragen kann, eine vertrauensvolle Beziehung zwischen Bürgerinnen und Bürgern, Projektentwicklern und -betreiberinnen herzustellen. Da Vertrauen eine zentrale Voraussetzung für einen gelingenden partizipativen Entwicklungsprozess darstellt, macht es Sinn die Planungsprozesse mit Teilhabemodellen zu flankieren. Die partizipative Prozessgestaltung der Windenergieplanung kann planungsmethodisch zudem sehr wirksam durch Visualisierungen, aber auch durch Termine vor Ort ergänzt werden. Für viele Menschen ist die Wirkung von Windenergieanlagen in der Landschaft ein maßgebliches Kriterium für ihre Meinungsbildung und gerade deshalb ist es wichtig im Planungsprozess die zu erwartenden Landschaftsveränderungen bildlich sichtbar zu machen und Wirkungen auf Siedlung und Landschaft offen anzusprechen und gemeinsam nach Wegen einer konfliktarmen Umsetzung zu suchen (*Horelt, Carius u. Ewen* 2022, S. 235).

5 Fazit

Ausgehend von der Analyse der Möglichkeiten und Grenzen der raumplanerischen Steuerung zur Landschaftsentwicklung auf regionaler Ebene, betrachtet am Beispiel der Windenergieplanung im Landkreis Göttingen können abschließend folgende vier zentrale Aussagen abgeleitet werden:

- Im Zuge des anstehenden Umbaus des fossilen zu einem postfossilen Energiesystem wird es erforderlich werden, in Deutschland weitere Flächen in erheblichem Umfang (mindestens 2 % der Landesfläche) für die Windenergienutzung bereitzustellen.
- Der raumverträgliche Ausbau der Erneuerbaren Energien und insbesondere der Windenergie ist eine zentrale Aufgabe der Regionalplanung. Die Regionalplanung verfügt über das Instrumentarium Windeignungsgebiete festzulegen und über eine Konzentrationszonenplanung den Windenergieausbau zu steuern.
- Diese Form der planerischen Steuerung trägt jedoch offensichtlich nicht zur Lösung

der Akzeptanzprobleme bei. Der Planungsprozess sollte deshalb zu einem moderierten, partizipativen Entwicklungsprozess zur Erarbeitung „Regionaler Energiekonzepte“ weiterentwickelt werden.

- Im Rahmen der partizipativen Erarbeitung „Regionaler Energiekonzepte“ sollten zudem vermehrt wirtschaftliche Teilhabemöglichkeiten für Kommunen und Bürgerinnen und Bürger aufgezeigt werden, um auch so Konflikte zu reduzieren.

Sowohl im Bereich der methodischen Ausgestaltung von partizipativen Planungsprozessen als auch bei der konkreten Entwicklung von finanziellen Teilhabemöglichkeiten besteht erheblicher Forschungsbedarf. Aufgrund des hohen Handlungsdrucks im Kontext von Klima- und Energiekrise kommt Forschungsvorhaben der anwendungsorientierten Partizipationsforschung in diesem Zusammenhang eine besondere Bedeutung zu, denn ohne Akzeptanz wird die Energiewende nicht gelingen.

Zusammenfassung

Die Raumplanung soll überörtlich und fachübergreifend für einen Ausgleich der verschiedenen Ansprüche an den Gesamtraum sorgen. Rechtliche Grundlagen für die Raumplanung sind neben dem Raumordnungsgesetz des Bundes (ROG) die Landesraumordnungsgesetze. Das Raumordnungsrecht hat somit einen Einfluss auf die Landschaftsentwicklung oder anders ausgedrückt „Raumordnungsrecht macht Landschaft“. Dieser Beitrag richtet den Fokus auf die raumplanerischen Steuerungsoptionen und zeigt Möglichkeiten aber auch Grenzen der planerischen Steuerung auf. Diesem Ansatz kommt aktuell auch deshalb eine besondere Bedeutung zu, da im Kontext der sich verschärfenden Klima- und Energiekrise die Raumplanung vor der großen Herausforderung steht, den Umstieg auf erneuerbare Energien raumverträglich zu gestalten. Von besonderer Bedeutung sind in diesem Zusammenhang umfassende gesetzliche Änderungen, die im Jahr 2022 auf den Weg gebracht wurden. Zu nennen ist hier insbesondere das neue „Bundesgesetz zur Erhöhung und Beschleunigung des Ausbaus von Windenergieanlagen an Land, kurz Wind-an-Land-Gesetz (WaLG)“, welches am 1. Februar 2023 in Kraft getreten ist und erhebliche Auswirkungen auf die regionalplanerischen Steuerungsoptionen haben wird. Die Träger der Regionalplanung stehen damit aktuell vor der großen Herausforderung diese gesetzlichen Änderungen zeitnah im Rahmen der Regionalplanung umzusetzen.

In diesem Beitrag werden am Beispiel der Windenergieplanung im Landkreis Göttingen Möglichkeiten und Grenzen der regionalplanerischen Steuerung betrachtet. Die Analyse der regionalplanerischen Steuerungsoptionen zeigt einerseits, wie das Raumordnungsrecht, umgesetzt durch die Regionalplanung konkret Landschaftsentwicklung steuern kann, andererseits werden aber auch Grenzen deutlich und zudem zeigen die jüngsten gesetzlichen Änderungen, wie dynamisch sich der Rechtsrahmen ändern kann, mit den damit verbundenen erheblichen Auswirkungen auf die planerischen Steuerungsoptionen.

Abschließend werden Ansätze zur Lösung von Akzeptanzproblemen erörtert, da trotz einer fachlich anspruchsvollen und auf Ausgleich ausgerichteten Regionalplanung beim Bau von neuen Windenergieanlagen Konflikte weiterhin die Diskussion bestimmen werden. Der Entwicklung von partizipativen Planungsmethoden und von finanziellen Teilhabemöglichkeiten für Kommunen und Bürgerinnen und Bürgern kommt in diesem Zusammenhang eine große Bedeutung zu, um die lokale Akzeptanz von geplanten Windenergieanlagen zu erhöhen.

Summary: Potentials and limits of spatial planning interventions for landscape development at regional level, considered using the example of wind energy planning in the Rural District of Göttingen (Lower Saxony)

The purpose of spatial planning is to ensure a supra-local and interdisciplinary balance of the various claims on the overall space. In addition to the Federal Spatial Planning Act (ROG), the legal basis for spatial planning is provided by the Federal State Spatial Planning Regulations. Spatial planning law thus has an influence on landscape development or, in other words, "spatial planning law makes landscape". This article focuses on the options spatial planning has to intervene in this process and points out its potential but also the limits of such interventions. This approach is currently of particular importance because in the context of the worsening climate and energy crisis, spatial planning is faced with the great challenge of making the switchover to renewable energies spatially acceptable. Of particular importance in this context are comprehensive legal changes that were initiated in 2022. Particularly worthy of mention is the new "Federal Act to Increase and Accelerate the Expansion of Onshore Wind Energy Plants, Wind-on-Land Act (WaLG)", which came into force on 1 February 2023 and will have a considerable impact on regional planning intervention options. The regional planning authorities are therefore currently faced with the great challenge of implementing these legal changes promptly within the framework of their regional planning departments.

This article focuses on the example of wind energy planning in the Göttingen district to examine the possibilities and limits of regional planning interventions. The analysis of regional planning intervention options shows on the one hand how spatial planning law, implemented through regional planning, can specifically shape landscape development, but on the other hand it also reveals limits and, moreover, the latest legal changes show how dynamically the legal framework can change, with considerable effects on the existing planning options for intervention.

Finally, approaches to solving acceptance problems are discussed, as conflicts will continue to dominate the discussion, despite a regional planning, which remains to be technically demanding and geared towards a balanced development of new wind energy plants. In this context, the development of participatory planning methods and of financial participation opportunities for municipalities and citizens is of great importance in order to increase the local acceptance of planned wind energy plants.

Literatur
Monographien

Schenk, W. (2011): Historische Geographie. - Darmstadt.

Sammelwerke

BfN u. BBSR [Hrsg.] (2014): Den Landschaftswandel gestalten! Potentiale der Landschafts- und Raumplanung zur modellhaften Entwicklung und Gestaltung von Kulturlandschaften vor dem Hintergrund aktueller Transformationsprozesse, 3: Energiewende als Herausforderung für die Regionen. - Bonn-Bad Godesberg.

Gailing, L. u. Leibenath, M. [Hrsg.] (2013): Neue Energielandschaften - Neue Perspektiven der Landschaftsforschung. - Wiesbaden.

Gailing, L.; Overwien, P.; Plehn, M.; Gaasch, N.; Lewerentz, H.; Riechel, R., Bues, A.; Naumann, M. u. Hoffmann, J. [Hrsg.] (2021): Regionale Steuerung der Energiewende in Nordostdeutschland - Innovationen im Planungssystem? - Hannover (Forschungsberichte der ARL, 17).

Hofmeister, S.; Warner, B. u. Ott, Z. [Hrsg.] (2021): Nachhaltige Raumentwicklung für die große Transformation - Herausforderungen, Barrieren und Perspektiven für Raumwissenschaften und Raumplanung. - Hannover (Forschungsberichte der ARL, 15).

Aufsätze in Zeitschriften

Horelt, M.-A.; Carius, R. u. Ewen, C. (2022): „Bildkritik" in der Windenergieplanung - Wie durch partizipative Prozessgestaltung ein sachlicher Bilderdiskurs gefördert werden kann. - In: Raumforschung und Raumordnung, 80, 2, S. 219–237.

Olbrich, S. u. Fünfgeld, H. (2022): Energiegerechtigkeit im Windenergieausbau - Finanzielle Teilhabe als Möglichkeit zur Stärkung lokaler Akzeptanz? - In: Raumforschung und Raumordnung, doi: 10.14512/rur.150.

Aufsätze in Sammelwerken

Bauriedl, S.; Held, M. u. Kropp, C. (2021): Große Transformation zur Nachhaltigkeit - konzeptionelle Grundlagen und Herausforderungen. - In: *Hofmeister, S.; Warner, B. u. Ott, Z. [Hrsg.]*: Nachhaltige Raumentwicklung für die große Transformation - Herausforderungen, Barrieren und Perspektiven für Raumwissenschaften und Raumplanung. –Hannover (Forschungsberichte der ARL, 15), S. 22–44.

Gailing, Ludger (2013): Die Landschaften der Energiewende – Themen und Konsequenzen für die sozialwissenschaftliche Landschaftsforschung. In: *Gailing, L. u. Leibenath, M. [Hrsg.]*: Neue Energielandschaften – Neue Perspektiven der Landschaftsforschung. –Wiesbaden, S. 207–215.

Harteisen, U.; Kaether, J.; Kufeld, W. u. Malburg-Graf, B. (2021): Instrumente, Modelle und Planungsprozesse zur Steuerung und Gestaltung einer nachhaltigen Raumentwicklung am Beispiel ausgewählter Handlungsfelder. In: *Hofmeister, S.; Warner, B. u. Ott, Z. [Hrsg.]*: Nachhaltige Raumentwicklung für die große Transformation – Herausforderungen, Barrieren und Perspektiven für Raumwissenschaften und Raumplanung– Hannover (Forschungsberichte der ARL, 15), S. 76–124.

Leibenath, Markus (2013): Energiewende und Landschafts-Governance: Empirische Befunde und theoretische Perspektiven. In: *Gailing, L. u. Leibenath, M. [Hrsg.]*: Neue Energielandschaften – Neue Perspektiven der Landschaftsforschung. – Wiesbaden, S. 45–63.

Niedersächsisches Ministerium für Ernährung, Landwirtschaft und Verbraucherschutz [Hrsg.] (2021): Raumordnung und Landesplanung. Rechtsvorschriften des Bundes und des Landes Niedersachsen, 4. Aufl. – Hannover.

Gesetze und Verordnungen

Baugesetzbuch (BauGB), Baugesetzbuch in der Fassung der Bekanntmachung vom 3. November 2017 (BGBl. I S. 3634), zuletzt geändert durch Artikel 2 des Gesetzes vom 4. Januar 2023 (BGBl. I Nr. 6), https://www.gesetze-im-internet.de/bbaug/BauGB.pdf (Zugriff: 11. Januar 2023).

Gesetz zur Erhöhung und Beschleunigung des Ausbaus von Windenergieanlagen, kurz Wind-an-Land-Gesetz (WaLG) vom 20. Juli 2022, https://www.bgbl.de/xaver/bgbl/start.xav#__bgbl__%2F%2F*%5B%40attr_id%3D%27bgbl122s1353.pdf%27%5D__1673616467613 (Zugriff: 10. Januar 2023).

Gesetz über Naturschutz und Landschaftspflege (Bundesnaturschutzgesetz – BNatSchG), Bundesnaturschutzgesetz vom 29. Juli 2009 (BGBl. I S. 2542), zuletzt durch Artikel 3 des Gesetzes vom 8. Dezember 2022, https://www.gesetze-im-internet.de/bnatschg_2009/BNatSchG.pdf (Zugriff: 11. Januar 2023).

Niedersächsisches Gesetz zur Umsetzung des Windenergieflächenbedarfsgesetzes und über Berichtspflichten (Niedersächsisches Windenergieflächenbedarfsgesetz – NWindG –) vom 17. April 2024 (Nds. GVBl. 2024 Nr. 31- VORIS 28010), https://voris.wolterskluwer-online.de/browse/document/cite/5bf0ada1-f904-3d6e-9f88-cb70a9160c97 (Zugriff: 25. Juli 2024)

Raumordnungsgesetz (ROG), Raumordnungsgesetz vom 22. Dezember 2008 (BGBl. I S. 2986), zuletzt geändert durch Artikel 3 des Gesetzes vom 20. Juli 2022 (BGBl. I S. 1353), https://www.gesetze-im-internet.de/rog_2008/ROG.pdf (Zugriff: 11. Januar 2023).

Verordnung zur Änderung der Verordnung über das Landes-Raumordnungsprogramm Niedersachsen (LROP-VO) vom 7. September 2022, https://www.ml.niedersachsen.de/download/188341/LROP_Verordnung.pdf (Zugriff: 11. Januar 2023).

Planungs- und Informationsmaterialien

ARL [Hrsg.] (2022): Mit Regionalplanung die Zukunft gestalten. Postionspapier aus der ARL 139, https://www.arl-net.de/system/files/media-shop/pdf/pospapier/pospapier_139.pdf (Zugriff: 11. Januar 2023).

Die Bundesregierung (2023): Mehr Windenergie für Deutschland, https://www.bundesregierung.de/breg-de/themen/klimaschutz/wind-an-land-gesetz-2052764 (Zugriff: 25. Juli 2024).

Deutsche Gesellschaft für die Vereinten Nationen e.V. (2022): Weltklimarat: Es wird eng, aber die Menschheit kann den Klimawandel noch entschärfen, Pressemeldung vom 08.04.2022, https://nachhaltig-entwickeln.dgvn.de/meldung/weltklimarat-es-wird-eng-aber-die-menschheit-kann-den-klimawandel-noch-entschaerfen (Zugriff: 10. Januar 2023).

Landkreis Göttingen [Hrsg.] (2020a): Regionales Raumordnungsprogramm 2020 für den Landkreis Göttingen, 1. Entwurf, https://www.landkreisgoettingen.de/fileadmin/eigene_Dateien/Landkreis/Regionalplanung_Regionalentwicklung/Regionales_Raumordnungsprogramm/Neuaufstellung%20RROP%202020/Gesamt_Entwurf_RROP_LK_Goettingen1.pdf (Zugriff: 10. Januar 2023).

Landkreis Göttingen [Hrsg.] (2020b): Regionales Raumordnungsprogramm 2020 für den Landkreis Göttingen, 1. Entwurf. Methodenband zur Festlegung von Vorranggebieten für die Windenergienutzung mit Ausschlusswirkung, https://www.landkreisgoettingen.de/fileadmin/eigene_Dateien/Landkreis/Regionalplanung_Regionalentwicklung/Regionales_Raumordnungsprogramm/Neuaufstellung%20RROP%202020/Methodenband_Windenergie.pdf (Zugriff: 10. Januar 2023).

Landkreis Göttingen [Hrsg.] (2021a): Zukunft planen und sichern. Warum ein Regionales Raumordnungsprogramm 2020 für den Landkreis Göttingen? https://padlet.com/lkgoettingen/RROP_2020/wish/2373286656 (Zugriff: 11. Januar 2023).

Landkreis Göttingen [Hrsg.] (2021b): Statistisches Berichtsheft des Landkreises Göttingen, https://www.wrg-goettingen.de/images/wrg/NEWSbilderLogosGrafiken/Landkreis_Stat_Bericht_2021_Download.pdf (Zugriff: 10. Januar 2023).

Landkreis Göttingen [Hrsg.] (2022): Handout zur Neuausrichtung der Windenergie im 2. Entwurf des regionalen Raumordnungsprogramms (RROP) für den Landkreis Göttingen, unveröffentlichtes Handout. - Göttingen.

Landkreis Göttingen [Hrsg.] (2024): Teilplan Windenergie für den Landkreis Göttingen 2024, https://www.landkreisgoettingen.de/landkreis/regionalentwicklung/regionales-raumordnungsprogramm/teilplan-wind (Zugriff: 25. Juli 2024)

Niedersächsisches Ministerium für Umwelt, Energie und Klimaschutz (2023): Auftakt für mehr Windenergie in Niedersachsen. Energieminister Meyer stellt wissenschaftliche Flächenbedarfsberechnung zur Umsetzung des 2,2-Prozent-Ziels vor, https://www.umwelt.niedersachsen.de/startseite/aktuelles/pressemitteilungen/pi-01-windkraft-219386.html (Zugriff: 8. Februar 2023).

Anschriften der Autoren, Herausgeber und Vorstandsmitglieder des Arbeitskreises

Anschriften der Autoren und Herausgeber

Prof. Dr. Anette Baumann M.A.: Institut für Geschichte der Frühen Neuzeit, Justus-Liebig-Universität Gießen, Otto-Behaghel Straße 10c, D-35294 Gießen. E-Mail: anette.baumann@geschichte.uni-giessen.de

Dr. Rudolf Bergmann: Pastor-Hoffmann-Straße 4, 48301 Nottuln. E-Mail: rudolf.bergmann56@gmail.com

Prof. Dr.-Ing. Sabine Bock: Wallstraße 46, D-19053 Schwerin. E-Mail: sabine.bock@thv.de

Prof. Dr. Falk Bretschneider: Centre Georg Simmel – UMR 8131 CNRS/EHESS, École des hautes études en sciences sociales. – 54 boulevard Raspail, F–75006 Paris. E-Mail: falk.bretschneider@ehess.fr

Prof. Dr. Andreas Dix: Professur für Historische Geographie, Institut für Geographie, Otto-Friedrich-Universität Bamberg – Am Kranen 12, D-96047 Bamberg. E-Mail: andreas.dix@uni-bamberg.de

Prof. Dr. Dr. h. c. mult. Werner Eck: Historisches Institut, Abteilung Alte Geschichte, Universität zu Köln – Albertus-Magnus-Platz, D-50923 Köln. E-Mail: ala13@uni-koeln.de

Prof. Dr. Matthias Egeler: Goethe-Universität, Institut für Skandinavistik – Norbert-Wollheim-Platz 1, D-60629 Frankfurt am Main. E-Mail: egeler@em.uni-frankfurt.de

Prof. Dr. Eike Gringmuth-Dallmer: Ostseestraße 98, D-10409 Berlin. E-Mail: eike.gringmuth@googlemail.com

Prof. Dr. Matthias Hardt: Abteilung „Mensch und Umwelt", Leibniz-Institut für Geschichte und Kultur des östlichen Europa (GWZO) – Specks Hof (Eingang A), Reichsstraße 4–6, D-04109 Leipzig. E-Mail: matthias.hardt@leibniz-gwzo.de

Prof. Dr. Ulrich Harteisen: Hochschule für angewandte Wissenschaft und Kunst Hildesheim/Holzminden/Göttingen (HAWK), Fakultät Ressourcenmanagement – Büsgenweg 1a, D-37077 Göttingen. E-Mail: ulrich.harteisen@hawk.de

Dr. Markus Hirte, LL.M.: Mittelalterliches Kriminalmuseum – Burggasse 3–5, D-91541 Rothenburg ob der Tauber. E-Mail: m.hirte@kriminalmuseum.eu

Dr. Nils Jörn: Archiv der Hansestadt Wismar – Altwismarstraße 7–17, D-23966 Wismar. E-Mail: NJoern@wismar.de

Jan Peter Kosok, M.A.: Rammertstraße 7, D-72072 Tübingen. E-Mail: jankosok@web.de

Univ.-Prof. i. R. Dr. iur. Heiner Lück: Bugenhagenstraße 16e, D-06110 Halle an der Saale. E-Mail: heiner.lueck@jura.uni-halle.de

Dr. Suzana Matešić: Geschäftsstelle der Deutschen Limeskommission – Am Römerkastell 1, D-61352 Bad Homburg vor der Höhe. E-Mail: suzana.matesic@deutsche-limeskommission.de

Prof. Dr. Haik Thomas Porada: Abt. Theorie, Methodik und Geschichte der Geographie, Leibniz-Institut für Länderkunde e.V. (IfL) – Schongauerstraße 9, D-04328 Leipzig. E-Mail: h_porada@leibniz-ifl.de

Dr. Patrick Reitinger: Abt. Theorie, Methodik und Geschichte der Geographie, Leibniz-Institut für Länderkunde e.V. (IfL) – Schongauerstraße 9, D-04328 Leipzig. E-Mail: p_reitinger@leibniz-ifl.de

Dr. Andreas Reuschel: Finkenstraße 19, D-49565 D-Bramsche. E-Mail: Andreas.Reuschel@web.de

Prof. Dr. Winfried Schenk: Unterer Neubergweg 17, D-97074 Würzburg. E-Mail: schenk@giub.uni-bonn.de

Prof. Dr. Rolf Peter Tanner: Hüsligasse 7A, CH-4917 Melchnau. E-Mail: rolf.tanner@phbern.ch

Dr. iur. Raimund J. Weber: Ziegelwiesenstraße 33, 73540 D-Heubach. E-Mail: raimweb@gmx.de

Vorstandsmitglieder des Arbeitskreises

Prof. Dr. Vera Denzer: Institut für Geographie, Universität Leipzig – Johannisallee 19a, D-04103 Leipzig. E-Mail: denzer@uni-leipzig.de

Prof. Dr. Andreas Dix: Professur für Historische Geographie, Geographisches Institut, Otto-Friedrich-Universität Bamberg, – Am Kranen 12, D-96047 Bamberg. E-Mail: andreas.dix@unibamberg.de

Prof. Dr. Matthias Hardt: Leibniz-Institut für Geschichte und Kultur des östlichen Europa (GWZO) – Specks Hof (Eingang A) Reichsstraße 4–6, D-04109 Leipzig. E-Mail: matthias.hardt@leibniz-gwzo.de

Prof. Dr. Ulrich Harteisen: Hochschule für angewandte Wissenschaft und Kunst (HAWK), Fakultät Ressourcenmanagement – Büsgenweg 1a, D-37077 Göttingen, E-Mail: ulrich.harteisen@hawk.de

Dr. Eike Henning Michl: Kulturstiftung Sachsen-Anhalt, Domplatz 33a, D-38820 Halberstadt, E-Mail: eike.michl@kulturstiftung-st.de

Dr. Maurice Paulissen: Faculteit Cultuurwetenschappen, Open Universiteit – Valkenburgerweg 177, 6419 AT Heerlen. E-Mail: maurice.paulissen@ou.nl

Prof. Dr. Haik Thomas Porada: Abt. Theorie, Methodik und Geschichte der Geographie, Leibniz-Institut für Länderkunde e.V. (IfL) – Schongauerstraße 9, D-04328 Leipzig. E-Mail: h_porada@leibniz-ifl.de

Dr. Patrick Reitinger: Abt. Theorie, Methodik und Geschichte der Geographie, Leibniz-Institut für Länderkunde e.V. (IfL) – Schongauerstraße 9, D-04328 Leipzig. E-Mail: p_reitinger@leibniz-ifl.de

Prof. Dr. Peter Rückert: Landesarchiv Baden-Württemberg, Hauptstaatsarchiv Stuttgart – Konrad-Adenauer-Straße 4, D-70173 Stuttgart. E-Mail: peter.rueckert@la-bw.de

PD Dr. Orsolya Tamáska-Heinrich: Leibniz-Institut für Geschichte und Kultur des östlichen Europa (GWZO) – Specks Hof (Eingang A) Reichsstraße 4–6, D-04109 Leipzig. E-Mail: orsolya.heinrich-tamaska@leibniz-gwzo.de

Prof. Dr. Rolf Peter Tanner: Hüsligasse 7A, CH-4917 Melchnau. E-Mail: rolf.tanner@phbern.ch

Content

Spaces of law

Landscape in recent law

General Part

Schwerpunktthemen der bisher erschienenen Bände der Zeitschrift Siedlungsforschung. Archäologie – Geschichte – Geographie

Band 1, 1983, S. 15–166
Stadtrandphänomene
Mit Beiträgen von: Busso von der Dollen, Burkhard Hofmeister, Winfried Schich, Felix Escher, Wolfgang Hofmann, Eberhard Bohm, Franz Irsigler, Henriette Meynen.

Band 2, 1984, S. 7–185
Mittelalterliche und frühneuzeitliche Siedlungsentwicklung in Moor- und Marschengebieten
Mit Beiträgen von: Michael Müller-Wille, Hans-Jürgen Nitz, Hendrik van der Linden, Guus J. Borger, Ekkehard Wassermann, Klaus Brandt, Rosemarie Krämer, Dietrich Hoffmann, Hans Joachim Kühn und Bodo Higelke.

Band 3, 1985, S. 7–85
Methodische und konzeptionelle Weiterentwicklungen in der historisch-geographischen Siedlungs- und Kulturlandschaftsforschung
Mit Beiträgen von: Klaus Fehn, Dietrich Denecke, Helmut Hildebrandt und Neek Maqsud, Hans-Jürgen Nitz.

Band 4, 1986, S. 9–184
Verkehrswege und ihre Bedeutung für die Kulturlandschaft
Mit Beiträgen von: Karlheinz Willroth, Birgitta Hardh, Svend Gissel, Franz Irsigler, Karel A. H. W. Leenders, Ulrich Troitzsch, Frank Norbert Nagel, Gerhard Oberbeck.

Band 5, 1987, S. 9–204
Städtisches Wohnen
Mit Beiträgen von: Wilfried Krings, Günter P. Fehring, Miroslav Richter und Zdenek Smetánka, Pavel J. Michna und Vladimír Nekuda, Herbert Knittler, Jürgen Ellermeyer, Josef Ehmer, Renate Banik-Schweitzer.

Band 6, 1988, S. 9–214
Frühe Umwelten
Mit Beiträgen von: Helmut Jäger, Walter Janssen, Jens Lüning und Arie J. Kalis, Karl-Ernst Behre, Helmut Bender, Ulf Dirlmeier, Christian Pfister, Jürgen Hagel, Engelbert Schramm, Achim Rost, Reinhard Mook und Helge Salvesen, Günter Bayerl, Hubert Mücke.

Band 7, 1989, S. 9–216
Siedlungs- und Kulturlandschaftsentwicklung am Unterlauf großer Ströme am Beispiel des Rhein-Maas-Deltas
Mit Beiträgen von: Guus J. Borger, J. H. F. Bloemers, W. J. H. Willems, H. A. Heidinga, Peter Henderikx, Herbert Sarfatij, Adriaan Verhulst, Jan Bieleman, J. D. H. Harten, Jelier A. J. Vervloet, Johannes Renes und Gerard P. van der Ven.

Band 8, 1990, S. 9–206
Siedlungsprozesse an der Höhengrenze der Ökumene. Am Beispiel der Alpen
Mit Beiträgen von: Klaus Aerni, Hans-Rudolf Egli, René Wyss, Jürg Rageth, Paul Gleirscher, Werner Kreisel, Werner Meyer, Werner Bätzing, Hans Becker, Susanne Pacher.

Band 9, 1991, S. 9–227
Der Einfluss politischer Grenzen auf die Siedlungs- und Kulturlandschaftsentwicklung
Mit Beiträgen von: Franz Irsigler, Hermann Parzinger, Helmut Bender, Vladimír Nekuda, Armin Ratusny, Hans-Jürgen Nitz, Winfried Schich, Ludwig Schober, Johann-Bernhard Haversath, Klaus Fehn.

Band 10, 1992, S. 9–210
Die Besiedlung der höheren Mittelgebirge
Mit Beiträgen von: Dietrich Denecke, Wolf-Dieter Sick, Uwe Kühl, Jörg Stadelbauer, Rainer Graafen, Heiko Steuer, Eike Gringmuth-Dallmer, Gerhard Billig und Volkmar Geupel, Wolfgang Schwabenicky.

Band 11, 1993, S. 9–291
Entstehung und Entwicklung kleinerer Städte
Mit Beiträgen von: Klaus Fehn, Hans Losert, Hans-Georg Stephan, Gabriele Isenberg, Miroslav Richter und Tomáš Velímský, Lieselott Enders, Michel Pauly, Ronald Flückiger-Seiler, Ernst Pleßl, Martina Stercken, Gerhard Henkel, Alois Mayr.

Band 12, 1994, S. 9–233
Wüstungsprozesse – Wüstungsperioden – Wüstungsräume

Mit Beiträgen von: Dietrich Denecke, Rudolf Bergmann, Manfred Balzer, Günter Mangelsdorf, Vladimír Nekuda, Rostislav Nekuda, Ervín Černý, Alojz Habovštiak, Hans Krawarik, Peter Rückert, Peter Čede, Johannes Renes.

Band 13, 1995, S. 9–249
Brüche in der Kulturlandschaftsentwicklung
Mit Beiträgen von: Hans-Jürgen Nitz, Georg Kossack, Walter Janssen, Karlheinz Blaschke, Felix Escher, Frank Hering, Dieter Scholz, Heinz Günter Steinberg, Thomas Wölker, Luise Grundmann, Heinz Schürmann, Horst Förster, Jörg Stadelbauer.

Band 14, 1996, S. 7–313
Kulturlandschaftsmuster und Siedlungssysteme
Mit Beiträgen von: Eike Gringmuth-Dallmer, Günter Löffler, Harm Tjalling Waterbolk, Theo Spek, Wim A. Ligtendag, Johannes A. Mol und Paul Noomen, Johannes Ey, Dirk Meier, Hans-Rudolf Egli, Carl-Hans Hauptmeyer.

Band 15, 1997, S. 9–220
Maritime Kulturlandschaften am Beispiel des Ostseeraumes
Mit Beiträgen von: Michael Müller-Wille, Christer Westerdahl, Winfried Schich, Andreas Dix, Achim Leube, Axel Priebs, Rolf Plöger, Bruno Benthien, Susanne Schumacher-Gorny, Gerd Hoffmann, Walter Dörfler, Michael Müller-Wille und Jörn Thiede.

Band 16, 1998, S. 9–362
Bergbau- und Industrielandschaften unter besonderer Berücksichtigung von Steinkohlenbergbau und Eisen- und Stahlindustrie
Mit Beiträgen von: Klaus Fehn, Wolfgang Wegener, Hans-Werner Wehling, Rolf Plöger, Johannes Biecker und Heinrich Otten, Michael Hartenstein, Horst Kranz, Jörg Wiesemann, Johannes Renes, Georg Römhild, Günther Hein, Christoph Willms.

Band 17, 1999, S. 9–318
Dörfer in vorindustriellen Altsiedellandschaften
Mit Beiträgen von: Werner Rösener, Johann-Bernhard Haversath, Mathias Austermann, Norbert Gebauer, Udo Recker, Birgitta Vits, Ulrich Reuling, Reinhard Bauer, Jürg Tauber, Friedrich Eigler, Hans Krawarik, Armin Ratusny, Eike Gringmuth-Dallmer, Matthias Hardt, Hans-Jürgen Nitz.

Band 18, 2000, S. 9–261
Zukunftsperspektiven der genetischen Siedlungsforschung in Mitteleuropa
Mit Beiträgen von: Klaus Fehn, Winfried Schenk, Peter Rückert, Klaus-Dieter Kleefeld, Hermann Parzinger, Perdita Pohle, Dirk Meier, Karl Martin Born, Matthias Koch,

Günther Moosbauer, Hansjörg Küster, Renate Gerlach, Bernward Selter, Gabriele Recker, Ulrich Stanjek, Oliver Karnau, Josef Mangold, Franz Maier, Helmut Flachenecker, Jürgen Vollbrecht, Heinrich Otten. Die Beiträge von Dietrich Denecke und Rudolf Bergmann finden sich in Band 19, 2001.

Band 19, 2001, S. 9–270
Wald und Siedlung
Mit Beiträgen von: Winfried Schenk, Günter Moosbauer (mit einem Beitrag von Matthias Leopold und Jörg Völkel), Chrystina Häuber, Hansjörg Küster, Christoph Morissey, Peter Rückert, Bernd-Stefan Grewe, Aline Kottmann und Reinhold Schaal, Bernward Selter, Anton Schuler, Richard Pott und Holger Freund, Franz Schmithüsen, Per Grau Møller.

Band 20, 2002, S. 9–237
Religion und Kulturlandschaft
Mit Beiträgen von: Winfried Schenk, Leszek Paweł Słupecki, Jerzy Strzelczyk, Izabela Skierska, Ralf Gebuhr, Winfried Schich, Rudolf Bergmann, Jerzy Piekalski, Krzysztof R. Mazurski, Peter Čede, Oliver Karnau, Zoltán Ilyés, Klaus Fehn, Dietrich Denecke.

Band 21, 2003, S. 7–215
Singuläre und periodische Großveranstaltungen in ihrer Auswirkung auf die historische Kulturlandschaft
Mit Beiträgen von: Klaus Fehn, Karl-Heinz Willroth, Hans-Wilhelm Heine, Hauke Jöns, Caspar Ehlers, Christoph Bartels, Monika Meyer-Künzel, Dieter Rödel und Franz Kümmerle, Klaus Fesche, Olaf Mußmann, Siegfried Zelnhefer.

Band 22, 2004, S. 7–202
Kernräume und Peripherien
Mit Beiträgen von: Dietrich Denecke, Franz Irsigler, Günter Mangelsdorf, Heiko Steuer, Christian Lübke, Hans Rudolf-Egli, Klaus Fehn, Reinhard Zölitz-Möller, Helmut Klüter, Reinhold E. Lob.

Band 23, 2005, S. 9–294
Naturkatastrophen und Naturrisiken
Mit Beiträgen von: Thomas Glade, Karl-Ernst Behre, Guus J. Borger, Elke Freifrau von Boeselager, Manfred Jakubowski-Tiesen, Eike Gringmuth-Dallmer, Peter Rückert, Birgit Heuser-Hildebrandt, Martin Gudd, Christian Rohr, Lukas Clemens, Mathias Deutsch und Karl-Tilman Rost, Christian Stolz, Thomas Meier, Klaus Fehn.

Band 24, 2006, S. 9–312
Historische Kulturlandschaftsforschung im Spannungsfeld von älteren Ansätzen und aktuellen Fragestellungen und Methoden
Mit Beiträgen von: Winfried Schenk, Klaus Fehn, Ute Wardenga, Sebastian Brather, Eike Gringmuth-Dallmer, Fred Ruchhöft, Rainer Schreg, Udo Recker, Rudolf Bergmann, Theo Spek, Johannes Renes und C. A. Kolen, Peter Rückert, Axel Posluschny.

Band 25, 2007, S. 9–312
Flüsse und Flusstäler als Wirtschafts- und Kommunikationswege
Mit Beiträgen von: Franz Irsigler, Stephan Freund, Eike Gringmuth-Dallmer, Vladimír Salač, Thomas Fischer, Matthias Hardt, Peter Ettel, Roman Grabolle, Petra Weigel, Christian Zschieschang, Hans Friedrich Kniehase, Horst-Günter Wagner, Volker Kaminske, Klaus-Dieter Kleefeld, Johannes Ey, Jette Anders, Pierre Fütterer, Max Linke, Stefan Baumeier und Thomas Küntzel.

Band 26, 2008, S. 7–286
Städtische Siedlungen und ihr Umland
Mit Beiträgen von: Susanne Siewers, Donat Wehner, Pim Kooij, Thomas Küntzel, Franz Irsigler, Ragnhild Berge, Renger E. de Bruin, Rolf Peter Tanner, Peter Burggraaff und Klaus-Dieter Kleefeld, Peter Rückert, Annika Björklund, Klaus Fehn, Raf Verbruggen, Michael Kriest, Orsolya Heinrich-Tamaska, Rainer Schreg.

Band 27, 2009, S. 7–244
Seen als Siedlungs-, Wirtschafts- und Verkehrsräume
Mit Beiträgen von: Matthias Hardt, Hans-Rudolf Egli, Albert Hafner und Christian Harb, Orsolya Heinrich Tamáska und Sylvia Hipp, Heidemarie Hüster Plogmann, Thomas Meier, Hans-Ulrich Schiedt, Armand Baeriswyl, Rolf Peter Tanner, Roland Flückiger-Seiler.

Band 28, 2010, S. 7–212
Konsum und Kulturlandschaft
Mit Beiträgen von: Thomas Gunzelmann, Andreas Dix, Thomas Eißing, Peter Rückert, Hans Becker und Helmut Hildebrandt, Volkmar Eidloth, Manuel Schramm, Klaus Fehn.

Band 29, 2011, S. 9–392
Homogenisierung und Diversifizierung von Kulturlandschaften
Mit Beiträgen von: Vera Denzer, Anne Dietrich, Matthias Hardt und Haik Thomas Porada, Anngret Simms, Orsolya Heinrich-Tamáska, Matthias Hardt, Marcin Wołoszyn, Christian Schneider, Christian Zschieschang, Christofer Herrmann, Wieland Carls,

Vera Denzer, Anne Dietrich und Haik Thomas Porada, Anton Schindling, Johannes Meier, Jürgen Lafrenz, Andreas Dix, Gerhard Gabel, Jan Erik Steinkrüger, Rolf Peter Tanner, Winfried Schenk, Rainer Luick, Verena Gawel.

Band 30, 2012/13, S. 7–236
Rohstoffgewinnung und Stadtentwicklung
Mit Beiträgen von: Franz Irsigler, Ulrich Müller, Uwe Meyerdirks, Frederik Heinz, Götz Goldammer, Hansjörg Rümelin, Antje Seidel, Martin Pries, Peter Welke.

Band 31, 2014, S. 9–394
Offene Landschaften
Mit Beiträgen von: Manfred Rösch, Johannes Renes, Jens Schneeweiß und Natalya Ryabogina, Eike Gringmuth-Dallmer, Peter Rückert, Tim Soens, Dries Tys und Erik Thoen, Orsolya Heinrich-Tamáska, Àgnes B. Tódt, Ilona Bede und Csaba Szalontani, Márta Tóber und Andrea Kiss, István Petrovics, Máté Tamáska, Franz Maier, Edit Pocsik, Andrea Kiss und Zoltán Karancsi, Máté Tamáska, Peter Čede.

Band 32, 2015, S. 9–481
Jagdlandschaften in Mitteleuropa
Mit Beiträgen von: Anngret Simms, Haik Thomas Porada, Stefan Klotz und Winfried Schenk, Haik Thomas Porada und Martin Heinze, Werner Konold, Heiko Laß, Helmut Witticke, Mario Küßner, Manfred Rösch, Thomas Westphalen, Werner Rösener, Thomas Eißing, Martin Knoll, Katharina Winkler, Annett Steinert, Andreas Zechner, Sabine Bock, Haik Thomas Porada, Claudia und Rainer Hohberg, Christoph Hinkelmann, Inge Gotzmann, Axel Armbruster, Roswitha Kirsch-Stracke, Holger Reinhardt und Daniel Rimbach, Erik Borg und Bernd Fichtelmann.

Band 33, 2016, S. 9–387
Tod und Gedenken in der Landschaft
Mit Beiträgen von: Thomas Meier, Jürgen Hasse, Gernot Meier, Stefan Brauckmann, Wolfgang Wegener, Hauke Kenzler, Max Linke, Zoltán Ilyés †, Pavel Vařeka und Zdeňka Vařeková, Lucyna Przybylska, Karen M. de Vries, Alexander Holthuis und Maarten G.J. Duijvendak, Klaus Fehn, Claudia Binder und Thomas Meier, Nicolas Schroeder.

Band 34, 2017, S. 9–411
Landschaft als Ressource. Energie, Ökonomie, Demographie
Mit Beiträgen von: Norbert Kühn, Winfried Schenk, Klaus-Dieter Kleefeld, Elke Janßen-Schnabel, Martin Vollmer-König, Martin Knoll, Michael Kamp, Martina Gelhar, Bernward Selter, Wolfgang Hassenpflug, Thomas Büttner, Hans-Rudolf Egli, Franz Ir-

sigler, Stefan Sonderegger, Andreas Weigl, Markus Zbroschzyk, Viktoria Baur, Maurice Paulissen, Christina Mauelshagen und Eva-Maria Jakobs, Anje Gillich, Michael Tempel und Jörn Schultheiß, Christina Vossler-Wolf, Winfried Schenk und Klaus Fehn.

Band 35, 2018, S. 9–400
Orte und Landschaften der Muße, Freizeit und Erholung
Mit Beiträgen von: Volkmar Eidloth, Andreas Thiel, Peter Rückert, Andrea Schaer, Dietrich Denecke, Franz Irsigler, Volkmar Eidloth und Hans Renes, Gilbert Norden, Katrin Schulze, Claus-Joachim Kind, Folker Reichert, Kilian Jost, Petra Martin, Marcus Mogk, Johannes Hofmeister, Klaus Fehn.

Band 36, 2019, S. 9–366
Orte und Landschaften der Mobilität
Orsolya Heinrich-Tamáska und Máté Tamáska, Balázs Komoróczy und Marek Vlach, Johannes Preiser-Kapeller, Gerd-Otto Albrecht, Heiko Beckmann, Klaus-Jürgen Bergemann, Bernd Bobertz, Bengt Büttner, Thomas Gottlob, Jörg Hartleib, Rolf Kneißl, Haik Thomas Porada, C. Michael Schirren und Reinhard Zölitz, Zdzisław Noga, Máté Tamáska, Zsuzsa Frisnyák, Jakub Taczanowski, Stephan Krause, Rolf Peter Tanner, Michael Kriest, Konrad Schliephake, Roman Lukas Palkoska.

Band 37, 2020, S. 9–290
Exklusion|Inklusion – Transkulturalität im Raum
Timo Felber, Ulrich Müller und Thomas Meier, Oliver Nakoinz und Daniel Knitter, David Schnur, Jürgen Heyde, Thomas Schader, Martin Krieger, Ellinor Forster, Markus Zbroschzyk, Patrick Reitinger, Rolf Peter Tanner, David Fuchs und Jan Peter Kosok, Alina Strzempa, Oliver Auge.

Band 38, 2021, S. 9–346
Les pays de l'entre-deux: Übergangsräume – Grenzregionen – Konfliktzonen
Olaf Kühne, Rolf Peter Tanner, Hans-Rudolf Egli, Eike Gringmuth-Dallmer, Florian Weber, Folker Reichert, Peter Rückert, François Genton, Peter Burggraaff, Klaus Fehn, Jerzy Piekalski, Anna Łuczak, Paweł Duma, Agnieszka Latocha, Tomáš Klír, Maria Legut-Pintal, Tomasz Stolarczyk und Małgorzata Chorowska, Georg Mölich, Jürgen Lafrenz, Carsten Gräbel.

Band 39, 2022, S. 49–565
Landschaft – Region – Identität
Ute Wardenga, Eike Gringmuth-Dallmer, Rolf Peter Tanner, Rudolf Bergmann, Dirk Wübbenhorst, Alistair Adam Hernández, Hansjörg Küster, Tobias Uhlig und Silke Grefen-Peters, Franz Irsigler, Viviane Diederich und Michal Preusz, Ulrich Harteisen,

Matthias Hardt und Melanie Augstein, Peter Rückert, Haik Thomas Porada, Andreas Dix, Anngret Simms, Niels Petersen, Utz Böhner, Ulrich Knufinke und Christina Krafczyk, Carl-Hans Hauptmeyer, Peter Burggraaff und Klaus-Dieter Kleefeld, Claudia Höhnke, Kim J. Krahn und Kristin Haas, Rüdiger Glaser, Michael Kahle, Franck Borel, Rafael Hologa, Oliver Rau und Antje Kellersohn

Bis einschließlich Band 38 sind die Bände der Zeitschrift Siedlungsforschung zu beziehen bei: Verlag Beier & Beran, Thomas-Müntzer-Straße 103, D-08134 Langenweißbach, Tel. 037603-3688, Fax 037603-3690, E-Mail: verlagbeier@online.de

Ab Band 39 wird die Siedlungsforschung über die Verlag Herder GmbH in Freiburg im Breisgau vertrieben.